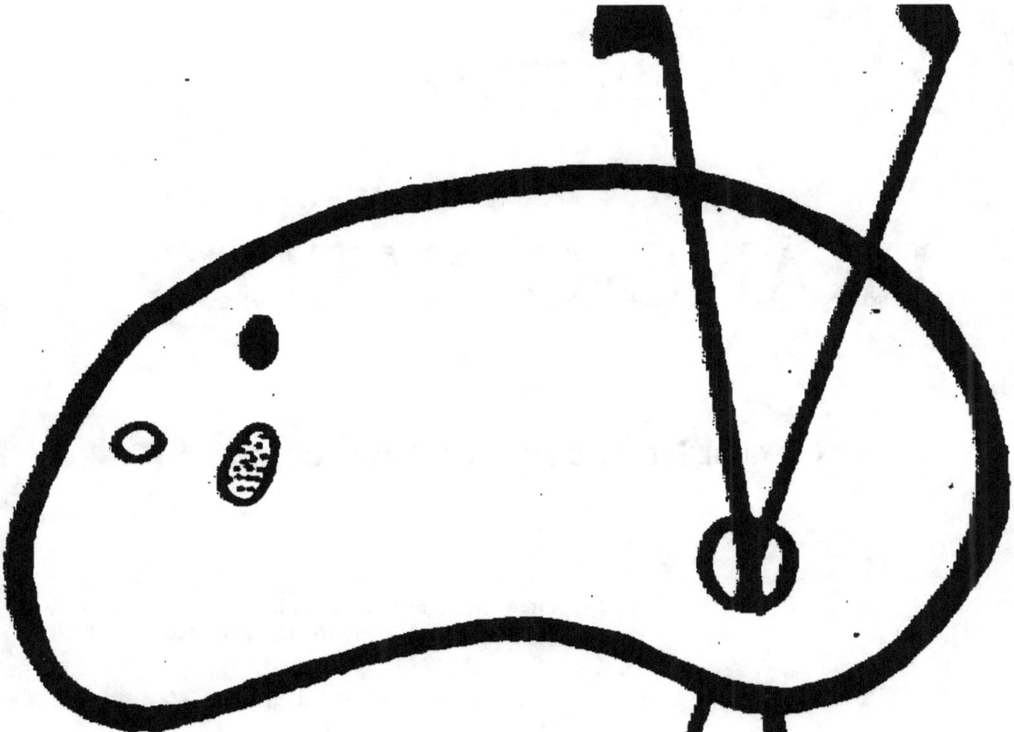

ÉMILE LONGIN

# LETTRE

D'UN

# FRANC-COMTOIS

SUR

UN OUVRAGE COURONNÉ PAR L'ACADÉMIE FRANÇAISE

> Il faut être d'un païs.... pour en écrire sûrement et avec exactitude.
> (Dunod, *Histoire du Comté de Bourgogne*, t. II, p. 11.)
>
> L'histoire générale d'un pays n'est pas l'affaire d'un étranger.
> (A. Morel-Fatio, *Études sur l'Espagne*, p. 103.)

BESANÇON

IMPRIMERIE ET LITHOGRAPHIE DE PAUL JACQUIN

14, Grande-Rue, 14

—

1889

## A LA MÊME LIBRAIRIE :

**Histoire critique et militaire des guerres de la Révolution**; par le baron de **Jomini**. Nouvelle édition rédigée sur de nouveaux documents, précédée d'une introduction présentant le tableau succinct des mouvements de la politique européenne, depuis Louis XIV jusqu'à la Révolution, et celui des principales causes et des principaux événements de cette Révolution. Paris, 1820-1824, 15 vol. in-8 avec 4 atlas in-fol............................................................. 171 fr.

**Le Général Alexis Dubois.** — La cavalerie aux armées du Nord et de Sambre-et-Meuse, pendant les campagnes de 1794 et 1795; par Léon **Hennet**, sous-chef aux archives de la guerre (Extr. *J. Sciences*). Paris, 1897, broch. in-8. 2 fr. 50

*Stratégie napoléonienne.* — **Maximes de guerre de Napoléon I$^{er}$**; par A. G., ancien élève de l'Ecole polytechnique. Nouvelle édition. Paris, 1898, 1 beau vol. in-8 avec 12 croquis gravés et 1 carte....................... 7 fr. 50

*Stratégie napoléonienne.* — **La campagne d'automne de 1813 et les lignes intérieures**; par A. G., ancien élève de l'Ecole polytechnique (Extr. *J. Sciences*). Paris, 1897, 1 vol. in-8 avec 1 carte générale du théâtre de la guerre............................................................. 4 fr.

**La campagne de 1814** d'après les documents des archives impériales et royales de la guerre à Vienne. — *La cavalerie des armées alliées* pendant la campagne de 1814; par le commandant **Weil**, avec une préface de M. le général Lewal. Paris, 1891-1896, 4 vol. in-8, avec cartes................... 32 fr.

**Campagne du maréchal Soult** dans les Pyrénées occidentales en 1813-1814, d'après les archives françaises, anglaises et espagnoles; par le commandant **Clerc**, du 49$^e$ d'infanterie. Paris, 1893, 1 fort vol. in-8 avec 2 cartes............ 9 fr.

**Guerre franco-allemande (1870-1871).** — Résumé et commentaires de l'ouvrage du grand état-major prussien, par Félix **Bonnet**, chef d'escadron d'artillerie. Paris, 1883-1886, 3 vol. in-8 avec 14 planches...................... 22 fr. 50

**Étude critique sur les opérations du XIV$^e$ corps allemand dans les Vosges et dans la haute vallée de la Saône (1870)**; par le capitaine de **Clessy**, du 25$^e$ bataillon de chasseurs à pied. Paris, 1897, 1 vol. in-8 avec tableaux, 17 croquis et 1 carte d'ensemble.............................. 4 fr. 50

*Guerre d'Orient* (1877-1878). — **Défense de Plevna**, d'après les documents officiels et privés réunis sous la direction du Muchir **Ghazi Osman** pacha; par le général de division **Mouzaffer** pacha, aide de camp de S. M. I. le sultan, et le lieutenant-colonel **Talaat** bey, aide de camp du Muchir Ghazi Osman pacha. Paris, 1889, 1 vol. in-8 avec atlas de 10 planches en couleurs.............. 15 fr.

**La guerre sino-japonaise** (1894-1895); par le lieutenant **Sauvage**, du 43$^e$ régiment d'infanterie. Paris, 1897, 1 vol. in-8 avec atlas in-folio, comprenant 7 cartes et pl. tirés en 5 couleurs............................................ 10 fr.

**Thèmes tactiques gradués.** — Application des règlements sur le service en campagne et sur les manœuvres à un détachement de toutes armes; par le major **Griepenkerl**. Traduit de l'allemand par le capitaine Richert, de l'Ecole supérieure de guerre. Cartes accompagnant le texte : 1° 1/30,000, Metz; 2° 1/25,000, Metz, Verny, Ars, Gravelotte. Paris, 1896, 1 vol. in-8..................... 10 fr.

**Maréchal de Moltke.** — **Questions de tactique appliquée** traitées de 1858 à 1882 au grand état-major allemand. — Thèmes, solutions et critiques du Maréchal, publiés par la section historique du grand état-major allemand. Traduit de l'allemand par le capitaine Richert, professeur à l'Ecole supérieure de guerre. Paris, 1895, 1 vol. in-8 avec *Atlas* de 27 cartes et de 9 croquis................ 14 fr.

---

Paris. — Imprimerie L. Baudoin, 2, rue Christine.

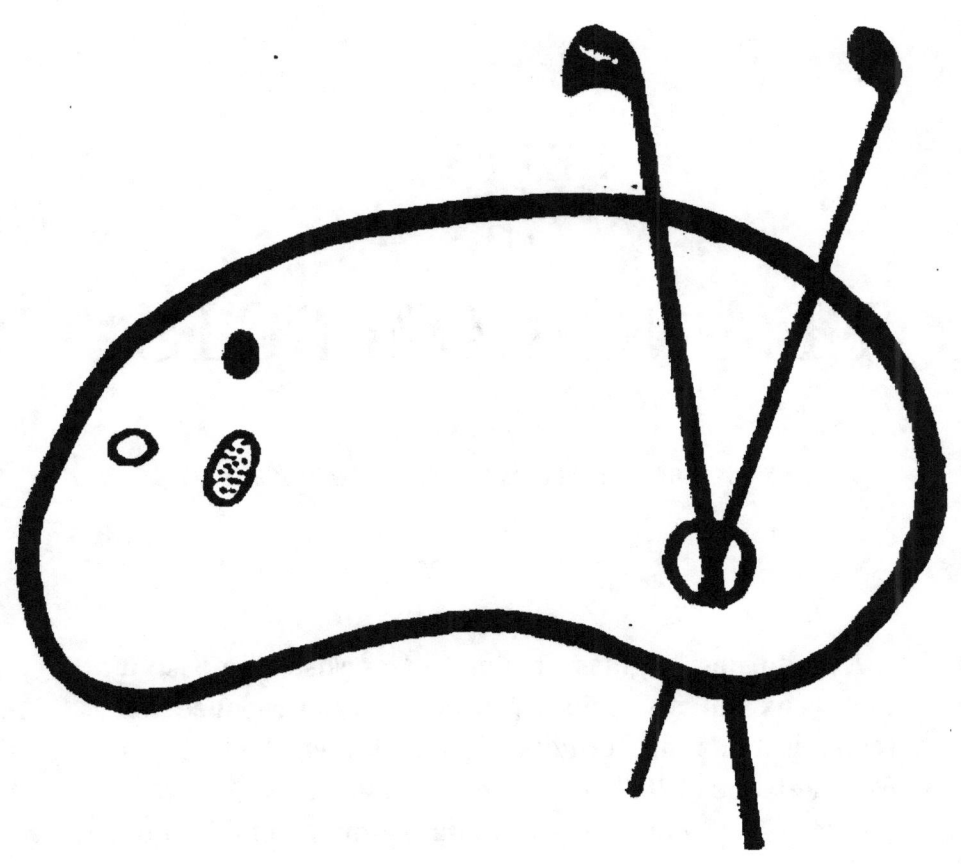

FIN D'UNE SERIE DE DOCUMENTS
EN COULEUR

ÉMILE LONGIN

# LETTRE
D'UN
# FRANC-COMTOIS
SUR
UN OUVRAGE COURONNÉ PAR L'ACADÉMIE FRANÇAISE

L'étude des origines de l'unité française s'impose à tous ceux qui ne veulent pas laisser sans réponse les revendications des érudits allemands, et il n'est pas étonnant que l'*Histoire de la réunion de la Franche-Comté à la France* [1] se trouve dans toute bibliothèque sérieuse. Cet ouvrage a naguère obtenu un des prix de la fondation Thérouanne ; la critique s'est plu à y voir le résultat de longues recherches : M. G. Monod en recommandait récemment la lecture dans sa *Bibliographie*

---

[1] *Histoire de la réunion de la Franche-Comté à la France, événements diplomatiques et militaires (1279 à 1678)*, avec notes, pièces justificatives et documents inédits, par L. DE PIÉPAPE, officier du service d'état-major. (Paris, Champion ; Besançon, Marion et Morel, 1881, 2 vol. in-8°.)

*historique de la France*, et on a célébré sur tous les tons l'érudition, l'impartialité et la compétence spéciale de son auteur.

Un écrivain, qui sait ce que valent les suffrages de Paris en matière d'histoire provinciale, a eu la curiosité d'examiner si le livre de M. de Piépape méritait les éloges qui lui avaient été prodigués. Quelle n'a pas été sa surprise en découvrant que la récompense décernée par l'Académie française à ces deux volumes constituait une véritable mystification ! Non seulement, en effet, les méprises abondent, mais l'étourderie du lauréat est telle, qu'il n'est pour ainsi dire pas de page où elle n'ait enfanté quelque invraisemblable bévue.

Après bien des hésitations, M. Émile Longin s'est décidé à dire tout haut ce que beaucoup de ses compatriotes pensaient tout bas de l'*Histoire de la réunion de la Franche-Comté à la France*. Dans le livre qu'il publie sous ce titre : *Lettre d'un Franc-Comtois sur un ouvrage couronné par l'Académie française*, il montre le cas qu'il convient de faire de cette compilation hâtive. On trouvera peut-être son appréciation sévère, mais il sera difficile de la réfuter, car il n'est pas une seule de ses critiques qui ne repose sur l'étude approfondie des sources de l'histoire franc-comtoise. M. Longin ne s'est pas, au surplus, contenté de formuler un jugement sommaire : s'attachant en particulier aux chapitres consacrés aux luttes de la première moitié du xvii<sup>e</sup> siècle, il en a impitoyablement souligné les erreurs ; le dépouillement attentif de la volumineuse correspondance du parlement de Dole lui a permis de préciser les dates des événements militaires dont le comté de Bourgogne fut alors le théâtre ; tous les extraordinaires de la *Gazette de France* relatifs à cette période sont cités ; il a, de plus, fait de nombreux emprunts à des documents peu connus, comme les lettres du président Boyvin et le journal du gouverneur weimarien du fort de Joux, Jean-Christophe von der Grün, conservé à la bibliothèque grand-ducale de Gotha, en sorte que ses remarques ne seront pas consultées sans fruit par ceux qui voudront écrire l'histoire des guerres et des négociations qui ont donné la frontière du Jura à la France.

---

La *Lettre d'un Franc-Comtois sur un ouvrage couronné par l'Académie française* forme, avec les notes sur les chapitres VIII, IX, X, XI, XII, XIII, XIV et XV de l'*Histoire de la réunion de la Franche-Comté à la France*, un volume in-8° de LII-350 pages, dont il n'a été tiré que 250 exemplaires. On souscrit à cet ouvrage chez M. Paul JACQUIN, imprimeur, *Grande-Rue*, 14, à *Besançon*. Prix du volume : **6** fr.; par la poste, *franco* : **6** fr. **50**.

---

BESANÇON. — IMP. PAUL JACQUIN

# LETTRE

# D'UN FRANC-COMTOIS

SUR

UN OUVRAGE COURONNÉ PAR L'ACADÉMIE FRANÇAISE

# TIRAGE

## A 250 EXEMPLAIRES NUMÉROTÉS

---

### Nº

ÉMILE LONGIN

# LETTRE

D'UN

# FRANC-COMTOIS

SUR

UN OUVRAGE COURONNÉ PAR L'ACADÉMIE FRANÇAISE

> Il faut être d'un païs.... pour en écrire
> sûrement et avec exactitude.
> (Dunod, *Histoire du Comté de Bour-
> gogne*, t. II, p. 11.)
>
> L'histoire générale d'un pays n'est
> pas l'affaire d'un étranger.
> (A. Morel-Fatio, *Études sur l'Es-
> pagne*, p. 103.)

BESANÇON

IMPRIMERIE ET LITHOGRAPHIE DE PAUL JACQUIN

14, Grande-Rue, 14

1889

# PRÉFACE

Ce n'est pas dans un moment d'impatience que je me décide à publier cette lettre.

Les remarques qui l'accompagnent allaient paraître, quand l'Académie des sciences, belles-lettres et arts de Besançon a élu M. de Piépape président [1]. J'ai cru plus sage de garder pour moi mes réflexions sur les deux volumes [2] qui valaient à l'historien-poète cette distinction flatteuse : aucuns auraient pu se croire visés, à qui je n'avais pas songé, et il n'est jamais entré dans mes vues de prendre la malignité publique pour confidente ou pour complice.

Aujourd'hui, quelques amis me font revenir sur ma détermination. Ils me représentent que les considérations personnelles doivent s'effacer devant l'intérêt supérieur de la vérité historique. L'*Histoire de la réunion de la Franche-Comté à la*

---

[1] V. *Bulletin* de l'Académie de Besançon, année 1885, p. xv.
[2] *Histoire de la réunion de la Franche-Comté à la France : événements diplomatiques et militaires* (1279 à 1678), avec notes, pièces justificatives et documents inédits, par L. DE PIÉPAPE, officier du service d'état-major (Paris, 1881, 2 vol. in-8°).

*France* a pris place parmi les travaux que les étrangers consultent : chaque année, les erreurs qu'elle contient essaiment; on les retrouve dans bon nombre de publications récentes, et il faut en finir, coûte que coûte, avec un livre où la distraction le dispute à l'étourderie. D'ailleurs les circonstances ne sont plus les mêmes : l'heureux lauréat de l'Académie française a eu le temps de savourer les louanges que ses recherches lui ont attirées, et, s'il est vrai qu'il prépare une seconde édition de son ouvrage, mes critiques ne lui seront peut-être pas tout à fait inutiles.

De ces critiques elles-mêmes je n'ai que deux mots à dire. La forme en est souvent familière, car, pour nombreuses que soient les erreurs de l'*Histoire de la réunion de la Franche-Comté à la France*, je ne me suis pas cru astreint à garder vis-à-vis de l'auteur la gravité d'un régent de collège; chacun écrit comme il lui plaît, et l'ironie demeure l'arme française par excellence. On trouvera probablement l'indication des sources trop détaillée, trop minutieuse : ce n'est pas de ma part vain étalage d'érudition; je ne demandais qu'à supprimer ces longues notes, mais il fallait justifier mes coups d'ongle, et je ne le pouvais faire qu'en citant les auteurs qui infligent à M. de Piépape démenti sur démenti. Parmi les documents que j'ai signalés, il en est de peu connus, comme le journal de Grün et la correspondance de Boyvin;

d'autres ne sont pas à la portée de tous; pourquoi tairais-je qu'en multipliant les citations, j'ai surtout obéi au désir de faciliter la tâche des historiens qui voudront un jour faire revivre les traits à demi effacés des héros de la guerre de Dix ans?

Je prie ceux qui me liront de se bien persuader que personne ne rend plus volontiers justice que moi aux bonnes intentions de M. de Piépape. Malheureusement, les bonnes intentions ne suffisent pas; on doit mesurer à ses forces l'œuvre entreprise, et il est toujours dangereux de discourir sur une province, lorsqu'on n'en a pas connu de bonne heure les origines, les institutions, les lois, les mœurs et le caractère. Plus cette province a fidèlement gardé sa physionomie propre, plus les difficultés augmentent. C'est pour cela qu'à tout prendre, l'histoire de la Franche-Comté ne peut guère être écrite que par un Franc-Comtois. Que de particularités, en effet, dont nous ne saurions donner d'autre raison que ces mots : *Cosas de Borgoña!*

E. L.

# LETTRE
# D'UN FRANC-COMTOIS

SUR

UN OUVRAGE COURONNÉ PAR L'ACADÉMIE FRANÇAISE

---

Mon cher ami,

Vous voulez savoir ce que je pense de l'*Histoire de la réunion de la Franche-Comté à la France*.

Ma réponse est toute prête.

A n'écouter que les murmures flatteurs qui ont salué l'apparition de l'ouvrage de M. de Piépape, la conquête de notre province a enfin trouvé un historien. Peut-être ceux qui mettent ce livre sur la même ligne que l'*Histoire de la réunion de la Lorraine à la France* vont-ils trop loin; mais il est, de l'aveu de tous, le fruit de longues et minutieuses recherches; l'Académie française l'a couronné; Besançon s'est empressé de le lire; il se trouve à l'heure qu'il est dans toutes les bibliothèques, et les esprits les moins sensibles aux beautés de ce que le jargon moderne appelle l'histoire documentaire s'inclinent respectueusement devant les nombreuses notes et les nombreuses pièces justificatives qui l'accompagnent. Comment voulez-vous que je porte un jugement défavorable sur un auteur qui a pour lui,

malgré les envieux,<br>
Et Lisette, et Crispin, et l'enfer, et les dieux [1].

Vous insistez. « Je ne me paie point, dites-vous, de semblables raisons, et cette réponse n'est qu'une défaite. » Bon gré, mal gré, il faut que je vous dise si je partage l'engouement général pour la jeune histoire à laquelle les immortels ont souri ; on vous en a parlé comme d'une œuvre pleine d'intérêt, où l'érudition ne nuisait pas aux qualités du style, et vous me demandez avec une malicieuse candeur s'il est vrai que, depuis sa publication, il ne reste qu'à brûler Gollut, Girardot de Nozeroy et Dunod en compagnie de l'*Essai* inachevé de M. Clerc.

Mon Dieu ! mon cher ami, je vous engage à différer cet auto-da-fé. L'ouvrage de M. de Piépape ne fera pas oublier ceux qui l'ont précédé, et, à parler franc, je le crois destiné à aller bientôt rejoindre les déclamations de Rougebief [2]. Ce n'est pas que tout soit également à laisser dans ces deux gros volumes ; volontiers je les comparerais à ces mines abandonnées, d'où l'on pourrait encore extraire une certaine quantité d'or ou d'argent, si ce n'était se donner beaucoup de peine pour arriver en fin de compte à un pauvre résultat. Faut-il que j'aille

---

[1] REGNARD, *Le légataire universel*, acte III, scène x.
[2] *Histoire de la Franche-Comté ancienne et moderne* (Paris, 1851, in-8°).

jusqu'au bout de ma pensée? Les pages sur lesquelles vous tenez à avoir mon sentiment ressemblent aux œuvres historiques dont notre temps s'honore, comme le stuc aux marbres des palais d'Italie.

Ne me prêtez, je vous en conjure, aucune intention dénigrante.

Je ne connais pas l'auteur de l'*Histoire de la réunion de la Franche-Comté à la France* : nulle rancune personnelle ne se dissimule derrière moi, et mes critiques ne visent que l'historien. J'ai lu les vers que M. de Piépape a publiés : ils ne dépassent pas l'honnête médiocrité de la plupart des productions que les salons applaudissent, mais je n'ai pas la fougue du héros de Cervantes pour me battre contre des moulins à vent, et si l'heureux lauréat de l'Académie française avait borné son ambition à faire rimer *châtelaine* avec *Philomène*, il ne m'aurait jamais trouvé sur son chemin. Vous savez combien je suis amoureux de mon repos ; il m'arrive rarement de m'émouvoir des sottises d'autrui, et c'est votre faute si, las de mes propres réticences, je finis par dire tout haut ce que beaucoup pensent tout bas d'une œuvre presque aussi mauvaise comme forme que comme fond.

Est-ce à dire que vous soyez tenu de me croire sur parole? Après les éloges prodigués à cet *ouvrage substantiel, excellent* [1], l'opinion que j'exprime doit,

---

[1] *Revue historique*, t. XIII, p. 132.

je n'en doute pas, vous paraître d'une rigueur excessive, et je ne puis échapper à la nécessité de me justifier. Voyez le terrible homme que vous êtes ! Je m'étais promis de ne jamais rouvrir ces deux volumes, et voici que pour vous complaire je viens de les relire attentivement. Je vous assure, par exemple, qu'on ne m'y reprendra plus.

C'est que rien, à la longue, n'est irritant comme le rapprochement qu'une semblable lecture amène forcément entre les prétentions de l'auteur et l'insuffisance de ses études; on gémit de voir travestir les faits les plus connus, et l'impression pénible qu'on éprouve n'est qu'à demi atténuée par les hommages rendus à la bravoure de nos aïeux.

Assurément M. de Piépape est animé des meilleures intentions du monde. Il a voulu être juste, et il y a souvent réussi : sur plus d'un point ses appréciations se ressentent heureusement du commerce dans lequel il a vécu avec les hommes qui possèdent le mieux l'histoire de la province. Lisez les pages qu'il a consacrées à la résistance des Franc-Comtois aux desseins de Richelieu : à côté d'étourderies invraisemblables, il y a des aperçus qui ne sont pas dénués de justesse; le rôle du parlement et de la noblesse est bien rendu, et nous sommes loin du parti pris du dernier ouvrage de M. Clerc [1]. La place même que la guerre de Dix ans tient dans le livre de M. de Piépape prouve que celui-ci a compris toute

---

[1] *Histoire des états généraux et des libertés publiques en Franche-Comté* (Besançon, 1882, 2 vol. in-8°).

la grandeur de cette lutte inégale, et il le faut remercier de n'avoir pas craint d'avouer ses sympathies pour les soldats improvisés, religieux, magistrats, bourgeois ou paysans, qui rivalisèrent alors de tranquille audace et de froide intrépidité avec les capitaines formés à la dure école des Pays-Bas.

A cette époque, la Franche-Comté offrit un spectacle unique : quelque divisés que fussent ses enfants, ils se retrouvèrent unis lorsqu'il fallut défendre leurs foyers ; les menaces n'eurent pas plus de prise que la corruption sur leur fidélité, et l'on comprend que la France ait envié à l'Espagne ces loyaux sujets, qui, sommés de prendre parti dans les troupes du vainqueur, se bornaient à répondre qu'ils étaient Bourguignons [1]. « Faites, écrivait la cour de Dole au commandant d'une petite place, ce que doit un homme de bien à Dieu, au roi et à la patrie [2]. » Ce fut le mot d'ordre auquel nos pères obéirent; un contemporain rapporte qu'ils se seraient fait écorcher [3] plutôt que d'y manquer. Qu'importe que les champs demeurassent sans culture, et qu'aux horreurs de la peste se joignissent les cruelles extrémités de la famine ? Tous protestaient de leur résolution de mourir plutôt que de se soustraire à la domination des princes de la très auguste et très glorieuse maison

---

[1] Cf. Duc de Guise, *Mémoires* (collection Michaud), p. 86.
[2] La cour à Boudot, Dole, 26 avril 1637. — *Corr. du parlement*, Arch. du Doubs, B. 217.
[3] La Meilleraie à Richelieu, du camp devant Dole, 25 juillet 1636. — F. des Robert, *Campagnes de Charles IV, duc de Lorraine et de Bar, en Allemagne, en Lorraine et en Franche-Comté* (1634-1638), p. 266.

d'Autriche. Weimar envahissait nos montagnes ; la flamme des villes et des villages incendiés montait dans le ciel ; une soldatesque impie s'abandonnait à des désordres inconnus de l'enfer.... Qu'importe encore ? D'inévitables défaillances n'empêchaient pas le plus grand nombre des Franc-Comtois d'envisager sans pâlir le moment où les campagnes désertes serviraient de fossés aux derniers boulevards de leur indépendance [1].

Tel est le pays, tels sont les hommes auxquels l'auteur de l'*Histoire de la réunion de la Franche-Comté à la France* n'a pu se défendre de payer un juste tribut d'admiration. Les « indigènes du vieux comté de Bourgogne (II, 453) » peuvent lui pardonner d'avoir accueilli sans y regarder de trop près telle ou telle légende ridicule (II, 416, 461) ; l'impartialité dont il a fait preuve à leur égard a droit à toute leur reconnaissance, et, s'il avait été moins impatient de soumettre le résultat de ses recherches aux suffrages du public, peut-être resterait-il de son livre autre chose que le souvenir d'une tentative avortée.

On doit cependant lui rendre ce témoignage, qu'il n'a rien épargné pour bien connaître nos annales : non seulement il a lu à peu près tout ce qui a été publié sur notre province, mais le désir d'être mieux informé que ses prédécesseurs l'a porté à remuer la poudre des archives. Je sais bien qu'il se targue par-

---

[1] Cf. GIRARDOT DE NOZEROY, *Histoire de dix ans de la Franche-Comté de Bourgongne*, p. 212.

fois de recherches qu'il n'a pas faites; plus d'une citation est de seconde main, et il eût été de bon goût d'en convenir; c'est ainsi que, pour les emprunts faits à la correspondance de Richelieu, l'heureux lauréat de l'Académie française donne comme tirées du dépôt de la guerre un certain nombre de dépêches déjà comprises dans la vaste publication de M. Avenel [1]. D'un autre côté, plusieurs sources importantes ont été négligées; les archives de la secrétairerie d'État espagnole n'ont pas été explorées, et, bien loin de connaître les manuscrits de la bibliothèque de Gotha et de la bibliothèque de Berne, M. de Piépape ne soupçonne pas l'existence des historiens qui les ont utilisés. En revanche, il a consulté les archives départementales de la Côte-d'Or; le savant bibliothécaire de Besançon a mis à sa disposition les manuscrits de la collection Chifflet; Nancy lui a fourni les mémoires encore inédits de Forget; M. Jules Gauthier lui a communiqué un grand nombre de pièces avec son obligeance ordinaire; d'autres érudits encore l'ont assisté de leurs conseils; il a dépouillé la volumineuse correspondance du parlement de Dole, et plusieurs notes attestent ses visites au dépôt du ministère des affaires étrangères. Chose étrange! son étourderie a rendu toutes ces recherches inutiles; l'abondance même des preuves l'a empêché d'en faire un usage judicieux; imprimés et sources manuscrites, tout n'a abouti qu'à enfanter dans son

---

[1] *Lettres, instructions diplomatiques et papiers d'État du cardinal de Richelieu* (Paris, 1852-1877, 8 vol. in-4°).

esprit une confusion dont rien ne peut vous donner une idée.

Ce n'est pas tout, en effet, que de feuilleter d'une main rapide les documents indiqués ; il faut s'assimiler leur contenu, et l'heureux lauréat de l'Académie française en paraît incapable ; qu'il cite un auteur ou qu'il publie une pièce inédite, la précipitation avec laquelle il le fait l'expose aux méprises les plus curieuses : tel est le cas du jugement qu'il prête au cardinal de Retz sur un de ses contemporains (II, 62). Notez que, d'autre part, il ne peut s'astreindre à reproduire fidèlement un texte ; rarement il résiste à la tentation de remanier les passages qu'il transcrit, au risque de leur faire dire le contraire de ce qu'ils expriment. Dans ses notes, les faits, les dates, les personnages se confondent et s'enchevêtrent les uns dans les autres ; les distractions n'attendent pas les distractions, et l'*Histoire de la réunion de la Franche-Comté à la France* légitime ce jugement pittoresque que j'ai naguère saisi au vol : « On dirait le résultat des lectures d'un hanneton. » Passe pour le poème latin que l'abbé Callier de Villeneuve compose à l'âge d'un an (II, 33). Mais quel amusant quiproquo que le combat livré par le prince de Vaudémont dix ans avant sa naissance (II, 130) ! Ici, la prise d'un château et l'incendie d'un bourg se trouvent reportés du xv$^e$ siècle au xvii$^e$ (II, 148). Là, Richelieu félicite le prince de Condé d'avoir levé le siège de Dole (II, 34). Un peu plus haut, c'était Gustave-Adolphe, qui ressuscitait, trois ans après sa mort, pour profiter des fautes commises par les généraux français (II, 3). En fait de résurrections, M. de Piépape n'a d'ailleurs rien à envier aux plus illustres thaumaturges : on le voit consulter sur la campagne de 1668 la correspondance du chef que la cour de Dole avait perdu en 1650, et nombreux sont les capitaines qu'il ramène au combat après avoir narré leur mort. Il y a mieux : d'un seul personnage il fait deux individus, et François de Pontailler, baron de Vaugrenans, se change en « MM. de Pontaillier et de Vaulgrenant (I, 338), » avec autant de facilité que Gérard de Joux, dit de Watteville, marquis de Conflans, en « Conflans et Vatteville (I, 383). »

Au surplus, ce qui décèle la hâte avec laquelle cette œuvre a été écrite, c'est la difficulté que M. de Piépape éprouve à parler la langue du temps. A tout moment le lecteur est arrêté par des anachronismes qui le déconcertent. On n'est pas moins surpris de voir *décorer* un Franc-Comtois de la Toison d'Or (I, 215) que de rencontrer en 1636 des *conseillers à la cour* (II, 11). Le *drapeau français* arboré sous Louis XI (I, 113) fait sourire ceux qui savent que « le drapeau français, tel qu'on le comprend aujourd'hui, le drapeau unique pour la nation, pour l'armée de terre et pour la marine, est une institution essentiellement moderne, à vrai dire contemporaine [1]. » On reste quelque temps sans deviner ce que l'auteur entend par le *népotisme* du Béarnais (I, 320). Les *sires* de

---

[1] C`<sup>te</sup>` DE BOUILLÉ, *Les drapeaux français de 507 à 1872*, p. 1.

Longueval, de Valangin, d'Oiselay, de Pierrefontaine et de Bougey (I, 421, II, 69, 71, 76, 357) semblent, au XVII° siècle, des revenants d'un autre âge ; par contre, le baron de Laubespin est *M. Laubépin* (II, 89), et quant à Claude et Guillaume de Vaudrey, ces deux héros deviennent sous la plume de M. de Piépape *les frères Vaudrey* (II, 461).

Toutes ces négligences (soyons polis) ont la même origine. C'est faute d'avoir suffisamment approfondi l'histoire des diverses époques que M. de Piépape les confond. De même, lorsqu'il lui arrive de prendre un personnage pour un autre, cela tient à ce qu'il ne connaît que d'une façon superficielle les acteurs du drame qui se déroule sous ses yeux ; leurs noms, leurs titres et leurs alliances ne lui disent rien, parce qu'il n'a pas, à force d'études, épousé leurs intérêts, partagé leurs passions, et vécu pour ainsi dire de leur vie.

Il faut du reste reconnaître que, quelque bonne volonté qu'il montrât, il ne pouvait parvenir à se rendre parfaitement compte des transformations successives de l'antique Séquanie. On l'a fait observer avec raison, « l'histoire générale d'un pays n'est pas l'affaire d'un étranger, obligé de tout apprendre et qui ne possède pas ce fonds d'informations que l'indigène acquiert presque sans s'en douter par le simple contact du sol et des hommes [1]. » C'est la remarque que Dunod avait déjà formulée en ces termes : « Il

---

[1] A. MOREL-FATIO, *Études sur l'Espagne*, p. 103.

faut être d'un païs.... pour en écrire sûrement et avec exactitude [1]. »

Ici, Philinte m'interrompt. « Sans doute, dit-il, l'*Histoire de la réunion de la Franche-Comté à la France* contient des erreurs, mais quel est le travail qui n'en renferme pas? Quand les reproches qu'on adresse à M. de Piépape seraient fondés, ils ne diminueraient pas de beaucoup la valeur de son ouvrage [2]. Peut-être n'a-t-il pas tiré tout le parti qu'il aurait pu des documents qui lui ont été fournis, mais on doit lui tenir compte de son désir de doter notre pays d'une histoire générale. Somme toute, il a eu le mérite d'entreprendre et de mener à bonne fin une œuvre supérieure en intérêt aussi bien qu'en étendue à telle ou telle monographie locale; grâce à lui, le bruit des exploits des Chalon, des Vienne, des Vergy, des Bauffremont, des Rye, des La Baume, des Watteville, des Grammont, des Raincourt et des Saint-Mauris a de nouveau franchi les frontières de notre province; son livre est bien écrit; on le lit avec plaisir, et il faut savoir gré à un étranger d'avoir parlé en aussi bons termes du patriotisme franc-comtois. »

Voilà, mon cher ami, le thème que vous trouverez développé dans plus d'un article. On fait bon marché des innombrables erreurs de l'ouvrage dont il s'agit pour ne voir que ses proportions. Songez donc, deux forts volumes in-octavo, avec introduction, notes,

---

[1] *Histoire du comté de Bourgogne*, t. II, p. II.
[2] Cf. *Bibliothèque de l'École des Chartes*, t. XLIII, p. 87.

documents inédits et pièces justificatives : quelle somme de travail ne suppose pas un monument semblable? Faites aussi entrer en compte le prestige de ces mots : *officier du service d'état-major*. Ce n'est rien, et c'est tout : il ne manque pas de critiques qui croiraient téméraire de révoquer en doute la *compétence spéciale* [1] de l'aristocratique écrivain, et les plus pacifiques ont tressailli d'aise en voyant

> sur le cimier doré du gentilhomme
> Une plume de fer qui n'est pas sans beauté [2].

Enfin ce livre avait le mérite de venir à une heure où la science d'outre-Rhin a pour mission de préparer les voies aux annexions futures ; il prouvait, à l'encontre des revendications des érudits allemands, que le territoire compris entre le Jura et la Saône avait toujours dû revenir à la France; dès lors, le mal accueillir eût été en quelque sorte se montrer mauvais Français.

Sur ce canevas la louange a complaisamment brodé les plus fantastiques arabesques : rappelez-vous les articles publiés par MM. Ulysse Robert [3], Léonce Pingaud [4] et René de Saint-Mauris [5]. Qu'en est-il résulté? C'est que le gros du public a fini par croire à l'érudition de M. de Piépape; il ne pouvait en être autre-

---

[1] Cf. *Revue des questions historiques*, janvier-avril 1881, p. 572; *Polybiblion*, 2ᵉ série, t. XIII, p. 65.
[2] A. DE VIGNY, *Poésies complètes*, p. 313.
[3] *Bibliothèque de l'Ecole des Chartes*, t. XLIII, p. 87.
[4] *Revue des questions historiques*, janvier-avril 1881, p. 567-574.
[5] *Polybiblion*, 2ᵉ série, t. XIII, p. 64-66.

ment, du moment où l'on ne cessait de vanter l'*Histoire de la réunion de la Franche-Comté à la France* comme une œuvre de premier ordre, tandis que tous ceux pour qui la conscience historique n'est pas un vain mot se contentaient de hausser les épaules en silence. Ensuite est venue la récompense décernée par l'Académie française. Aucune protestation ne s'est élevée. Bien loin de là, un savant franc-comtois a déclaré sans rire que *l'érudit, l'écrivain et le patriote méritait à tous égards cette distinction* [1]. Étonnez-vous maintenant que l'absence de toute note discordante ait accrédité hors de la province le singulier annaliste que les hasards de la vie de garnison nous ont donné : sans la complicité de nos érudits, une pareille mystification n'eût pas été possible, et nous n'eussions pas vu l'auteur d'une excellente histoire de la guerre de Trente ans prendre au sérieux l'indigeste compilation de M. de Piépape et lui dédier un long article [2], où l'éloge se tempère à peine de quelques restrictions.

Eh bien ! mon cher ami, il faut avoir le courage de le dire : qui l'aura, sinon ceux qui, comme nous, sont libres de toute attache académique ? Malgré les bonnes intentions de son auteur, l'*Histoire de la réunion de la Franche-Comté à la France* est une œuvre lamentable. Dire que les erreurs y abondent ne donne qu'une faible idée des rectifications que ces

---

[1] *Bibliothèque de l'École des Chartes*, t. XLIII, p. 87.
[2] E. Charvériat, *La réunion de la Franche-Comté à la France*. V. *Revue lyonnaise*, t. V, p. 503-524.

deux volumes appellent : l'heureux lauréat de l'Académie française ressemble à cette princesse des contes de fées qui ne pouvait ouvrir la bouche sans rejeter une couleuvre ou un crapaud ; lorsque son livre ne le convainc pas d'ignorance, il l'accuse d'étourderie, et il n'est guère de page où l'on ne soit obligé de revendiquer les droits de la vérité méconnue.

Vous croyez peut-être que j'exagère. Pour vous détromper, je vous envoie les observations que j'ai écrites en regard des chapitres relatifs à la guerre de Dix ans : le ciel m'est témoin que je n'ai pas pris le moindre plaisir à m'acquitter de cette tâche de pédant. Que si vous me demandez pourquoi j'ai fait choix de ces chapitres, je vous répondrai en toute franchise que c'est parce que nulle part M. de Piépape n'a étalé avec plus de complaisance l'érudition dont il fait parade ; le texte est surchargé de renvois aux sources ; les notes montent parfois à mi-page, et je me figure que son excessive modestie a seule empêché l'auteur de déclarer les lacunes de Girardot de Nozeroy définitivement comblées ; c'est une conclusion qu'il laisse tirer au lecteur, tandis qu'il ose espérer que désormais l'histoire impartiale de la première conquête de la Franche-Comté par Louis XIV n'est plus à faire (II, 269). Au reste, toutes les parties de ce livre se valent, et ceux qui prendront la peine de lire les campagnes de 1595, de 1668 et de 1674 y trouveront aussi une ample moisson de joyeusetés.

Telle est, en effet, la singularité de certaines assertions que je me suis demandé plus d'une fois si

M. de Piépape se relisait. Se démentir à quelques lignes d'intervalle n'est pour lui qu'un jeu; souvent même c'est dans le corps d'une phrase que la contradiction éclate. Ainsi le connétable de Bourbon se réfugie en Franche-Comté à la tête d'une armée, et néanmoins l'abbé de Saint-Claude lui donne une escorte de cavalerie pour la sûreté de sa personne (I, 201). Un régiment d'infanterie monte à cheval (I, 430). Du 3 juin 1638 au 3 juin 1638 une place tient dix jours (II, 96). Deux ans plus tôt, une expédition entreprise le 21 juin s'était terminée le 20 (I, 423, 424). Pour feindre d'assiéger Poligny, le duc de Lorraine n'attend pas que cette ville soit tombée au pouvoir des Français (II, 100). Plus tard, son fils échouera devant Salins avant que Salins ait cessé d'appartenir à l'Espagne (II, 430). Plusieurs jours après qu'un château a capitulé, on y trouve encore à bout de forces la garnison qui en est sortie (II, 81). Dans un autre passage, une reconnaissance postérieure au 9 mai 1674 détermine Louis XIV à presser des travaux de siège qui ne se trouvent prêts que le 3 mai (II, 408). Nous voyons aussi les félicitations d'un secrétaire d'Etat à Guébriant précéder l'événement qui, suivant M. de Piépape, les motive (II, 81). Enfin, le 29 juillet 1636, le cardinal de Richelieu accable de reproches l'ingénieur à l'inexpérience duquel il impute l'insuccès de deux fourneaux de mines allumés, l'un, le 29 juillet, et l'autre, le 2 août (II, 17).

Il me semble, mon cher ami, que ces traits pris au

hasard suffisent à faire toucher du doigt l'incroyable légèreté de l'heureux lauréat de l'Académie française. Descendre dans les détails est mesquin, et je ne m'y arrêterais pas si l'ouvrage de M. de Piépape avait quelque valeur; mais je cherche en vain ce qu'on peut louer dans cette compilation hâtive : même au point de vue des divisions, du plan, elle est loin, selon moi, d'être à l'abri de la critique.

Si M. de Piépape se proposait seulement d'écrire l'histoire de l'annexion de notre pays, il pouvait se borner à raconter les guerres du xvii° siècle, car ce sont vraiment elles qui rompirent les liens qui nous rattachaient à l'Espagne. L'expédition de Tremblecourt n'eut pas de conséquences décisives, et ce n'est à proprement parler qu'un épisode de l'histoire militaire de la Franche-Comté. Il en fut de même de la courte campagne de Henri IV. La guerre d'extermination que les lieutenants de Louis XIII firent à notre infortunée patrie prépara, au contraire, les faciles conquêtes de Louis XIV; la rivalité du parlement et du gouverneur ne fut pas, en 1668, l'unique cause de la perte de la province, et si celle-ci succomba, c'est qu'épuisée d'hommes et d'argent, elle n'eut pas la force de renouveler l'héroïque folie qui, trente ans auparavant, avait arraché à Richelieu ce cri d'admiration et d'envie : « Plût à Dieu que les sujets du roi fussent aussi affectionnés que ceux-là le sont à l'Espagne¹! » L'égoïsme des Suisses, l'incurie du gou-

---

1 *Lettres, instructions diplomatiques et papiers d'État du cardinal de Richelieu*, t. V, p. 983.

vernement espagnol, et, après la paix d'Aix-la-Chapelle, le traitement rigoureux infligé à une nation justement jalouse de ses libertés firent le reste.

Qui ne voit ce que M. de Piépape eût gagné à restreindre ainsi le champ de ses études ? S'il tenait absolument à exposer les causes qui ont retardé la réunion de la Franche-Comté à la France, il suffisait de remonter à Charles le Téméraire, puisque ce fut la mort de ce prince qui amena cette séparation des deux Bourgognes que l'odieuse politique de Louis XI faillit rendre irrévocable : quel besoin y avait-il de pousser jusqu'à Othon IV et Philippe le Bel ? L'introduction devait, à mon avis, conduire le lecteur au traité de Saint-Jean-de-Losne (1522); les deux premiers chapitres, en particulier, auraient pu être resserrés en quelques pages, car la plupart des faits qu'ils relatent n'ont qu'une liaison fort éloignée avec le sujet du livre; la guerre des barons, l'invasion des routiers et les démêlés des citoyens de Besançon avec leur archevêque sont de purs hors-d'œuvre; on se demande ce que ces événements viennent faire dans une histoire de la conquête de la Franche-Comté, et à tout moment on est tenté de crier à l'auteur : « Avocat, passez au déluge ! »

Hélas ! le déluge arrive, je veux dire que M. de Piépape aborde enfin le récit des guerres et des négociations qui ont donné la frontière du Jura à la France, et peu s'en faut qu'on ne regrette alors d'être entré dans l'arche à sa suite. Aussi longtemps, en effet, que l'heureux lauréat de l'Académie française se borne à abréger nos chroniqueurs, il ne commet que d'insignifiantes méprises ; mais, dès qu'il arrive au cœur de l'ouvrage, les faux pas se multiplient ; plus il va, plus on constate qu'il ignore notre passé, nos mœurs, notre langue elle-même. D'après lui, « le parlement de Dole était divisé en deux chambres : la chambre de parlement proprement dite, et la cour des comptes (I, 224). » Non content de biffer ainsi d'un trait de plume toute l'histoire de notre chambre des comptes, il transfère le parlement à Besançon en 1636 (I, 383), le rétablit de sa propre autorité dans cette ville à la fin de 1671 (II, 359), confond les gouverneurs de la cité impériale avec les gouverneurs de la Franche-Comté (II, 175) et les députés des états avec les états eux-mêmes (II, 55), prend la Bourgogne pour le Dauphiné (II, 185), dote la confrérie de Saint-Georges de lois somptuaires (I, 328), et, réalisant un vœu de notre vieux Gollut [1], retire aux capitaines des trois régiments d'Amont, d'Aval et de Dole les pages chargés de porter leur rondache pour en former un corps de trois cents rondachiers (I, 227). Ne lui demandez pas si les *farons* sont les « évêques bourguignons (I, 10), » ou des « seigneurs de la province (I, 16). » Ce qu'il sait, c'est que la chanson de geste de Gérard de Roussillon est un « roman de geste dont Gérard est le héros (I, 12). » Les généalogies n'ont point de secrets pour lui ; il ne serait pas

---

[1] *Mémoires des Bourguignons de la Franche-Comté*, p. 126.

embarrassé d'établir comment le baron de Scey était cousin de son oncle (I, 330) et à quel titre le prince d'Aremberg avait hérité des biens de la maison de Châlon (II, 352); mais il lui répugne de croire à l'humble extraction de Granvelle et de Boyvin, et ces deux grands hommes sont pourvus d'ancêtres en dépit d'eux-mêmes (I, 216, 398). Ailleurs, il crée le conseiller Pétrey marquis de Champvans (I, 432). Ce n'est pas, au surplus, la seule circonstance dans laquelle il tranche du souverain : on le voit tour à tour remettre l'épée de connétable à Jean de Vienne (I, 81), faire d'un simple chevalier de Saint-Jacques un grand d'Espagne (II, 354, 377), et devancer Louis XV dans la voie des érections de terres en marquisats (I, 343). Qu'y a-t-il d'étonnant à ce que, dans son indifférence pour les titres de noblesse, il ait fait les barons de Scey et de Boutavant comtes (II, 60, 138), le comte de Grancey marquis (II, 68), et le comte de Guébriant et le marquis de Resnel ducs (II, 88, 398) ?

Aux bévues que je viens de signaler ajoutez les fautes de lecture. Girardot de Nozeroy parle-t-il des coqs de paroisse, M. de Piépape transforme ceux-ci en *corps de paroisse* (I, 358). Un pays qui se rattache à la maison d'Autriche de toute ancienneté est un pays qui lui appartient *de toute autorité* (I, 211); le canon n'étrille pas l'ennemi, il l'*estille* (II, 83, 483); au lieu de sauter dans la contrescarpe de Dole, un officier français saute *avec* elle (I, 415); mille francs de reste se changent en mille francs *de* rente (II, 45); le grand gruyer devient le *grand écuyer* (I, 329), la cour de parlement, la *cour du parlement* (I, 352), et l'arquebuse à rouet, la *hallebarde à rouet* (I, 227). Il ne restait, et M. de Piépape n'y a pas manqué, qu'à métamorphoser en *bandacheres* (II, 115) les bandoulières des soldats franc-comtois. Qui savait avant lui que, d'après le traité de Vincennes, tous les rejetons du *comté de Bourgogne*, « nés ou à naître (I, 45), » devaient être livrés à Philippe le Bel? Depuis Pharaon, ordonnant l'extermination des enfants mâles des Hébreux, on n'avait rien vu de tel. *Vergognia* (I, 310) n'est pas plus italien qu'espagnol. M. de Piépape lit *solida gens* (II, 264) pour *stolida gens*, *herois Mortuacis* (II, 129) pour *heroibus Mortuacis*, *hanc dabit ultra messem* (I, 464) pour *hanc dabit ultio messem*, et déjà cette dernière faute a passé de son livre dans un ouvrage récent sur les campagnes de Charles IV [1].

Je ne parle pas des noms propres, que l'heureux lauréat de l'Académie française défigure souvent au point de les rendre méconnaissables : *Fontaniers* pour Fontanieu, *Bauden* pour Baden, *Longuy* pour Longwy, *Baume* pour Beaune, *Fauché* pour Fauche, *Saint-Géran* pour Saint-Rirand, *Boccace* pour Bocage, *Thorcy* pour Mercy, *Toux* pour Joux, *Chambornay* pour Champtonnay, *la Chapelle* pour la Capolle, *la Charité* pour le Catelet, *Gomer* pour Gomez, *Aubry* pour Aubery, *Epernon* pour Espenan, *Rampan* pour Ran-

[1] F. DES ROBERT, *Campagnes de Charles IV, duc de Lorraine et de Bar*, p. 107.

zau, *Noailles* pour Navailles, *Salins* pour Chaussin, *Gibien* pour Gibieu, *Liesle* pour l'Isle, *Rohan* pour Rahon, *Ville* pour Velle, *Melliaud* pour Méliand, *Rupt* pour Rœux, *Palaiseaux* pour Balayssaux, *Acumar* pour Açumar, *Montbéliard* pour Montmélian, *Bougeaut* pour Bougeant, *Beuninghen* pour Bevernynck, *Bussolin* pour Roussillon, *Sauvigny* pour Louvigny, *Scey* pour Soye, *Maison* pour Maisod, *Borgo Maineto* pour Borgo Manero, etc. Ce ne sont pas de simples fautes d'impression [1], car il est telle de ces soi-disant coquilles qui se trouve répétée plusieurs fois. Que dire du comte de Flandre, Louis de Mâle, dont M. de Piépape fait *Louis le Mâle* (I, 73, 83, 86)! Lors du siège de Dole par Louis XIV, l'étonnement du lecteur se partage entre la résurrection de Gaston d'Orléans, mort huit ans auparavant [2], et l'arrivée de ce prétendu frère du roi en chaise roulante avec « le duc de Montmorency, fils naturel du roi d'Angleterre (II, 294); » Charles II lui-même hésiterait à reconnaître le duc de Monmouth sous le nom que l'inventeur de la *hallebarde à rouet* s'avise de lui donner. Bien amusant aussi le travestissement de Claude Marquis, curé de Saint-Lupicin, en « la Curée, dit *le Marquis* (II, 144); » il redevient ensuite « le curé Marquis, » mais demeure constamment « l'âme damnée de Lacuson; » sa vaillance ne trouve pas grâce devant

[1] Le nom seul de l'imprimeur rend cette supposition inadmissible, et M. L. Pingaud a justement fait observer avant moi le contraste qui existe entre ces fautes et l'excessive correction du texte.

[2] Cette erreur a déjà été relevée par M. G. Fagniez. V. *Revue historique*, t. XVII, p. 132.

M. de Piépape ; pour celui-ci, le courageux ecclésiastique est un « vrai bandit dissimulé sous une robe de prêtre (II, 435), » et je sais plus d'un Franc-Comtois qui, en lisant cette phrase, a soupiré : « Qu'on me ramène à Rougebief ! »

Laissons cela. On pardonnerait ces distractions à M. de Piépape, si le récit des opérations militaires répondait aux espérances que le titre d'officier d'état-major fait concevoir ; mais je ne connais rien d'incohérent, d'incomplet, en un mot, de fantaisiste comme le tableau des guerres qui ont amené la réunion de notre pays à la France. Le défaut de proportions entre les divers épisodes saute aux yeux des moins clairvoyants : l'auteur oubliera la prise de postes importants pour mentionner la mort d'un obscur gentilhomme ; il consacrera trois pages enthousiastes à une simple velléité de résistance, quand dix lignes lui auront paru suffire à l'occupation d'une grande partie de la province, et c'est en vain qu'on cherchera dans son livre des détails précis sur les forces dont celle-ci disposait, après qu'en mainte circonstance il n'aura pas fait grâce de la plus insignifiante rencontre. Rarement les effectifs sont exacts. Ce sont, entre autres, 10 à 12,000 fantassins que des témoignages irrécusables réduisent à 6 à 800 (I, 338). Suivant M. de Piépape, la cavalerie de Gallas n'est pas de 10 à 12,000 chevaux, mais de 50,000 ; le général impérial dispose, en outre, de 8,000 femmes « instruites au maniement des armes (II, 42). » Lorsque 30 cavaliers sortent des murs de Gray, la myopie du créateur du *roman de geste* les lui fait voir dix fois plus nombreux (II, 152). Vous ne me croirez pas si je vous dis qu'il trouve moyen de mettre en ligne 3,000 paysans (II, 149), là où la *Gazette de France*, « qui fanfaronne toujours [1], » n'en compte cependant elle-même que 300 au lieu de 20. Dans chaque affaire, le nombre des morts dépasse les évaluations les plus exagérées ; il en est de même du chiffre des blessés, de celui des prisonniers. Enfin, faute de mémoire, des faits de guerre sont rapportés plusieurs fois, et peu s'en faut que cela ne dégénère en habitude.

Il y a un terme d'atelier qui m'est souvent revenu à l'esprit en lisant l'*Histoire de la réunion de la Franche-Comté à la France* : si vous prenez garde au rôle que l'imagination joue dans les récits militaires de M. de Piépape, force vous sera de convenir que la plupart du temps celui-ci peint *de chic*. Que vont dire de ce blasphème ceux qui professent une admiration sans réserves pour ses *longues et consciencieuses recherches* [2] ? Longues ? Peut-être. Consciencieuses ? Non, car, s'il avait fait subir à ses assertions un contrôle plus sévère, il ne lui serait pas arrivé d'être à peu près constamment à côté de la vérité. Amasser des documents n'est pas le dernier mot de la science ; il faut discerner leur valeur respective, ne pas mettre, par exemple, le

---

[1] Boyvin, *Le siège de la ville de Dole, capitale de la Franche-Comté de Bourgogne, et son heureuse délivrance*, p. 209.
[2] *Polybiblion*, 2ᵉ série, t. XIII, p. 65.

« récit romantique (I, 153) » d'un Jean de lettres quelconque sur la même ligne que les confidences des contemporains ; il faut aussi se souvenir que de tout temps la sincérité n'a pas eu grand'chose à démêler avec la politique ; il est rare que le langage des actes officiels concorde avec celui des instructions secrètes, et le cerveau de l'historien doit jusqu'à un certain point ressembler à ce cabinet que M^me de Sévigné et ses amis souhaitaient tout tapissé de dessous de cartes.

Quoi qu'il en soit, un peu d'attention eût suffi pour éviter les bévues que je vous signale. L'échenillage auquel je me suis livré m'a pleinement convaincu que bon nombre des *folastreries* de M. de Piépape n'ont pas d'autre cause qu'une lecture trop distraite ou trop rapide : ce ne sont pourtant pas les avertissements qui lui ont manqué, car l'obligation même où il était de choisir entre les assertions opposées des écrivains des deux partis devait le mettre sur ses gardes.

Arrêtons-nous, je vous prie, au fait d'armes qui domine toute la guerre de Dix ans. S'il y a un événement qui soit connu dans ses moindres détails, c'est à coup sûr le siège de Dole par le prince de Condé. Tout a été dit sur ce glorieux épisode de nos annales : « la *Gazette de France* n'eut pendant trois mois entiers object plus curieux que les aventures de ce siège, qu'on recevoit avidement en France par les mains de cette engeance bastarde née de l'accouplement honteux du mensonge et de la vanité [1], » et rien n'est plus facile que de contrôler les nouvelles de Renaudot par le livre de Boyvin ; ce sont même les informations puisées à cette double source qui font tout le mérite de l'ouvrage de Béguillet [2]. Avec de tels guides, il était difficile de s'égarer ; il n'y avait qu'à les suivre, et l'on ne saurait assez s'étonner de toutes les chausse-trapes dans lesquelles l'inventeur de la *hallebarde à rouet* est tombé. Ce n'est pas assez pour lui d'avoir raconté deux fois la sommation de la place (I, 389, 402) ; il ignore la date précise de son investissement (I, 393). Confondre les attaques, inventer des sorties, prêter aux assiégés le découragement des assiégeants ou les desseins de l'armée de secours, voilà les distractions qu'il s'est permises dans les chapitres relatifs à la défense de notre vieille capitale (I, 410, 412, 429, 430, 431, II, 6, 13, 25) ; il vient même un moment où l'on ne sait plus quel jour le siège fut levé (II, 31).

Que sont toutefois ces peccadilles au prix de la poursuite du duc de Lorraine par le maréchal de la Force ? La retraite de la Neuvelle et le combat de Melisey dépassent en invraisemblance tout ce qu'on peut imaginer. A voir M. de Piépape se jouer des obstacles que la nature a accumulés sur notre sol, on est tenté de croire qu'il n'a jamais eu entre les mains d'autres cartes que celles de l'atlas de Mercator ; une des planches de cet ouvrage se trouve du

---

[1] BOYVIN, *Le siège de la ville de Dole*, p. 92.
[2] *Histoire des guerres des deux Bourgognes sous Louis XIII et sous Louis XIV* (Dijon, 1772, 2 vol. in-12).

reste reproduite à la fin du premier volume. Il reconnaît lui-même que « la meilleure manière d'écrire l'histoire militaire, c'est de la saisir et de la suivre sur le terrain même qui lui a servi de théâtre (I, v) : » pourquoi donc n'a-t-il pas profité des « facilités particulières » que lui offrait à cet égard le long séjour qu'il a fait parmi nous? Loin d'avoir été écrites sur les lieux, il est bon nombre de pages qui font douter que l'heureux lauréat de l'Académie française ait jamais pris la peine de lire une carte, et cependant, sans la connaissance du pays, il est impossible, je ne dis pas de raconter une invasion, mais même de décrire une bataille.

Une instruction que M. de Piépape doit connaître fait justement remarquer « qu'un officier qui ne saurait se rendre compte de l'importance et de la valeur militaire des formes du terrain représenté sur les cartes, ne pourrait tirer aucun profit stratégique ou tactique de la lecture des traités d'art militaire, de l'histoire des campagnes ou des récits de batailles [1]. » A plus forte raison ne devrait-il pas songer à écrire lui-même l'histoire de ces combats ou de ces campagnes; c'est tout au plus si l'on pardonnerait une telle outrecuidance à un simple soldat.

Voulez-vous une preuve frappante du peu d'aptitude de M. de Piépape à saisir la configuration d'un terrain? Prenez le chapitre dans lequel il raconte la

---

[1] *Instruction pour la lecture des cartes topographiques*, Introduction, p. VII.

bataille livrée aux Français sur les hauteurs de Poligny. Il n'était pas difficile de reconstituer les différentes péripéties de l'action, car les témoignages abondent : sans parler des mémoires de Campion, que l'auteur de l'*Histoire de la réunion de la Franche-Comté à la France* ne paraît pas avoir connus, il pouvait consulter la *Gazette de France*, l'histoire de Girardot de Nozeroy et les mémoires de Forget; son heureuse étoile lui avait fait découvrir aux archives du ministère des affaires étrangères une relation inédite de ce combat; il avait même, du moins il s'en vante (II, 109), mis la main sur une relation imprimée à Bruxelles, que les recherches les plus persévérantes n'ont pas fait retrouver.

Comment se fait-il qu'avec tant de moyens de connaître la vérité, M. de Piépape ait accumulé erreurs sur erreurs ? Après ce que nous savons de sa légèreté, il n'en faut pas chercher l'explication bien loin : l'inextricable confusion de sa bataille provient de ce qu'il ne s'est pas rendu compte des positions que les deux armées ennemies occupaient, et c'est aussi la cause de la plupart des fautes commises par un écrivain militaire, à qui l'inventeur de la *hallebarde à rouet* doit envier mainte trouvaille, ne serait-ce que la concentration des troupes du duc de Longueville entre Bletterans et.... Châlons-sur-Marne [1]. Avec la présomption qui ne l'abandonne jamais, il a néan-

---

[1] E. DE LA BARRE DUPARCQ, *Deux combats sous Louis XIII : Pont-de-Cé et Poligny.* V. *Spectateur militaire*, 4ᵉ série, t. XXXIX, p. 77.

moins, le malheureux ! construit des retranchements, établi des batteries, assigné aux différents corps un ordre de bataille où la vérité n'a aucune part. Jetez les yeux sur le plan qui accompagne son récit : vous y verrez les quatre forts que les régiments lorrains élevèrent à la hâte, remplacés par dix-huit redoutes disposées sur deux rangs; les Français n'ont point d'artillerie; le quartier général du duc de Lorraine se trouve en avant des lignes de son armée; enfin ce plan est la chose la plus bouffonne du monde, et la satire y puiserait les éléments d'un piquant dialogue des morts entre Feuquières, la Mothe-Houdancourt et Mercy.

La connaissance des dates n'est pas moins nécessaire à l'historien. Peu m'importe qu'un écrivain appartienne à l'armée, s'il n'est même pas capable de distinguer le calendrier grégorien du calendrier julien (I, 352, II, 68, 75, 127); son grade ne m'impose pas, et il est mal venu à parler de stratégie, lorsqu'il ignore les dates des événements qui servent pour ainsi dire de jalons au narré d'une campagne. Non qu'à mon sens on se doive asservir à indiquer la date du plus petit fait de guerre : l'essentiel est que l'ouvrage assigne à chaque engagement la place qu'il occupe dans le temps. Les dates sont, passez-moi l'expression, l'ossature de l'histoire; c'est le fonds sur lequel il faut bâtir; telles, en matière de topographie, ces courbes équidistantes auxquelles le travail du graveur substitue un ensemble de hachures savamment dégradées.

Or, chez M. de Piépape, les erreurs chronologiques sont innombrables : j'ai relevé plus de cent cinquante dates inexactes dans les pages qui ont trait à la guerre de Dix ans; le seul sommaire d'un chapitre en renferme huit, et ces erreurs ne portent pas exclusivement sur de minces détails; souvent il s'agit de faits importants, morts de souverains, déclarations de guerre, traités, diètes, sièges, batailles, etc. En voulez-vous un exemple? Charles-Quint, d'après notre auteur, vivait encore en 1596 (I, 334). Vous m'objecterez que c'est une étourderie sans conséquence. Comment, dans tous les cas, laverez-vous l'heureux lauréat de l'Académie française du reproche d'ignorer la date d'une victoire aussi décisive que celle de Nordlingen (I, 353, 360) ? On n'a pas le droit d'écrire que le prince de Condé remplaça Bellegarde dans son gouvernement avant la retraite de Monsieur aux Pays-Bas (I, 378), et il n'est pas davantage permis d'oublier que le duc de la Valette ne fut condamné à mort qu'après la levée du siège de Fontarabie (II, 90) : cette double distraction est digne du généalogiste qui a fait naître le marquis de Listenois du frère de son bisaïeul (II, 364).

Remarquez qu'une fois en verve M. de Piépape ne s'arrête plus. Selon lui, dès 1641 (II, 165), Mello avait vu sa renommée militaire sombrer dans les champs de Rocroi (19 mai 1643), tandis qu'au printemps de 1644 (II, 170), Turenne aspirait à prendre sa revanche de la défaite de Marienthal (5 mai 1645). En 1674, il retire au duc d'Enghien la direction du siège de

Besançon pour la confier à son père (II, 400, 401). Longue est d'ailleurs la liste de ses découvertes, et sur une foule de points il redresse hardiment les erreurs de ses devanciers. Ainsi, tous les historiens ont cru la peste noire de 1349. Erreur : le redoutable fléau emporta le duc Eudes IV en 1347 (I, 71). L'infante Isabelle-Claire-Eugénie n'est point morte en 1633, mais en 1630 (I, 321, 333). Louis XIII n'a pas déclaré la guerre à l'Espagne en 1635, mais en 1636 (I, 373). C'est à tort qu'Hurter a placé la mort de l'empereur Ferdinand II en 1637 (I, 372). Le bienheureux Pierre Fourier ne rendit pas son âme à Dieu en 1640, mais en 1639 (II, 127). Enfin Charles II ne succéda pas à son père en 1665, puisque, trente ans plus tôt, sa mère était déjà régente (I, 377), et, par conséquent, les Espagnols s'abusent, qui se figurent que la première femme de Philippe IV ne fut ravie qu'en 1644 à l'affection de son royal époux.

Ce qui est curieux, c'est que plus l'erreur est manifeste, plus M. de Piépape s'entête à la répéter. Pour n'en citer qu'un exemple, on sait que le château de Marly n'existait pas encore à la paix de Nimègue. Cela n'empêche pas le créateur du *roman de geste* de parler du « cabinet de Marly » dès 1667 (II, 233); l'année suivante, il montre les courtisans prenant déjà leurs mesures pour le retour à Marly (II, 270); lorsque Louis XIV assiège Dole, tout le cérémonial, non de Saint-Germain, mais de Marly, est observé dans ses quartiers (II, 275), et le marquis de Villeroi monte à l'assaut avec autant de calme que s'il assistait aux fêtes de Marly (II, 298). J'allais oublier qu'après la première conquête, le trop fameux abbé de Baume fréquentait Marly (II, 327), où il trouvait sans doute la jeunesse de Marly « dans l'ivresse (II, 341). » Avouez, mon cher ami, que ces assertions réitérées sont pour faire douter des documents authentiques, sur la foi desquels on a cru jusqu'ici que la construction de Marly n'avait été entreprise qu'en 1679.

Un autre reproche qu'on peut adresser à M. de Piépape, c'est d'avoir, sinon méconnu, du moins oublié, qu'au xvii<sup>e</sup> siècle la diplomatie n'eut pas moins de part que les armes à la réduction de la Franche-Comté : il importait de mettre ce point en lumière, et l'heureux lauréat de l'Académie française a eu tort de négliger les renseignements que fournissent à ce sujet les archives du ministère des affaires étrangères. Laissons de côté les démarches des négociateurs français à Ratisbonne, à Osnabrück, à Münster, à Aix-la-Chapelle et à Nimègue. Si vous en retranchez les pages consacrées à la mission de dom Jean de Watteville auprès des Treize Cantons, le livre de M. de Piépape est muet sur nos relations diplomatiques avec la Suisse; on n'y trouve rien qu'on n'ait pu lire ailleurs; ce n'est qu'incidemment que l'auteur mentionne l'influence prépondérante du canton de Berne au sein de cette petite république; il n'insiste pas sur l'intérêt qu'avaient l'Empire, l'Espagne et la France à gagner les voix des magnifiques et puissants seigneurs, et laisse à peine soupçonner que la succession de Neuchâtel faillit remettre en question la conquête de notre pays [1]. Qu'attendre d'ailleurs d'un historien qui, non content de se tromper grossièrement sur l'origine de la gracieuse reconnaissance (II, 207), fait assembler les diètes helvétiques hors de Suisse en prenant Baden en Argovie pour Baden en Brisgau (II, 215)?

Si du moins la forme rachetait les imperfections du fond! Vous savez, mon cher ami, quel est mon idéal en semblable matière : la langue sobre et nerveuse du dernier historien des Condé me paraît, comme à vous, le comble de la perfection ; mais il n'est pas donné à tout le monde d'atteindre à cette merveilleuse simplicité, et je me hâte de dire que je ne l'ai point cherchée dans l'*Histoire de la réunion de la Franche-Comté à la France*. Au surplus, c'est bien moins à M. le duc d'Aumale qu'à M. le comte d'Haussonville que M. de Piépape me semble avoir songé ; il a voulu, il l'avoue lui-même, continuer le sillon ouvert par l'auteur de l'*Histoire de la réunion de la Lorraine à la France*, et je gage qu'il croit s'être placé à côté de ce dernier, malgré l'humilité avec laquelle il parle de « la cruelle certitude de rester trop au-dessous d'un semblable modèle (I, xiv). »

A cet égard, je ne demanderais pas mieux que de partager les illusions de l'inventeur de la *hallebarde à rouet*, mais la vérité m'oblige à déclarer que son français n'est pas de meilleur aloi que *son érudition*,

---

[1] V. E. BOURGEOIS, *Neuchâtel et la politique prussienne en Franche-Comté (1702-1713)*, p. 103 et suiv.

*sa connaissance étendue des sources* [1]. On peut posséder une langue, et la parler avec un accent déplorable : c'est un peu le cas de M. de Piépape, dont l'emphase et la manière ont gâté les réelles qualités d'écrivain ; ces défauts se font surtout sentir dans les réflexions par lesquelles il juge à propos de rompre la monotonie du récit ; mais, tout compte fait, les pages écrites simplement sont rares, et trop souvent le lecteur s'arrête, interdit, devant des accès de lyrisme que le sujet ne comportait point.

Ce n'est pas faire injure à l'heureux lauréat de l'Académie française que de prétendre que sa manière d'écrire se ressent de certains succès mondains. La muse de l'histoire est une muse sévère ; elle n'a rien des grâces chiffonnées de la poésie fugitive, pimpante bouquetière à qui l'on dérobe les madrigaux destinés aux jolies patineuses [2], et quand on se propose de décrire des négociations et de peindre des batailles, besoin est d'oublier les petits vers qu'on a fait applaudir par de petites mains finement gantées.

En résumé, ce qui caractérise le style de M. de Piépape, c'est un singulier amalgame de termes techniques et d'expressions surprises de se produire sans le secours de la rime. A-t-il à raconter une rencontre, un siège, des opérations militaires, l'auteur de l'*Histoire de la réunion de la Franche-Comté à la France* tient à prouver qu'il est du métier, et les grands mots

---

[1] *Revue historique*, t. XVII, p. 132.
[2] V. dans le *Bulletin* de l'Académie de Besançon, année 1885, la pièce de vers intitulée : *Les patineuses des marais de Saône*.

de *défense mobile, mouvement tournant, mur à crémaillère, à redans, formation en échiquier, retraite par échelons,* etc., coudoient des phrases qui eussent fait pâmer d'aise les romantiques aux beaux temps de la monarchie bourgeoise. Il peint Marguerite d'Autriche « énergique et séduisante à la fois,..... un peu mélancolique peut-être, car elle portait le fatal reflet des tristesses de son enfance et des malheurs de son âge mûr (I, 210). » Si la rudesse des mœurs de nos pères ne lui permet pas de s'entourer d' « une opulente pléiade de personnages galants, spirituels, chevaleresques, aventureux, attrayants, de femmes séduisantes par les grâces de l'esprit, les charmes de la beauté, la sensibilité du cœur (I, xiv), » il s'en dédommage en montrant Lacuson « sous les traits d'un homme jeune encore, à la tournure élégante, d'une beauté mâle, avec de longs cheveux noirs, des yeux vifs perdus sous de profondes arcades sourcilières, un teint d'une pâleur chaude et brune, » et « un costume à l'avenant (II, 144). » Notez que l'intrépide capitaine est pour lui un « sinistre oiseau de proie, » en même temps que le « défenseur obstiné d'un petit peuple libre (II, 240). » Il est des expressions qu'il affectionne : les *bicoques* sont aussi nombreuses dans son livre que les *repaires*; tout engagement dégénère en un combat *corps à corps*; les femmes sont invariablement des *amazones*, et l'on ne saurait compter les généraux qui se portent *de leur personne* sur tel ou tel point du théâtre de la guerre; lorsque le grand Condé arrive, le 5 février 1668, à

Rochefort, c'est « de sa personne (II, 272); » s'il passe le lendemain à Grandfontaine, c'est encore « de sa personne (II, 273); » le 10, Louis XIV est également « de sa personne » sous les murs de Dole (II, 292); bref, ce *de sa personne* est pour M. de Piépape le chien du Bassan.

Ce n'est pas tout. En plus d'un endroit, les réminiscences de l'antiquité classique rivalisent avec les souvenirs du moyen âge : les Espagnols font usage de *catapultes* à Pavie (I, 207); l'infanterie comtoise se compose d'*hommes d'armes* (II, 60); un gentilhomme bourguignon revêt une *cotte de mailles* pendant la guerre de Dix ans (II, 104), tandis que devant Dole les mousquetaires français portent des *amphores* de vin sur leur tête (II, 293). Nous avons aussi, au grand scandale des géologues, les brèches qu'un géant semble avoir taillées dans le *granit* (vous lisez bien) des plateaux du Jura (II, 141). Quoi de plus réussi, dans le genre troubadour, que la « poursuite galante » après laquelle Frédéric Barberousse déposa « son cœur amoureux et son épée libératrice » aux pieds de « la beauté qui servit de palme à cette campagne romanesque (I, 21)? » Et le « palais gothique » de Rainaud III (I, 22) ! Et « les sentiers de pâtre par lesquels le duc de Lorraine pénétrait clandestinement dans l'enceinte bien-aimée de Belvoir (I, 360) ! » Et « les horribles luttes corps à corps, les abordages désespérés, les engagements dans l'ombre, sous terre, loin de tout regard humain (I, 432), » les « lambeaux de corps palpitants partagés entre des bouches moribondes (II, 118) ! » Que l'heureux lauréat de l'Académie française transforme le pillage d'une petite ville en « un coup de tonnerre, » qu'il y voie le « présage de l'ouragan qui allait fondre » sur les Franc-Comtois (I, 363), ceci n'est que ridicule; mais en mainte circonstance la recherche des mots sonores égare son jugement, comme lorsque oubliant le double exil des membres du parlement de Besançon, il montre celui-ci arrivant « bientôt vis-à-vis du gouvernement français à un degré de courtisanerie qui touchait à la servilité (II, 455). » Les châteaux en ruine du comté de Bourgogne sont, bien entendu, les « derniers repaires de la barbarie, » et il écrit sans sourciller que « Louis XI a été contre eux l'instrument prédestiné des vengeances célestes (I, 169). » Après tout, gémir à la vue de « sommets solitaires » sur « les victimes qu'y fit pendant des siècles la tyrannie de ces fiers donjons, » n'est pas plus 1830 que de parler du « fanatisme » des Dolois (I, 413).

Un moyen s'offrait cependant de rentrer en grâce auprès des érudits : M. de Piépape n'avait qu'à faire un choix intelligent parmi les documents qui ont passé entre ses mains, et l'intérêt des pièces justificatives eût sauvé son livre de l'oubli. Au lieu de cela, que trouve-t-on aux preuves de l'*Histoire de la réunion de la Franche-Comté à la France?* Des titres insignifiants ou incomplets, des dépêches déjà publiées, des extraits d'ouvrages qui n'ont même pas le mérite de la rareté. L'historien en quête d'inédit demeure stupéfait lorsqu'il découvre que la plupart de ces documents voient le jour pour la seconde fois ; à ne prendre que la période qui va de 1635 à 1646, vingt-cinq pièces justificatives sur cinquante ont déjà paru depuis longtemps dans différents recueils, et les fautes dont leur réimpression fourmille ne sont pas pour diminuer la déconvenue que cette constatation cause au lecteur.

Vous voyez, mon cher ami, que ce n'est pas à la légère que je me suis inscrit en faux contre les louanges données à ces deux volumes. J'aurais encore plus d'une observation à vous soumettre, si déjà je ne craignais d'avoir dépassé les bornes de la réponse que vous attendiez. Au surplus, la lecture des notes que je vous envoie vous laissera peu de chose à apprendre sur la façon dont M. de Piépape écrit l'histoire. Vous me rendrez cette justice que, dans ces notes, je n'ai rien avancé que je n'aie surabondamment prouvé ; en cela, je n'ai pas imité l'heureux lauréat de l'Académie française, à qui l'on a reproché à bon droit ce que ses renvois aux sources ont d'incomplet. La nouvelle école historique nous a accoutumés à plus de précision et de correction : nous sommes ainsi faits que nous voulons savoir où un écrivain a puisé ses assertions, et nous ne nous contentons plus d'indications comme celles-ci : PROCOPE, *Historiæ*; PARADIN, *Annales*; COMINES, *Mémoires*; Olivier DE LA MARCHE, *Mémoires*; GOLLUT, *Mémoires*; CHIFFLET, *Vesontio*; DE THOU, *Hist. de France*; BOYVIN, *Siège de Dole*; FORGET, *Hist. du duc de Lorraine*; GIRARDOT, *Guerre de Dix ans*; GUICHENON, *Hist. de*

*Bresse*; D. Plancher, *Hist. de Bourgogne*; Courrouzon, *Hist. du parlement*; Dunod, *Nobil.*, etc. C'est de cette manière, en effet, que la plupart du temps l'inventeur de la *hallebarde à rouet* désigne les témoins auxquels il se réfère; on ne sait pas, à première vue, s'il s'agit d'un livre ou d'un manuscrit; nulle indication d'édition, de recueil, de volume ni de page; pour lui, c'est assez d'écrire *Comptes de Varry* (I, 114), *Journal de Jean Grivel* (I, 256, 266, 267, 271, 272, 277, 287, 291, 292, 301, 302, 303, 304, 306, 307, 310), ou *Mém. de Richelieu* (I, 406, 423, 428, 429, 432, II, 3, 5, 69, 71, 80, 107, 114, 117, 120, 153); l'abbé Arnauld est devenu M. d'Arnaud (II, 109); le général Susane a fait place au général de Sainte-Suzanne (II, 299), et nous devons nous estimer heureux qu'ayant changé Struve en Stauvii (I, 22), M. de Piépape n'ait pas fait Grotii de Grotius. Mettons-nous cependant à la place des étrangers. Quelle difficulté un membre de l'Académie d'histoire de Madrid n'éprouvera-t-il pas, par exemple, à compléter ces énonciations sommaires : *Chronique de Jean Bontemps*, *Hist. de Saint-Hippolyte*, *Opuscules de M. Duvernoy*? Jamais il ne reconnaîtra les *Œconomies royales* de Sully dans *Ac. royale* (I, 299); il ne saura pas ce que veulent dire : Courchetet (I, 118), Dumontet la Terrade (I, 157), ou D. Grappin (I, 208), et son embarras n'aura d'égal que celui de l'érudit, qui, désireux de vérifier une citation, se sera heurté à ces mots : *Cartulaire de Bourgogne*, *Mss. Persan*, ou *Mss. de la bibliothèque de Besançon*. Le mieux, pour tous deux, serait de suivre l'excellent conseil que donne M. de Piépape, lorsqu'il écrit : V. M. Castan (I, 22).

Et c'est pourtant à ce livre que l'Académie française a naguère accordé un des prix de la fondation Thérouanne! Ce sont ces chevauchées au pays de la fantaisie que le verdict des quarante a rangées parmi les meilleures œuvres historiques de notre temps! Encore un peu, et la pomme entière [1] ne semblait pas de trop pour récompenser *cette exacte mesure, cette fidélité au double devoir du patriotisme et de l'impartialité qui caractérisent l'ouvrage de M. de Piépape*, en attendant la *seconde édition que mérite le récit d'événements se rattachant aux principales périodes de notre histoire nationale* [2].

Convenez, mon cher ami, que, sans le brin de laurier passé à la boutonnière du créateur du *roman de geste*, la plaisanterie n'eût pas été complète. Je rencontre des gens qui s'étonnent que les académiciens n'aient pas été choqués d'erreurs susceptibles d'entraîner l'ajournement d'un candidat au baccalauréat. Ceux-là ne prennent pas garde que ces erreurs sont comme noyées dans le récit d'événements dont la plupart des hôtes du palais Mazarin ne savent pas le premier mot. Croient-ils d'ailleurs qu'il soit nécessaire de lire un livre pour avoir une opinion sur son compte? Bon, cela, pour les naïfs provinciaux comme

---

[1] Sur le montant du prix Thérouanne, 1,500 fr. ont été accordés à M. de Piépape. Le surplus (2,500 fr.) avait été attribué à M. le commandant Bourelly.

[2] *Revue des questions historiques*, janvier-avril 1881, p. 567 et 573.

nous : de méchantes langues prétendent qu'à Paris le nombre croissant des solliciteurs ne permet pas toujours de leur donner audience ; il faut recourir au principe tout moderne de la division du travail, et, qui sait ? c'est peut-être un romancier ou un vaudevilliste qui, en qualité de rapporteur, joue du couteau dans les volumes d'histoire déposés sur sa table ; n'empêche que la besogne s'expédie ; le jour de la séance publique arrive, et l'aimable auteur de la *Considération* apprend au monde des lettres que *l'excellent travail de M. le commandant de Piépape méritait qu'on le distinguât* [1].

Ce qui m'a bien autrement étonné que de voir conférer à M. de Piépape une *distinction après laquelle tout éloge est superflu* [2], ç'a été de le trouver à la tête de l'Académie de Besançon. Par quelle aberration cette compagnie l'a-t-elle choisi pour président ? S'est-elle seulement proposé de reconnaître l'impartialité dont il avait fait preuve en rendant hommage à la résistance des vaincus ? A-t-elle, au contraire, fini par se persuader que, supérieure aux consciencieuses études des Clerc et des Perraud, l'*Histoire de la réunion de la Franche-Comté à la France* avait inauguré « une autre manière non moins conforme, assurément, aux exigences de la vérité historique, mais d'un caractère plus large, plus véritablement français (I, XIII) ? » Toujours est-il que ce vote m'a sin-

---

[1] C. Doucet, *Rapport sur les concours*. V. *Revue politique et littéraire*, 6 août 1881, p. 167.
[2] *Bibliothèque de l'École des Chartes*, t. XIII, p. 87.

gulièrement surpris : les raisons qu'on peut alléguer à Paris ne sont plus de mise aux bords du Doubs ; l'Académie de Besançon compte encore dans son sein un certain nombre de vieux Comtois, et j'ai peine à comprendre qu'à la séance où l'inventeur de la *hallebarde à rouet* a été nommé président, aucun d'eux n'ait crié : Casse-cou ! aux promoteurs d'une semblable candidature.

Il est vrai que la plupart étaient condamnés au silence par les remerciements mêmes de M. de Piépape, attendu que celui-ci avait tenu à graver leurs noms au front du monument qu'il venait d'élever. « Je croirais manquer à un devoir, dit-il dans son *Avant-propos*, si je ne citais les noms des érudits bienveillants qui m'ont éclairé de leurs conseils ou de leurs lumières, et qui ont bien voulu faciliter mes longues et patientes recherches (I, xix). » Suit une liste, qui va de M. Pingaud, professeur d'histoire à la faculté des lettres de Besançon, à M. Xavier Marmier. Certes, parmi les hommes sous le patronage desquels s'est ainsi placée l'*Histoire de la réunion de la Franche-Comté à la France*, plus d'un a dû être médiocrement flatté de se voir associé à la gloire de l'heureux lauréat de l'Académie française ; j'en sais qui se seraient volontiers passés du témoignage public de sa reconnaissance, et dernièrement encore l'un d'eux m'écrivait dans un plaisant mouvement de colère : « Le joli guerdon d'être déclaré praticien par un pareil gâcheur de plâtre ! » Il n'en est pas moins certain que les convenances leur interdisaient d'attaquer l'écrivain qui les avait si courtoisement remerciés de leurs obligeants conseils.

Brisons là, mon cher ami, je n'ai que trop abusé de votre patience, et peut-être y a-t-il lieu de tirer des remarques qui précèdent une courte conclusion. Cette conclusion, c'est à Horace que je la veux demander, en rappelant que ce n'est pas aux seuls poètes de se souvenir du sage précepte :

> Sumite materiam vestris, qui scribitis, æquam
> Viribus, et versate diu quid ferre recusent,
> Quid valeant humeri [1].

Encore un coup, mon but n'est pas de jeter le ridicule sur la personne de M. de Piépape ; il ne m'en coûte nullement de tenir celui-ci pour le plus galant homme du monde ; je reconnais les efforts que représente l'enfantement de son livre, et si dans mes notes je fais de fréquentes allusions, tantôt à sa découverte de la *hallebarde à rouet*, tantôt à sa métamorphose d'une chanson de geste en *roman de geste*, c'est uniquement pour ne pas répéter son nom à tout bout de champ. Qu'il continue à envoyer des variations littéraires aux sociétés savantes qui se félicitent de le compter au nombre de leurs membres, je n'y vois pas d'inconvénients. Au fond, c'est moins son incursion dans le domaine de la science que je blâme, que les éloges qu'elle lui a valus ; en faisant passer l'*Histoire de la réunion de la Franche-Comté à la France* par l'étamine de ma critique, j'ai simplement voulu

[1] *Ad Pis.*, v. 38-40.

montrer que de nos jours on acquiert à bon compte la réputation d'historien consciencieux ; peut-être, à l'avenir, y regarderons-nous à deux fois avant de ratifier par notre silence les arrêts de l'Académie française.

Il serait temps d'ailleurs que chacun consentît à ne plus sortir de son rôle, car, pour un bon livre que nous devons aux *jeunes commandants qui, maniant la plume aussi bien que l'épée, consacrent à des travaux d'histoire les heures inoccupées de leurs intelligents loisirs* [1], il en est neuf qui ne nous apprennent rien. Vous connaissez le trait de cet homme de guerre que, tout huguenot qu'il était, on surprit à lire le bréviaire à l'époque où les évêques abandonnaient leurs diocèses pour commander les armées. Pour peu que les officiers d'état-major continuent à chasser sur les terres de l'Ecole des Chartes, il ne restera bientôt plus à nos modernes bénédictins qu'à étudier le service en campagne, et, si l'on s'en étonne, ils pourront répondre avec le capitaine dont les contemporains ont loué la verte boutade : « Puisque ces messieurs font notre métier, il faut bien que nous fassions le leur. »

E. LONGIN.

[1] C. Doucet, *Rapport sur les concours.* V. *Revue politique et littéraire*, 6 août 1881, p. 167.

# HISTOIRE
### DE LA
# RÉUNION DE LA FRANCHE-COMTÉ
### A LA FRANCE
#### (CHAPITRES VIII A XV)

# NOTES

# CHAPITRE VIII

Tome I, page 321. *Mort de l'archiduchesse (1630).*

De quelle archiduchesse le rédacteur du sommaire de ce chapitre veut-il parler?

Ibid. *Jonction des troupes comtoises avec celles du comte de Feria (1633). — Mort de M. de Feria (décembre 1633).*

D. Alvarez de Figueroa n'était pas comte, mais duc de Feria : il ne mourut pas en décembre 1633, mais en février 1634.

Ibid. *Manifeste du duc de Lorraine. — Richelieu veut le faire enlever à Besançon.*

Jamais Richelieu ne put se flatter de faire enlever Charles IV dans Besançon même.

Page 322. *Lettre anonyme datée de Saint-Claude (du 30 octobre 1616). Le marquis de Varambon au gouverneur des Pays-Bas (24 octobre 1616).*

Entre les deux lettres adressées à l'archiduc Albert, l'une, le 24 octobre 1616, par le comte de Champlitte, la cour et les bons personnages; l'autre, le 26 octobre 1616, par le comte de Champlitte et la cour, se placerait difficilement une dépêche du marquis de Varambon. Pourquoi, d'autre part, qualifier de *lettre anonyme* une lettre signée : « Les eschevins et conseil de la ville de Sainct-Claude : Brody, Benoict, Jacques, Perret [1] ? »

---

[1] *Corr. du parlement,* Arch. du Doubs, B. 72.

Ibid. *Un chevalier français, M. de Boccace, seigneur de Rigny, ayant un jour conduit ses manants sous les murs de Gray, avec promesse de pillage, cinq cents hommes du pays allèrent prendre en représailles le château de Rigny, malgré la défense énergique de la garnison.*

Avant de copier les derniers historiens de Gray [1], M. de Piépape aurait bien fait de lire attentivement les documents originaux : il n'aurait ni estropié le nom du sieur du Bocage, ni donné de telles proportions aux démêlés de ce cavalier avec les sieurs de Verneuil et de Certhon [2]. Mieux eût valu mentionner la panique que Mansfeld causa en Franche-Comté [3]. Que dire cependant de l'apparition d'un *chevalier* en 1621 ?

Page 323. *Aux armements de M. de Saint-Géran en Lorraine, il fut répondu par des levées au bailliage d'Amont.*

Au lieu de *Saint-Géran*, il faut lire : Saint-Rirand [4]. Les levées de François Damas avaient lieu pour le compte du duc de Savoie [5].

Ibid. *Le marquis de la Baume à la cour (1ᵉʳ octobre 1621).*

---

[1] Gatin et Besson, *Histoire de la ville de Gray*, p. 161.

[2] Les officiers de Gray à la cour, Gray, 9 et 11 novembre 1621. — *Corr. du parlement*, Arch. du Doubs, B. 80.

[3] L'infante Isabelle-Claire-Eugénie au comte de Champlitte, Bruxelles, 9 et 21 juillet 1622. — A. Dubois de Jancigny, *Recueil de chartes et autres documents pour servir à l'histoire de la Franche-Comté*, p. 179.

[4] Le P. Anselme, *Histoire généalogique et chronologique de la maison royale de France*, t. VIII, p. 340.

[5] Le marquis de Saint-Rirand au comte de Champlitte, Lignéville, 3 octobre 1621 ; la cour à l'infante, Dole, 4 octobre 1621 ; le comte de Champlitte au marquis de Saint-Rirand, Gray, 7 octobre 1621 ; le comte de Champlitte à la cour, Gray, 9, 11 et 14 octobre 1621 ; l'infante au comte de Champlitte, Bruxelles, 15 octobre 1621. — *Corr. du parlement*, Arch. du Doubs, B. 80.

Au début du xvııᵉ siècle, les titres étaient encore attachés à la terre, et c'est faire preuve d'une ignorance singulière que de transformer le futur marquis de Saint-Martin en *marquis de la Baume*.

Ibid. *Elle* (la milice) *formait un effectif de 5,500 hommes de pied et 250 chevaux.*

Les trois régiments d'Amont, d'Aval et de Dole devaient, d'après le règlement du 8 octobre 1610, former un effectif de 5,600 hommes et 280 chevaux ; mais le 9 avril 1612, l'archiduc Albert décida qu' « au lieu des vingthuit compagnies de soldats esleuz mentionnez au premier reglement, le nombre desd. esleuz sera d'oiresenavant de vingtcinq compagnies et non plus, et chacune compagnie de deux cens hommes de pied et de dix chevaux, qui feront en tout cinq mille hommes et deux cens cinquante chevaux [1]. » Les chiffres donnés ici ne sont donc pas rigoureusement exacts.

Ibid. *Les officiers étaient pris non seulement dans la noblesse, mais entre les gens capables du tiers état.*

L'intention des souverains de la Franche-Comté était même que les officiers des élus fussent pris « tant que faire se pourra » parmi les gens du tiers état, « affin de ne divertir les nobles du service qu'ils doibvent en mesme temps au riereban [2]. »

Ibid. *Elles* (les communautés) *pourvoyaient en tout temps à l'approvisionnement des armes,* etc.

Félicitons M. de Piépape d'avoir relégué dans l'arsenal de ses distractions la *hallebarde à rouet* (I, 227) dont il est l'inventeur. Puisqu'il entre dans quelques détails sur l'ar-

---

[1] PETREMAND, *Recueil des ordonnances et edicts de la Franche-Comté de Bourgogne*, p. 318 ; A. DE TROYES, *Recès des états de la Franche-Comté de Bourgogne*, t. II, p. 127.

[2] PETREMAND, *op. cit.*, p. 319.

mement des élus, ne serait-ce pas le cas de mentionner qu'ils étaient entretenus par les communautés pendant six semaines? De brèves indications sur la solde auraient également dû compléter ce tableau de la milice franc-comtoise.

Page 324. *En cas d'imminent péril....*
Nos pères disaient : d'éminent péril.

Ibid. *Chaque compagnie comptait.... 90 arquebusiers.*
Lisez : 95 arquebusiers. Dans le principe, ils devaient être 100, mais l'ordonnance du 27 janvier 1617, qui décida que chaque compagnie aurait deux tambours, un fifre, un page pour le capitaine et un page pour l'alfère, supprima « cinq places de simples harquebusiers pour chacune desdites compagnies, pour employer la paye desd. cinq places aux gages desdits tambours, fifres et pages [1]. »

Ibid. *Il (le rière-ban) comprenait 400 chevau-légers fournis par la noblesse.*
Ce chiffre de 400 chevau-légers pour les trois bailliages d'Amont, d'Aval et de Dole n'avait rien de fixe. Le « repartement » de 1614 nous montre « en tous lesdits bailliages, les terres comprinses, cinq cent et un chevaux-légers [2]. » En 1629, le rière-ban ne comprenait plus que 419 chevaux [3].

Ibid. *Un règlement spécial fixait le nombre des cavaliers que devait amener chacun des féod... moins d'y substituer des aides en argent.*

M. de Piépape ne paraît pas se douter que ces aides en

---

[1] PETREMAND, *Recueil des ordonnances et edictz de la Franche-Comté de Bourgogne*, p. 343.

[2] A. DE TROYES, *Recès des états de la Franche-Comté de Bourgogne*, t. II, p. 157.

[3] LABBEY DE BILLY, *Histoire de l'Université du comté de Bourgogne*, t. II, p. 150.

argent n'étaient autre chose que les sommes fournies par ceux qui ne rendaient pas le service personnel « pour la petitesse du revenu de leurs fiefs. » C'est ainsi qu'en 1614, « Vesoul, tenu par dame Philiberte d'Aucourt, femme du sieur baron de Tavannes, déclaré pour treize cent soixante frans de revenu, » fournissait deux chevau-légers, « aidé de seize frans huit gros, pour ce que tient le sieur lieutenant Jacquinot au lieu d'Auxon, Gressoux, ou finage et territoire de Vaivre et au lieu de Navennes, déclaré pour deux cent frans de revenu; aussy de trente gros pour ce que tient l'avocat Cordemoy, procureur d'Amont, etc. [1]. » La même chose se pratiquait à l'égard des « communiers. »

Page 323. *Le rière-ban n'était mis sur pied qu'en cas d'imminent péril déclaré par le gouverneur d'accord avec la cour de Dole.*

Il ne serait pas inutile de faire connaître que, bien que les milices nationales ne dussent être mises en campagne qu'après la publication de l'éminent péril « en la forme prescrite par les ordonnances, » la déclaration du 9 avril 1612 prévoyait néanmoins la « levée de quelques particulières compagnies, ou de partie dudit riereban seulement.... pour urgentes necessitez. » Si le gouverneur n'avait pas le temps de prendre les instructions de Bruxelles, ces mesures demeuraient remises « à sa loyauté, conscience et intégrité [2]. »

Ibid. *Lettre de Boyvin à M. de Vergy, Dole, 28 février 1623.*

Lisez : La cour au comte de Champlitte, Dole, 28 fé-

---

[1] A. DE TROYES, *Recès des états de la Franche-Comté de Bourgogne*, t. II, p. 136.

[2] PETREMAND, *Recueil des ordonnances et edictz de la Franche-Comté de Bourgogne*, p. 348 ; A. DE TROYES, *Recès des états de la Franche-Comté de Bourgogne*, t. II, p. 128.

vrier 1623. Ce qui a induit M. de Piépape en erreur, c'est que la minute de la lettre du parlement à Clériadus de Vergy est de la main de Jean Boyvin [1]. Cette dépêche est d'ailleurs citée d'une manière inexacte.

Page 326. *Les états furent convoqués en 1624 et en 1625. Ils accordèrent au roi d'Espagne un don gratuit de 150,000 francs, payable par anticipation, en trois ans au lieu de six.*

On dirait que l'heureux lauréat de l'Académie française ne s'est jamais donné la peine de lire les recès de nos assemblées provinciales. Le don gratuit de 150,000 francs, qui fut accordé au roi d'Espagne en 1624, n'était pas payable en trois ans, mais « en six termes, le premier commençant un an après qu'il aura plu à Son Altesse d'envoyer lesdites lettres de non-préjudice [2]; » ce fut Philippe IV, qui depuis « auroit faict anticiper le payement, et au lieu de six termes réduit iceulx à trois [3]. » Quant aux états de 1625, ils accordèrent « six-vingt mille frans, » payables en trois termes, « le premier tombant au 26e décembre de l'an 1627, et le second et tiers à tel jour des années 1628 et 1629 [4]. »

Ibid. *Boyvin à la cour (9 septembre 1624).*

Lisez : La cour au comte de Champlitte, Dole, 9 septembre 1624. La minute de cette dépêche est de la main de Boyvin, mais cela ne justifie pas M. de Piépape d'avoir lu : *A la cour*, où il y a : M. le conte [5].

---

[1] *Corr. du parlement*, Arch. du Doubs, B. 87.
[2] A. DE TROYES, *Recès des états de la Franche-Comté de Bourgogne*, t. II, p. 318 ; E. CLERC, *Histoire des états généraux et des libertés publiques en Franche-Comté*, t. II, p. 28.
[3] A. DE TROYES, *op. cit.*, t. II, p. 402.
[4] ID., *op. cit.*, t. II, p. 401 ; E. CLERC, *op. cit.*, t. II, p. 31.
[5] *Corr. du parlement*, Arch. du Doubs, B. 91.

Ibid. *Voir les* Recès *des états publiés par Jean de Troyes.*

Que vient faire ici le compère de Caboche? Adolphe de Troyes eût assurément été surpris de sa transformation en *Jean de Troyes.*

Page 327. *Son patron était saint Georges, dont les reliques avaient été rapportées de Palestine, en 1390, par Philibert de Molans, et déposées dans la chapelle du château de Rougemont.*

Ce n'était pas de Palestine que Philibert de Molans avait rapporté le reliquaire renfermant « une jointe du doit de Monsieur S¹ George : » l'inventaire du trésor des reliques de la chapelle de Rougemont nous apprend que ce reliquaire lui avait été donné par Jean Chapelain, seigneur de la Motte, après la mort de Charles VI [1]. D'un autre côté, ce ne fut pas en 1390, mais en 1433, que Philibert de Molans fit le « saint voyage d'oultremer [2]. »

Ibid. *Cette confrérie devint le berceau et le sanctuaire de la noblesse d'épée en Franche-Comté.*

M. de Piépape se fait illusion sur l'importance de la confrérie de Saint-Georges. Faut-il rappeler que ce ne fut guère que dans la seconde moitié du xviie siècle qu'elle prétendit jouer un rôle politique? A la veille de la guerre de Dix ans, beaucoup de grands noms dédaignaient encore de figurer sur les registres de la confrérie fondée par le pauvre écuyer de Rougemont : c'est ainsi que, quoi qu'on en ait

---

[1] A. Castan, *La provenance anglo-française du reliquaire primitif de la chevalerie franc-comtoise de Saint-Georges,* dans les *Mémoires* de la Société d'émulation du Doubs, année 1896, p. 77.

[2] Id., *Les origines de la chevalerie franc-comtoise de Saint-Georges,* dans les *Mémoires* de la Société d'émulation du Doubs, année 1883, p. 101. Cf. C. Thuriet, *Étude historique sur le bourg de Rougemont,* dans les *Mémoires* de la Société d'émulation du Doubs, année 1876, p. 221.

dit [1], ni le marquis de Conflans ni le marquis de Saint-Martin ne firent partie de cette association nobiliaire.

Page 328. *Ils* (les confrères de Saint-Georges) *avaient un règlement pour bannir le luxe de leur existence.*

Le créateur du *roman de geste* a bien tort de ne pas publier ce règlement, dont aucun de nos historiens n'a soupçonné l'existence [2].

Page 329. *Il restait à la noblesse dépossédée un certain nombre d'emplois qui lui étaient exclusivement réservés par le roi d'Espagne. En première ligne, celui de gouverneur particulier de la province; puis les charges de.... grand écuyer et commissaire des montres.*

La charge de *grand écuyer!* M. de Piépape alléguera sans doute que cette bévue se trouve dans Labbey de Billy [3]. Vaine excuse : s'il eût mieux connu le pays dont il a la prétention d'écrire l'histoire, il ne lui serait point arrivé de transformer le grand gruyer en grand écuyer.

Ibid. *Chacune des autres charges était rétribuée à moins de 500 livres.*

L'heureux lauréat de l'Académie française est dans l'erreur. Bon nombre de gages dépassaient la somme qu'il indique; pour ne parler que des commandants de places fortes, « les gouvernements particuliers de Dole, Salins et

---

1 C. BAILLE, *Du rôle politique et militaire de la chevalerie de Saint-Georges en Franche-Comté*, dans le *Bulletin* de la Société d'agriculture, sciences et arts de Poligny, année 1878, p. 140.

2 Cf. GOLLUT, *Mémoires des Bourguignons de la Franche-Comté*, p. 963 et suiv.; DUNOD, *Mémoires pour servir à l'histoire du comté de Bourgogne*, p. 272; Marquis DE SAINT-MAURIS, *Aperçu succinct sur l'ordre des chevaliers de Saint-Georges du comté de Bourgogne*, p. 35.

3 *Histoire de l'Université du comté de Bourgogne*, t. I, p. 132.

Gray.... valoient 100 fr. par mois [1] ; » le sergent de bataille Bonours avait 600 livres par an [2]. Si la charge de gouverneur du comté était « plus d'authorité que de profit [3], » de même que les trois charges de baillis d'Amont, d'Aval et de Dole, c'était l'effet de la politique traditionnelle de l'Espagne à l'égard de notre pays.

Ibid. *Charles-Quint la traita cependant* (la noblesse) *avec égards :* « *plutôt, dit Dunod, par inclination que par politique.* »

Lorsqu'on cite un auteur, il faut au moins le faire d'une manière exacte. Dunod dit que « Charles-Quint favorisa les Comtois, par inclination autant que par politique [4]. »

Page 330. *Le marquis de Listenois au gouverneur (Clairvaux, 8 décembre 1629). Pendant ce temps, son cousin, M. Claude de Bauffremont, baron de Scey....*

Le baron de Scey était fils de Guillaume de Bauffremont, frère de Joachim de Vienne, dit de Bauffremont, marquis de Listenois. Ce dernier n'était donc pas son cousin, mais son oncle [5].

Page 331. *Le gouverneur en fut lui-même victime* (de la peste).

Clériadus de Vergy ne mourut point de la peste [6].

---

[1] *Etat ancien de la noblesse et du clergé de Franche-Comté*, dans le *Bulletin* de la Société d'agriculture, sciences et arts de Poligny, année 1879, p. 324.

[2] *Chambre des comptes*, Arch. du Doubs, B. 582.

[3] GIRARDOT DE NOZEROY, *Histoire de dix ans de la Franche-Comté de Bourgogne*, p. 11.

[4] DUNOD, *Histoire du comté de Bourgogne*, t. II, p. 422.

[5] ID., *op. cit.*, t. II, p. 509.

[6] Froissard-Broissia à la cour, Besançon, 27 novembre 1630 ; la cour à l'infante Isabelle-Claire-Eugénie, Dole, 27 novembre 1630, dans le *Bulletin* de la Société d'agriculture, sciences et arts de Poligny, année

Ibid. « *Il avait, dit le procureur général Brun, un merveilleux génie pour fléchir et ployer les volontés, etc.* » (*Lettre d'Ant. Brun. Archives du Doubs.* Corresp. du parlement.)

A la mort du comte de Champlitte, Antoine Brun n'était pas encore procureur général, puisqu'il ne fut pourvu de cette charge qu'en 1632 [1]. Pourquoi ne pas donner la date de la lettre en question ? J'incline à croire que cet éloge de Clériadus de Vergy n'est pas tiré de la correspondance du parlement, mais de l'oraison funèbre prononcée par le Démosthène de Dole, et ce qui me le fait supposer, c'est qu'à quelques mots près, les phrases que cite M. de Piépape se retrouvent dans celle-ci [2].

Page 332. *La cour avait tenté aussi d'abaisser la noblesse en supprimant les bons personnages. M. de Vergy à la cour. (Gray, 18 février 1615.)*

Singulière idée que de donner, comme preuve des dispositions hostiles du parlement à l'endroit de la noblesse, une lettre par laquelle Clériadus de Vergy informe simplement la cour que l'archiduc Albert la charge de faire publier et observer un mandement « sur le suject du port de l'arquebuse et de la chasse en ce pays [3]. »

---

1878, p. 46 ; Boyvin à Chifflet, Dole, 1ᵉʳ décembre 1630. — *Mss. Chifflet*, t. CXXXIV, fol. 277 ; *Discours funèbre prononcé en l'église Nostre-Dame de Dole, par Antoine Brun, advocat en parlement et du conseil de ladicte ville*, dans les *Mémoires* de la Société d'émulation du Jura, année 1873, p. 375 ; *Livre de raison de la famille de Froissard-Broissia*, dans les *Mémoires* de la Société d'émulation du Jura, année 1886, p. 93.

[1] GIROD DE NOVILLARS, *Essai historique sur quelques gens de lettres nés dans le comté de Bourgogne*, p. 37.

[2] BRUN, *Discours funèbre prononcé en l'église Nostre-Dame de Dole*, p. 357 et 363.

[3] Le comte de Champlitte à la cour, Gray, 18 février 1615. — *Corr. du parlement*, Arch. du Doubs, B. 68.

Ibid. *Devenue veuve, l'infante se renferma dans son rôle de gouvernante générale des Pays-Bas, et pourvut de loin seulement au gouvernement de la Franche-Comté.*

Est-ce à dire qu'avant la mort de l'archiduc Albert, la vertueuse princesse ait pourvu *de près* aux affaires qui intéressaient notre pays? L'auteur de l'*Histoire de la réunion de la Franche-Comté à la France* serait bien empêché de rapporter à quelle époque l'infante Isabelle-Claire-Eugénie a séjourné dans la province.

Page 333. *Le pays était si épuisé par la peste et la famine, que le don gratuit ne put même pas être fourni à Philippe IV, bien qu'il eût été réduit jusqu'à 30 et même à 15,000 livres.*

Comment l'heureux lauréat de l'Académie française peut-il émettre une assertion semblable? Je le soupçonne fort de ne s'être inspiré que de son imagination. De quel don gratuit veut-il parler? Nous avons vu que les états avaient accordé à Philippe IV 150,000 francs en 1624 et 120,000 francs en 1625. En 1629, l'assemblée consentit encore à voter la somme de 150,000 francs, en faisant toutefois observer « qu'adjoutant aux années précédentes les termes assignés pour le paiement de celui que l'on auroit présentement accordé, dont le dernier escherra en l'an 1632, la province aura esté dix-neuf ans entiers, continuellement et sans aulcune interruption, chargée de semblables paiements [1]. » Enfin, en 1633, les députés votèrent la somme de 448,000 francs, « savoir trois cent mille frans accordés en don gratuit à Sa Majesté, et cent quarante-huit mille frans de surject pour les affaires particulières du pays [2]. » « Jamais, dit

---

[1] A. DE TROYES, *Recès des états de la Franche-Comté de Bourgogne*. t. II, p. 466.
[2] ID., *op. cit*, t. III, p. 21.

avec raison M. Clerc, les états n'avaient imposé à la province un pareil sacrifice [1]. »

On voit ce qu'il faut penser des réductions dont parle l'inventeur de la *hallebarde à rouet*.

Ibid. *Les milices locales avaient à peu près disparu.*

Cette assertion est à peu près aussi exacte que la précédente.

Ibid. *L'infante mourut à son tour le 1ᵉʳ décembre 1630.*

M. de Piépape est brouillé de longue main avec la chronologie, et peu s'en faut que, dans son ouvrage, une date non erronée ne soit une surprise. Il fait mourir l'infante Isabelle-Claire-Eugénie la même année que le comte de Champlitte : cela ne l'empêchera pas de parler plus loin (I, 353) des félicitations qu'elle adressa au marquis de Conflans en 1633. Ce qu'il y a de plus singulier, c'est que, dans le sommaire placé en tête de ce chapitre (I, 321), l'auteur de l'*Histoire de la réunion de la Franche-Comté à la France* mentionne deux fois le décès de la pieuse princesse, en lui assignant en dernier lieu sa véritable date : *Mort de l'archiduchesse (1630)*, et quelques lignes plus bas : *Mort de l'infante Isabelle (1ᵉʳ décembre 1633)*.

Ibid. *Comme elle ne laissait pas d'héritiers, les Pays-Bas et la Franche-Comté firent retour à la couronne d'Espagne, aux termes de la donation conditionnelle que Philippe II en avait faite aux archiducs.*

Ce ne fut pas au décès de l'infante Isabelle-Claire-Eugénie, mais au décès de l'archiduc Albert, que les Pays-Bas et le Comté de Bourgogne firent retour à la couronne d'Espagne [2].

---

[1] *Histoire des états généraux et des libertés publiques en Franche-Comté*, t. II, p. 38.

[2] A. DE TROYES, *Recès des états de la Franche-Comté de Bourgogne*, t. II, p. 297. Cf. H. FORNERON, *Histoire de Philippe II*, t. IV, p. 286.

— 15 —

Ibid. *Philippe IV devint ainsi le trentième comte palatin de Bourgogne.*

Le trentième ? non, mais le vingt-neuvième [1].

Ibid. *Tel était l'état des affaires à la mort de M. de Vergy (1630). La cour fit prononcer son oraison funèbre par l'éloquent conseiller Brun.*

Lorsqu'il prononça l'éloge de Clériadus de Vergy, Antoine Brun n'appartenait pas encore au parlement; il était seulement « avocat en grande réputation [2]. » D'autre part, ce ne fut pas la cour, mais la ville de Dole, qui fit faire par Brun l'oraison funèbre du gouverneur; la harangue dont il s'agit fut prononcée « par ordre et commandement de messieurs du magistrat, lorsqu'ils faisoient célébrer les obsèques de messire Clériadus de Vergy, comte de Champlitte, chevalier de la Toison d'Or et gouverneur de Bourgongne [3]. » L'heureux lauréat de l'Académie française ignore apparemment que ce fut Nicolas de Malpas qui fit au nom du parlement l'éloge de « ce Numa pacifique [4]. »

Ibid. *Suivant l'antique usage, le vice-président de la cour demanda au souverain un homme du pays, estimant qu'un étranger pourrait donner de l'ombrage aux nations voisines.*

« Une des idées dominantes en Franche-Comté, c'est qu'elle se gouvernait elle-même : d'où la conséquence que

---

[1] LOUVET, *Abrégé de l'histoire de la Franche-Comté*, p. 151.

[2] DUNOD, *Mémoires pour servir à l'histoire du comté de Bourgogne*, p. 665.

[3] BRUN, *Discours funèbre prononcé en l'église Nostre-Dame de Dole*, p. 337.

[4] *Le bon destin de la Franche-Comté de Bourgogne, conservé par la prudence et la valeur de messire Clériadus, par la miséricorde de Dieu, grand seigneur de Vergy, comte de Champelite.... Eloge funèbre prononcé par ordre de Messieurs du parlement de Dole, au temps que de leur part on y celebroit ses obsèques au nom de toute la province*, p. 26.

tous les emplois, surtout la dignité de gouverneur et les fonctions du parlement, devaient y être exclusivement réservés aux Bourguignons [1]. » Comment M. de Piépape a-t-il pu voir dans cette légitime susceptibilité nationale la crainte de *donner de l'ombrage aux nations voisines?*

Notons qu'à la mort du comte de Champlitte, le soin de formuler les vœux du parlement n'incombait point au plus ancien conseiller, attendu que le président Adrien Thomassin ne mourut que le 9 mars 1631 [2].

Page 334. *Archevêque en 1586, il* (Ferdinand de Rye) *devint maître des requêtes de Charles-Quint en 1596.*

Comprenne qui pourra ce que veut dire ici le créateur du *roman de geste*. Par lettres du 9 mars 1596, Ferdinand de Rye fut nommé maître des requêtes au parlement de Dole [3], mais *maître des requêtes de Charles-Quint!* M. de Piépape ne sait-il pas qu'en 1596 le glorieux empereur était mort depuis plus de trente-sept ans (21 septembre 1558)?

Ibid. *Une négociation relative au transfert du parlement de Dole à Besançon était pendante à Bruxelles. Les Dolois.... protestèrent contre cette éventualité, et s'adressèrent même à la France, en caressant ses projets de conquête.*

L'auteur de l'*Histoire de la réunion de la Franche-Comté à la France* parait n'avoir connu la négociation dont il parle que par le récit de Jules Chifflet. Peut-être eût-il moins facilement ajouté foi aux assertions de l'abbé de Ba-

---

[1] E. Clerc, *Histoire des états généraux et des libertés publiques en Franche-Comté*, t. I, p. 36.

[2] La cour à l'infante, Dole, 10 mars 1631. — *Corr. du parlement*, Arch. du Doubs, B. 124. Cf. Dunod, *Mémoires pour servir à l'histoire du comté de Bourgogne*, p. 627.

[3] Id., *op. cit.*, p. 631.

lerne s'il lui eût été donné de parcourir les rapports de Girardot de Nozeroy [1].

**Ibid.** *M. de Mesmay fut envoyé à Dijon.*

A Dijon ? non, mais à Nevers [2].

**Page 335.** *Les deux capitales du vieux comté de Bourgogne étaient de plus en plus en défiance l'une de l'autre.*

**Expression inexacte.** Jamais Besançon n'eut l'honneur d'être la *capitale du vieux comté de Bourgogne* antérieurement à la conquête française.

**Ibid.** *En 1631, Gaston d'Orléans, exilé avec la reine mère, et ne se sentant plus en sûreté à Blois, écrivit au magistrat de Besançon pour lui demander asile, sous prétexte que la peste l'empêchait d'aller résider en Lorraine.*

C'est manquer à la vérité historique que qualifier d'exil la retraite volontaire du duc d'Orléans dans son apanage [3].

---

[1] P. PERRAUD, *Une mission franc-comtoise à Madrid*, dans le *Bulletin de la Société d'agriculture, sciences et arts de Poligny*, année 1881, p. 33 et suiv.

[2] J. CHIFFLET, *Mémoires*, dans les *Mémoires et documents inédits pour servir à l'histoire de la Franche-Comté*, t. V, p. 39.

[3] Instruction pour M. le cardinal de la Valette, envoyé par le roy vers Monsieur sur le sujet de son second esloignement de la cour, 26 février 1631. — *Lettres, instructions diplomatiques et papiers d'État du cardinal de Richelieu*, t. IV, p. 96. Cf. *Lettre du Roy envoyée à Messieurs les prevost des marchands et eschevins de la ville de Paris*, p. 7; *Lettre du Roy envoyée aux provinces*, p. 4; *Histoire du ministère de Monsieur le cardinal de Richelieu*, année 1631, p. 9; *Mercure françois*, t. XVII, p. 123; *Suite de l'inventaire de l'histoire de France*, t. II, p. 579; BERNARD, *Histoire du roy Louis XIII*, t. II, p. 239; DUPLEIX, *Histoire de Louys-le-Juste*, p. 410; AUBERY, *Histoire du cardinal duc de Richelieu*, p. 148; Duc D'ORLÉANS, *Mémoires* (collection Michaud), p. 581; BASSOMPIERRE, *Journal de ma vie*, t. IV, p. 129; NICOLAS GOULAS, *Mémoires*, t. I, p. 98; VITTORIO SIRI, *Memorie recondite*, t. VII, p. 299; LEVASSOR, *Histoire de Louis XIII*, t. III, p. 590; le P. GRIFFET, *Histoire du règne de Louis XIII*, t. II, p. 113; LE CLERC, *Vie du cardinal duc de Richelieu*, t. II, p. 153, et t. IV, p. 138.

M. de Piépape ne soupçonne pas que, sous Louis XIII, se retirer dans une province était, pour un prince du sang, pour un grand, une sorte de déclaration de guerre, tandis que « sous Louis XIV, c'est une disgrâce, une punition, que d'être éloigné de la cour. On est *admis* à y reparaître, au lieu d'être *supplié* d'y revenir [1]. » Monsieur, d'autre part, ne se réfugia pas à Blois, mais à Orléans ; il ne songea pas tout d'abord à gagner Besançon, et ce ne fut qu'après avoir reconnu l'impossibilité de tenir à Bellegarde qu'il jeta les yeux sur la Franche-Comté.

Au surplus, tout le récit qui suit prouve la légèreté avec laquelle l'heureux lauréat de l'Académie française écrit l'histoire. C'est ainsi que, bien qu'il ait eu connaissance de l'article de M. Castan sur la retraite de Gaston d'Orléans en Franche-Comté, il ne semble pas se douter que ce prince soit venu trois fois à Besançon, en mars 1631, en août 1631 et en janvier 1632 ; pour lui, ces trois séjours n'en font qu'un, et on va voir quelles erreurs sont nées de cette confusion.

Ibid. *Monsieur aux gouverneurs de Besançon (28 juillet 1631).*

La lettre à laquelle renvoie M. de Piépape se rapporte au deuxième séjour de Gaston d'Orléans à Besançon. La première fois que le prince demanda aux gouverneurs de la cité impériale la permission de « se retirer pour quelque peu de temps en ceste cité, avec ceux de sa maison seulement et en tel nombre qu'il leur plairoit, » ce fut par l'entremise d'un gentilhomme de sa suite [2].

Page 336. « *J'ai grand'peur, s'écria le bailli de Luxeuil*

---

[1] Vicomte d'Avenel, *Richelieu et la monarchie absolue*, t. I, p. 262.
[2] A. Castan, *La retraite de Gaston d'Orléans en Franche-Comté*, dans les *Mémoires* de la Société d'émulation du Doubs, année 1879, p. 152.

*à la lecture de ce message, que sous le nom de maison on ne veuille y couler des soldats. »*

Le bailli de Luxeuil ne put pousser cette exclamation à la lecture du message du 28 juillet, attendu que la lettre dans laquelle il fit part de ses appréhensions à l'archevêque et au parlement est du 1ᵉʳ septembre ; à cette date, le duc d'Orléans avait déjà quitté Besançon ; parti de cette ville le 9 août, il était arrivé à Luxeuil le lendemain matin ; c'est Jean Clerc qui le raconte dans une lettre du 10 août 1631 [1].

Ibid. *Après mûre délibération, la cour de Dole en référa aux Pays-Bas.*

Jamais Gaston d'Orléans ne laissa à l'archevêque et au parlement le loisir d'en référer à l'infante Isabelle-Claire-Eugénie. Il est vrai que, la première fois, « ils le supplièrent très-humblement de leur accorder du temps pour avertir la Serenissime infante par courrier exprès qu'ils feroient passer à Bruxelles, pour en recevoir ses commandemens ; » mais « le jour mesme » le prince envoya « marquer ses logis aux villages tout voisins de la ville de Dole, » obligeant ainsi la cour à lui « offrir le logement dans la place [2]. » Quand il revint, quatre mois plus tard, il s'avisa « sur le chemin.... de la messéance d'entrer en une province estrangère avec si grande suite sans en advertir ceux qui avoient le gouvernement en main ; » ce fut alors qu'il « escrivit une lettre antidatée de cinq jours et de Lorraine, et le lendemain qu'elle fut delivrée, sans en attendre la responce, vint coucher à Besançon [3]. »

---

[1] A. Castan, *op. cit.*, p. 168.

[2] Boyvin, *Le siège de la ville de Dole, capitale de la Franche-Comté de Bourgongne, et son heureuse délivrance*, p. 14. Cf. Girardot de Nozeroy, *Histoire de dix ans de la Franche-Comté de Bourgongne*, p. 23.

[3] Boyvin à Chifflet, 10 août 1631. — A. Castan, *La retraite de Gaston d'Orléans en Franche-Comté*, p. 166.

Ibid. *Il (le duc d'Orléans) fit son entrée au mois d'août, venant de Remiremont, avec 80 chevaux.*

Au lieu de *fit son entrée*, il eût fallu écrire : rentra [1]. Qu'étaient devenus, pour le dire en passant, les *5 à 600 chevaux* dont il a été question plus haut ?

Page 337. *Aux portes de Dole, Monsieur fut salué par le marquis de Saint-Martin, harangué par le parlement, le clergé, la chambre des comptes et le conseil de ville.*

Ces détails sont exacts, à cela près qu'au mois d'août le duc d'Orléans ne vint point à Dole. La réception que raconte M. de Piépape eut lieu le 26 mars 1631 [2].

Ibid. *Les Bisontins le reçurent d'assez mauvaise grâce.*

Les documents que M. Castan a publiés établissent, au contraire, qu'il y eut « assaut de courtoisie entre la municipalité bisontine et le frère du roi de France [3]. »

Ibid. *M. de Froissard-Broissia au gouverneur, 24 et 26 août 1631.*

Il fallait écrire : Froissard-Broissia, ou : M. de Broissia. *M. de Froissard-Broissia* est un anachronisme.

La lettre du 24 août n'est pas, d'ailleurs, adressée au gouverneur, mais « à Monsieur Monsieur Chaumont, vice-président en la cour souveraine de parlement à Dole [4]. »

---

[1] La cour aux barons d'Oiselay et de Poitiers, Dole, 5 août 1631 ; la cour aux officiers provinciaux, Dole, 6 août 1631 ; la cour aux magistrats des villes, Dole, 6 août 1631. — *Corr. du parlement*, Arch. du Doubs, B. 127.

[2] Boyvin à Chifflet, Dole, 6 avril 1631. — *Mss. Chifflet*, t. CXXXIV, fol. 298 ; la cour à l'infante, Dole, 16 avril 1631. — *Corr. du parlement*, Arch. du Doubs, B. 124 ; *Conversation de Mr Guillaume avec la princesse de Conty, aux Champs-Elisées*, p. 45 ; Nicolas Goulas, *Mémoires*, t. I, p. 111.

[3] A. Castan, *La retraite de Gaston d'Orléans en Franche-Comté*, p. 151.

[4] *Corr. du parlement*, Arch. du Doubs, B. 128.

Ibid. *Le duc de Bellegarde se retira à Jussey.*

Bellegarde ne se retira point à Jussey après le départ du prince ; il s'y réfugia le 24 juillet 1631, pour échapper aux cavaliers qui avaient pensé l'enlever à Fayl-Billot.

Ibid. *Monsieur en vint aux mains avec des bandes de paysans auxquelles se joignirent bientôt 800 soldats bourguignons revenant de Flandre.*

Où l'inventeur de la *hallebarde à rouet* a-t-il pris ce chiffre de 800 soldats [1] ?

Page 338. *Il pouvait, de son côté, disposer de 10,000 à 12,000 fantassins levés en Lorraine, et de 1,300 cavaliers répartis en sept régiments par le marquis de la Ferté.*

Exagération non moins forte que celle de la page précédente. Girardot de Nozeroy, qui vit ces troupes avec le baron de Vaugrenans, dit qu' « elles consistoient en cinq regimens de cavalerie, portans environ huit cent maistres en tout, et deux regimens d'infanterie de mesme nombre [2]. » Il écrivait à la cour, le 18 septembre 1631 : « Nous trouvasmes les troupes de Monsieur d'Orléans au nombre d'environ 500 chevaux françois, 200 tant wallons qu'italiens, et environ 600 hommes de pied : la cavalerie bonne et bien montée ; l'infanterie peu de chose [3]. » C'est dans le même temps que Boyvin mandait à Jean-Jacques Chifflet : « Toute son armée consiste en six cens chevaux-legers, bien montez et bien couverts, et en deux regimens d'infanterie, qui

---

[1] GIRARDOT DE NOZEROY, *Histoire de dix ans de la Franche-Comté de Bourgongne*, p. 25.

[2] ID., *op. cit.*, p. 25. Cf. LA FORCE, *Mémoires*, t. III, p. 20 ; BOYVIN, *Le siège de la ville de Dole*, p. 17.

[3] Le baron de Vaugrenans et Girardot de Nozeroy à la cour, Baudoncourt, 18 septembre 1631. — A. CASTAN, *La retraite de Gaston d'Orléans en Franche-Comté*, p. 178.

ne portent les deux que six cens hommes de pied ou environ, et encor assez malotruz. Il y en a bien peu pour faire peur à la France, mais trop pour nous faire du mal : *hospitibus, non hostibus metuendi* [1]. »

Ibid. *Lettre de l'avocat fiscal à la cour, 29 août 1631.*

Le lecteur pourrait croire qu'il n'y avait qu'un avocat fiscal au comté de Bourgogne. Pourquoi ne pas dire : Lettre de l'avocat fiscal de Baume [2] ?

Ibid. *Il dirigea M. de la Ferté avec sa cavalerie sur le comté de Montbéliard.*

Les troupes placées sous les ordres du marquis de la Ferté-Imbault ne se retirèrent dans le comté de Montbéliard qu'après l'arrivée des commissaires du parlement [3].

Ibid. « *Le duc d'Orléans, au lieu d'aller rejoindre la reine mère aux Pays-Bas, entra en Franche-Comté....* »

Citation inexacte. M. de Piépape résume la lettre de Boyvin ; il en altère les termes ; ce qu' « on trouva un peu rude » devient sous sa plume un *procédé un peu leste*. La vérité ne trouve pas son compte à ces perpétuelles retouches.

Notons aussi que ce n'est pas la *minute* de cette lettre, mais l'original, qui se trouve *à la bibliothèque de Besançon.*

Ibid. *Le conseiller Girardot partit de Dole, voyageant à cheval, avec un appareil tout militaire, précédé d'un archer à la croix rouge de Bourgogne sur la poitrine, et accompagné de MM. de Pontaillier et de Vaulgrenant, deux gentilshommes du pays qui entendaient bien la guerre.*

A quel subit amour du pittoresque M. de Piépape obéit-il

---

[1] Boyvin à Chifflet, Dole, 21 septembre 1631. — A. CASTAN, *op. cit.*, p. 175.

[2] *Corr. du parlement*, Arch. du Doubs, B. 128.

[3] A. CASTAN, *op. cit.*, p. 179.

en plaçant sous nos yeux les casaques des archers ? Il parle de l'*appareil tout militaire* dont s'entoura Girardot de Nozeroy. Apprenons-lui que les commissaires du parlement n'eurent pour escorte que le sieur de Bermont-Moustier, « suivy de deux hommes bien montés et armés, » l'archer qui les précédait n'ayant d'autre but que de les faire reconnaître. *Voyageant à cheval* est joli. Je me demande si l'heureux lauréat de l'Académie française imagine une autre manière de voyager au commencement du xvii° siècle. Qu'est cependant cette trouvaille au prix de celle qui suit ? Ces deux gentilshommes comtois, *qui entendaient bien la guerre*, devaient l'entendre de la même façon, puisqu'ils ne formaient qu'un seul et même individu. Quel autre que le créateur du *roman de geste* se fût avisé de l'ingénieux dédoublement de François de Pontailler, baron de Vaugrenans ?

Page 339. *Le passage du Raddon fut occupé par 3 ou 400 arquebusiers de Faucogney.... L'infanterie lorraine se replia sous la protection de ce cordon de troupes habilement disposé.*

Les commissaires du parlement ne se contentèrent pas de mettre sur pied 3 ou 400 arquebusiers : « Nous eusmes, dit l'un d'eux, jusques à environ deux mille hommes armez et munitionnez en moins de deux jours aux terres de Luxeul et de Faucougney [1]. » Ces troupes n'étaient pas destinées à protéger l'infanterie de Gaston d'Orléans, mais à couvrir la frontière.

Ibid. *Batilly, à la tête d'un parti de cavalerie française, surprit cette petite place (Jonvelle), tandis que M. de Chalancey ravageait les confins du bailliage d'Amont.*

---

[1] GIRARDOT DE NOZEROY, *Histoire de dix ans de la Franche-Comté de Bourgongne*, p. 27.

C'est singulièrement anticiper sur les événements que de parler de la surprise de Jonvelle par Batilly à propos de la retraite du duc d'Orléans en Franche-Comté ; si M. de Piépape veut se convaincre de son erreur, il n'a qu'à se reporter au *coup de tonnerre, présage de l'ouragan qui allait fondre* sur les Comtois, dont il est pompeusement question au début du chapitre suivant (I, 363). La même observation s'applique à la violation de la neutralité par Chalancey [1]. Ces deux faits de guerre ne sont pas de 1631, mais de 1635 [2].

Page 340. *Boyvin insista particulièrement pour faire licencier les troupes qui occupaient les lisières de la Franche-Comté.* « *Il y en a trop peu, écrivait-il, pour faire peur à la France, mais trop pour nous faire du mal. Hospitibus, non hostibus metuendi.* »

Ce jeu de mots, on l'a vu plus haut, ne visait pas les levées des commissaires du parlement, comme l'auteur de l'*Histoire de la réunion de la Franche-Comté à la France* le suppose : il traduisait, au contraire, les appréhensions que donnaient à Boyvin les troupes assemblées par le duc d'Orléans aux environs de Saint-Loup.

Page 341. « *Il serait à propos que vous fissiez garder les passages menant du territoire comtois dans le royaume, le long de la Saône et sur la frontière de Bresse.... Si ce n'était en votre pouvoir, j'estime que le roi d'Espagne trouverait bon que je fisse moi-même garder ces passages par les troupes du duché.* »

---

[1] Boyvin, *Le siège de la ville de Dole*, p. 20.
[2] *Gazette de France* du 13 janvier 1635; Boyvin à Chifflet, Dole, 4 février 1635. — *Mss. Chifflet*, t. CXXXII, fol. 237; la cour au parlement de Dijon, Dole, 30 mai 1635. — *Corr. du parlement*, Arch. du Doubs, B. 182.

Il suffit de se reporter à la dépêche que M. de Piépape publie parmi les pièces justificatives de son ouvrage (I, 457), pour voir qu'il ne s'agissait pas du roi d'Espagne, mais du roi de France. Après avoir prié la cour de « faire prendre soing des passages du comté en ce royaume, » le prince de Condé ajoutait : « Où vous jugeriez n'y pouvoir satisfaire,.... j'estime que le roy mon seigneur treuveroit bien que de vostre consentement je fisse garder les passages par les troupes de ceste duché. »

Page 342. *Lettre du prince de Condé à la cour (Sully, 24 septembre 1637).*

Au lieu de *1637*, lisez : *1631.*

Ibid. *L'archevêque à l'infante, 2 octobre 1631.*

Lisez : L'archevêque et la cour à l'infante, etc. [1]. La dépêche dont il s'agit est, en effet, écrite « en nom commun. »

Page 343. *Un membre de la noblesse qui s'était fait déjà une réputation militaire dans les Flandres, Gérard de Toux, marquis de Vatteville, dit de Conflans, fut nommé maréchal de camp général des armées de Bourgogne.*

Il se peut que *Toux*, pour Joux, soit une faute d'impression : ce serait, dans tous les cas, moins grave que de changer, comme M. Clerc, la duchesse de Chevreuse en *marquise de Chevreux* [2] et l'abbé de Murbach en *abbé Murbam* [3]. Mais Gérard de Joux, *marquis de Vatteville !* M. de Piépape ne se doute assurément pas que c'est là une bévue aussi plaisante que de transformer le maréchal

---

[1] *Corr. du parlement*, Arch. du Doubs, B. 130.

[2] E. CLERC, *Les Suédois en Franche-Comté*, dans le *Bulletin* de l'Académie de Besançon, année 1842, p. 9.

[3] Id., *Jean Boyvin, président du parlement de Dole, sa vie, ses écrits, sa correspondance politique*, p. LVI.

Pélissier, duc de Malakoff, en maréchal Malakoff, duc de Pélissier. En second lieu, le marquis de Conflans (c'est le titre que Watteville porta depuis la cession que le duc de Savoie lui fit de la terre de Conflans [1] pour le dédommager de la perte du marquisat de Versoix) n'était pas *dit de Conflans*, mais de Watteville, ayant pris le nom de Joux du chef de sa mère, Anne de Joux [2]. Enfin, ce n'était pas en Flandre, mais en Italie, qu'il s'était fait connaître : l'historien de la guerre de Dix ans nous apprend, en effet, que les Français faisaient « estat de la bonne conduitte du marquis de Conflans qu'il avoit commencée long temps y avoit, en la deffence de la citadelle de Bourg contre Henry IV, roy de France, et avoit suivy aux guerres du duc Charles-Emmanuel de Savoye, duquel il commandoit la cavalerie contre le duc de Mantoue [3]. »

Ibid. *Lettres de Girardot à la cour, des 12, 14 et 22 janvier 1633. Lettres du marquis de Conflans à la cour, 13 et 15 janvier.*

Le marquis de Conflans n'écrivit point à la cour le 13 janvier 1633 ; la lettre qui porte cette date est adressée à l'archevêque. De son côté, Girardot de Nozeroy n'écrivit pas le 14 janvier 1633 à la cour seule, mais à l'archevêque et à la cour ; M. de Piépape aurait dû remarquer que la dépêche du 14 ne commençait pas par les mots : *Messieurs*, mais par ceux-ci : « Messeigneurs [4]. »

Ibid. *Lettre de Cravanche à la cour, Besançon, 15 janvier.*

[1] Dunod, *Histoire du comté de Bourgogne*, t. II, p. 549.
[2] Baron d'Estavayer, *Histoire généalogique des sires de Joux*, dans les *Mémoires et documents inédits pour servir à l'histoire de la Franche-Comté*, t. III, p. 227.
[3] Girardot de Nozeroy, *Histoire de dix ans de la Franche-Comté de Bourgongne*, p. 160.
[4] *Corr. du parlement*, Arch. du Doubs, B. 147.

Le singe de la fable prenait le Pirée pour un homme. Le créateur du *roman de geste* prend un homme pour une ville, et c'est ainsi qu'une lettre écrite de Lure par le commissaire impérial Besançon devient une lettre écrite de Besançon. Ajoutons que la lettre de Besançon de Cravanches n'est pas adressée à la cour, mais « à Monsieur Monsieur le marquis de Conflans, maister de camp general pour leur Altez en la comté de Bourgoune. Faulcounay [1]. »

Ibid. *Elle* (la cour de Dole) *se montrait particulièrement mécontente de deux membres de la noblesse, les marquis de Saint-Mauris et de Varambon.*

Il faut que M. de Piépape n'ait aucune idée de l'illustration et de l'ancienneté des Rye, non plus que du rôle qu'ils ont joué dans la province, pour mettre sur la même ligne le marquis de Varambon et « le sieur de Saint-Mauris. » Il est vrai qu'il crée celui-ci *marquis*. Ignore-t-il donc que ce ne fut qu'au XVIIIe siècle que les baronnies de Chatenois et de la Villeneuve furent incorporées à la seigneurie de Saulx pour former un marquisat sous la dénomination de marquisat de Saint-Mauris [2] ?

Page 344. *M. de Conflans avait réuni au régiment d'Amont 1,200 à 1,500 hommes de pied, et l'avait flanqué de deux bonnes compagnies de cavalerie.*

L'heureux lauréat de l'Académie française confond les deux compagnies de cavalerie formées « du desbry d'Alsace [3] » avec celles qui flanquaient le régiment d'Amont, « l'une de chevaux ligiers du sieur d'Aigremont en nombre

---

[1] *Corr. du parlement*, Arch. du Doubs, B. 147.
[2] Arch. de la Haute-Saône, B. 4172 ; Marquis de Saint-Mauris, *Généalogie historique de la maison de Saint-Mauris*, p. 94.
[3] Girardot de Nozeroy, *Histoire de dix ans de la Franche-Comté de Bourgongne*, p. 31.

de vingt-cinq à trente et l'autre d'arquebusiers à cheval du sieur de Beaujeux de mesme nombre [1]. » Loin d'être *bonnes*, ces deux dernières compagnies étaient, on le voit, extrêmement faibles.

Ibid. *Lure était dégagé.*

Où l'a-t-on vu précédemment investi ? Ce n'est qu'à la page suivante qu'il sera question du siège dressé par le rhingrave.

Ibid. *Le président Courbouzon, mémoires (mss. de la bibl. de Besançon).*

Lisez : le président de Courbouzon [2].

Ibid. *Girardot à la cour, 27 février 1633.*

Lisez : 26 janvier 1633 [3].

Page 345. *Le rhingrave dut faire venir de nouvelles troupes et des canons de batterie pour pousser le siège à outrance.*

M. de Piépape est dans l'erreur. Il est vrai que, comme « les canons du rheingrave estoient demy quart seulement qui ne pouvoient produire aucun effet, » il pria la ville de Montbéliard de « l'accommoder de deux demy canons, » mais ce fut « après sa retraite [4]. »

Ibid. *Sa cavalerie.... alla piller les villes voisines.*

Les villes voisines ? non, mais les villages voisins.

Ibid. *La cour aux gouverneurs, 17 janvier 1633.*

Si M. de Piépape eût parcouru moins rapidement la cor-

---

[1] « Estat de la gendarmerie de Monsieur le marquis de Conflans. » — *Corr. du parlement*, Arch. du Doubs, B. 148.

[2] D. MONNIER, *Les Jurassiens recommandables*, p. 398.

[3] *Corr. du parlement*, Arch. du Doubs, B. 148.

[4] GIRARDOT DE NOZEROY, *Histoire de dix ans de la Franche-Comté de Bourgogne*, p. 36. Cf. D'Andelot à Girardot de Nozeroy, Bruxelles, 7 mars 1633. — *Corr. du parlement*, Arch. du Doubs, B. 151.

respondance du parlement, il eût remarqué, en tête de la minute de cette lettre de l'archevêque et de la cour aux gouverneurs de la cité impériale, la mention : « Non envoyée. » Une autre dépêche aurait pu lui apprendre le motif de la résolution prise [1].

Ibid. *La cour à l'infante, 21 février.*

Lisez : L'archevêque et la cour à l'infante [2].

Ibid. *Lettre de M. Froissard-Broissia, Dole, 18 février 1633.*

Je n'ai pas trouvé cette lettre dans la correspondance du parlement. Ne faudrait-il pas lire : Besançon, 28 février 1633 ?

Page 346. *Lure fut dégagé le 19 février, grâce à l'énergie des bourgeois et aussi peut-être grâce à une subite inondation qui ne laissa pas à l'assiégeant le temps de recevoir le canon de Montbéliard.*

Les pluies torrentielles qui, jointes aux manœuvres des troupes comtoises, firent craindre au rhingrave de ne pouvoir repasser « le destroit de Ronchamp » le déterminèrent, en effet, à lever précipitamment le siège de Lure [3] : l'impossibilité de recevoir le canon de Montbéliard n'y fut pour rien. En rappelant le courage que montrèrent les bourgeois qui prirent part à la défense, il eût été bon de ne pas ou-

---

[1] L'archevêque et la cour aux gouverneurs de Besançon, Dole, 20 janvier 1633. — *Corr. du parlement*, Arch. du Doubs, B. 148.

[2] *Corr. du parlement*, Arch. du Doubs, B. 150.

[3] E. Longin, *Notes historiques extraites d'un registre paroissial de Lure*, p. 3. Cf. Le marquis de Conflans et Girardot de Noseroy à l'archevêque et à la cour, Granges, 22 février 1633; le marquis de Varambon à la cour, Villersexel, 22 février 1634; le bailli de Luxeuil à l'archevêque et à la cour, Luxeuil, 22 février 1633. — *Corr. du parlement*, Arch. du Doubs, B. 150.

blier les cent quarante hommes que commandait le baron de Vaugrenans [1].

Ibid. *Le 1er mars, Otho-Louis s'ébranle de nouveau, avec 3,000 hommes de pied, 1,500 chevaux, 5 pièces de canon et 24 chariots de bagages.*

Avec l'étourderie qui le caractérise, l'inventeur de la *hallebarde à rouet* accueille comme vraie une rumeur démentie par l'événement : de là, ce retour offensif du rhingrave « à un second siège de Lure [2]. » Le bruit courut qu'Othon-Louis s'apprêtait à revenir assiéger cette ville le 1er mars, mais, dès l'avant-veille, les espions du marquis de Conflans l'avaient averti « que la cavallerie estoit sortie de Belfort avec vingt-quatre chariotz de bagage.... Lesd. cavallerie et bagage tiroient du costel de Colombier [3]. »

Ibid. *Pendant quatre jours, l'occupation de Ronchamp empêche les Suédois de tenir à Passavant et à Champagney.*

Qui ne croirait, d'après cela, l'occupation de Ronchamp postérieure au 1er mars ? Elle est cependant des derniers jours du mois de février [4].

Page 347. *M. de Vaulgrenant se défendit si bien encore avec les bourgeois de Lure, que le rhingrave se retira pour*

---

1 J. Finot, *Notes historiques consignées sur d'anciens registres paroissiaux de la Haute-Saône*, dans le *Bulletin* de la Société d'agriculture, sciences et arts de la Haute-Saône, année 1884, p. 186.

2 Froissard-Broissia à l'archevêque et à la cour, Besançon, 3 mars 1633. — *Corr. du parlement*, Arch. du Doubs, B. 151.

3 Le marquis de Conflans et Girardot de Nozeroy à l'archevêque et à la cour, Longevelle, 2 mars 1633. — *Corr. du parlement*, Arch. du Doubs, B. 151. Cf. Girardot de Nozeroy, *Histoire de dix ans de la Franche-Comté de Bourgongne*, p. 39.

4 Le marquis de Conflans et Girardot de Nozeroy à l'archevêque et à la cour, Ronchamp, 27 février 1633. — *Corr. du parlement*, Arch. du Doubs, B. 150.

la seconde fois sur Belfort, sa place d'armes, sans avoir pris Lure, et fut harcelé dans sa retraite par la cavalerie de M. de Varambon.

M. de Piépape est convaincu qu'en 1633 le rhingrave tenta deux fois de s'emparer de Lure. Or, le second siège n'a jamais existé que dans son imagination. S'il avait lu plus attentivement le récit de Girardot de Nozeroy, témoin oculaire des événements dont le bailliage d'Amont fut alors le théâtre, l'heureux lauréat de l'Académie française n'aurait pas ajouté cette erreur à toutes celles qu'il a commises. Ce ne fut qu'en 1634 qu'Othon-Louis envoya un parti de 300 chevaux assaillir Lure, ignorant que cette ville venait de se mettre sous la protection du roi de France [1].

Au surplus, dans sa retraite, le rhingrave ne fut point inquiété par la cavalerie du marquis de Conflans [2].

Ibid. *Lettre du baron de Vaulgrenant au magistrat de Vesoul, 27 février 1633.*

La lettre du baron de Vaugrenans est adressée « à Monsieur Monsieur de Menoux, lieutenant général d'Amont, à Vesoul [3]. » Ce serait peine perdue que d'expliquer à M. de Piépape la différence qui existe entre un officier de justice et un conseil de ville, et qu'un magistrat de Vesoul n'est pas *le magistrat de Vesoul.*

Page 348. *Il fallait donc, selon M. de Nozeroy....*

Lisez : M. de Beauchemin. Jean Girardot n'était point, en effet, seigneur de Nozeroy, comme Louis Pétrey, de Champvans, ou Jean-Simon Froissard, de Broissia.

---

[1] *Gazette de France* du 8 avril 1634 ; *Ibid.*, extraordinaire du 12 avril 1634 ; E. LONGIN, *Notes historiques extraites d'un registre paroissial de Lure*, p. 4.

[2] GIRARDOT DE NOZEROY, *Histoire de dix ans de la Franche-Comté de Bourgogne*, p. 40.

[3] *Corr. du parlement*, Arch. du Doubs, B. 150.

Ibid. *Les gouverneurs de Besançon finirent.... par demander à Dole l'autorisation de lever à leurs frais 1,500 auxiliaires pour les joindre aux troupes comtoises.*

Pour les joindre aux troupes du marquis de Conflans? non, mais pour défendre leur cité [1].

Page 349. « *Les ennemis nous voyant si résolus à nous défendre, écrivait-on en Franche-Comté, et sachant que les secours de l'empire nous pourraient arriver par l'Alsace, ne seront pas si pressés de nous attaquer.* »

La plupart du temps, M. de Piépape analyse les documents qu'il semble citer. Le mal n'est pas grand, lorsque cela ne l'entraine pas à commettre d'erreur plus grave que de transformer un secours arrivé en Alsace en un secours qui pourrait arriver [2].

Ibid. *Le commis à l'également, M. de Goux, ne délivrait plus les deniers pour la solde des troupes.*

Vincent Jacquinot, seigneur de Goux, n'était point commis à l'également du don gratuit, mais trésorier général de Bourgogne : l'auteur de l'*Histoire de la réunion de la Franche-Comté à la France* n'a, pour s'en convaincre, qu'à jeter les yeux sur la liste des neuf députés à l'également [3].

Page 350. *Les Suédois mettaient Belfort en état de défense. La garnison de Lure était augmentée.*

Comment veut-on que le lecteur dégage la vérité des innombrables contradictions du créateur du *roman de geste* ?

---

[1] Les gouverneurs de Besançon à l'archevêque et à la cour, Besançon, 11 mars 1633. — *Corr. du parlement*, Arch. du Doubs, B. 151.

[2] D'Andelot à Girardot de Nozeroy, Bruxelles, 21 mars 1633. — *Corr. du parlement*, Arch. du Doubs, B. 151.

[3] A. DE TROYES, *Recès des états de la Franche-Comté de Bourgogne*, t. III, p. 22.

Ici, l'augmentation de l'effectif de la garnison de Lure est rangée parmi les mesures que Richelieu prit en vue de l'invasion du comté de Bourgogne ; quatre lignes plus bas, M. de Piépape rapporte qu'on prêtait aux troupes royales l'intention de se porter sur Lure. Qui donc, des Français ou des Impériaux, occupait cette ville ? C'est ce que l'heureux lauréat de l'Académie française serait probablement incapable de dire.

Ibid. « *Nous avons plus d'un voisin français mal affectionné, comme le marquis de Coublanc, écrivait Girardot.* » *(Girardot à la cour de Dole, Baudoncourt, 15 mars 1633.)*

La précipitation de M. de Piépape ne lui a pas permis de remarquer la suscription de cette dépêche, qui est adressée par le marquis de Conflans et Girardot de Nozeroy « à Messeigneurs Messeigneurs les archevesque de Besançon, prince du Sainct Empire, et la cour souveraine de parlement à Dole, commis au gouvernement de Bourgongne. »

« Nous avons heu du costel de France, écrivaient-ils, rapport particulier.... que le marquis de Coublans est tousjours fort malade, et que nous avons d'autres voisins françois mal affectionnez [1]. »

Page 351. *M. de Gastell à la cour, Oisilly, 25 septembre 1633.*

A la cour ? non, mais « à Messieurs Messieurs les archevesque, vice-president et gens tenant la cour souveraine de parlement, commis au gouvernement de Bourgougne [2]. »

Ibid. *En recevant la lettre du roi, la cour de Dole se récria et demanda le temps d'en référer aux Pays-Bas, où*

---

[1] *Corr. du parlement*, Arch. du Doubs, B. 151.
[2] *Ibid.*, Arch. du Doubs, B. 161.

*l'infant d'Espagne avait résolument pris possession de son gouvernement.*

Ceci passe les bornes de la distraction permise. Le cardinal infant ne prit possession du gouvernement des Pays-Bas qu'après la victoire de Nordlingen, et M. de Piépape devrait se rappeler que l'entrée solennelle de ce prince à Bruxelles est du 4 novembre 1634 [1]. A l'époque où Louis XIII écrivit à la cour de Dole, l'infante Isabelle-Claire-Eugénie vivait encore ; Boyvin dit, en parlant du roi de France : « Nous le suppliâmes d'agréer que nous en peussions attendre les ordres de la Serenissime Infante, que nous advertirions par courrier exprès [2]. »

Il faut convenir que l'inventeur de la *hallebarde à rouet* résiste rarement à la tentation de commettre une bévue nouvelle.

Page 352. *Le marquis de Bourbonne occupa Lure.*

Décidément Lure porte malheur à l'heureux lauréat de l'Académie française. Après avoir *dégagé* cette ville trois fois (I, 344, 346, 347), sans se bien rendre compte de la nationalité de ses défenseurs, voici qu'il la fait occuper en 1633 par le marquis de Bourbonne, alors qu'en réalité ce fut seulement le 25 mars 1634 que le colonel Hepburn y entra à la tête d'un détachement de 300 hommes [3].

Ibid. « *Envoyez un régiment à Montbéliard,* » etc. *(Orig.*

---

[1] *Le voyage du prince don Fernande, infant d'Espagne, cardinal, depuis le douzième d'avril de l'an 1632 qu'il partit de Madrit pour Barcelone avec le Roy Philippe IV son frere, jusques au jour de son entrée en la ville de Bruxelles le quatrième du mois de novembre de l'an 1634,* p. 194.

[2] *Le siège de la ville de Dole,* p. 25.

[3] E. LONGIN, *Notes historiques extraites d'un registre paroissial de Lure,* p. 5. Cf. Les officiers de Vesoul à la cour, Vesoul, 27 mars 1634 — Corr. du parlement, Arch. du Doubs, B. 170.

*tiré des archives de M. le duc de la Force, communiqué par M. Gauthier, archiviste du Doubs.)*

M. Gauthier a-t-il vraiment été assez heureux pour faire des recherches dans les archives de M. le duc de la Force ? La lettre en question a été analysée par M. Avenel [1], et c'est sans nul doute dans l'important ouvrage de celui-ci que M. de Piépape l'a trouvée.

Ibid. *Le marquis de Bourbonne fut nommé gouverneur de Montbéliard le 6 octobre 1633.*

Charles de Livron occupait Montbéliard depuis le 1ᵉʳ octobre 1633 [2]. Renaudot se trompe en fixant au 2 octobre l'entrée des troupes françaises dans cette ville [3].

Ibid. *Le bailli de Montbéliard.... crut devoir rassurer la cour de Dole.... (Lettre à la cour du parlement de Dole, 23 septembre 1633.)*

On ne dit pas : *la cour du parlement*, mais : *la cour de parlement*! D'un autre côté, il serait bon de prévenir le lecteur que la réforme grégorienne du calendrier n'avait pas été reçue dans le comté de Montbéliard. Enfin ce n'est pas le bailli de Montbéliard, mais le conseil de régence, qui écrivit à l'archevêque et au parlement la lettre dont il s'agit [4].

Ibid. *Les Comtois n'en activèrent pas moins leurs arme-*

---

[1] *Lettres, instructions diplomatiques et papiers d'Etat du cardinal de Richelieu*, t. V, p. 780.

[2] *Documents inédits pour servir à l'histoire de la Franche-Comté*, t. II, p. 459. Cf. Chappuis à la cour, Granges, 1ᵉʳ et 6 octobre 1633 ; l'abbé des Trois-Rois à la cour, aux Trois-Rois, 2 octobre 1633 ; Chappuis à l'archevêque, Granges, 6 octobre 1633. — *Corr. du parlement*, Arch. du Doubs, B. 162.

[3] *Gazette de France* du 15 octobre 1633.

[4] *Documents inédits pour servir à l'histoire de la Franche-Comté*, t. II, p. 458 ; E. TUEFFERD, *Histoire des comtes souverains de Montbéliard*, p. 511.

ments. *Les levées, au nombre de 4,500 hommes de pied et six compagnies de cavalerie, furent enfin réunies au mois de novembre 1633 dans la plaine de Lure, entre Vy et les Aynans.*

M. de Piépape s'abuse lorsqu'il suppose que l'occupation de Montbéliard par le marquis de Bourbonne fit assembler en Franche-Comté des troupes aussi nombreuses : la plupart étaient sur pied depuis longtemps ; quinze compagnies d'infanterie étaient destinées à renforcer les trois régiments bourguignons qui servaient aux Pays-Bas ; le maréchal de la Force ayant refusé de les laisser passer par la Lorraine, l'archevêque et le parlement les avaient réparties entre les diverses garnisons, d'après les instructions de l'infante Isabelle-Claire-Eugénie ; douze autres compagnies devaient se rendre dans le Milanais sous le commandement du comte d'Arberg [1].

Page 353. *M. de Feria, gouverneur du Milanais, avait quitté l'Italie à la tête d'une armée espagnole, pour venir au secours du comté de Bourgogne.*

Au secours du comté de Bourgogne ? non, mais au secours de Constance et de Brisach [2].

Ibid. *Pendant ce temps, le comte de la Tour levait en Franche-Comté, pour le service du duc de Lorraine, avide de reprendre ses États, 27 compagnies d'infanterie et*

---

[1] Girardot de Nozeroy, *Histoire de dix ans de la Franche-Comté de Bourgongne*, p. 45 et 51.

[2] *Histoire du ministère de Monsieur le cardinal de Richelieu*, année 1633, p. 177 ; Levassor, *Histoire de Louis XIII*, t. IV, p. 392 ; *Lettres, instructions diplomatiques et papiers d'État du cardinal de Richelieu*, t. IV, p. 490 ; Gualdo Priorato, *Historia delle guerre di Ferdinando II e Ferdinando III, imperatori, e del rè Filippo IV di Spagna contro Gostavo Adolfo, rè di Suetia, e Luigi XIII, rè di Francia*, t. I, p. 221.

*5 de cavalerie. Mais le maréchal de la Force leur barra le passage, et le gouvernement comtois se hâta de les licencier.*

Autant d'erreurs que de mots. Jean-Jacques de la Tour Saint-Quentin ne leva point en Franche-Comté *27 compagnies d'infanterie et 5 de cavalerie :* il y fit seulement des recrues qui, réunies à celles du marquis de Varambon et du sieur de Maisières, présentaient un effectif de 2,500 hommes en quinze compagnies d'infanterie [1]. Ces enrôlements n'eurent pas lieu *pour le service du duc de Lorraine,* mais pour le compte du roi d'Espagne. Charles IV ne pouvait pas être *avide de reprendre ses États,* car il ne les avait pas encore perdus : il y eut seulement un moment où « il eût bien désiré de jetter dans Nancy les trouppes du roy que nous avions en pied, qui estoient vingt-sept compagnies d'infanterie et six de cavalerie [2]. » Le maréchal de la Force barra, ou plutôt refusa le passage aux recrues qui s'apprêtaient à aller « joindre leurs terces aux Pays-Bas, pour y estre employé à la guerre d'Hollande [3] ; » mais, à la suite de ce refus, l'archevêque et le parlement ne se hâtèrent point de les *licencier :* ces quinze compagnies, nous venons de le voir, demeurèrent, au contraire, « sur les bras de la Bourgongne, » concurremment avec les levées du comte d'Arberg, et furent « soldoyées par les villes sur l'obligation que leur firent en leur privé nom lesdits gouverneurs de Bourgongne de procurer par effect leur remboursement, » jusqu'à leur jonction avec l'armée du duc de Feria. On ne peut qu'admirer la

---

[1] « Mandement de l'archevesque de Besançon et du parlement commis au gouvernement, concernant la levée de quinze compagnies d'infanterie et le quartier de ces troupes, » Dole, 18 mars 1633. — *Registres de la cour concernant le parlement et les officiers de la compagnie,* t. IV, fol. 131, Arch. du Doubs, B. 3.

[2] GIRARDOT DE NOZEROY, *Histoire de dix ans de la Franche-Comté de Bourgongne,* p. 48.

[3] ID., *op. cit.,* p. 45.

facilité avec laquelle M. de Piépape méconnaît que ces troupes sont celles dont il a parlé à la page précédente.

Ibid. *Il (le maréchal de la Force) marcha vers Lure, et, chemin faisant, fit prisonniers deux gentilshommes comtois, MM. de Melisey, qui allaient réunir une compagnie d'élus.*

Ce ne fut pas en 1633, mais en 1635, que le maréchal de la Force arrêta le baron de Melisey avec son fils et le sieur de Melincourt [1].

Ibid. *Conflans et Girardot.... l'infante des Pays-Bas.*
Quel style !

Ibid. *Au moment où M. de Feria allait entrer en campagne, il mourut subitement, empoisonné, dit-on.... Les gouverneurs décidèrent l'envoi de ses troupes en Bavière, afin de ne pas avoir à les licencier. Elles y prirent, l'année suivante, une part glorieuse à la bataille de Nordlingen.*

L'heureux lauréat de l'Académie française ignore donc la date de la mort du duc de Feria, qu'il fait mourir celui-ci dans l'année qui précéda celle de la bataille de Nordlingen ? D. Alvarez de Figueroa, duc de Feria, succomba le 24 février 1634 à une fièvre lente ; on accusa Wallenstein d'avoir causé sa mort, « soit par ennuy de veoir perir son armée sans rien faire, soit par poison comme est la creance commune [2]. » Il est singulier de faire envoyer ses troupes en Bavière par l'archevêque et le parlement.

---

1 La cour au maréchal de la Force, Dole, 9, 11, 16 et 20 mai 1635 ; la cour aux officiers de Vesoul, Dole, 11 mai 1635 ; la cour au cardinal infant, Dole, 14 et 16 mai 1635 ; la cour au prince de Condé, Dole, 19 mai 1635. — *Corr. du parlement.* Arch. du Doubs, B. 182 ; BOYVIN, *Le siège de la ville de Dole*, p. 29 ; GIRARDOT DE NOZEROY, *Histoire de dix ans de la Franche-Comté de Bourgongne*, p. 63.

2 GIRARDOT DE NOZEROY, *op. cit.*, p. 53. Cf. GUALDO PRIORATO, *Historia delle guerre di Ferdinando II e Ferdinando III, imperatori, e del rè Filippo IV di Spagna*, t. I, p. 251 ; E. CHARVÉRIAT, *Histoire de la guerre de Trente ans*, t. II, p. 242.

Ibid. *A la bataille de Nordlingen (5 mai 1634), il (Charles IV) avait avec lui la cavalerie du comté de Bourgogne. Elle fut mise en fuite par celle du maréchal Horn. On avait peine à la ramener au combat.*

Les deux régiments du comte d'Arberg et du comte de la Tour n'étaient pas sous les ordres du duc de Lorraine, puisqu'ils faisaient partie de l'armée du cardinal infant.

Je constate que l'auteur de l'*Histoire de la réunion de la Franche-Comté à la France* n'indique pas la source où il a puisé ce qu'il dit de la lâcheté de notre cavalerie à la journée de Nordlingen : à cet égard, le témoignage de Forget ne saurait suffire, car le panégyriste de Charles IV ne suivait pas d'ordinaire son maître au fort du combat : Horn dit simplement que le lieutenant-colonel Witzleben mit en fuite un régiment de cuirassiers, qu'il croit « avoir été de Bourguignons; » ce ne fut pas le duc de Lorraine, mais le Napolitain Gambacorta qui rétablit le combat sur ce point et repoussa les Suédois en leur enlevant plusieurs étendards [1].

M. de Piépape pourrait-il dire ce qui l'autorise à assigner la date du *5 mai 1634* à cette mémorable victoire ?

Page 354. *L'Espagne, c'était visible, se désintéressait déjà de sa fidèle province.*

C'est une erreur : l'Espagne des premières années de Philippe IV n'est pas l'Espagne de Charles II. Qu'on lise les lettres du roi au parlement : on verra que le Milanais et les Pays-Bas ne lui étaient pas plus chers que son comté

---

[1] *Le voyage du prince don Fernande, infant d'Espagne, cardinal*, etc., p. 136; Relation de la bataille de Norlinguen faite à Monsieur le grand chancelier Oxenstiern, par le mareschal Horn. — AUBERY, *Mémoires pour l'histoire du cardinal duc de Richelieu*, t. I, p. 435; Autre relation faite par le marquis de Bassompierre. — MONTRÉSOR, *Mémoires*, t. II, p. 168.

de Bourgogne. Il serait facile de prouver que, lorsque Philippe IV se disait moins le maître que le père de ses pauvres et fidèles sujets, ce n'était pas une vaine parole : en 1636, la campagne qui conduisit dans la vallée de l'Oise les armes victorieuses du cardinal infant n'avait d'autre but que « de obligar al enemigo a que retirandose de essa provincia, acuda a la defensa de las propias [1]; » trois ans plus tard, la cour de Madrid chargeait Saavedra de décider les Treize Cantons à poursuivre le rétablissement de la neutralité; enfin, en 1643, ce fut encore pour opérer une diversion capable d'empêcher les Français d'envahir la Franche-Comté que Mello vint mettre le siège devant Rocroi [2].

Ibid. *L'archevêque à la cour, 13 février 1633.*

Lisez : 13 février 1634.

Ibid. *Quand le prince arriva à Besançon, le 27 février, elle (la cour de Dole) lui députa MM. d'Oiselay et de Nozeroy. (La cour au duc de Lorraine, Besançon, 2 mars 1634.)*

Encore un coup, on ne dit pas *M. de Nozeroy*, mais : M. de Beauchemin.

La lettre que la cour écrivit au duc de Lorraine pour s'excuser de n'avoir pu, à cause des « obsèques de fut la Serenissime Infante, » l'envoyer complimenter plus tôt par le baron d'Oiselay et Girardot de Nozeroy, n'est pas du 2 mars, mais du 7 [3]. Elle lui avait écrit, le 3 mars précédent, au sujet d'un cornette Liégeois que réclamaient le baron de Landres et le chevalier de Clinchamp, et c'est pourquoi

---

[1] Le cardinal infant au marquis de Conflans et à Girardot de Nozeroy, Bruxelles, 23 juin 1636. — GIRARDOT DE NOZEROY, *Histoire de dix ans de la Franche-Comté de Bourgogne*, p. 109.

[2] GIRARDOT DE NOZEROY, *op. cit.*, p. 296. Cf. Boyvin à Chifflet, Dole, 16 juin 1643. — *Mss. Chifflet*, t. CXXXIII, fol. 243.

[3] *Corr. du parlement*, Arch. du Doubs, B. 169.

l'on embarrasserait fort l'heureux lauréat de l'Académie française en le priant de reproduire la dépêche datée de *Besançon, 2 mars 1634.*

Page 355. *Il* (Charles IV) *quitta Besançon au mois de mars de l'année 1634, pour aller recueillir les troupes du marquis de Bade à Lure, où elles s'étaient réfugiées après une défaite en Alsace. Puis il passa en Allemagne et reprit du service dans l'armée impériale.*

Ce ne fut pas au mois de mars, mais au mois de juin 1634, que le duc de Lorraine quitta Besançon afin de passer, non en Allemagne, mais en Italie [1] : M. de Piépape doit le savoir, puisqu'un peu plus loin (I, 360) il fait de ce départ l'objet d'une note. Ce qu'il ignore, c'est que les vaincus du combat de Cernay ne s'arrêtèrent pas assez longtemps à Lure pour que Charles IV vint les y rallier ; arrivé dans cette ville le 15 mars, le marquis de Bade en repartit, en effet, le 16, y laissant cent Allemands et deux cents Lorrains [2]. Quant au duc de Lorraine, il quitta Besançon le 17 mars, mais n'alla pas plus loin que Châtillon, où Guillaume de Bade le rejoignit le lendemain [3]. Le 20 mars, de Mandre écrivait de Besançon à l'archevêque : « Son Altesse de Lorreinne s'en retourna hier en cette ville, et je ne sçay pas quel sejour il y pretend faire [4]. »

[1] *Le voyage de don Fernande, infant d'Espagne, cardinal,* etc., p. 79; GIRARDOT DE NOZEROY, *Histoire de dix ans de la Franche-Comté de Bourgongne,* p. 60 ; D. CALMET, *Histoire ecclésiastique et civile de Lorraine,* t. III, p. 285.

[2] E. LONGIN, *Notes historiques extraites d'un registre paroissial de Lure,* p. 4.

[3] De Mandre à l'archevêque, Besançon, 16 mars 1634 ; Froissard-Broissia à la cour, Besançon, 18 mars 1634; de Mandre à la cour, Besançon, 18 mars 1634. — *Corr. du parlement,* Arch. du Doubs, B. 169.

[4] De Mandre à l'archevêque, Besançon, 20 mars 1634. — *Corr. du parlement,* Arch. du Doubs, B. 169.

Il ne faut pas, en outre, confondre *l'armée impériale* avec les troupes de la Ligue catholique, dont le duc de Bavière céda le commandement à Charles IV.

Ibid. *Le vicomte d'Arpajon avait reproché à M. de Chauvirey, en termes très vifs, les bons procédés des Comtois à son égard. « Monsieur mon ami, s'était-il écrié, je vous dis une fois pour toutes que le roi a déclaré Monsieur de Lorraine son ennemi, »* etc.

L'heureux lauréat de l'Académie française s'avise, je ne sais pourquoi, de fondre deux dépêches [1] en une seule, ce qui le conduit à prêter à Fauquier d'Aboncourt un propos du baron de Vaugrenans. C'est dans une lettre de ce dernier que le récit d' « une rodomontade faicte par le vicomte d'Arpajon au s' de Chauvirey sur la plaincte qu'il lui faisoit du passage de quelques soldards » amène cette réflexion : « Pour ce faire il fauldroit plus de vingt mille hommes. »

Page 356. *Aubry*, Mémoires.

Une assertion aussi grave que celle relative aux soi-disant ouvertures faites par les Franc-Comtois au prince de Condé demanderait à être étayée d'autres preuves que d'un renvoi à l'ouvrage d'Aubery; elle ne se trouve point, d'ailleurs, dans les *Mémoires pour servir à l'histoire du cardinal duc de Richelieu*, mais dans la *Vie* de ce dernier [2].

Pourquoi M. de Piépape juge-t-il constamment à propos d'écrire le nom du panégyriste du terrible cardinal *Aubry* ?

Page 357. *Richelieu, se sentant gêné par les levées faites en Franche-Comté, ne laissa pas que d'adresser à Besan-*

---

[1] Fauquier d'Aboncourt à la cour, Jonvelle, 27 mars 1634 ; le baron de Vaugrenans à la cour, Besançon, 29 mars 1634. — *Corr. du parlement*, Arch. du Doubs, B. 170.

[2] *Histoire du cardinal duc de Richelieu*, p. 271.

çon une ambassade confiée à un agent secret, le sieur Campremy.

Les gouverneurs de la cité impériale ne reçurent point d'*ambassade* de Richelieu. Celui-ci donna seulement une mission confidentielle au « sieur de Campremy, gentilhomme françois » qui avait servi sous Spinola [1], et que Louis XIII envoyait à l'archevêque et au parlement pour leur « faire entendre ses progrès et la justice de ses armes en Lorraine ; » Campremy s'ouvrit de ses instructions secrètes au baron d'Oiselay et à Girardot de Nozeroy, qu'il rencontra « par les chemins, » et ceux-ci, jugeant « expedient de ne le point quitter, » l'accompagnèrent à Dole, bien qu'ils fussent chargés d'aller complimenter la duchesse de Lorraine à Besançon [2].

*Ibid. Caumont la Force à la cour de Dole. (Du camp devant la Motte, 30 avril 1634.)*

Le moindre inconvénient du renvoi à cette dépêche du maréchal de la Force est de faire croire au lecteur que le premier voyage de Campremy se place en 1634, tandis que les lettres dont il était porteur avaient été écrites par Louis XIII « dez son camp près de Nancy [3]. » Au reste, l'heureux lauréat de l'Académie française ne paraît pas se douter que ce gentilhomme vint deux fois en Franche-Comté [4], et rien ne lui semble plus naturel que de publier

---

[1] BONOURS, *Le memorable siege d'Ostende decrit et divisé en douze livres*, p. 387 ; GIRARDOT DE NOZEROY, *Histoire de dix ans de la Franche-Comté de Bourgongne*, p. 22.

[2] GIRARDOT DE NOZEROY, *op. cit.*, p. 47. Cf. L'archevêque et la cour à la duchesse de Lorraine, Dole, 27 août 1633. — *Corr. du parlement*, Arch. du Doubs, B. 159.

[3] BOYVIN, *Le siège de la ville de Dole*, p. 21. Cf. *Gazette de France* du 17 septembre 1633 ; Boyvin à Chifflet, Dole, 4 septembre 1633. — *Mss. Chifflet*, t. CXXXII, fol. 168.

[4] BOYVIN, *op. cit.*, p. 18 et 29.

(I, 461) une dépêche du 11 avril 1634 comme pièce justificative de la mission remplie en 1633.

Ibid. V. *une lettre du cardinal infant au parlement et à l'archevêque, concernant les quartiers qu'ils ont assignés aux troupes du comte de la Tour.*

Quel rapport y a-t-il entre cette lettre et les propos tenus par Campremy ?

Page 358. *On les lui rendit, en lui déclarant qu'on n'en recevrait plus de semblables; « car cette formule était inconvenante pour un pays qui n'appartenait pas à la France, et où Henri IV lui-même s'était toujours servi du mot « messieurs » vis-à-vis des seigneurs comtois. »*

On ne rendit point à Campremy la lettre de Louis XIII, car Ferdinand de Rye l'avait brusquement ouverte « sans prendre garde à la superscription; » Girardot de Nozeroy, qui était présent, dit formellement : « Si les dittes lettres n'eussent pas esté ouvertes, nous les lui eussions rendu. » A quoi bon prêter à l'archevêque et au parlement une réponse *inconvenante*, en mettant entre guillemets la phrase dans laquelle Henri IV *lui-même* apparait *vis-à-vis* (M. de Piépape veut sans doute dire : à l'égard) *des seigneurs comtois*, alors que « fut faicte response par escrit avec respect dehu aux roys [1] ? » Cette prétendue citation n'est point, d'ailleurs, tirée du livre de Boyvin, qui se borne à déclarer qu' « encore que ces termes fussent pleins de courtoisie et d'affection, ils n'avoient pas esté pratiqués par les roys de France escrivans aux gouverneurs des provinces d'autre souveraineté, ainsi que nous pouvions faire voir par des lettres du roy Henry quatriesme et autres ses devanciers

---

[1] *Histoire de dix ans de la Franche-Comté de Bourgongne*, p. 48.

par lesquelles les gouverneurs et le parlement de la Franche-Comté estoient qualifiés « Messieurs 1. »

*Ibid. Ce premier échec n'empêcha point le cardinal d'expédier un nouvel émissaire, le sieur Dubois.*

L'auteur de l'*Histoire de la réunion de la Franche-Comté à la France* pourrait aussi rappeler que la façon dont Campremy avait été éconduit en 1633 n'empêcha pas Richelieu de lui confier une deuxième lettre l'année suivante : Campremy vint à Dole le 14 avril 1634, puis passa avec le conseiller Gollut à Ougney, où se trouvait alors l'archevêque 2.

Il est vrai que M. de Piépape a peut-être voulu raconter la seconde mission de Campremy en rapportant la première.

*Ibid. « Les corps de paroisse, dit Girardot de Nozeroy, soutenaient les sujets contre leurs seigneurs. »*

L'heureux lauréat de l'Académie française joue de malheur avec les emprunts qu'il fait à l'historien de la guerre de Dix ans. Quelle précipitation n'a-t-il pas mise à consulter ce dernier pour lire *corps de paroisse* où il y a : *coqs de paroisse*? La méprise est risible. Ce qui prête moins à rire, c'est la légèreté d'un auteur qui donne à sa propre prose les apparences d'une citation, comme dans cette note, qu'il faut rétablir de la manière suivante : « Partout, dit Girardot de Nozeroy, y avoit gens de lettres qui soustenoient les sujets contre leurs seigneurs, et en tous les bons villages estoient gens de pratique que la noblesse appeloit *coqs de paroisse*, qui avoient creance dans les communautez, et par adresse (naturelle à la nation) s'insinuoient aux bonnes

---

1 Boyvin, *Le siège de la ville de Dole*, p. 24. Cf. Aubery, *Histoire du cardinal duc de Richelieu*, p. 272.

2 La cour à Louis XIII, Dole, 15 avril 1634 ; la cour à l'archevêque, Dole, 15 avril 1634 ; la cour au marquis d'Aytona, Dole, 17 avril 1634. — *Corr. du parlement*, Arch. du Doubs, B. 171.

grâces des juges de leurs ressorts et d'aucuns mesme du parlement [1]. »

Page 359. « *Le duc François de Lorraine est arrivé hier à Besançon, avec Madame la princesse Claude, sa femme.* » (*2 avril 1634. Lettre de Fr.-Broissia.*)

On n'est pas sans avoir remarqué que les renvois du créateur du *roman de geste* à la correspondance du parlement n'ont souvent aucun rapport avec le récit. En voici un nouvel exemple : il faut toute l'étourderie de M. de Piépape pour donner l'arrivée du prince Nicolas-François de Lorraine et de la princesse Claude comme une preuve du retour de Charles IV. Ce prince venait de séjourner à Ornans; il y était resté du 23 au 28 mars [2], et, le 30, Froissard-Broissia écrivait de Besançon : « M. de Lorraine est de retour icy dez avant-hier [3]. »

Au reste, M. de Piépape a mal lu la dépêche qu'il cite, car on y trouve seulement ceci : « Je viens d'apprendre l'arrivée en cette ville de Mr le duc François de Lorraine et de Mad{e} la princesse Claude, sa femme [4]. » Comment les deux nobles fugitifs auraient-ils pu arriver à Besançon le 1er avril? Ce fut précisément ce jour-là qu'ils s'évadèrent de Nancy [5].

---

1 *Histoire de dix ans de la Franche-Comté de Bourgongne*, p. 72.

2 Le magistrat d'Ornans à l'archevêque et à la cour, Ornans, 28 mars 1634. — *Corr. du parlement*, Arch. du Doubs, B. 170.

3 Froissard-Broissia à la cour, Besançon, 30 mars 1634. — *Corr. du parlement*, Arch. du Doubs, B. 170.

4 Froissard-Broissia à la cour, Besançon, 2 avril 1634. Cf. Le marquis de Conflans à la cour, Baume, 3 avril 1634. — *Corr. du parlement*, Arch. du Doubs, B. 171.

5 Le vicomte d'Arpajon à Bouthillier, Nancy, 2 avril 1634. — Cte D'HAUSSONVILLE, *Histoire de la réunion de la Lorraine à la France*, t. I, p. 439. Cf. BEAUVAU, *Mémoires*, p. 49; DU BOYS DE RIOCOUR, *Histoire de la ville et des deux sièges de la Mothe*, p. 46; D. CALMET, *Histoire ecclésiastique et civile de Lorraine*, t. III, p. 262.

*Ibid. Leur perplexité augmenta quand ils le virent (Charles IV).... lancer du fond de son exil un manifeste pour affirmer son droit de souveraineté.*

Si M. de Piépape était moins étourdi, il ne parlerait pas de la perplexité que causa aux Comtois un manifeste « expédié à Besançon le 13 juin 1634 1, » c'est-à-dire la veille du départ du duc de Lorraine pour Milan.

*Ibid. Son Éminence eut la pensée machiavélique de faire traquer et enlever l'infortuné duc jusque sur le territoire espagnol de la Franche-Comté.*

Averti par ses émissaires que Charles IV allait « seulement à trente ou quarante chevaux, tantost dès Besançon à Vesoul, tantost à Ornan, tantost à Chastillon Guiotte ou en d'autres lieux, » le vicomte d'Arpajon paraît effectivement avoir eu la pensée que M. de Piépape qualifie de *machiavélique* 2, mais l'affection des Lorrains veillait sur les jours de leur duc 3.

*Ibid. Charles IV s'échappait souvent de Besançon pour se rendre dans la montagne du Jura, auprès de Béatrix, qui avait comme résidence le château de Belvoir.*

Il serait plus exact de dire : dans les montagnes du Lomont. Quoi qu'il en soit, en 1634, Béatrix de Cusance était à Besançon ; le duc de Lorraine n'avait donc pas à s'échapper de cette ville pour l'aller voir.

Page 360. *L'on montre, dit M. d'Haussonville, les sentiers de pâtre par où le jeune duc pénétrait clandestinement dans cette enceinte bien-aimée.*

---

1 C<sup>te</sup> D'HAUSSONVILLE, *Histoire de la réunion de la Lorraine à la France*, t. II, p. 309.

2 Le vicomte d'Arpajon à Bouthilier, Saint-Dizier, 2 juin 1634. — C<sup>te</sup> D'HAUSSONVILLE, *op. cit.*, t. II, p. 311.

3 Le lieutenant général et le procureur fiscal d'Amont à la cour, Vesoul, 15 mai 1634. — *Corr. du parlement*, Arch. du Doubs, B. 172.

De qui s'agit-il ? 1 duc de Lorraine, ou du comte Almaviva pénétrant *clandestinement* chez Rosine? M. d'Haussonville ne dit rien de tel [1], et l'heureux lauréat de l'Académie française pousse la modestie trop loin quand il refuse de se croire l'auteur de cette phrase exquise. Après cela, parmi les lecteurs de l'*Histoire de la réunion de la Lorraine à la France*, il s'en trouve peut-être qui ont le mauvais goût de préférer la simplicité de cet ouvrage aux poétiques fictions de M. de Piépape.

Ibid. *Averti enfin du danger qu'il courait, le duc n'eut que le temps de s'échapper sous un travestissement, avec trente gentilshommes dévoués.*

Charles IV s'enfuyant de Besançon sous un *travestissement!* C'est une idée qui ne pouvait venir qu'au créateur du *roman de geste*. Les aventures des princes de la maison de Lorraine sont assez merveilleuses pour qu'on n'ait pas à y ajouter, et il suffisait de montrer le duc, une trompette au cou, en Savoie et en Suisse. En outre, ce ne fut pas la pensée des dangers qu'il courait personnellement, mais la crainte de fournir aux Français un prétexte pour envahir la Franche-Comté [2], qui détermina ce prince à se rendre auprès du cardinal infant.

Ibid. « *Monsieur de Lorraine a quitté Besançon aujourd'hui, allant vers Ornans. Son train est parti aujourd'hui. Il a donné ordre de faire sortir la gendarmerie de Besançon.* » (*L. de Fr.-Broissia, Besançon, 15 juin 1634.*)

Lorsque M. de Piépape cite une dépêche, il résiste rare-

---

[1] C<sup>te</sup> D'HAUSSONVILLE, *op. cit.*, t. II, p. 71.
[2] La cour à l'archevêque, Dole, 9 juin 1634; la cour au comte de la Tour, Dole, 9 juin 1634; la cour au marquis d'Aytona, Dole, 12 juin 1634; les officiers d'Amont à la cour, Vesoul, 13 juin 1634; le magistrat de Gray à la cour, Gray, 13 juin 1634. — *Corr. du parlement*, Arch. du Doubs, B. 173.

ment à l'envie d'en remanier le texte. D'après cette note, le départ du duc de Lorraine serait du 15 avril. Or, le 15, Froissard-Broissia écrivait de Besançon : « Monsieur de Lorraine sortit hier de cette cité pour passer plus outre, et à ce que j'ai appris, il a donné ordre pour en faire sortir sa gendarmerie. Son train est parti seulement aujourd'huy et at pris le chemin de Willafans 1. »

*Ibid. Après Nordlingen, il fit encore une vaine tentative pour recouvrer ses États, et, quittant par dépit le commandement de ses troupes, alla derechef se réfugier à Besançon.... le 6 septembre 1634.*

Charles IV se réfugiant à Besançon le 6 septembre 1634 ! Faut-il apprendre à l'inventeur de la *hallebarde à rouet* que ce jour-là le duc de Lorraine assurait par sa valeur le gain de la bataille de Nordlingen ? Il est vrai qu'il croit cette victoire du *5 mai 1634* (I, 353).

L'explication que M. de Piépape donne du retour du prince à Besançon est erronée : ce ne fut pas le dépit, mais la maladie, qui, en 1635, le contraignit à abandonner pendant quelque temps à Mercy le commandement de ses troupes 2.

Page 361. « *Il poussoit des souris qui naissoient dans sa bouche comme des champignons sans racines.* » (*Boyvin, Siège de Dole.*)

Citation tronquée : chez Claude Bruillart, les yeux souriaient aussi bien que la bouche 3.

*Ibid. Dans les conférences entre lui (l'abbé de Coursan)*

---

1 Froissard-Broissia à la cour, Besançon, 15 juin 1635. — *Corr. du parlement*, Arch. du Doubs, B. 173.

2 *Gazette de France*, extraordinaires des 16 n... et 4 juin 1635 ; *Gazette de France* du 23 mai 1635.

3 Boyvin, *Le siège de la ville de Dole*, p. 31.

*et les gouverneurs, ceux-ci lui reprochèrent à leur tour les excès commis au bailliage d'Amont par le marquis de Bourbonne....., attendu que ses troupes, qui étaient françaises, avaient pillé Jonvelle.*

Les troupes qui saccagèrent Jonvelle n'étaient pas sous les ordres du marquis de Bourbonne : elles obéissaient au duc de Rohan [1].

Comment cette allusion au coup de main de Batilly n'a-t-elle pas fait comprendre à l'auteur de *l'Histoire de la réunion de la Franche-Comté à la France* que le voyage de l'abbé de Coursan était postérieur aux événements dont il rejette le récit au chapitre suivant ?

Page 361. *Quant au duc de Lorraine, son départ de Franche-Comté fut une véritable délivrance pour le gouvernement comtois.*

De quel départ l'heureux lauréat de l'Académie française veut-il parler? Il ne le sait peut-être pas lui-même. Place-t-il cette *délivrance* en 1634? L'exposé de la mission de l'abbé de Coursan ne permet pas de le supposer. S'il s'agit du départ qui mit fin au séjour de Charles IV en Franche-Comté après Nordlingen (I, 360), M. de Piépape est impardonnable d'oublier que ce séjour coïncida avec les opérations militaires qui devaient aboutir au combat de Melisey, car il n'a point encore fait mention de celui-ci. Je doute que le lecteur puisse se reconnaître au sein d'une confusion pareille.

Ibid. « *Le duc de Lorraine a quitté Besançon, ayant reconnu qu'il chargeait les épaules de la cité et de tout le*

---

[1] *Gazette de France* du 13 janvier 1635; COUDRIET et CHATELET, *Histoire de la seigneurie de Jonvelle*, p. 213; F. DES ROBERT, *Campagnes de Charles IV, duc de Lorraine et de Bar, en Allemagne, en Lorraine et en Franche-Comté*, p. 460.

*pays.* » *Boyvin à la cour, Dole, 20 mars 1634.* (Corresp. du parlement, *Arch. du Doubs.*)

Outre que la dépêche que cite M. de Piépape ne se rapporte nullement au départ qu'il semble avoir en vue, mais à la sortie après laquelle Charles IV alla « gister le premier soir à Chastillon Guyotte [1], » on ne voit pas pourquoi Boyvin eût écrit de Dole au parlement de Dole; ce n'est pas à la cour, mais à Jean-Jacques Chifflet, que la lettre du 20 mars 1634 est adressée; elle ne se trouve pas aux archives du Doubs, mais à la bibliothèque de Besançon; enfin le duc de Lorraine avait si peu quitté la province à la date qu'indique l'auteur de l'*Histoire de la réunion de la Franche-Comté à la France*, que, le 21 mars 1634, il écrivait de Besançon à la cour [2].

---

[1] Boyvin à Chifflet, Dole, 20 mars 1634. — *Mss. Chifflet*, t. CXXXII, fol. 196.

[2] Le duc de Lorraine à la cour, Besançon, 21 mars 1634. — *Corr. du parlement*, Arch. du Doubs, B. 170.

# CHAPITRE IX

Page 363. *Combat de Melisey (20 mai).*

Au lieu de *20 mai*, lisez : **24 mai**.

Ibid. *Prise de Belfort par M. de la Suze.*

Ce ne fut pas en 1635, mais en 1636, que le comte de la Suze s'empara de Belfort.

Ibid. *Ouverture de la campagne de 1635. — Déclaration royale du 7 mai.*

L'heureux lauréat de l'Académie française se figurerait-il que la « Declaration du roy sur les attentats et entreprises contre son Estat par aucuns du Comté de Bourgoigne, » est de l'année 1635?

Ibid. *M. de la Verne remplace M. de Saint-Martin dans le gouvernement de Dole.*

Louis de la Verne ne remplaça point, à proprement parler, le marquis de Saint-Martin dans le gouvernement de Dole : il prit seulement le commandement de la garnison à la place du sieur de Jousseaux.

Ibid. *L'année 1635 s'annonça aux Comtois par un coup de tonnerre.*

En sa qualité de poète [1], M. de Piépape ne hait pas les *sesquipedalia verba*. Qualifier le pillage de Jonvelle de

---

[1] M. de Piépape a publié un volume de vers dans lequel son incorrigible distraction lui fait nommer le rossignol *Philomène*.

*coup de tonnerre* paraîtra légèrement emphatique à quelques esprits chagrins.

Ibid. *Il (Rohan) écrivit, le 6 janvier, à la cour de Dole une lettre comminatoire lui reprochant les levées faites pour le duc de Lorraine, etc. V. cette lettre aux pièces justificatives, XXIV.*

Le lecteur qui, sur la foi de ce renvoi, cherchera la lettre du 6 janvier aux pièces justificatives, ne sera pas, je crois, médiocrement surpris de n'y trouver qu'une lettre du 13 janvier (I, 461). C'est, du reste, cette dernière dépêche que l'auteur de l'*Histoire de la réunion de la Franche-Comté à la France* cite quelques lignes plus bas.

Page 364. *Sans attendre la réponse de la cour, il franchit la Faucille.*

Erreur. Lorsqu'il reçut la lettre de la cour, le duc de Rohan était encore à Epinal ; c'est de cette ville qu'il écrivait, le 13 janvier 1635, à l'archevêque et au parlement : « Je viens de recevoir vostre lettre du 9 du présent, etc. »

Ibid. *Il pénétra par Jonvelle avec ses troupes « en rang de bataille, tambour battant, drapeaux déployés, » saccagea cette malheureuse bicoque...., et s'avança jusqu'à Luxeuil.*

Nouvelle erreur. Le duc de Rohan ne saccagea point Jonvelle : le pillage de cette petite ville par un de ses lieutenants est bien antérieur à son entrée en campagne [1], et M. de Piépape l'a déjà raconté (I, 339) ; s'il avait lu attentivement la dépêche qu'il cite, il aurait vu que ce n'était pas

---

[1] Le duc de Rohan à Louis XIII, Rambervillers, 6 janvier 1635. — F. DES ROBERT, *Campagnes de Charles IV, duc de Lorraine et de Bar, en Allemagne, en Lorraine et en Franche-Comté*, p. 460. Cf. *Gazette de France* du 13 janvier 1635 ; BOYVIN, *Le siège de la ville de Dole*, p. 19 ; COUDRIET et CHATELET, *Histoire de la seigneurie de Jonvelle*, p. 212.

par Jonvelle, mais « par les villages de Sainct-Sauveur, Ronchans près Luxeul, » que les troupes françaises avaient « passé et marché en rang de bataille, tambourg battant et drappeaux deployez [1]. »

*Ibid. Voici quel était son ordre de marche, d'après une lettre datée de Bouhans, 9 avril 1635.... 2° L'infanterie, par régiments à 1,400 hommes.*

Ces chiffres sont exagérés : si le régiment de Champagne comptait environ 1,400 hommes, « après suyvoient deux aultres regimentz composez de non plus de chacung quattre cent hommes [2]. » Ce dont M. de Piépape ne s'avise pas, c'est que, lorsque ces renseignements furent transmis à la cour, Rohan ne marchait pas sur Belfort et Montbéliard, mais remontait en Alsace.

*Page 365. Lettre du baron de Scey, Gray, 27 février 1635.*

Au lieu de *Gray*, lisez : Scey-sur-Saône. Au surplus, cette lettre n'est nullement relative à la levée de *quelques bonnes compagnies de cavalerie*, mais à la nomination du baron de Scey comme bailli d'Amont.

*Ibid. Lettres.... de l'infant à la cour, Bruxelles, 19 février 1635; de l'infant à l'archevêque, Bruxelles, 23 février 1635.*

Ces deux lettres ne sont pas adressées, l'une à l'archevêque, l'autre à la cour, mais l'une et l'autre à l'archevêque et à la cour [3].

*Page 366. La résistance qu'il (Charles IV) trouva de-*

---

[1] La cour au cardinal infant, Dole, 1ᵉʳ mars 1635. — *Corr. du parlement*, Arch. du Doubs, B. 179.

[2] Breton à la cour, Bouhans, 9 avril 1635. — *Corr. du parlement*, Arch. du Doubs, B. 180.

[3] *Corr. du parlement*, Arch. du Doubs, B. 179.

vant Montbéliard le détermina, au commencement de mars, à en lever le siège.

Il ne faut pas demander à M. de Piépape une exactitude à laquelle sa vive imagination ne se peut plier. Bornons-nous à noter qu'au commencement de mars, le duc de Lorraine ne s'était pas encore présenté sous les murs de Montbéliard : ce ne fut qu'au mois d'avril que ses troupes se répandirent autour de cette place [1].

Ibid. *Il marcha aussitôt par Luxeuil, avec 500 chevaux et 200 dragons, contre l'avant-garde du maréchal de la Force, qui se disposait à envahir à son tour le bailliage d'Amont.*

L'heureux lauréat de l'Académie française n'a pas mieux saisi les mouvements du duc de Lorraine que ceux de Rohan : la marche dont il parle n'eut pas lieu au mois de mars, mais au mois d'avril [2] : au mois de mars, Charles IV était tombé malade à Fribourg-en-Brisgau.

Ibid. *Le gouvernement des Pays-Bas, pour débarrasser la Comté d'un allié si incommode, songea à le faire interner au château Sainte-Anne, près d'Ornans.*

L'*Histoire de la réunion de la Franche-Comté à la France* abonde en révélations inattendues, et celle-ci n'est pas la moins curieuse. Malheureusement pour M. de Piépape, jamais le marquis d'Aytona ne songea à *faire interner* le duc de Lorraine à Sainte-Anne; il mit seule-

---

[1] *Gazette de France*, extraordinaires des 28 mai et 4 juin 1635; Forget, *Mémoires des guerres de Charles IV*, fol. 74 et 79 (Bibl. de Nancy); Bois de Chesne, *Recueil memorable*, dans les *Mémoires* de la Société d'émulation de Montbéliard, année 1855, p. 139; Duvernoy, *Ephémérides du comté de Montbéliard*, p. 116 et 150; E. Tuefferd, *Histoire des comtes souverains de Montbéliard*, p. 515.

[2] Le comte de Brassac au cardinal de Richelieu, Nancy, 22 avril 1635. — F. des Robert, *Campagnes de Charles IV*, p. 479. Cf. Forget, *op. cit.*, fol. 81.

ment cette forteresse à sa disposition, dans le but de prévenir les desseins que les Français avaient formés contre sa personne, et ce n'est pas en 1635, mais en 1634, que cette offre fut faite [1].

Page 367. *Le duc de Lorraine envoya contre lui le colonel Gomer.*

Au lieu de *Gomer*, lisez : Gomez. Les contemporains appellent fréquemment cet officier espagnol *Gomus*.

Ibid. *Lettre de M. de Bouthillier-Chavigny à M. le cardinal de la Valette.*

M. de Bouthillier-Chavigny vaut M. de Froissard-Broissia.

Ibid. *Le 16 mai cependant, les mousquetaires de M. de la Force donnèrent à Frahier contre la cavalerie lorraine ;.... le colonel Ebron poursuivit les Lorrains jusqu'à Fresse, où il mit le feu, etc.*

M. de Piépape ne se doute pas que, confondant en une seule action la surprise de Frahier et le combat de Melisey, il raconte cette dernière affaire. Il parle d'une perte de *800 hommes*. Or, à Frahier, les Croates, que les Français délogèrent du village, perdirent seulement « quelques-uns de leurs cavaliers, » et, loin d'être poursuivis, « ils eurent le loisir de se rallier à la campagne, et de faire ferme sur un haut, où il n'y avoit pas moyen de les aller attaquer [2]. »

---

[1] L'archevêque à la cour, Ougney, 5 et 12 mai 1634 ; la cour à d'Andelot-Chevigney, Dole, 6 mai 1634 ; la cour à l'archevêque, Dole, 6 mai 1634 ; d'Andelot-Chevigney à l'archevêque, Salins, 10 mai 1634 ; Boyvin et Toytot à la cour, Salins, 10 mai 1634 ; l'archevêque et la cour à d'Andelot-Chevigney, Dole, 11 mai 1634 ; la cour au duc de Lorraine, Dole, 11 mai 1634 ; la cour à Boyvin et à Toytot, Dole, 11 mai 1634 ; la cour au marquis d'Aytona, Dole, 16 mai 1634. — *Corr. du parlement*, Arch. du Doubs, B. 172.

[2] Relation de la retraite du duc Charles, du camp de la Neufvelle près Leure, le 26 mai 1635. — AUBERY, *Mémoires pour l'histoire du cardinal*

Au reste, quels sont, je ne dis pas les mousquetaires, mais même les chevau-légers qui eussent pu pousser la cavalerie lorraine jusqu'à Fresse ? L'invraisemblance de cette poursuite n'arrête pas le créateur du *roman de geste*, devant qui les montagnes s'abaissent comme par enchantement : c'est à croire que dans le service d'état-major on ne jette jamais les yeux sur une carte.

Notons encore qu'à Frahier, le colonel Hepburn resta si peu maître du champ de bataille, qu'il fut, au contraire, obligé de battre en retraite.

Page 368. *Le 19 seulement, le maréchal chercha à attaquer le duc de Lorraine dans ses quartiers.*

C'est une erreur. L'armée de la Force ne fit aucune démonstration ce jour-là. Le 20 seulement, la Cour d'Argy ayant informé le maréchal du mouvement de retraite de Charles IV, les troupes françaises vinrent camper à Lyoffans.

Ibid. *Le 20, M. de la Force rencontra de nouveau la cavalerie ennemie en avant de Meliscy, et lui fit encore lâcher le pied.*

C'est encore une erreur. Ce fut le 21 que les éclaireurs du marquis de la Force « trouverent deux cornettes de cavalerie dans un village, qu'ils pousserent si vertement qu'ils leur firent lascher le pied [1]. »

Ibid. *Dans cette attaque, le maréchal fut soutenu par*

---

duc de *Richelieu*, t. I, p. 475. Cf. *Gazette de France*, extraordinaire du 28 mai 1635; LA FORCE, *Mémoires*, t. III, p. 122; F. DES ROBERT, *Campagnes de Charles IV*, p. 483.

[1] AUBERY, *op. cit.*, t. I, p. 475. Cf. *Gazette de France*, extraordinaire du 4 juin 1635: *Relation de la nouvelle chasse donnée à l'armée du duc Charles, par le mareschal de la Force, avec la mort de sept à huit cens Lorrains, outre plus de trois cens prisonniers*; LA FORCE, *Mémoires*, t. III, p. 122.

— 58 —

*les gardes du cardinal de la Valette, et ses gens déployèrent la plus grande valeur. Le vicomte de Turenne, jeune encore, s'y distingua entre tous, etc.*

Mousquetaires embusqués dans un bois, gardes du cardinal de la Valette, officiers français mettant l'épée à la main, autant de détails qui ne sont point à leur place, puisqu'aucun engagement sérieux n'eut lieu le 20 mai. Comment M. de Piépape ne s'aperçoit-il pas que c'est le combat de Melisey qu'il raconte pour la seconde fois?

*Ibid. Le colonel Merci fut frappé à mort en voulant contenir l'infanterie lorraine.*

Mercy ne devait point trouver la mort au combat de Melisey; les relations françaises rapportent seulement que le lieutenant-colonel de son régiment y fut tué [1]. Par une étourderie dont son ouvrage fournit d'innombrables preuves, l'heureux lauréat de l'Académie française a pris « le lieutenant colonel de Mercy » pour *le colonel Merci*.

*Ibid. Le duc Charles.... assistait au combat du haut de l'éminence qui domine Ronchamp.*

Le duc de Lorraine n'assista point au combat de Melisey : tandis que Mercy « faisoit sa retraite avec l'élite de l'infanterie lorraine [2], » ce prince, « qu'on avoit nagueres veu au milieu de son armée, vestu de toile d'argent, couvert de force plumes et monté sur un cheval blanc, estoit rangé dans une petite campagne, couverte d'un gros village, nommé Champagneule (Champagney). » Il lui eût d'ailleurs été impossible de suivre les péripéties de l'action du haut de la colline sur laquelle s'élève aujourd'hui la chapelle de Notre-Dame du Haut.

---

[1] Aubery, *op. cit.*, t. I, p. 177; *Gazette de France*, extraordinaire du 4 juin 1635.

[2] *Gazette de France*, extraordinaire du 4 juin 1635.

*Ibid. Dans ce mouvement, il fut battu encore le 22 et le 24. Il lui restait 4,000 hommes et 6 à 7,000 chevaux. Au dernier engagement, son infanterie fut décimée dans un bois. Il perdit là deux colonels et 800 hommes.*

Il faut en finir avec l'inextricable confusion qui existe dans le récit de l'inventeur de la *hallebarde à rouet*. Malgré les éloges qu'il donne à la tactique du duc de Lorraine, je doute qu'il ait rien compris à la retraite de la Neuvelle. Charles IV ne fut pas battu le 22, car « les 21, 22 et 23 les armées demeurèrent encore en présence, et ne se combattirent qu'à coups de canon, qui fit quelque dommage de part et d'autre ; et nombre de cavaliers des deux camps s'avancèrent souvent dans la plaine, où il se passa force petits combats à coups de pistollet et carabine, qui ne donnèrent pas peu de divertissement aux regardans [1]. » Le 24, eut lieu le combat de Melisey, dans lequel, après avoir courageusement défendu « une petite montagne ronde, couverte d'un grand bois, qui commandoit à un chemin fort estroit, » les Lorrains mirent le feu au village de Fresse, « qui s'y prit en un instant si horriblement, parce que les maisons estoient couvertes de bois, qu'on le vit en moins de rien dans un embrazement général [2] ; » ce fut à la prise de ce village que Turenne se distingua. Quant aux pertes des Lorrains, il est assez difficile de les connaître : les relations françaises les font monter à huit ou neuf cents hommes ; mais, pour juger de la foi qu'elles méritent, il suffit de rappeler que l'une d'elles ajoute : « sans que nous y ayons perdu des nostres qu'environ

---

[1] AUBERY, *Mémoires pour servir à l'histoire du cardinal duc de Richelieu*, t. I, p. 476. Cf. Le marquis de la Force à la marquise de la Force, du camp de la Neuvelle, 25 mai 1635. — LA FORCE, *Mémoires*, t. III, p. 422 ; *Gazette de France*, extraordinaire du 4 juin 1635.

[2] AUBERY, *op. cit.*, t. I, p. 477.

vingt, tant morts que blessez [1]. » Grotius parle de 6 à 700 hommes hors de combat [2]. Le plus curieux, c'est que le chiffre de 900 hommes ne semble nullement exagéré à M. de Piépape, qui, renchérissant sur les gazetiers aux ordres de Richelieu, fait perdre au duc de Lorraine d'abord *800 hommes et la plupart de leurs officiers* (I, 367), puis *plus de 700 hommes* (I, 368), enfin *deux colonels et 800 hommes;* parmi ces colonels, il compte sans doute le colonel Nicolas, dont le maréchal de la Force annonça la mort par erreur, mais qui ne fut tué qu'à la bataille de Leipsig (2 novembre 1642).

Page 369. *Plus enivré de son succès que soucieux de respecter la trêve avec les Comtois, le maréchal de la Force fit enlever dans Lure MM. de Grammont-Melisey père et fils.*

Ici, l'auteur de l'*Histoire de la réunion de la Franche-Comté à la France* revient, selon son habitude, sur un événement qu'il a déjà fait connaître (I, 353), en sorte que le lecteur peut croire que le baron de Melisey fut arrêté deux fois. Mais il ne perd pas l'occasion de commettre une erreur en montrant le bonhomme la Force *enivré de son succès.* Comment la date des réclamations de la cour de Dole, qu'il donne en note, ne l'a-t-elle pas averti que l'arrestation du baron de Melisey était antérieure à la retraite de la Neuvelle [3] ?

---

[1] Richelieu aux maréchaux de Châtillon et de Brézé, Condé, 30 mai 1635. — AUBERY, *op. cit.*, t. I, p. 479. Cf. Le marquis de la Force à la marquise de la Force, du camp de Lyoffans, 28 mai 1635. — LA FORCE, *Mémoires*, t. III, p. 423; FORGET, *Mémoires des guerres de Charles IV*, fol. 86.

[2] Grotius à Oxenstiern, Paris, 6 juin 1635; Grotius à la reine de Suède, Paris, 6 juin 1635. — *Epistolæ*, p. 151. Cf. Le cardinal de la Valette à Bouthillier, du camp de la Neuvelle, 26 mai 1635. — F. DES ROBERT, *Campagnes de Charles IV*, p. 484.

[3] GIRARDOT DE NOZEROY, *Histoire de dix ans de la Franche-Comté de Bourgongne*, p. 84.

Ibid. *Il refusa de s'associer à une pointe du comte de la Suze contre Belfort.... M. de la Suze emporta seul cette place, après quatre vigoureux assauts.*

La ville de Belfort fut bien prise d'assaut, comme le dit M. de Piépape, mais le château se rendit par composition. Ce qui est grave, c'est de placer ce fait d'armes entre le combat de Melisey et la prise du château de Montjoie : encore un coup, ce ne fut pas en 1635, mais en 1636, que le comte de la Suze résolut d'emporter Belfort; la capitulation fut signée le 28 juin 1636 [1].

Page 370. *Le maréchal de la Force avait 12,000 hommes de troupes.*

Le maréchal de la Force avait, d'après Richelieu, 12,000 hommes d'infanterie, 4,000 chevaux et 1,000 dragons [2]; deux ans auparavant, il disposait de trente-quatre régiments d'infanterie et cinquante-huit compagnies de cavalerie [3].

Ibid. *Un Lorrain, nommé Saint-Belmont, l'avait mis (Montjoie) en état de défense, par ordre du duc Charles.*

Le comte de Saint-Balmont avait si peu reçu l'ordre de

---

[1] *Gazette de France*, extraordinaire du 23 juillet 1636 : *La prise de la ville et chasteau de Beffort par le comte de la Suze*; Bois de Chesne, *Recueil memorable*, p. 142; Fontenay-Mareuil, *Mémoires*, p. 243; Richelieu, *Mémoires* (coll. Michaud), p. 63; Montglat, *Mémoires*, t. I, p. 140; H. Bardy, *Le comte de la Suze et la seigneurie de Belfort de 1636 à 1654*, dans le *Bulletin* de la Société philomathique vosgienne, années 1884-1885, p. 45.

[2] *Lettres, instructions diplomatiques et papiers d'Etat du cardinal de Richelieu*, t. V, p. 3. Cf. Richelieu au maréchal de la Force, Rueil, 1er juillet 1635. — *Ibid.*, t. V, p. 922.

[3] *L'estat general de la puissante armée du Roy, avec les noms et qualitez des seigneurs et officiers qui commandent en icelle, sur les frontieres d'Allemagne, sous la conduitte de Monsieur le mareschal de la Force*, p. 8.

mettre le château de Montjoie en état de défense, que les munitions lui firent rapidement défaut.

*Ibid. Il ne se rendit qu'en voyant la brèche praticable, c'est-à-dire au bout de trois semaines.*

Quoi qu'on ait pu dire [1], Montjoie ne tint pas trois semaines, mais deux jours, attendu qu'il fut rendu le 6 juin 1635 [2]. Peu s'en fallut cependant que Saint-Balmont ne fût pendu pour avoir ajouté « l'insolence à la témérité, puisqu'à chaque coup de canon qu'on lui tiroit il paroissoit aux fenêtres avec des violons qui jouoient à ses côtés [3]. »

*Page 374. Il (le maréchal de la Force) évacua la Franche-Comté le 25 juin, pour aller canonner le prieuré de Porrentruy.*

Quelle date M. de Piépape assigne-t-il donc à la reddition de la ville qu'il réduit aux proportions d'un *prieuré*? S'il eût consulté le curieux almanach de Hugues Bois de Chesne, il y eût vu cette brève mention : « Le 2 de juin 1635, Pourraintru pris. » Ce fut, en effet, le 12 juin (n. s.) que Louis de la Verne demanda à composer [4]; les

---

[1] A. Quiquerez, *Montjoie et les anciens châteaux du Clos-du-Doubs*, dans les *Mémoires de la Société d'émulation du Doubs*, année 1873, p. 191.

[2] Le maréchal de la Force à la maréchale de la Force, au camp de Vaufrey, 6 juin 1635. — La Force, *Mémoires*, t. III, p. 425; le vicomte de Turenne à la duchesse de Bouillon, 7 juin 1635. — Turenne, *Mémoires* (coll. Michaud), p. 344; l'abbé Richard, *Essai sur l'histoire de la maison et baronnie de Montjoie*, p. 53; Id., *Monographie du bourg et de la terre de Natoie*, p. 41.

[3] L'abbé Arnault, *Mémoires* (coll. Michaud), p. 491. Cf. Fontenay-Mareuil, *Mémoires*, p. 243; Bois de Chesne, *Recueil mémorable*, p. 160; Girardot de Nozeroy, *Histoire de dix ans de la Franche-Comté de Bourgogne*, p. 68.

[4] Fontenay-Mareuil, *op. cit.*, p. 243; La Force, *Mémoires*, t. III, p. 426; *Gazette de France* du 23 juin 1635. Cf. La cour à la Verne, Dole, 18 juin 1635. — *Corr. du parlement*, Arch. du Doubs, B. 183; l'abbé Vautrey, *Histoire des évêques de Bâle*, p. 201.

articles de la capitulation furent signés le lendemain [1].

*Ibid. Ce fut l'armée de Bernard de Saxe-Weimar qui envahit la franche montagne à sa place.*

En 1635? non, mais en 1639, car on ne peut qualifier d'invasion de la franche montagne la tentative du mois de novembre 1637. Je cherche vainement ce qui a pu faire commettre à l'heureux lauréat de l'Académie française une erreur semblable.

*Ibid. Richelieu..... ne dispose guère que de 80,000 hommes.*

A quoi bon diminuer les forces dont la France disposait lors de la déclaration de guerre à l'Espagne? D'après l' « abrégé du controlle général de toutes les armées du Roy [2], » l'infanterie, sans les Suisses, comprenait dans la première quinzaine de mai 1635 plus de cent trente-deux mille hommes; il y avait, en outre, 16,680 chevaux et 4,200 dragons. Au mois de décembre de la même année, l'effectif de l'infanterie fut porté à 172,000 hommes, et celui de la cavalerie à 33,400 chevaux [3].

*Page 372. Quant à l'infanterie, elle se compose principalement de mercenaires, Suisses, Allemands ou Savoyards.*

Rien de moins exact que cette assertion. Si l'on en excepte la petite armée de Bernard de Saxe-Weimar, les troupes auxquelles les Franc-Comtois allaient tenir tête avaient été recrutées dans le royaume; Normandie, Navarre,

---

[1] *Gazette de France*, extraordinaire du 25 juin 1635: *Articles accordés par le maréchal de la Force, général de l'armée du Roi, au sieur Louis de la Vergne, mestre de camp d'un regiment pour le duc Charles de Lorraine.*

[2] *Lettres, instructions diplomatiques et papiers d'État du cardinal de Richelieu*, t. V, p. 3.

« Controlle général pour 1636. » — *Ibid.*, t. V, p. 723.

Enghien, Picardie, Tonneins, Rebé, Le Perche, Castelmoron, La Mothe, étaient vraiment des régiments français.

Ibid. *L'empereur Ferdinand III, étant de la maison d'Autriche, ne pouvait manquer de secourir les Espagnols.*

Ce n'était pas Ferdinand III, mais Ferdinand II, qui occupait le trône impérial en 1635. Ferdinand II ne mourut qu'en 1637 [1].

Page 373. *Richelieu renonça à dissimuler et lança, le 7 mai, une déclaration royale.... Dans son manifeste, le cardinal.... offrait aux gentilshommes comtois de les tirer « de la honteuse servitude des clercs. »*

Il y a quelque chose de plus étrange que de peindre Louis XIII s'effaçant entièrement derrière son ministre, c'est de prêter à ce dernier une faute qu'il n'a pas commise. En politique, il faut distinguer les actes publics des instructions secrètes; la déclaration royale du 7 mai 1636 n'aurait pu reproduire les insinuations du sieur de Campremy et de l'abbé de Coursan sans exciter l'indignation de la cour de Dole; où M. de Piépape a-t-il vu qu'elle fit mention de la *honteuse servitude des clercs* ? [2]

Ibid. *Le 19 mai, la France dépêcha un héraut à Bruxelles, pour déclarer la guerre à l'Espagne, avec cette solennité pompeuse qui déjà, sous le précédent règne, avait été apportée à une rupture semblable.*

Tous les historiens du règne de Louis XIII ont donné de

---

[1] Hurter, *Geschichte Kaiser Ferdinands II.* t. IV, p. 861.
[2] *Gazette de France*, extraordinaire du 5 juin 1636 : *Declaration du Roy sur les attentats et entreprises contre son Estat par aucuns du Comté de Bourgoigne, avec les asseurances de conservation et protection aux communautez et particuliers qui entretiendront la neutralité*; Aubery, *Mémoires pour servir à l'histoire du cardinal duc de Richelieu*, t. II, p. 1.

minutieux détails sur la déclaration de guerre de 1635 [1]. Cela n'empêche pas l'auteur de l'*Histoire de la réunion de la Franche-Comté à la France* de croire le voyage de Jean Gratiolet à Bruxelles postérieur à la déclaration royale du 7 mai 1636.

Ibid. *Un archer des gardes du corps du roi d'Espagne, originaire de Franche-Comté, ayant été fait prisonnier de guerre à Lyon, on ne le renvoya que dévalisé et démonté.*

Contrairement à ce que l'heureux lauréat de l'Académie française donne à entendre, l'arrestation de Laurenceot fut antérieure à la déclaration de guerre. Un des motifs que le parlement alléguait pour obtenir sa mise en liberté était précisément que « la guerre n'estoit pas encor declarée [2]. »

Ibid. « *En même temps, M. le cardinal de la Valette exécutera l'entreprise du comté de Bourgogne avec les troupes de Langres et de M. du Hallier.* »

Le lecteur, qui vient de voir Richelieu mander à Servien : « M. de la Force pourra faire l'entreprise du C. de B. avec l'armée qu'il commande, » se demandera peut-être comment le cardinal de la Valette pouvait recevoir l'ordre d'exécuter *en même temps* la même entreprise. Il n'y a là qu'une nouvelle bévue du créateur du *roman de geste* : la Valette ne devait pas entrer en Franche-Comté, mais en Flandre. Voici du reste le texte même de la dépêche trop rapidement lue

---

[1] *Gazette de France*, extraordinaire du 28 mai 1635; *Mercure françois*, t. XX, p. 928; Aubery, *Histoire du cardinal duc de Richelieu*, p. 233; Levassor, *Histoire de Louis XIII*, t. IV, p. 714; le P. Griffet, *Histoire du règne de Louis XIII*, t. II, p. 574; Saint-Foix, *Œuvres complètes*, t. IV, p. 201; *Lettres, instructions diplomatiques et papiers d'État du cardinal de Richelieu*, t. IV, p. 760.

[2] Boyvin, *Le siège de la ville de Dole*, p. 36. Cf. La cour à d'Alincourt, Dole, 18 juin 1635. — *Corr. du parlement*, Arch. du Doubs, B. 183; Bégillet, *Histoire des guerres des deux Bourgognes sous Louis XIII et sous Louis XIV*, t. I, p. 39.

par M. de Piépape : « En mesme temps Mr le card. de L. V. avec l'armée de Mr du Hallier, celle de Langres, et les troupes que l'on pourra tirer des garnisons de Picardie, qui fairont en tout près de unze mille hommes de pied, et, dans quinze jours, près de trois mille chevaux, pourra entrer dans la Flandre, entre Guise et la Capelle [1]. »

Page 374. *Elle* (la cour de Dole) *écrivit au prince de Condé pour se plaindre des abominations commises par l'armée du maréchal de la Force.*

M. de Piépape prend à tâche de dérouter le lecteur lorsqu'à la déclaration royale du 7 mai 1636 il fait succéder la *solennité pompeuse* du 19 mai 1635, puis les *lettres de la cour des 18, 19, 22 juin 1635*, pour aboutir à *la prise de la Mothe* (26 juillet 1634).

Page 375. *La cour de Dole fit répondre au parlement de Dijon : «.... que le régiment de la Verne, dont le roi Philippe IV avait ordonné la levée, ne pouvait rien entreprendre contre les provinces neutralisées, puisque, après avoir capitulé à Porrentruy devant le maréchal de la Force, il avait été envoyé aux Pays-Bas.*

La cour de Dole ne répondit rien de semblable, car le régiment de la Verne n'avait point passé aux Pays-Bas. Elle parla seulement des démarches qu'elle avait faites pour empêcher que ce régiment fût compris dans une expédition contre les provinces neutralisées, ajoutant « que cette vérité estant cogneue au mareschal de la Force, lors qu'il l'avoit fait sortir avec composition fort honnorable de la ville de Pourentru, il avoit plustot choisy de le renvoier dans cette

---

[1] Richelieu à Servien, Rueil, 19 juin 1635. — *Lettres, instructions diplomatiques et papiers d'État du cardinal de Richelieu*, t. V, p. 61.

province avec ce qui luy restoit de soldats, que de luy permettre de se rejoindre, comm'il pretendoit, aux armées imperiales 1. »

Nous verrons M. de Piépape commettre plus loin la même erreur (I, 379). Elle est d'autant plus incompréhensible que dans les pièces justificatives de son livre (I, 466) il donne la réponse de la cour de Dole au parlement de Dijon.

Page 377. *Il (Richelieu) cherchait à ébranler la noblesse du pays, qui n'était déjà que trop disposée à devenir française.*

Il est prématuré de représenter la noblesse comtoise comme prête à accepter la domination étrangère : 1636 n'est pas 1668 ou 1674. La meilleure preuve de la sincérité de son attachement à l'Espagne, c'est que, malgré les justes sujets de mécontentement qu'elle pouvait avoir, les usurpations du parlement ne suscitèrent dans ses rangs qu'un traître ; encore l'historien de la guerre de Dix ans rend-il à ce dernier ce témoignage que, dans le principe, le cardinal se gardait de « l'induire à rebellion, car le mot lui eût fait peur 2. »

Ibid. *Lettre du roi de France à la reine régente d'Espagne, sur les préliminaires de la rupture de 1635.* (Mss. Chifflet, *XXXVIII, f° 280.*)

La reine *régente* d'Espagne ? En 1635 ? Comment M. de Piépape a-t-il pu commettre une étourderie semblable ?

---

1 BOYVIN, *Le siège de la ville de Dole*, p. 41. Cf. La cour au marquis de Conflans et aux conseillers Girardot de Nozeroy et Garnier, Dole, 16 juin 1635. — *Corr. du parlement*, Arch. du Doubs, B. 182 ; GIRARDOT DE NOZEROY, *Histoire de dix ans de la Franche-Comté de Bourgogne*, p. 69.

2 GIRARDOT DE NOZEROY, *op. cit.*, p. 20.

Le piquant de l'aventure, c'est qu'en se reportant aux *Mss. Chifflet*, t. XXXVIII, fol. 280, on trouve un imprimé qui n'est autre que la *Lettre du Roy à la Reyne d'Espagne*, datée de Saint-Germain en Laye, le 8 mai 1667. L'inventeur de la *hallebarde à rouet* a pris les préliminaires de la rupture de 1668 pour ceux de la rupture de 1635.

Page 378. *Henri de Bourbon, prince de Condé, nommé gouverneur du duché de Bourgogne à la place du duc de Bellegarde, fit son entrée à Dijon le 26 mars 1626.*

Condé faisant son entrée à Dijon comme gouverneur au mois de mars 1626 ! L'heureux lauréat de l'Académie française ne sait-il pas que ce ne fut qu'en 1631 que Louis XIII se décida à donner le gouvernement de la Bourgogne à ce prince [1] ?

Page 379. *Il* (le marquis de Saint-Martin) *avait laissé à Dole un lieutenant dans la personne d'un sieur Jousseau.... la cour lui retira sa commission pour la remettre à M. de la Verne, colonel d'un terce ou régiment espagnol.*

*Un sieur Jousseau !* Nous avions déjà vu *le sieur Campremy* (I, 357), ainsi que *MM. de Grammont-Melisey père et fils* (I, 369). Pourquoi feindre d'ignorer l'existence de Joachim de la Tour, seigneur de Jousseaux, « gentilhomme tout de cœur,.... extrêmement franc et genereux [2] ? »

Louis de la Verne n'était pas colonel d'un régiment espagnol, mais d'un régiment bourguignon. Son terce n'était pas de 2,000 hommes, comme le dit en note M. de Piépape, mais de 3,000 hommes en quinze compagnies.

---

[1] Duc d'Aumale, *Histoire des princes de Condé pendant les XVI<sup>e</sup> et XVII<sup>e</sup> siècles*, t. III, p. 536.
Boyvin, *Le siège de la ville de Dole*, p. 51.

Ibid. *Son régiment, récemment arrivé des Flandres, formait le noyau de la garnison de Dole.*

Le régiment de la Verne n'avait jamais servi aux Pays-Bas; il avait été mis sous les ordres du duc de Lorraine [1], et était revenu en Franche-Comté après la capitulation de Porrentruy. M. de Piépape donne à entendre qu'il était tout entier à Dole, tandis que la Verne n'avait sous sa main que six compagnies.

Ibid. *L'abbé de Coursan se flatta d'exploiter ce mécontentement pour gagner un partisan à la cause du prince. Il obtint de Jousseau une entrevue, etc.*

Ce récit des tentatives faites pour surprendre la fidélité du lieutenant du marquis de Saint-Martin est plein d'erreurs. En premier lieu, ce ne fut pas l'abbé de Coursan qui eut une entrevue avec Jousseaux; ce fut le sieur de Chevigney. A Foucherans, Jousseaux ne jeta pas le masque; loin de *faire paraître l'indignation sur son visage,* il se borna à demander « loisir pour adviser au fait et aux moyens; » après avoir instruit l'archevêque et le parlement des propositions du sieur de Chevigney, il eut une autre entrevue avec le lieutenant criminel d'Auxonne à Tavaux, selon Boyvin [2], à Molay, suivant Champvans [3], et ce fut seulement dans cette dernière entrevue qu'il montra son aversion pour le rôle que l'abbé de Coursan s'était flatté de lui faire jouer.

Page 380. *A de tels actes de fidélité il faut opposer*

---

[1] Le cardinal infant à l'archevêque et à la cour, Bruxelles, 23 février 1635. — *Corr. du parlement,* Arch. du Doubs, B. 179.

[2] BOYVIN, *op. cit.,* p. 54. Cf. BÉGUILLET, *Histoire des guerres des deux Bourgognes,* t. I, p. 63.

[3] PETREY DE CHAMPVANS, *Lettre à Jean-Baptiste Petrey, sieur de Chemin,.... contenant une bonne partie de ce qui s'est fait en campagne au comté de Bourgogne, pendant et après le siège de Dole,* p. 5.

cependant, comme ombre au tableau, quelques défections fâcheuses. Les plus notoires furent celles du chevalier de Trailly et de M. de Gasté.

A quoi bon faire croire à plusieurs défections? Clériadus de Marmier, seigneur de Gâtey, fut le seul gentilhomme comtois qui se laissa circonvenir par les intrigues du cardinal de Richelieu, à moins qu'on ne veuille assimiler à une défection la fidélité suspecte de Cressia. Le chevalier de Treilly était Français : rien, par conséquent, de moins criminel que la conduite qu'il tint en quittant le service du duc de Lorraine pour celui du roi de France [1].

Il semble d'ailleurs que l'auteur de l'*Histoire de la réunion de la Franche-Comté à la France* se pique d'accumuler les erreurs en cet endroit. Ainsi Treilly ne réunit jamais *400 cuirasses à Seveux, puis à Gray;* s'il eût eu dans cette ville 400 hommes sous ses ordres, il n'eût pas été au pouvoir de Brun de les disperser. Le duc de Lorraine lui avait, il est vrai, donné commission « pour mettre quatre cens cuirasses en pied, » mais les cavaliers qu'il avait assemblés dans la terre de Seveux ne formaient encore qu'une faible troupe, quand les archers du grand prévôt leur vinrent donner la chasse. Ce qui a trompé M. de Piépape, c'est que Treilly avait en outre « resserré deux cens cinquante paires d'armes pour chevaux legers dans le chasteau; » ces armes furent mises « sous la main du Roy » à la garde des officiers de Seveux, puis, après une tentative infructueuse de Gâtey pour les amener à Talmay, conduites à Gray et confisquées [2].

Page 382. *M. de la Verne leva en Franche-Comté, pour*

---

[1] *Gazette de France*, extraordinaire du 20 juin 1639.
[2] Boyvin, *Le siège de la ville de Dole*, p. 43; Girardot de Nozeroy, *Histoire de dix ans de la Franche-Comté de Bourgogne*, p. 56.

*le service d'Espagne, un terce de quinze compagnies avec quelque cavalerie. Le marquis de Listenois, bailli et colonel d'Aval, vint à Poligny passer la revue de l'arrière-ban et pourvoir aux fortifications, aidé d'un ingénieur distingué, le baron de Laubespin. Bientôt cependant le parlement laissa voir sa volonté égoïste et jalouse d'écarter la noblesse de l'armée. Il repoussa par système le concours que celle-ci venait généreusement offrir à la défense du pays.*

Autant d'erreurs que de lignes. Jamais la Verne n'eut de cavalerie ; pendant le siège de Dole, les Français ne virent sortir d'autres cavaliers que la « compagnie de soixante cuirasses » commandée par le sieur de Byans [1]. Comment, d'autre part, eût-il levé un terce en 1636, quand son régiment était sur pied depuis près de deux ans ? La commission qui lui fut délivrée pour cette levée par le marquis d'Aytona est du 10 juillet 1634 [2] ; à peine enrôlées, ses recrues furent, on le sait, mises sous les ordres du duc de Lorraine, qui les jeta dans Porrentruy ; Porrentruy rendu, le régiment revint en Franche-Comté, et, à la veille du siège, les compagnies étaient réparties entre Dole, Gray, Salins et Bletterans [3]. Passons sur l'assimilation inattendue du baron de Laubespin aux Vernier et aux Tissot. Ce qui est plaisant, c'est de ressusciter le marquis de Listenois pour lui faire assembler le rière-ban : Joachim de Vienne, dit de Bauffremont, était mort au mois d'octobre 1635 [4], et le baron de Scey et le comte de Bussolin se disputaient la charge de bailli d'Aval [5]. Enfin, quelques torts qu'ait eus le parlement, il

[1] BOYVIN, *Le siège de la ville de Dole*, p. 102.
[2] La cour au magistrat de Vesoul, Dole, 26 août 1634. — Arch. comm. de Vesoul, H. 28.
[3] BOYVIN, *op. cit.*, p. 66.
[4] DUNOD, *Histoire du comté de Bourgogne*, t. II, p. 509.
[5] La cour au roi, Dole, 30 janvier 1636. — *Corr. du parlement*, Arch. du Doubs, B. 194.

est injuste de l'accuser d'avoir paralysé la défen... loin de refuser les services de la noblesse, la cour de Dole s'empressa d'autoriser les levées du marquis de Varambon, du baron de Scey, du prince de Cantecroix, du baron de Wiltz et du baron de Laubespin ; outre les trois régiments d'Amont, d'Aval et de Dole, elle « resolut de faire quatre autres regimens de surcroit de chacun mille hommes de pied en dix compagnies [1] ; » rien ne justifie donc l'assertion que pour la campagne qui allait s'ouvrir on n'employa que *la milice*. Les dépêches que l'heureux lauréat de l'Académie française cite en note ne se rapportent nullement à l'ouverture de la campagne ; nos archives en renferment du reste un grand nombre où s'accusent plus nettement encore la jalousie toujours en éveil des parlementaires et leur prétention d'agir « comme si la ville de Dole eût été la Bourgogne entière, et les autres places de la province des lieux de peu ou nulle importance [2]. »

*Ibid. Dans une lettre du 23 septembre 1635, Boyvin reproche sévèrement au marquis de Conflans d'avoir réglé les quartiers des armées sans la participation des commis au gouvernement de la province.*

Ce n'est pas le 23 septembre 1635, mais le 23 septembre 1636, que la cour, et non Boyvin, manifestait son mécontentement des agissements du marquis de Conflans [3]. « Les vice-president et gens tenans la cour souveraine de parlement à Dole, commis au gouvernement de Bour-

---

[1] BOYVIN, *op. cit.*, p. 67. Cf. GIRARDOT DE NOZEROY, *Histoire de dix ans de la Franche-Comté de Bourgogne*, p. 84 ; BÉSULLET, *Histoire des guerres des deux Bourgognes*, t. I, p. 79.

[2] J. CHIFFLET, *Mémoires*, dans les *Documents inédits pour servir à l'histoire de la Franche-Comté*, t. V, p. 12. Cf. Le marquis de Saint-Martin à la cour, Besançon, 9 juin 1638. — *Corr. du parlement*, Arch. du Doubs, B. 236.

[3] *Corr. du parlement*, Arch. du Doubs, B. 205.

gongne, » se plaignaient surtout des quartiers donnés au sieur de Saint-Germain : « Nous apprenons, disaient-ils, qu'il est né François, et croyons qu'y ayant tant de naturels vassaux il est dangereux d'employer ceux de cette nation, qui se déclare ouvertement ennemie jurée de nos Roys, quand bien ils auroient mangé un muid de sel aux armes de S. M. »

Page 383. *Dans une autre lettre à M. Buson, conseiller à Besançon (Dole, 12 octobre 1636)....*

M. de Piépape n'ignore pas qu'il n'y avait point de parlement dans la cité impériale ; il devrait donc s'abstenir de travestir Claude-Antoine Buson, « conseiller en la cour souveraine de parlement à Dole, » en *M. Buson, conseiller à Besançon.*

Ceci n'est rien cependant au prix du remaniement que le créateur du *roman de geste* fait subir à la lettre du 12 octobre 1636. Cette lettre a été publiée par M. Clerc [1], et il suffit de s'y reporter pour voir que, si le fond des idées est le même dans la version de M. de Piépape, celui-ci a néanmoins tort de donner une analyse sommaire pour une citation textuelle.

Ibid. *Conflans et Vatteville à la cour, Jussey, 29 août 1635.*

Quelle hallucination porte l'auteur de l'*Histoire de la réunion de la Franche-Comté à la France* à faire deux personnages d'un seul individu ? On se rappelle ce qu'est devenu sous sa plume le baron de Vaugrenans (I, 338). Ici, c'est le marquis de Conflans qui se trouve être *Conflans et Vatteville*. La lettre dont il s'agit est pourtant signée lisi-

---

[1] *Jean Boyvin, président du parlement de Dole, sa vie, ses écrits, sa correspondance politique*, p. 86.

blement : « Gerart de Joulx, dict de Watevile, — J. Girardot de Nozeroy. » Point n'était besoin d'ailleurs de recourir à la signature, attendu que la dépêche commence par ces mots : « Nous avons appris quelque chose de l'estat des affaires de Flandre et d'Allemagne, moy, marquis de Conflans, du president Costa, et moy, conseillier de Beauchemin, de Mr de Toledo.... »

Il va sans dire que cette lettre n'est pas transcrite plus fidèlement que celle qui précède. C'est ainsi que, d'après M. de Piépape, le marquis de Conflans parlait de passer à Dole, alors qu'en réalité il annonçait qu'il demeurerait à l'armée, « durant que moy, conseillier de Beauchemin, vadz auprès de VV. SS. pour conferer avec elles sur quelques pointz qui ne se peuvent escrire, et pour me desbander quelque temps l'esprit de la multitude des affaires où je me treuve [1]. »

Page 384. *Les places de Salins et de Gray reçurent chacune un conseiller.*

Cela n'est vrai que de Gray; aucun membre du parlement ne fut envoyé à Salins; Girardot de Nozeroy y vint pour rassurer les habitants, dont le plus grand nombre s'apprêtait à gagner la Suisse, mais il nous apprend lui-même qu'il n'y passa qu'une nuit [2].

Ibid. *En résumé, la petite armée comtoise présentait un effectif total de 13,000 fantassins et 900 cavaliers.*

Malgré la précision apparente de la note, ces chiffres sont fort exagérés [3]. Les compagnies de cavalerie étaient loin d'être sur le pied de Flandre; le jeune Bresson, par

[1] Le marquis de Conflans et Girardot de Nozeroy à la cour, Jussey, 29 août 1635. — *Corr. du parlement*, Arch. du Doubs, B. 186.
[2] GIRARDOT DE NOZEROY, *Histoire de dix ans de la Franche-Comté de Bourgogne*, p. 101.
[3] Id., *op. cit.*, p. 93.

exemple, n'avait pu réunir que cinquante maîtres [1]; le commissaire général de la cavalerie niait même qu'il les eût et demandait ce qu'on pouvait faire avec quatre-vingts chevaux, « n'y ayant en la compagnie de Monsieur le marquys de Conflans que trente soldatz, parmi lesquelz il y a encor quelques valetz, et pour les cinquante chevaulx du sieur Bresson, ilz ne sont qu'en peinture [2]. » Les régiments d'infanterie qu'on leva après l'entrée de l'armée française en Franche-Comté ne formaient pas non plus un effectif de 4,000 hommes [3].

Page 385. *L'acte royal chargeait ensuite M. le prince de publier que, bien que S. A. pénétrât en Franche-Comté avec l'une des plus puissantes armées qui eussent été mises sur pied en France, et qu'avec de telles forces il y eût toute chance d'enlever certaines places, cependant l'intention du roi n'était pas de prendre ces villes pour les garder et en accroître ses Etats.*

Pourquoi dénaturer de la sorte la phrase suivante : « Avons resolu et arresté de faire passer dans ledict pays de la Franche-Comté l'armée que nous faisons assembler sur nos frontieres de Champagne et de Bourgongne,..... laquelle nous ne voulons pas estre employée à conquerir la Franche-Comté, n'en ayant aucun desseing [4] ? »

---

[1] Bresson à l'archevêque et à la cour, Gray, 4 mai 1636. — *Corr. du parlement*, Arch. du Doubs, B. 201.

[2] De Mandre à l'archevêque et à la cour, Jussey, 12 mai 1636. — *Corr. du parlement*, Arch. du Doubs, B. 201.

[3] GIRARDOT DE NOZEROY, *Histoire de dix ans de la Franche-Comté de Bourgongne*, p. 101.

[4] *Gazette de France*, extraordinaire du 5 juin 1636; *Déclaration des commis au gouvernement de la Franche-Comté de Bourgongne, sur l'entrée hostile de l'armée françoise audit pays*, p. 17; BOYVIN, *Le siège de la ville de Dole*, p. 76; AUBERY, *Mémoires pour servir à l'histoire du cardinal duc de Richelieu*, t. II, p. 3.

Page 386. *De son côté, M. le prince écrivit aux Comtois pour les rassurer.*

Comme preuve de ces protestations, postérieures à l'envoi de la déclaration royale du 7 mai 1636, M. de Piépape donne en note deux lettres, l'une du 23 août 1635, l'autre du 16 mars 1636.

Page 387. *Autre lettre du prince de Condé à la cour, Dijon, 16 mars 1636.*

Lisez : 13 mars 1636.

Ibid. « *Le roy n'entend pas empêcher le commerce des denrées avec le comté de Bourgogne,* » etc.

Pourquoi présenter comme une citation ce qui n'en est pas une? Dans la lettre du prince de Condé [1], il n'est pas question du commerce des denrées, en général, mais du commerce « de pareilles denrées, » c'est-à-dire de marchandises « de draperie et de menue mercerie, » saisies à Châlon sur des marchands franc-comtois [2].

Ibid. *La cité de Besançon avait toujours été attachée à la maison d'Autriche et à la protection des comtes de Bourgogne.... Toutefois l'assistance qu'elle avait donnée aux protestants d'outre-Rhin offrait un suffisant prétexte à une attaque contre elle.*

Pour échapper à la critique, l'auteur de l'*Histoire de la réunion de la Franche-Comté à la France* devrait tracer au bas de chaque page la formule des ordonnances royales : Car tel est notre plaisir. Quelle assistance la ville de Besançon avait-elle donnée aux réformés d'Allemagne? Et d'un autre côté, comment ce secours aurait-il pu constituer

[1] Le prince de Condé à la cour, Dijon, 13 mars 1636. — *Corr. du parlement*, Arch. du Doubs, B. 197.

[2] Cf. Le prince de Condé à la cour, Dijon, 20 avril 1636. — *Corr. du parlement*, Arch. du Doubs, B. 200.

un grief aux yeux de la puissance qui soutenait les princes protestants ligués contre la maison d'Autriche ?

Page 389. *Aubry*, Mém. pour servir à l'hist. de Richelieu.

Ce serait perdre son temps que de chercher, sur la foi de ce renvoi, le discours de Gâtey dans le recueil d'Aubery : il nous a été transmis par un auteur franc-comtois [1].

Ibid. *Les maréchaux de camp sous ses ordres étaient : le duc de la Meilleraye, grand maître de l'artillerie,.... M. de Damas, marquis de Thianges,.... M. Demachault, conseiller d'État avec le titre d'intendant de l'armée.*

Le *duc de la Meilleraye* n'était encore que le sieur de la Meilleraie, car la terre de la Meilleraie ne fut érigée en duché-pairie que par lettres du mois de décembre de l'année 1663 [2]. Ranzau, que M. de Piépape oublie, rejoignit bientôt l'armée, où il remplit aussi les fonctions de maréchal de camp. *M. de Damas* est Charles Damas, marquis de Thianges. Quant à Louis de Machault, seigneur d'Arnouville, créé maréchal de camp, c'est le comble de la distraction [3].

Ibid. *Les principaux corps d'infanterie étaient les régiments de Conti, d'Enghien, de Picardie, de Noailles....*

Au lieu de *Noailles*, lisez : Navailles [4].

Ibid. *D'Auxonne, M. le prince envoya à la cour de Dole un message qui ne faisait guère que reproduire la déclaration royale du 7 mai.*

Le message en question ne reproduisait ni ne commen-

---

[1] PETREY DE CHAMPVANS, *Lettre à Jean-Baptiste Petrey*, p. 15.
[2] Le P. ANSELME, *Histoire généalogique et chronologique de la maison royale de France*, t. IV, p. 619.
[3] *Mercure françois*, t. XXI, p. 132.
[4] PINARD, *Chronologie historique militaire*, t. VI, p. 205.

tait la « Declaration du Roy sur les attentats et entreprises commises contre son Estat par aucuns du Comté de Bourgoigne. » Le prince de Condé se bornait à informer l'archevêque et le parlement de l'ordre qu'il avait reçu de passer la frontière « avec une puissante armée [1]. »

Page 390. *Béguillet, p. 79. Consulter l'excellent commentaire de M. Delamare, d'ailleurs souvent inspiré par le récit de Boyvin.*

Telle est la singularité de cette note que plus d'un lecteur ne manquera pas de prendre M. Delamare pour un commentateur de Béguillet.

Il est faux que Philibert de la Mare se soit souvent inspiré de Boyvin : le récit de celui-ci finit avec la prise de Verdun-sur-le-Doubs, tandis que le *Commentarius de bello Burgundico* est surtout consacré aux événements qui se placent entre la levée du siège de Dole et la levée du siège de Saint-Jean-de-Losne.

Page 391. *Il (le prince de Condé) fit venir auprès de lui un Comtois d'origine, qui s'était distingué dans les guerres des Pays-Bas, M. de Talmay, et le consulta sur la manière de mener à bien les opérations du siège de Dole. M. de Talmay connaissait la province*, etc.

Après *Pontailler et Vaulgrenant* (I, 338), bientôt suivi de *Conflans et Valleville* (I, 383), il semblait qu'il ne restait qu'à tirer l'échelle. Point, et M. de Piépape avait juré de se surpasser lui-même.

Tout étourdi qu'il est, je me demande comment l'inven-

---

[1] *Déclaration des commis au gouvernement de la Franche-Comté de Bourgogne*, p. 11 ; Boyvin, *Le siège de la ville de Dole*, p. 74 ; Aubery, *Mémoires pour l'histoire du cardinal duc de Richelieu*, t. II, p. 7 ; Béguillet, *Histoire des guerres des deux Bourgognes*, t. I, p. 90.

teur de la *hallebarde à rouet* a pu commettre une bévue semblable. Qu'on se reporte à ce qu'il a dit précédemment de la défection de Gâtey (I, 380) et des conseils que celui-ci donna au prince de Condé (I, 388), l'homme le moins au courant de l'histoire de la province découvrira que ce transfuge n'est autre que celui qu'il plait à M. de Piépape d'appeler ici *M. de Talmay* [1]. Entrée au conseil des bons personnages, refus d'un commandement séparé, saisie d'armes au château de Seveux, c'est le même récit qui recommence. Il ne manque plus que d'apprendre au lecteur stupéfait l'insigne trahison de.... M. de Marmier.

*Ibid. Il voulut d'abord tenter une dernière négociation en se faisant adresser à Auxonne une nouvelle députation comtoise. L'offre fut rejetée par le parlement de Dole, et, le 26 mai enfin, Condé franchit la frontière.... Les paysans lui livrèrent le château de Moissey, qu'il occupa sans résistance.*

C'est le 27 mai qu'après avoir sommé la ville de Dole au nom de son maître, le sieur du Marais fit entendre au procureur général « que si on envoyoit un député au prince de Condé, on pourroit adoucir les affaires par un bon traité [2]. » Le rejet de cette proposition insidieuse est, par conséquent, du même jour que l'entrée de l'armée française en Franche-Comté, car, au lieu de *26 mai*, il faut lire ici : 27 mai.

Pourquoi M. de Piépape, qui a soin de rapporter l'occupation sans résistance du château de Moissey, ne mentionne-t-il pas la courageuse défense du château de Chevigney par

---

[1] DE LA MARE, *De bello Burgundico*, p. 8.
[2] GIRARDOT DE NOZEROY, *Histoire de dix ans de la Franche-Comté de Bourgogne*, p. 90. Cf. *Déclaration des commis au gouvernement de la Franche-Comté de Bourgogne*, p. 26 ; BOYVIN, *Le siège de la ville de Dole*, p. 82.

« quelques villageois, » qui, « estant sommés,.... soustindrent l'effort sans canon de quelques troupes destachées de l'armée du prince jusques au quatrième jour 1 ? »

1 BOYVIN, *op. cit.*, p. 85. Cf. *Gazette de France* du 7 juin 1636; BERNARD, *Histoire du roy Louis XIII*, t. II, p. 352; le P. GRIFFET, *Histoire du règne de Louis XIII*, t. II, p. 714.

# CHAPITRE X

Page 393. *Investissement de la place (29 mai)*. — *Prise du Tertre et de la Bédugue par Gassion.*

Loin d'être, comme M. de Piépape le suppose, postérieure à l'investissement, la prise du Tertre est du 28 mai [1], et ce fut précisément ce jour-là que la ville fut investie.

Ibid. *Destruction de la forge de Drambon.* — *Attaque de la contrescarpe (7 et 14 juin).*

L'expédition de Drambon n'eut lieu que le 4 juillet. Pour ce qui est de la contrescarpe, où l'heureux lauréat de l'Académie française a-t-il vu qu'elle fut attaquée le 7 juin [2]?

Page 394. *Une chapelle dédiée à Notre-Dame plane, du haut de ce sommet dénudé, sur Dole et les plaines de la Franche-Comté, remplaçant par sa construction moderne une vieille tour détruite au moyen âge.*

Le moyen âge n'a rien à voir ici, et si l'auteur de l'*Histoire de la réunion de la Franche-Comté à la France* veut s'en convaincre, il n'a qu'à recourir à l'ouvrage de M. Marquiset [3] : il y trouvera le dessin de la *vieille tour*, cons-

---

[1] *Gazette de France* du 7 juin 1636; BOYVIN, *Le siège de la ville de Dole*, p. 90; GIRARDOT DE NOZEROY, *Histoire de dix ans de la Franche-Comté de Bourgogne*, p. 91.

[2] Cf. *Gazette de France*, extraordinaire du 14 juin 1636 : *Journal du siège de Dole, contenant les approches de l'armée françoise devant cette place, les sorties des assiégez, les bateries des assiégeans, le nombre des morts et blessez, et autres particularitez de ce siège.*

[3] *Statistique historique de l'arrondissement de Dole*, t. II, pl. XII.

truite au xviiie siècle par les bénédictins, qu'a remplacée l'église édifiée par les jésuites [1].

Page 395. *Boyvin au gouverneur, Dole, 16 août 1635.*
Lisez : La cour à l'archevêque, Dole, 16 août 1635. L'heureux lauréat de l'Académie française devrait se souvenir que, de 1630 à 1637, il n'y eut pas, à proprement parler, de *gouverneur*.

Page 396. *Jean-Baptiste de la Baume-Montrevel, marquis de Saint-Martin, né sujet du roi de France, s'était établi en Franche-Comté à cause de son mariage avec une Franc-Comtoise.*

Le marquis de Saint-Martin né sujet du roi de France ! Comment M. de Piépape n'a-t-il pas démêlé l'erreur que Philibert de la Mare a commise à cet égard [2] ? Il connaît cependant la dépêche dans laquelle l'intrépide gouverneur déplore la perte ignominieuse de Pesmes, « où, dit-il, j'ay pris ma regrettée naissance [3]. »

Qu'est-ce encore que ce mariage avec une Franc-Comtoise ? Ni Claude-François ni Philibert de la Baume ne prirent femme au comté de Bourgogne [4], et je ne vois pas ce qui a pu motiver la méprise du créateur du *roman de geste*. En 1636, Jean-Baptiste de la Baume n'était pas marié ; ce ne fut que quatre ans plus tard qu'il épousa sa belle-sœur, Lambertine de Ligne, veuve en secondes noces du comte d'Embden [5].

---

[1] A. Rousset, *Dictionnaire des communes du Jura*, t. III, p. 328.
[2] *De bello Burgundico*, p. 9.
[3] Le marquis de Saint-Martin à la cour, Besançon, 5 août 1638. — *Corr. du parlement*, Arch. du Doubs, B. 238.
[4] Guichenon, *Histoire de Bresse et de Bugey*, t. III, p. 51 et 53.
[5] Girardot de Nozeroy, *Histoire de dix ans de la Franche-Comté de Bourgogne*, p. 235 et 271 ; Guichenon, *op. cit.*, t. III, p. 52.

Qu'un écrivain ne connaisse pas mieux les hommes les plus en vue de la province dont il a la prétention d'écrire l'histoire, le fait a vraiment de quoi surprendre. N'est-il pas aussi bien singulier que de toutes les charges du marquis de Saint-Martin, ce soient justement les deux plus importantes, celle de général d'artillerie et celle de gouverneur et capitaine général du comté de Bourgogne, que l'heureux lauréat de l'Académie française omette dans son énumération ?

Page 397. *Le président du conseil de défense était l'archevêque de Besançon, Ferdinand de Rye, qui avait alors quatre-vingt-quatre ans.*

M. de Piépape doit être en aussi mauvais termes avec l'arithmétique qu'avec l'art de vérifier les dates, car il donne quatre-vingt-quatre ans, en 1636, à un prélat qui, en 1630, n'avait que soixante-quatorze ans ; il est inconcevable qu'il ne se soit pas aperçu de son erreur, après avoir écrit auparavant (I, 334) que Ferdinand de Rye était *né au château de Balançon en 1556*. Non moins bizarre est la distraction qui, dans le second volume, lui fait passer sous silence la mort du vaillant archevêque après la levée du siège de Dole.

Ibid. *Il était gouverneur de la province depuis 1630.*

Ceci n'est pas tout à fait exact : le parlement avait été commis avec l'archevêque au gouvernement du comté de Bourgogne 1.

---

1 L'infante à la cour, Bruxelles, 10 décembre 1630. — A. Dubois de Jancigny, *Recueil de chartes et autres documents pour servir à l'histoire de la Franche-Comté*, p. 189 ; Boyvin, *Le siège de la ville de Dole*, p. 12 ; Girardot de Nozeroy, *Histoire de dix ans de la Franche-Comté de Bourgogne*, p. 23 ; Dunod, *Mémoires pour servir à l'histoire du comté de Bourgogne*, p. 536 ; l'abbé Richard, *Histoire des diocèses de Besançon*

**Page 398.** *Né à Dole, en 1575, de noble Pierre Boyvin de Louhans et de demoiselle Vurry.*

L'auteur de l'*Histoire de la réunion de la Franche-Comté à la France* renvoie fréquemment le lecteur à la notice de M. Clerc sur *Jean Boyvin*. S'il avait pris la peine de lire les pièces justificatives de cet ouvrage, il aurait appris dans quel discrédit est tombée l'indigeste compilation de Labbey de Billy, et n'aurait pas réédité bénévolement une des assertions [1] de cet « impudent fatras généalogique [2]. » A M. Clerc revient, en effet, le mérite d'avoir établi, d'après des documents authentiques, que le père de l'historien du siège de Dole « se nommait Jean Boyvin, et exerçait au parlement les fonctions de *postulant* ou procureur, auxquelles il joignit, en 1579, celles de notaire [3]; » sa mère n'appartenait point à la famille Vurry; elle se nommait Véronique Fabry.

*Ibid. Les autres membres du conseil étaient : M. de Poitiers, chevalier d'honneur du parlement, bailli et colonel de la milice d'Aval....; les conseillers Bereur, Matherot, Gollut, de Champvans....*

Le baron de Poitiers n'était point bailli d'Aval : personne n'avait encore été pourvu de la charge laissée vacante par le décès du marquis de Listenois. D'un autre côté, Louis

---

et de Saint-Claude, t. II. p. 310; l'abbé SUCHET, *Ferdinand de Rye*, dans les *Annales franc-comtoises*, t. IX, p. 189; P. PERRAUD, *Mémoire sur la lutte entre les gouverneurs de Franche-Comté et le parlement* (1610-1668), dans les *Mémoires* de la Société d'émulation du Jura, années 1869-1870, p. 58.

[1] LABBEY DE BILLY, *Histoire de l'université du comté de Bourgogne*, t. I, p. 190.

[2] HUGON D'AUGICOURT, *La Franche-Comté ancienne et moderne*, t. II, p. 154.

[3] E. CLERC, *Jean Boyvin*, p. 135. Cf. Boyvin à Chifflet, Dole, 28 février 1628. — *Mss. Chifflet*, t. CXXXIV, fol. 139.

Petrey de Champvans ne pouvait faire partie du conseil de défense de Dole, vu qu'il se trouvait à Gray.

Ibid. *MM. de Scey et de Varambon reçurent cent mille écus pour faire des levées.*

Jamais l'ignorance de l'heureux lauréat de l'Académie française ne s'est trahie plus naïvement : il faut qu'il n'ait aucune idée de la pauvreté de notre province pour commettre une pareille erreur. Que serait-il resté de l'emprunt voté dans l'assemblée du mois d'avril 1636, si l'on eût remis cent mille écus au baron de Scey et au marquis de Varambon? Cet emprunt, dont M. de Piépape n'a point encore parlé, était précisément de cent mille écus [1]; vingt mille écus furent employés aux levées ordonnées par l'archevêque et le parlement ; le surplus fut destiné aux besoins de la ville de Dole, car « en une place assiegée rien n'est impossible s'il y a de l'argent, et sans argent les commandemens sont mal suivis et les ouvrages languissans [2]. » Il est vrai que l'inventeur de la *hallebarde à rouet* n'a pas l'air de soupçonner que cette somme de cent mille écus est la même que les 300,000 francs votés par les députés de l'Etat et des villes, qu'il qualifie plus loin (I, 402) de *somme considérable pour leurs modiques ressources.*

Ibid. *Le prince de Cantecroix et le baron de Wuiltz reçurent chacun un régiment d'infanterie.*

Il serait plus exact de dire que le prince de Cantecroix et le baron de Wiltz eurent l'un et l'autre commission de lever un régiment d'infanterie, car, au mois de juin, le régi-

---

[1] Boyvin, *Le siège de la ville de Dole,* p. 66 ; A. de Troyes, *Recès des états de la Franche-Comté de Bourgogne.* t. III, p. 79 ; E. Clerc, *Histoire des états généraux et des libertés publiques en Franche-Comté,* t. II, p. 54.

[2] Girardot de Nozeroy, *Histoire de dix ans de la Franche-Comté de Bourgongne,* p. 96.

ment du prince de Cantecroix ne comptait encore que trois à quatre cents hommes, et il fallut donner quartier au val de Mièges au baron de Wiltz, qui « avoit fort peu de gens [1]. »

Ibid. *Ces troupes furent postées à Fraisans.*

Cela fut d'autant plus facile que la plupart d'entre elles n'existaient que sur le papier.

Page 399. *Ils (le marquis de Conflans et Girardot de Nozeroy) se mirent, en effet, en campagne comme précédemment, « avec peu d'argent, mais beaucoup de pouvoir, » dit l'un d'eux, allèrent haranguer les troupes de Fraisans....*

Ce n'est pas, comme on pourrait le croire, Girardot de Nozeroy qui rapporte que le marquis de Conflans et lui sortirent de Dole avec « peu d'argent et beaucoup de pouvoir pour en assembler par tous moiens possibles [2]; » cette phrase se trouve dans l'ouvrage de Boyvin (page 63, et non 163, de l'édition de 1869).

Le marquis de Conflans et Girardot de Nozeroy n'allèrent pas haranguer les troupes de Fraisans, pour l'excellent motif qu'il n'y avait plus de troupes à Fraisans : ce poste avait été abandonné avant que l'armée française eût franchi la frontière; les deux mille hommes de milice qui y étaient assemblés avaient été jetés dans Gray et Dole [3].

Page 400. *V., dans la Corresp. du parlement, la réponse de Gallas (Spire, 8 mai 1636).*

Au lieu de *la réponse*, lisez : la lettre. Gallas ne peut

---

[1] GIRARDOT DE NOZEROY, *Histoire de dix ans de la Franche-Comté de Bourgongne*, p. 101.
[2] BOYVIN, *Le siège de la ville de Dole*, p. 84.
[3] GIRARDOT DE NOZEROY, *op. cit.*, p. 106.

avoir répondu le 8 mai à l'avis que le marquis de Conflans et Girardot de Nozeroy lui firent parvenir par le baron de Savoyeux [1] après leur sortie de Dole (27 mai 1636).

Ibid. *M. de Trailly.... assemblait des cavaliers à Seveux, non loin de Gray, les y exerçait pour s'en servir contre son propre pays, et ne se faisait pas faute de leur distribuer des armes. Il fallut mettre bon ordre à ces agissements.*

J'imagine qu'on embarrasserait fort l'heureux lauréat de l'Académie française en lui demandant en quelle année Treilly assemblait des cavaliers dans la terre de Seveux. Ici, ces levées coïncident avec la sommation de Dole, puisqu'elles ne constituent pas la moins grave des difficultés que le marquis de Conflans rencontra dans l'accomplissement de sa mission. A cela il n'y a qu'un obstacle, c'est que la « brigade » de Treilly avait été dissipée depuis longtemps : M. de Piépape oublie ce qu'il a précédemment (I, 380) rapporté des démêlés de Gâtey avec la cour; il ne voit pas quelle invraisemblance il y a à faire exercer une troupe ennemie à la vue de Gray, pas plus qu'il ne se souvient d'avoir reconnu que le gentilhomme qu'il montre résolu à tirer l'épée contre son propre pays était *Français d'origine*.

Ibid. *Lettre de la cour à l'archev. (14 mai 1636).*

La lettre à laquelle renvoie l'auteur de l'*Histoire de la réunion de la Franche-Comté à la France* n'est nullement relative aux levées du chevalier de Treilly, mais à l'offre faite par le lieutenant-colonel Mora de deux régiments allemands logés au val de Délémont [2]. Par contre, M. de Pié-

---

[1] GIRARDOT DE NOZEROY, *op. cit.*, p. 102.
[2] La cour à l'archevêque, Dole, 14 mai 1636. — *Corr. du parlement*, Arch. du Doubs, B. 202.

pape n'a pas l'air de se douter que le 14 mai 1636 est la date de la proclamation de l'éminent péril [1].

Page 401. *Les députés des états furent convoqués à Dole pour le 16 avril. On leur adjoignit des délégués de toutes les villes à mairie,* « *dans le but, proclama-t-on par une belle et touchante formule, de contribuer à la chère patrie, en sa pressante nécessité,* » *et de voter de nouveaux subsides.*

Dans le chapitre précédent, M. de Piépape a montré l'armée française franchissant la frontière (I, 391). Il revient maintenant sur les événements qui ont précédé l'entrée en campagne du prince de Condé. Cela déconcerte le lecteur, que la confusion du récit expose à de regrettables méprises.

Autre remarque. Ce n'est pas le 16, mais le 20 avril 1636, que « les deputés furent convoqués en la ville de Dole, par ordre de Messieurs les commis au gouvernement [2]. » Le 26 du même mois seulement « comparurent les maïeurs des douze villes à ressort avec leurs accesseurs en la grande salle du collège de Mortault, avec les deputés [3]. » Pourquoi défigurer le langage de l'abbé des Trois-Rois invitant les députés de l'Etat et les délégués des villes à « contribuer à la chère patrie, au point de sa pressante necessité, la generosité de ce courage magnanime et ceste sincerité d'affection, qui avoient rendu si recommandable de tous temps en l'esprit des souverains la fidelité de nostre province [4] ? »

[1] L'archevêque et la cour aux officiers provinciaux, Dole, 14 mai 1636. — *Corr. du parlement*, Arch. du Doubs, B. 202.
[2] A. de Troyes, *Recès des états de la Franche-Comté de Bourgogne*, t. III, p. 73.
[3] Id., *op. cit.*, t. III, p. 75.
[4] Id., *op. cit.*, t. III, p. 76.

Ibid. *Le maire de Salins se fit, au sein de l'assemblée des états, l'interprète du sentiment des villes. Il dit que tout délai pouvant perdre le pays, il y avait urgence d'aviser au péril public.*

Le maire de Salins ne se borna pas à parler de l'imminence du péril; il tint un langage que le dernier historien des états a justement flétri [1].

Page 402. *Les états votèrent par acclamation un subside de 300,000 francs, somme considérable pour leurs modiques ressources, quoique trop faible encore au gré de leur généreux empressement.*

C'est ignorer le caractère franc-comtois que de le croire si facile à manier : les séductions de l'éloquence ont peu de prise sur les natures tenaces, et, tout en décidant les députés à « establir un fonds d'argent, » la chaleureuse harangue d'Emmanuel de Montfort ne les empêcha pas d'avoir « quelques contestes sur le choix des moyens plus convenables d'en reussir, qui entretinrent l'assemblée deux ou trois seances [2]. » Le vote par acclamation dont parle l'heureux lauréat de l'Académie française n'a jamais existé que dans son imagination : en réalité, ce fut « à pluralité des voix » que l'emprunt de 300,000 francs fut voté, et il est instructif de voir les précautions prises pour en assurer le remboursement.

Ibid. *Le 15 mai, les commis au gouvernement écrivirent au prince de Condé en lui représentant l'injustice de son agression, mais, pour toute réponse, il marcha sur Dole.*

Comment M. de Piépape, qui donne la lettre du 15 mai

[1] E. CLERC, *Histoire des états généraux et des libertés publiques en Franche-Comté*, t. II, p. 53.
[2] A. DE TROYES, *Recès des états de la Franche-Comté de Bourgogne*, t. III, p. 78.

dans les pièces justificatives de son ouvrage (I, 470), ne voit-il pas qu'elle n'a point trait à une agression qui n'avait pas encore eu lieu à cette date, mais bien aux actes d'hostilité commis « du costé de Champlitte et lieux circonvoisins? » Il est au moins singulier de déclarer qu'elle resta sans réponse, alors que le prince de Condé y répondit le 17 mai : la lettre qu'il écrivit à cette occasion se trouve pour ainsi dire à la même page que la dépêche du 15 mai dans la *Déclaration* publiée après la levée du siège de Dole [1].

Ibid. *C'est le 27 que la ville fut sommée par un trompette du roi de France, accompagné d'un exempt des gardes.*

L'auteur de l'*Histoire de la réunion de la Franche-Comté à la France* ne s'aperçoit pas qu'il recommence le récit qu'il a fait plus haut (I, 389).

Page 403. *Il* (le trompette) *fut introduit devant l'archevêque, auquel il remit, en présence d'une députation du parlement, une déclaration de M. le prince datée d'Auxonne et conçue dans un style insinuant et mesuré.*

Cette déclaration, que Ferdinand de Rye reçut des mains du sieur du Marais, et non des mains du trompette qui accompagnait ce dernier, n'est autre que le message dont il a déjà été question (I, 389).

Ibid. *M. le prince, y lisait-on, voulait, avant de combattre les Comtois, publier les motifs de cette invasion, afin qu'il n'y eût surprise pour personne.*

N'en déplaise à M. de Piépape, on n'y lisait rien de sem-

---

[1] *Déclaration des commis au gouvernement de la Franche-Comté de Bourgogne*, p. 6. Cf. BOYVIN, *Le siège de la ville de Dole*, p. 59; Instructions données par l'archevêque et la cour à Sordet, Dole, 15 et 19 mai 1636. — *Corr. du parlement*, Arch. du Doubs, B. 202.

blable. Il ne faut pas confondre la lettre du 27 mai 1636 avec la déclaration royale du 7 mai.

Ibid. *Suivait l'exposé des griefs : infractions à la trêve de 1522....*

Louis XIII ne pouvait songer à rappeler la trêve de 1522, violemment rompue par le Béarnais. Aussi ne parlait-il que du « traitté de neutralité faict en l'année mil six cent dix [1], » conformément à l'intention du « defunct roy Henry IV, de bonne memoire [2]. »

Page 403. *La réponse de la cour fut un refus catégorique et plein de grandeur.*

Un refus catégorique? non, car dans la réponse de l'archevêque et du parlement au prince de Condé on lit ce qui suit : « Nous ne pouvons y prendre une resolution absolue sans auparavant estre asseurez sur la signature de V. A. de ce qu'elle pretend traitter en telle conference, où, et comment; après qu'elle nous l'aura faict entendre par ses lettres, nous y delibererons promptement [3]. »

Ibid. *Il est trop tard, ajoutaient les gouverneurs, pour faire semblables ouvertures en armes, étant déjà sur le territoire envahi.*

Ce n'est point dans la dépêche du 27 mai que l'archevêque

---

[1] *Déclaration des commis au gouvernement de la Franche-Comté de Bourgongne*, p. 13; *Gazette de France*, extraordinaire du 5 juin 1636; Aubery, *Mémoires pour l'histoire du cardinal duc de Richelieu*, t. II, p. 1.

[2] J.-J. Chifflet, *Recueil des traittés de paix, trèves et neutralité entre les couronnes d'Espagne et de France*, p. 332; Léonard, *Recueil des traitez de paix, de trêve, de neutralité, de confédération*, etc., t. IV; A. Dubois de Jancigny, *Recueil de chartes et autres documents pour servir à l'histoire de la Franche-Comté*, p. 155.

[3] *Déclaration des commis au gouvernement de la Franche-Comté de Bourgongne*, p. 27; Boyvin, *Le siège de la ville de Dole*, p. 83; Aubery, op. cit., t. II, p. 9.

et le parlement s'exprimaient de la sorte, mais dans leur réponse à la lettre du prince de Condé « escrite au long de sa main, » le 29 mai 1636. Pourquoi souligner le mot *en armes*, qui ne se trouve pas dans la lettre des gouverneurs [1]?

Ibid. *Lettre du 29 mai 1636. V., à la même date, une lettre de la cour de Dole à Girardot de Nozeroy.*

Ce ne fut pas le 29 mai, mais le 28, que la cour annonça à Girardot de Nozeroy l'investissement de Dole. « Cejourd'huy, écrivait-elle, environ le midy, l'armée françoise s'est venue presenter devant ceste ville, composée de bon nombre de cavalerie et infanterie qui grossit d'heure à aultre.... Il n'est à croire combien nostre peuple se tesmoigne zelé [2]. »

Ibid. « *Rien ne nous presse d'ailleurs; après un an de siège, nous délibérerons sur ce que nous avons à répondre.* »

Cette « rodomontade espagnole, » comme eût dit Brantôme, ne se trouve pas davantage dans les lettres de l'archevêque et du parlement au prince de Condé [3].

Page 406. *Le duc de la Meilleraye....*
Lisez : le sieur de la Meilleraie.

Page 407. *Voici un curieux exemple des hâbleries du Mercure de France en 1636.*

M. de Piépape ignore sans doute que le *Mercure de*

---

[1] *Déclaration des commis au gouvernement de la Franche-Comté de Bourgogne*, p. 10; BOYVIN, *op. cit.*, p. 87; AUBERY, *op. cit.*, t. II, p. 10; D. PLANCHER, *Histoire générale et particulière de Bourgogne*, t. IV, p. CDXXXVI.

[2] La cour à Girardot de Nozeroy, Dole, 28 mai 1636. — *Corr. du parlement*, Arch. du Doubs, B. 202.

[3] Cf. BERNARD, *Histoire du roy Louis XIII*, t. II, p. 352; DE PURE, *Vie du maréchal de Gassion*, t. I, 2ᵉ partie, p. 85.

*France* ne vit le jour qu'en 1724. Le *Mercure françois*, avec lequel il le confond, n'était pas une gazette, mais une sorte d'annuaire historique [1].

Page 408. *Cette hostie* (l'hostie conservée dans la Sainte-Chapelle de Dole) *passait pour avoir été préservée des flammes par l'intervention divine, au milieu d'un incendie qui avait consumé l'église de Faverney.*

Pour conserver des doutes sur l'authenticité du miracle du 26 mai 1608, il faut que l'heureux lauréat de l'Académie française ignore les conditions dans lesquelles eut lieu l'enquête qui aboutit au mandement archiépiscopal du 10 juillet de la même année [2]; je ne parle pas des fidèles, auxquels aucune hésitation n'est permise depuis la décision de la sacrée Congrégation des rites, solennellement proclamée, le 16 mai 1864, par Mgr le cardinal Mathieu [3]. Dans tous les cas, si M. de Piépape avait lu la *Relation fidèle* de Boyvin, il ne transformerait pas l'embrasement d' « un autel sur une table rehaussée d'un degré » et surmonté d' « un tabernacle de bois à quatre colonnes, revestu de quelqu'etoffes de soye, de linge et de lacis [4] » en un incendie capable de consumer l'église de Faverney.

---

[1] E. Hatin, *Histoire politique et littéraire de la presse en France*, t. I, p. 146.

[2] Le P. Fodéré, *Narration historique et topographique des couvens de l'ordre S. François et monastères S. Claire, erigés en la province anciennement appelée de Bourgongne, à present de S. Bonaventure*, p. 645; D. Grappin, *Mémoires sur l'abbaye de Faverney*, p. 180; J. Morey, *Notice historique sur Faverney et son double pèlerinage*, p. 79; Mlle de Poictiers-Givisiey, *Faverney et sa sainte Hostie*, p. 43; *Vie des saints de Franche-Comté*, t. IV, p. 500.

[3] A. Camus, *Le miracle de la sainte Hostie de Faverney*, p. 7.

[4] Boyvin, *Relation fidèle du miracle du Saint Sacrement, arrivé à Faverney, en 1608*, p. 6. Cf. Dunod, *Histoire de l'Église de Besançon*, t. I, p. 339.

Ibid. *Le magistrat fit vœu, si la ville était délivrée, d'offrir deux lampes d'argent à l'église Notre-Dame, de faire une procession d'actions de grâces et d'envoyer quatre députés en pèlerinage au monastère de Saint-Claude.*

Les deux lampes d'argent en question n'étaient pas destinées toutes deux à l'église de Dole : l'une d'elles devait brûler perpétuellement devant l'hostie miraculeuse conservée dans l'église de Faverney. Le magistrat ne s'engagea point à envoyer une députation à Saint-Claude; ce furent les chanoines et familiers de Notre-Dame qui, quelques jours après le grand acte de foi du 1ᵉʳ juin, firent vœu « d'envoier, aussi tost apres la delivrance de la ville, quatre deputés de leur corps en pelerinage à pied en l'eglise et monastere de Saint-Claude [1]. »

Page 409. *Le conseil de défense élargit les détenus pour les faire travailler aux remparts.*

Se douterait-on à la lecture de ces lignes que les prisonniers concoururent à la défense de Dole et que plus d'un, comme Donneux, lava ses fautes dans son sang ? On croirait qu'ils ne firent qu'échanger leur prison contre de durs travaux, si l'historien du siège ne nous apprenait qu'ils « furent eslargis avec surseance de leurs procedures criminelles pour six mois, à charge de travailler vaillamment pour la conservation de la place, sous promesse que le parlement mesme, duquel ils redoutoient la severité, solliciteroit pour eux la clemence du Roy, s'ils s'en montroient dignes [2]. » Ici encore, M. de Piépape a trop rapidement lu Boyvin.

[1] Boyvin, *Le siège de la ville de Dole*, p. 97; Béguillet, *Histoire des guerres des deux Bourgognes*, t. I, p. 160.
[2] Boyvin, *op. cit.*, p. 99. Cf. Béguillet, *op. cit.*, t. I, p. 162; A. Vayssière, *Lettres de rémission accordées à Lacuzon et à des Franc-Comtois pour crimes et délits commis pendant la guerre de Trente ans*, dans les *Mémoires de la Société d'émulation du Jura*, année 1879, p. 378.

Page 410. *Le 2 juin, le capitaine de Grammont-Velle-cherreux fit une sortie avec 2 à 300 hommes, chargea le régiment de la Bourdonnaye et le mit en fuite.... Le régiment de Picardie souffrit considérablement dans cette rencontre.*

Avec son étourderie ordinaire, M. de Piépape confond tout, la défense du Tertre, la sortie par la porte de Besançon et la sortie par la porte d'Arans. Malgré l'assertion contraire de l'historien du siège [1], la sortie « sur les gens de Lambert » n'eut pas lieu le 2 juin, mais le 1er; le 2 juin, les assiégés « s'attachèrent d'abord au régiment de Nantueil [2], » au quartier du prince de Condé. Quant aux pertes considérables de Picardie dans la rencontre du 2 juin, c'est une erreur à ajouter à toutes celles que ses lectures hâtives ont fait commettre au créateur du *roman de geste*; Boyvin parle simplement d'une lettre trouvée sur un des Français tués le 1er juin, « par laquelle il descrivoit le grand eschec qu'avoit souffert le regiment de Picardie, aux aproches de la Bedugue, où il advouoit que ce regiment avoit esté à demy deffait [3]. »

Page 412. *Ces engins (les bombes) sortaient de la forge de Drambon, près de Gray, usine gardée seulement par 60 mousquetaires français. Il y avait là un coup de main à faire : un capitaine du régiment de la Verne alla éteindre cette forge.*

Il faudrait indiquer que le coup de main sur Drambon, qui, pour le dire en passant, est de plus d'un mois postérieur aux sorties dont M. de Piépape vient de parler, fut

---

[1] Boyvin, *Le siège de la ville de Dole*, p. 109.

[2] *Gazette de France*, extraordinaire du 14 juin 1636.

[3] Boyvin, *op. cit.*, p. 110. Cf. Louis XIII à Richelieu, Tigeri, 17 juin 1636. — M. Topin, *Louis XIII et Richelieu*, p. 307.

exécuté par un détachement de la garnison de Gray [1]. Autrement, quel est le lecteur qui ne serait tenté de croire à une invraisemblable sortie des défenseurs de Dole? Il est regrettable que l'auteur de l'*Histoire de la réunion de la Franche-Comté à la France* n'ait consacré qu'une froide mention à l'expédition aventureuse d'Ermanfroi de Perceval : sachons-lui gré néanmoins de n'avoir pas, comme Dunod [2], fait hommage aux Français de la surprise des forges de Drambon.

Ibid. *Après plusieurs jours de bombardement, M. le prince, pensant avoir plus aisément raison de la place, tenta l'attaque de la contrescarpe du vieux château.*

Le prince de Condé ne tenta point au début du siège l'attaque en question : il est vrai que « les assiegeans confus de n'avoir pu en douze jours de siege atteindre le bord de l'explanade d'une place, qu'ils s'estoient promis de forcer en huit jours, deliberèrent d'attaquer la contrescarpe qui couvroit la face du bastion du viel chasteau [3], » mais les travaux exécutés « petit à petit » par les assiégés les divertirent de ce dessein. La dépêche que M. de Piépape donne en note est relative à l'assaut du 14 juin.

Ibid. *Le 10 juin, le régiment de Conti, qui prenait la garde à la tranchée, fut repoussé devant la contrescarpe d'Arans.*

Ce fut en essayant de se loger sur la contrescarpe d'Arans, et non en prenant la garde, que le régiment de Conti fut défait par les Dolois [4]. Avant de parler de l'assaut du

---

[1] *Gazette de France* du 12 juillet 1636; PETREY DE CHAMPVANS, *Lettre à Jean-Baptiste Petrey*, p. 48; BOYVIN, *Le siège de la ville de Dole*, p. 120; BÉGUILLET, *Histoire des guerres des deux Bourgognes*, t. I, p. 117.
[2] *Mémoires pour servir à l'histoire du comté de Bourgogne*, t. I, p. 553.
[3] BOYVIN, *op. cit.*, p. 127.
[4] ID., *op. cit.*, p. 130.

10 juin, qu'il racontera d'ailleurs encore plus loin, l'heureux lauréat de l'Académie française aurait pu mentionner les deux sorties du 5 [1].

*Ibid. Voici trois de ces amazones qui vont porter du vin et des pierres dans un ouvrage avancé. Deux d'entre elles, durant le trajet, sont coupées en morceaux par une volée de mitraille. La troisième ramasse tranquillement dans son panier les charges renversées de ses compagnes et poursuit son chemin.*

On ne sait ce qu'on doit le plus admirer, de cette *amazone* qui ramasse tranquillement du vin dans un panier, ou de cette volée de mitraille qui coupe deux femmes en morceaux.

*Page 413. Afin de mieux alimenter encore le fanatisme des combattants, les moines se mêlaient à eux.*

Le *fanatisme* des Dolois ! Expression malheureuse, que M. de Piépape doit regretter [2].

*Ibid. Un frère minime fut tué, un cordelier fait prisonnier, « avec la plume au chapeau et la moustache relevée. » (Montglat, Mémoires, I, 132.)*

Le frère Jean-François périt effectivement au combat du 1ᵉʳ juin, mais le père Brenier ne devait être fait prisonnier que dans la sortie du 13 juillet [3]. Montglat ne parle nullement du reste de ces deux religieux.

*Ibid. L'artillerie des Dolois était servie par le P. Eustache, capucin. C'était l'un des meilleurs canonniers de son temps.*

---

[1] BOYVIN, op. cit., p. 119; *Gazette de France*, extraordinaire du 14 juin 1636.

[2] Cf. E. CLERC, *Jean Boyvin*, p. XXVII.

[3] BOYVIN, op. cit., p. 206; *Gazette de France* du 26 juillet 1636; BÉGUILLET, *Histoire des guerres des deux Bourgognes*, t. I, p. 121.

Avant de reproduire cette assertion de Montglat [1], l'auteur de l'*Histoire de la réunion de la Franche-Comté à la France* eût dû se demander si les contemporains l'eussent ratifiée. Ni Bussy-Rabutin, ni Du Boys de Riocour, ni Boyvin ne parlent des services rendus par le frère Eustache à la Mothe et à Dole en qualité de pointeur [2], et ce n'est pas lui que la *Gazette de France* a en vue lorsqu'elle dit : « Ils (les assiégés) ont un canonnier adroit qui est le mesme qui estoit dans la Mothe [3]. »

*Page 414. Le 4 juin, le village et le château de Saint-Ylie, où se trouvait le quartier de M. le prince, furent dévorés par un incendie.*

Ce ne fut pas le 4 juin, mais le 1ᵉʳ, que l'incendie de Saint-Ylie contraignit le prince de Condé à se retirer à Foucherans [4]; il avait déjà quitté Saint-Ylie, quand « le feu se prist pour la seconde fois au quartier principal, mais avec peu d'effet [5]. »

*Page 415. Le chevalier de Beaumont, lieutenant-colonel du régiment hongrois,..... sauta avec la contrescarpe qu'il se disposait à escalader l'épée à la main.*

La contrescarpe, on le voit, était minée. Malheureusement pour M. de Piépape, voici dans quels termes l'historien du siège raconte la mort de Beaumont : « Le sieur de

---

1 *Mémoires*, t. I, p. 135.
2 Bussy-Rabutin, *Mémoires*, t. I, p. 6 ; Du Boys de Riocour, *Histoire de la ville et des deux sièges de la Mothe*, p. 27 ; Boyvin, op. cit., p. 137.
3 *Gazette de France*, extraordinaire du 14 juin 1636. Cf. Bernard, *Histoire du roy Louis XIII*, t. II, p. 336 ; Dupleix, *Histoire de Louys-le-Juste*, p. 463.
4 Boyvin, op. cit., p. 106 ; *Gazette de France* du 7 juin 1636 ; *Suite de l'Inventaire de l'histoire de France*, t. II, p. 668.
5 *Gazette de France*, extraordinaire du 14 juin 1636.

Beaumont, lieutenant colonel du régiment de cavalerie hongroise du grand maistre de l'artillerie, et son lieutenant au gouvernement de Nantes, voulut estre de la partie.... Il s'en vint sauter dans la contrescarpe, où d'abord il tua le premier qu'il eut en rencontre.... Cependant l'alarme se donne par tout.... les assaillans sont à diverses fois contrains de reculer, et comme Beaumont pense faire front, Cauchois luy lance un coup de pique dans la poitrine : il chancele, et reçoit presque en mesme temps la bale d'un mousqueton dans la temple, et tombe roide mort [1]. »

L'heureux lauréat de l'Académie française commence-t-il à comprendre que sauter dans la contrescarpe n'est pas la même chose que sauter avec elle ?

Ibid. *Condé engagea le régiment de Picardie et partie du régiment de Noailles.*

Au lieu de *Noailles*, lisez encore : Navailles [2].

Ibid. *M. Ed. Clerc*, Etude sur Boyvin, *XXIII*.

Pourquoi ne pas renvoyer le lecteur au livre même de Boyvin ?

Page 416. *La sortie du 14 fut suivie d'une trêve de trois jours pour enterrer les morts ; pendant cette suspension d'armes, une mousquetade partie d'une main inconnue blessa mortellement à la tranchée le colonel de Rantzau, officier français plein de valeur et d'avenir.*

Au lieu de *la sortie*, lisez : l'attaque. Si nombreux que fussent les morts, il n'eût jamais fallu trois jours pour leur

---

[1] Boyvin, op. cit., p. 130. Cf. *Gazette de France* du 21 juin 1636 ; *Suite de l'Inventaire de l'histoire de France*, t. II, p. 668 ; Bernard, *Histoire du roy Louis XIII*, t. II, p. 353 ; Richelieu, *Mémoires* (coll. Michaud), p. 63 ; Béguillet, *Histoire des guerres des deux Bourgognes*, t. I, p. 124.

[2] *Gazette de France* du 28 juin 1636 ; *Mercure français*, t. XXI, p. 136.

donner la sépulture : aussi la suspension d'armes fut-elle, en réalité, « accordée pour trois heures seulement. » Ce ne fut pas pendant « cette courte tresve » que Ranzau fut blessé, mais lorsqu' « on recommença de se piquer plus dangereusement à belles mousquetades [1]. » Que dire cependant de l'étourderie avec laquelle l'inventeur de la *hallebarde à rouet* accueille le faux bruit de la mort du futur libérateur de Saint-Jean-de-Losne [2]? Elle n'a d'égale que l'ignorance qui fait du brave maréchal de camp un *officier français*. Josias, comte Ranzau, était originaire du Holstein et ne vint en France qu'en 1635; honoré du bâton dix ans plus tard, il mourut le 4 septembre 1650; M. de Piépape, qui est poète, doit connaître l'épitaphe qui se termine ainsi :

> Son sang fut en cent lieux le prix de sa victoire,
> Et Mars ne lui laissa rien d'entier que le cœur.

Page 417. *Le conseiller Girardot de Nozeroy, ou de Beauchemin....*

Il ne viendrait pas à l'esprit d'un historien du dix-neuvième siècle d'écrire : Le maréchal de Mac-Mahon, ou de Magenta....

Page 419. *Condé pensa pouvoir gagner le gouverneur de Dole lui-même en l'invitant par de belles paroles à capituler. Mais le vieil archevêque demeura inébranlable.*

Ferdinand de Rye n'était pas le gouverneur de Dole. Ce ne fut point le vieil archevêque que le prince de Condé

---

[1] BOYVIN, *Le siège de la ville de Dole*, p. 142. Cf. *Gazette de France* du 28 juin 1636; *Mercure françois*, t. XXI, p. 137; *Suite de l'Inventaire de l'histoire de France*, t. II, p. 669; BÉGUILLET, *Histoire des guerres des deux Bourgognes*, t. I, p. 127.

[2] Grotius à Oxenstiern, Paris, 4 juillet 1636. — *Epist.*, p. 242.

tenta de « diviser de la bourgeoisie, » mais le mestre-de-camp de la Verne [1]; la lettre qu'il écrivit à celui-ci est du 16 juillet, bien que l'auteur de l'*Histoire de la réunion de la Franche-Comté à la France* paraisse la croire antérieure aux protestations qu'il raconte plus bas et qui sont du 22 juin.

Ibid. *Le grand maître de l'artillerie passa la Saône à Pontailler, pour aller prendre Pesmes qui lui ouvrit ses portes, et il y mit 500 hommes. Rochefort se rendit également.*

La Meilleraie ne put aller prendre Pesmes après l'attaque du 14 juin, puisque ce poste était au pouvoir de l'armée française dès les derniers jours du mois de mai [2]. Ce fut, en effet, avant l'investissement de Dole que Pesmes ouvrit ses portes au grand maître de l'artillerie et qu'il y laissa 500 hommes. Il en fut de même de Rochefort [3].

Si l'occupation de Pesmes avait eu lieu à l'époque qu'indique M. de Piépape, les troupes françaises n'auraient pas eu à suivre la route en question. Quelle fantaisie stratégique eût pu décider la Meilleraie à passer la Saône à Pontailler pour aller prendre une ville située sur la même rive que Dole ?

Page 420. *Gassion, à la tête d'un petit corps de chevau-légers, poussa jusqu'aux portes de Besançon et incendia Saint-Ferjeux.*

---

[1] *Déclaration des commis au gouvernement de la Franche-Comté de Bourgogne*, p. 58 ; BOYVIN, *Le siège de la ville de Dole*, p. 199.

[2] *Gazette de France*, extraordinaire du 14 juin 1636.

[3] Grotius à Oxenstiern, Paris, 6 juin 1636. — *Epist.*, p. 238 ; *Gazette de France* du 7 juin 1636 ; *Mercure françois*, t. XXI, p. 133 ; BOYVIN, op. cit., p. 84 ; PETREY DE CHAMPVANS, *Lettre à Jean-Baptiste Petrey*, p. 19 ; GIRARDOT DE NOZEROY, *Histoire de dix ans de la Franche-Comté de Bourgogne*, p. 91 ; BÉGUILLET, *Histoire des guerres des deux Bourgognes*, t. I, p. 93.

Même observation que ci-dessus. Ce ne fut pas *vers le milieu de juin* (I, 416), mais « le deuxiesme de ce mois » que « le colonel Gassion fut commandé d'aller avec 500 chevaux jusques aux portes de Besançon, d'où il revint le 4º [1]. »

Ibid. *Champvans enflamma le courage des Graylois, communiqua ses instructions au baron d'Andelot-Chevigney, leur gouverneur.... En quelques jours un emprunt de 60,000 pistoles fut versé entre ses mains pour parer aux premiers besoins.*

Au lieu d'*Andelot-Chevigney*, il faut lire : Andelot-Tromarey [2]. Elion d'Andelot, seigneur de Tromarey, n'était pas gouverneur, mais lieutenant du gouverneur de Gray, Claude-Ferdinand le Blanc, dit d'Andelot, seigneur d'Ollans. Enfin la somme réunie par les soins de Champvans ne se montait pas à 60,000 pistoles, mais à 60,000 francs [3]. A cela près, ce passage est exact.

Page 421. *Le sire de Longueval, zélé partisan de M. le prince, avait établi un poste français au château de Rigny.*

Condé n'avait point de parti en 1636 : *zélé partisan de M. le prince* est par conséquent un non-sens. Boyvin se borne à dire de Jean-Jacques de Longueval qu'il était « passionné François [4]. »

Le *sire* de Longueval (je souligne en passant ce baroque archaïsme) ne put établir un poste français au château de Rigny, par la raison bien simple qu' « en temps de pleine

---

[1] *Gazette de France*, extraordinaire du 14 juin 1636. Cf. Boyvin, op. cit., p. 111 et 114 ; Girardot de Nozeroy, op. cit., p. 102.

[2] Dunod, *Mémoires pour servir à l'histoire du comté de Bourgogne*, p. 153.

[3] Petrey de Champvans, op. cit., p. 12.

[4] *Le siège de la ville de Dole*, p. 168.

paix, il troubloit jà le repos de son voisinage; » sa terre, « enclavée dans le Comté, » était de la souveraineté de France.

*Ibid. Parvenus sans résistance devant le château, ils (les Comtois) sommèrent M. de Longueval de se rendre, et, sur son refus, lui donnèrent l'assaut. Les Français le repoussèrent.*

La petite troupe conduite par Christophe de Bonours ne donna point l'assaut au château de Rigny; elle ne fut donc pas repoussée par les assiégés; ce furent, au contraire, ces derniers qui, ayant risqué une sortie de nuit, se virent « rembarrés aussi tost, et contraints de rentrer dans leur forteresse [1]. »

Page 422. *Prévenu de cette brusque attaque, Condé détacha de Pesmes 1,200 chevaux au secours de Rigny.*

De Pesmes? non, mais de son camp [2].

*Ibid. Moins courageuse que M<sup>me</sup> d'Andelot-Cherigney....*

Lisez : que M<sup>me</sup> d'Andelot-Tromarey. Madeleine de Grammont, fille d'Antoine de Grammont et d'Adrienne d'Andelot, avait épousé Elion d'Andelot, seigneur de Tromarey.

Page 423. *Villeroy se présenta le 21 devant le château de Quingey, qui tint bon.*

Comment le marquis de Villeroi se serait-il présenté le 21 juin devant Quingey? Il ne devait quitter le camp de Dole que le 24 [3].

*Ibid. M. de Gonsans, installé dans une vieille tour de Quingey, y fit tête pendant deux heures, avec une compagnie d'élus. On lui tua peu de monde.*

---

[1] PETREY DE CHAMPVANS, *Lettre à Jean-Baptiste Petrey*, p. 38.
[2] BOYVIN, *op. cit.*, p. 168.
[3] *Gazette de France*, extraordinaire du 3 juillet 1636 : *La défaite de cinq cens cinquante Francs-Comtois par le marquis de Villeroy.*

M. de Piépape a suivi la version de Girardot de Nozeroy [1]. La *Gazette de France* dit, au contraire, que « tout y fust tué excepté les officiers [2]. » Boyvin, qui n'avait pas, il est vrai, été témoin de la défense de Gonsans, rapporte aussi que « presque tous ses soldats y furent tués [3]. » Peut-être était-ce le cas de faire de cette contradiction l'objet d'une note.

Page 424. *Villeroy se retira par la forêt de Chaux.... Le 20 juin, sa cavalerie se retrouva devant Gray, face à face avec la cavalerie comtoise.*

L'heureux lauréat de l'Académie française pourrait-il dire comment une expédition commencée *le 21 juin* (I, 423) se trouvait terminée le 20?

Ibid. *Le marquis de Conflans se montra, dit-on, fort courroucé que le parti de chevaux qu'il avait offert à M. de Champvans.... se fût laissé entraîner à l'expédition de Beaumont-sur-Vingeanne.*

Au lieu d'*offert*, lisez : accordé [4]. M. de Piépape oublie qu'il a oublié de parler de la surprise de Beaumont.

Ibid. *Les deux régiments réunis sur la Loue, par le baron de Savoyeux, sous les ordres des colonels Bech et marquis de Grana....*

Ni Beck ni Grana ne se trouvaient alors en Franche-Comté : les deux régiments en question étaient sous le commandement de leurs lieutenants-colonels, « car les colonels estoient demeurés auprès de l'empereur [5]. »

---

[1] *Histoire de dix ans de la Franche-Comté de Bourgogne*, p. 104.
[2] *Gazette de France*, extraordinaire du 3 juillet 1636. Cf. *Suite de l'Inventaire de l'histoire de France*, t. II, p. 669.
[3] Boyvin, *Le siège de la ville de Dole*, p. 163.
[4] Petrey de Champvans, *Lettre à Jean-Baptiste Petrey*, p. 33.
[5] Girardot de Nozeroy, *Histoire de dix ans de la Franche-Comté de Bourgogne*, p. 107.

Page 425. *M. de Saint-Mauris.... se rapprochant un peu, vint camper à Rennes, avec un régiment de cavalerie et le régiment d'infanterie du marquis de Varambon.*

Bien qu'il daigne reconnaître qu'on a *bien manœuvré de part et d'autre*, je ne crains pas de dire que l'heureux lauréat de l'Académie française n'a à peu près rien compris aux mouvements des deux petits corps d'armée que la Loue séparait. C'est ainsi que ce ne fut pas M. de Saint-Mauris qui vint « coucher à Rennes [1], » mais le marquis de Conflans ; le brave commandeur ne bougea pas de la grange de Vaivre, où « le lendemain au point du jour » on lui fit tenir les renforts dont M. de Piépape a prématurément parlé quelques lignes plus haut.

Ibid. *Il franchit la Loue à Port-Lesney.*

Autre erreur de l'inventeur de la *hallebarde à rouet*. Jean-Baptiste de Saint-Mauris ne franchit nullement la Loue, car les Français tenaient « le pont puissamment garny [2]. » Girardot de Nozeroy dit expressément : « Nous ne pouvions forcer le pont, car le canon de l'ennemy y estoit logé, » et « sur le tard à soleil couchant » on agita encore dans le conseil la question de savoir s'il était à propos de combattre « pour gaigner le pont. »

Ibid. *La Meilleraye tenant bon, le commandeur repassa la Loue.*

Le commandeur n'ayant pas franchi la rivière qui couvrait les troupes françaises, il lui aurait été difficile de la repasser.

Page 426. *M. de Saint-Mauris les envoya, le 26 juin, se mettre à l'abri dans la gorge de Salins.*

[1] GIRARDOT DE NOZEROY, *op. cit.*, p. 106.
[2] ID., *op. cit.*, p. 107.

Qui ne supposerait, d'après cela, les troupes comtoises sous les ordres du commandeur de Saint-Mauris? Celui-ci ne conduisait cependant que les recrues qu'il avait faites au ressort de Lons-le-Saunier; la petite armée à laquelle il venait de les joindre obéissait au marquis de Conflans.

Ibid. *Les Dolois se sentaient réconfortés par les lettres de félicitation qui leur venaient de Bruxelles. « J'espère, leur écrivait l'infant d'Espagne, »* etc.

Ce n'était pas à l'archevêque et au parlement que le cardinal infant adressait la lettre que cite l'auteur de l'*Histoire de la réunion de la Franche-Comté à la France*, c'était au marquis de Conflans et à Girardot de Nozeroy. Ce dernier en donne le texte espagnol [1].

Ibid. *Les cantons de Fribourg avaient accordé une levée de 500 hommes sous le colonel Kunick. Mais les Français parvinrent à lui barrer le passage.*

Les cantons de Fribourg! L'heureux lauréat de l'Académie française en connaît donc plusieurs? Lui barrer le passage! Lui faire refuser le passage par les Bernois serait plus exact [2].

Ibid. *Richelieu avait fait corrompre les Suisses pour acheter leur immobilité par l'intermédiaire de son ambassadeur Melliaud.*

Au lieu de *Melliaud*, lisez : Méliand. Blaise Méliand, seigneur d'Egligny, avait remplacé Vialard à Soleure en 1634 [3].

Page 427. Comme on traitait, *dit un auteur comtois,*

---

[1] *Histoire de dix ans de la Franche-Comté de Bourgogne*, p. 108.
[2] Sublet de Noyers à Méliand, Rueil, 30 juin 1636. — Aubery, *Mémoires pour l'histoire du cardinal duc de Richelieu*, t. I, p. 643.
[3] Zurlauben, *Histoire militaire des Suisses au service de la France*, t. VI, p. 423.

avec des gens sur qui l'argent exerce un empire plus souverain que la raison, *la cour apprit bientôt que les Suisses, vaincus par les libéralités du roi, n'enverraient point de secours aux Comtois.*

Qui n'admirerait la singulière rencontre du soi-disant *auteur comtois* avec l'historien français qui rapporte que « comme l'on avoit affaire à un peuple sur qui l'argent a une force particuliere et est beaucoup plus souverain que la raison, l'on aprit bientost après que les Suisses s'estoient laissé vaincre à la liberalité françoise et qu'ils n'envoyeroient point de secours aux Comtois [1] ? »

**Page 429.** *Dans une reconnaissance opérée le 26 juin, M. de Grammont-Vellechevreux put se convaincre que la tranchée était abandonnée. Il profita, dès le lendemain, de cette découverte pour filer par la demi-lune à la tête d'un détachement de 40 piquiers.... Il trouva les canons abandonnés.*

La reconnaissance du 26 juin est tout entière de l'invention de M. de Piépape : il est étonnant qu'il ne se soit pas aperçu de son erreur en entendant Antide de Grammont répondre à ceux qui lui reprochaient « assez severement » son entreprise prématurée, qu'il s'y était « trouvé engagé par rencontre,.... lors qu'il n'avoit autre dessein, que d'esclairer les actions de l'ennemy, pour en faire rapport, suivant l'ordre qui luy en avoit esté donné [2]. »

Ce fut le 27 juin que le capitaine de Grammont remarqua que la tranchée était, non pas abandonnée, mais moins

---

[1] AUBERY, *Histoire du cardinal duc de Richelieu*, p. 274.
[2] BOYVIN, *Le siège de la ville de Dole*, p. 159. Cf. *Gazette de France* des 5 et 12 juillet 1636; GIRARDOT DE NOZEROY, *Histoire de dix ans de la Franche-Comté de Bourgogne*, p. 110; BIGUILLET, *Histoire des guerres des deux Bourgognes*, t. I, p. 130.

bien gardée que de coutume. Il n'était pas à la tête de quarante piquiers, puisqu'il ne prit qu'une escadre pour soutenir les mousquetaires qui l'avaient suivi. Enfin c'est diminuer la gloire que le brave capitaine acquit en cette circonstance que de déclarer la batterie française sans défenseurs; Boyvin dit formellement : « Ils poussent avec telle ardeur sur ceux qui gardoient le canon, et qui s'estoient ralliés alentour, qu'ils en massacrent une partie et forcent le reste de quitter le poste et abandonner l'artillerie [1]. »

Page 430. *Malgré un renfort de 200 bourgeois accourus pour le soutenir....*

De deux cents bourgeois? non, mais de « deux cens qui se rencontrèrent aux environs, tant de la soldatesque comme de la bourgeoisie [2]. »

Ibid. *Le régiment de Tonneins, revenu de sa panique, monte à cheval et charge les bourgeois.*

Plaisante erreur : Tonneins était un régiment d'infanterie [3]. Quel éclat de rire n'accueillerait pas l'historien de la dernière campagne d'Italie qui pousserait l'étourderie au point d'écrire : « A Palestro, le 3ᵉ zouaves monte à cheval et culbute les Autrichiens! »

Ibid. *Les avocats et les capucins de Dole s'étaient mis en tête des citoyens pour les guider au combat. Un des élus disait au retour, en montrant ses habits couverts de poudre et de fumée : « Je suis sorti paysan, me voilà gentilhomme. »*

---

1 *Le siège de la ville de Dole*, p. 185. Cf. La Meilleraie à Sublet de Noyers, Dole, 28 juin 1636. — AUBERY, *Mémoires pour l'histoire du cardinal duc de Richelieu*, t. I, p. 642 ; Boyvin à Chifflet, Dole, 23 août 1636. — *Mss. Chifflet*, t. CXXXII, fol. 271.

2 BOYVIN, *op. cit.*, p. 185. Cf. BÉGUILLET, *Histoire des guerres des deux Bourgognes*, t. I, p. 131.

3 *Mercure françois*, t. XXI, p. 131.

Voici qui est encore plus singulier. Des religieux se mêlèrent plus d'une fois aux sorties de la garnison de Dole, et l'historien du siège n'oublie pas de nous faire connaître la bravoure que déployèrent le frère Jean-François, le frère Eustache, le frère Claude, et ce père Barnabé, qui « durant les escarmouches plus acharnées,.... paroissoit comme un Cæsar, la halebarde à la main, au plus haut de la contrescarpe [1]. » De leur côté, les avocats ne furent pas les derniers à montrer « que les lettres n'amollissent pas les bons courages [2]. » Boyvin vante l'adresse de Michotey ; il cite aussi Sanche, Broch, Florimond et Saint-Mauris Faletans comme s'étant particulièrement distingués au combat du 27 juin ; mais de là à faire commander une sortie par *les avocats et les capucins de Dole*, il y a loin. Comment M. de Piépape n'a-t-il pas senti le bouffon de cette peinture ?

Venons au mot du soldat franc-comtois. Il suffit de rapprocher le texte de Boyvin de la version du créateur du *roman de geste* pour voir que ce dernier a commis un grossier contre-sens. Ce n'est pas en montrant ses habits, mais « en se quarrant » dans un « capot d'écarlate » enlevé à quelque officier ennemi, que cet élu disait : « Je suis sorty paysan et je reviens gentil-homme [3] ; » il ne faisait pas allusion à la part qu'il avait prise au combat, mais aux dépouilles qu'il en rapportait, et grande eût été sa surprise si son capitaine lui eût parlé de l'anoblissement dû à sa valeur.

Ibid. *La dernière attaque de vive force que tenta M. le prince fut dirigée contre la demi-lune d'Arans.*

M. de Piépape n'indique pas la date de cette attaque qui,

---

[1] Boyvin, *Le siège de la ville de Dole*, p. 139.
[2] Id., *op. cit.*, p. 187.
   Id., *op. cit.*, p. 186.

suivant lui, fut la dernière. Il serait fort empêché de le faire, attendu que son récit renferme des détails empruntés à trois ou quatre actions différentes.

Ce qui prouve, d'ailleurs, la légèreté de l'heureux lauréat de l'Académie française, c'est qu'après avoir raconté cette *dernière attaque de vive force*, il décrit successivement un *premier assaut* à la contrescarpe, que les assiégés *repoussèrent corps à corps* (II, 6), puis un second assaut dans lequel, *pendant deux heures, les Français luttèrent corps à corps* (II, 8), sans préjudice d'une *attaque du régiment de Conti* (II, 9).

Ibid. *Un combat des plus violents s'engagea pour la prise de la contrescarpe, comme point de départ d'une escalade, et se prolongea jusqu'à la nuit close, sans rien amener de décisif.*

Si, comme cela paraît à peu près certain, l'auteur de l'*Histoire de la réunion de la Franche-Comté à la France* prétend narrer l'assaut du 10 juillet 1636, il importerait de faire connaître que cet assaut fut précédé de l'explosion d'un fourneau de mine [1]. M. de Piépape, à vrai dire, se réserve d'y revenir plus tard (II, 8).

Page 131. *Grammont y signala sa valeur et son habileté.*

Le 10 juillet, le capitaine de Grammont montra bien sa « valeur incomparable » en s'avançant « d'une hardiesse nompareille, pour aller au rencontre de l'ennemy [2], » mais la mine qui fit explosion sous ses pieds ne lui permit pas de prendre part à l'action. Que veut donc dire l'inventeur de la *hallebarde à rouet*, quand il loue son habileté?

---

[1] BOYVIN, *Le siège de la ville de Dole*, p. 200 ; *Gazette de France* du 19 juillet 1636.
[2] BOYVIN, *op. cit.*, p. 201.

— 111 —

Ibid. *Les Français,..... maîtres un instant de la contrescarpe, poursuivirent les défenseurs à travers le fossé jusque dans leurs casemates. La mousqueterie arrêta cette poursuite. Au bout d'une demi-heure, les Dolois débouchèrent de nouveau du chemin couvert, lancèrent des grenades sur l'ennemi et le chassèrent de la position conquise.*

Ceci n'a rien à voir avec l'assaut du 10 juillet 1636, « au bout duquel, les assiégés se trouverent n'avoir pas quitté un pied de terre, hors de ce que l'ouverture de la mine avoit bouleversé et rendu inutile pour l'un et l'autre party [1]. » L'heureux lauréat de l'Académie française se doute-t-il qu'il ne fait qu'amplifier un incident de la sortie effectuée dix jours plus tard par le capitaine Dusillet? La lutte dans le chemin couvert, c'est manifestement l'arrivée du capitaine des Gaudières au secours du brave Donneux [2].

Ibid. *Dans cette attaque, on avait vu la Meilleraye, suivi de ses volontaires, aller de sa personne à la tranchée. Il fallut envoyer quatre gentilshommes pour le retirer de force du combat.... Le cardinal le fit réprimander pour son imprudence.*

M. de Piépape se trompe : ce ne fut point dans cette attaque qu'il fallut « envoyer quatre gentils-hommes » retirer la Meilleraie « du combat par force et violence, » puisque la lettre dans laquelle Sublet de Noyers lui recommande au nom du cardinal de Richelieu de ne pas attirer sur lui « la mauvaise volonté des gens de guerre, en les hazardant trop, et les exposant trop souvent à de certains et evidens perils, » est du 19 juin 1636 [3]; la « dernière

---

[1] BOYVIN, *op. cit.*, p. 205.
[2] ID., *op. cit.*, p. 234; *Gazette de France* du 2 août 1636.
[3] AUBERY, *Mémoires pour l'histoire du cardinal duc de Richelieu*, t. I, p. 632.

attaque » dont elle parle n'est autre, par conséquent, que le combat du 14 juin.

D'un autre côté, lorsque l'heureux lauréat de l'Académie française montre dans cette attaque le grand maître de l'artillerie allant en personne à la tranchée, il n'est pas loin de croire à une action extraordinaire. Or, dès la mi-juin, la *Gazette de France* rapportait que la Meilleraie visitait « incessamment les tranchées qui sont à la portée du pistolet [1]. » Si elle ne parlait pas de *ses volontaires*, c'est que la création de ce corps peut aller de pair avec la constitution du parti de M. le prince, que nous avons rencontrée plus haut (I, 421).

Ibid. *En présence du désordre occasionné par le retour offensif des Dolois, M. de Beaumont, ancien page du cardinal, fit avancer quelques mousquetaires; il se battit comme un lion, corps à corps avec plusieurs agresseurs, tuant l'un, désarmant l'autre et refusant de se rendre jusqu'à ce qu'il succomba sous le nombre.*

Résurrection inattendue d'un lion! Beaumont ne put trouver la mort à l'attaque du 10 juillet 1636, puisque sa dépouille mortelle reposait déjà dans le cimetière de Dole [2]. M. de Piépape ne se souvient donc plus de l'avoir fait sauter *avec* la contrescarpe dans la soirée du 10 juin (I, 415)?

Sans prendre parti dans la question d'escrime soulevée par un duel récent, on ne peut se défendre de trouver que l'inventeur de la *hallebarde à rouet* abuse du *corps à corps*.

Page 432. *Le marquis de Champvans et M. de Beau-*

---

[1] *Gazette de France*, extraordinaire du 14 juin 1636.
[2] BOYVIN, *Le siège de la ville de Dole*. p. 133. Cf. L'abbé CAILLER, *Dola a Condæo obsessa*, anno M. DC. XXXVI, p. 21.

*chemin prévinrent les assiégés que l'on renonçait à l'attaque de vive force.*

Le *marquis* de Champvans !

Ibid. *Que pensaient les pauvres bourgeois de Dole au fond de leurs contre-mines ?*

J'ai peine à comprendre la compassion que ces pauvres bourgeois inspirent à M. de Piépape. Le tableau qu'il trace de *combats de mousqueterie.... suivis le plus souvent d'horribles luttes corps à corps à travers la fumée et l'obscurité,* est assurément très dramatique; son imagination s'est donné libre cours à vanter l'insouciance des Français devant la perspective d'un *engagement dans l'ombre, sous terre, loin de tout regard humain;* d'où vient qu'il suppose aux rudes mineurs de Château-Lambert [1] moins de résolution qu'aux soldats de Condé? Il paraît croire que les Dolois qui, lorsqu'il s'agissait de défendre leurs remparts, « s'y en alloient sautans d'une alegresse nompareille [2], » montraient moins d'empressement à braver l'*abordage désespéré* dont il parle : la meilleure preuve du contraire est que, leur mine éventée, « les assiegeans furent contrains d'en estouper eux mesmes l'embouchure, pour se delivrer des inquietudes que leur causoient les journalieres attaques des assiegés [3]. »

---

[1] Girardot de Nozeroy, *Histoire de dix ans de la Franche-Comté de Bourgongne*, p. 63.
[2] Boyvin, *Le siège de la ville de Dole*, p. 137.
[3] Id., *op. cit.*, p. 194.

# CHAPITRE XI

**Tome II, page 1.** *M. le prince songe à lever le siège (juin-juillet 1636).*

A supposer que le prince de Condé eût été découragé par les difficultés de son entreprise, les ordres de la cour ne lui auraient pas permis de lever le siège. Dans tous les cas, une semblable pensée ne lui serait pas venue au mois de juin.

**Ibid.** *Prise de Belfort (28 juin 1636).*

Les sommaires des chapitres de l'*Histoire de la réunion de la Franche-Comté à la France* n'ont pas été rédigés par M. de Piépape. Comment expliquer autrement cette mention de la prise de Belfort, dont il n'est pas question plus loin ?

**Ibid.** *Le marquis de Conflans va se poster à Marnay, les troupes de secours à Pontailler et à Pesmes.*

Nous verrons tout à l'heure ce qu'il faut penser de ce logement des troupes étrangères à Pontailler et à Pesmes.

**Ibid.** *L'armée de secours se présente devant Dole. — Combat de Valay (6 août).*

Le secours ne se présenta devant Dole que plusieurs jours après le combat de Valay.

**Page 2.** *M. le prince était impuissant à réprimer la maraude et les désordres dans le camp suédois, ne pouvant sévir contre des auxiliaires comme il l'eût fait contre ses propres troupes.*

En fait de maraude, je doute que les soldats français aient eu rien à envier aux étrangers qui se trouvaient dans l'armée de Condé.

Au reste, il ne faut pas que les privilèges accordés au régiment de Gassion le fassent confondre avec les régiments Weimariens. Quant aux Allemands, ce n'étaient point, au sens propre du mot, des auxiliaires : ce corps de cavalerie était, comme les autres troupes, placé sous les ordres directs des généraux français, car ce n'est qu'en 1638 que le baron d'Egenfeld fut nommé colonel général de la cavalerie allemande [1].

Page 3. *Je vous prie, écrivait le cardinal à M. le prince, le 29 mai, de considérer que la cause du peu de progrès de l'armée royale en Flandre est son manque d'audace. Au lieu de presser vigoureusement l'ennemi, elle l'a laissé se fortifier et se reconnaître, ce qui l'a encouragé et a facilité les desseins du roi de Suède.*

Si l'auteur de l'*Histoire de la réunion de la Franche-Comté à la France* se bornait à citer les documents qu'il rencontre, il ne s'exposerait pas, en les résumant, à commettre des bévues aussi étourdissantes que celle-ci. Le manque d'audace des maréchaux de Châtillon et de Brézé après la victoire d'Avein (20 mai 1635) facilitant les desseins du conquérant tué à la bataille de Lutzen (16 novembre 1632) ! Pour M. de Piépape, l'ennemi que l'armée royale néglige de presser vigoureusement, ce sont évidemment les alliés de Gustave-Adolphe, à moins que ce ne soit ce prince lui-même, et il ne lui vient pas à l'esprit que

---

[1] Le P. Daniel, *Histoire de la milice françoise*, t. II, p. 448. Cf. Louis XIII au maréchal de Châtillon, Saint-Germain-en-Laye, 25 mai 1638. — Aubery, *Mémoires pour l'histoire du cardinal duc de Richelieu*, t. II, p. 139.

Richelieu cite au prince de Condé les campagnes du feu roi de Suède comme une preuve de la nécessité de déconcerter ses adversaires par des coups imprévus.

Voici comment le cardinal s'exprime dans la dépêche analysée, sous forme de citation, par l'heureux lauréat de l'Académie française : « Je ne lairray de vous faire souvenir que deux choses ont particulierement ruiné l'année passée l'entreprise de Flandres. Le desordre commis à Tirlemont en est une, et la trop grande consideration avec laquelle on voulut marcher en toutes choses est l'autre. Bien qu'il y eust peu d'ennemis devant les forces du roy et celles de ses confederés, on les considera de telle sorte, et marcha-t-on si lentement au lieu de les pousser avec vigueur, qu'on leur donna temps de se fortiffier et recognoistre, ce qui les encouragea de telle sorte, que ce qui estoit facile au commencement fut impossible à la fin. Les grands desseins du roy de Suede luy ont tous reussy en profitant du grand etonnement qu'il donnoit d'abord à tous ses ennemis, et se portant à ce à quoy on ne s'attendoit pas lorsqu'on pensoit qu'il fust attaché ailleurs [1]. »

Page 4. « *Saverne et Dole sont maintenant les deux pôles sur lesquels roulent toutes les pensées du roi....* » *(Chavigny à la Valette, Conflans, 28 juin 1636, dans Aubry, III, 127.)*

Ce n'est pas Chavigny, mais Sublet de Noyers, qui écrivait en ces termes au cardinal de la Valette [2].

Signalons encore, pour n'y plus revenir, *Aubry* au lieu de : Aubery.

---

[1] Richelieu au prince de Condé, Conflans, 29 mai 1636. — *Lettres, instructions diplomatiques et papiers d'État du cardinal de Richelieu*, t. VII, p. 751. Cf. RICHELIEU, *Mémoires*, p. 61.

[2] AUBERY, *Mémoires pour l'histoire du cardinal duc de Richelieu*, t. I, p. 641.

Ibid. *Richelieu à Condé, Conflans, 8 juin, idem* : « *Je vois*, etc. »

Cette citation a le tort de ne pas reproduire exactement le texte de la lettre adressée le 8 juin 1636 au prince de Condé. Au surplus, cette lettre n'est pas de Richelieu, mais de Sublet de Noyers [1].

Page 5. *On ne vit point ce prince (Condé), à Dole, jeter son bâton de commandement par-dessus les retranchements ennemis, comme le devait faire son fils, le grand Condé, sur un champ de bataille à jamais célèbre.*

M. de Piépape serait bien embarrassé s'il lui fallait dire sur quels témoignages contemporains repose la légende du duc d'Enghien lançant son bâton dans les retranchements de Fribourg.

Ibid. *Richelieu à la Valette, Conflans, 10 juin 1639* : « *Le siège de Dole occupe notre armée entière*, etc. »

1639 pour : 1636 est évidemment une faute d'impression. Faisons au créateur du *roman de geste* la politesse de prendre également pour une coquille le nom de Richelieu substitué à celui de Sublet de Noyers.

Ibid. « *L'armée de M. le comte s'est battue deux ou trois fois. Cela regarde S. A. de Weymar ou la Franche-Comté.* »

L'inconvénient des citations tronquées est qu'elles altèrent souvent le sens des écrits d'où elles sont tirées. Ici, par exemple, la lettre de Sublet de Noyers au cardinal de la Valette ajoute, après avoir mentionné les avantages remportés par le comte de Soissons : « Ils (les ennemis) ont quitté son quartier, et prennent, à ce que l'on dit, la route de la Mozelle. Cela regarde S. A. de Weymar, ou la

---

[1] AUBERY, *op. cit.*, t. I, p. 624.

Franche-Comté [1]. » On comprend dès lors à qui l'armée du cardinal de la Valette doit « couper chemin. »

Page 6. *Le 30 juin, le premier assaut fut livré à cette contrescarpe. Si rude qu'il fût, les Dolois le repoussèrent corps à corps et à découvert.*

Si rude qu'il ait été, je ne trouve dans Boyvin aucune mention de l'assaut que l'heureux lauréat de l'Académie française place entre la sortie du 27 juin et celle du 3 juillet. M. de Piépape se prétendrait-il mieux informé que Renaudot, qui écrit : « Le 30, il ne s'est point fait d'attaque ni de sortie [2] ? »

Page 7. « *Vous vous êtes jusqu'à présent généreusement défendus, écrivait Condé à M. de la Verne*, etc. »

L'auteur de l'*Histoire de la réunion de la Franche-Comté à la France*, qui donne la lettre du prince de Condé dans les pièces justificatives de son ouvrage (II, 466), ne s'aperçoit pas qu'elle est postérieure à la sortie du 13 juillet, dont il n'a pas encore parlé.

Ibid. *M. le prince cherchait aussi à amadouer les Dolois, en faisant parade à leurs yeux des soins qu'il donnait à ses prisonniers.... Il leur fit présenter par un capucin, que Richelieu lui avait dépêché pour cet objet, des articles qui réduisaient les exigences du cardinal à la seule livraison de la ville de Gray à la France.*

La lettre relative au sergent Busy et au caporal Finguet était si peu propre à amadouer les Dolois, qu'elle fut regardée par eux comme un déni de la convention conclue au

---

[1] Sublet de Noyers au cardinal de la Valette, Conflans, 10 juin 1636. — Aubery, *op. cit.*, t. I, p. 628.

[2] *Gazette de France* du 12 juillet 1636. Cf. Béguillet, *Histoire des guerres des deux Bourgognes*, t. I, p. 132.

début du siège pour l'échange des prisonniers [1]. Richelieu n'avait pas non plus dépêché de religieux au prince de Condé. Ce fut le père Alphonse, gardien des capucins de Dole, qui, resté avec sept de ses frères « en leur convent hors de la ville, lors qu'elle fut bloquée, » eut mission d.'informer les assiégés que le roi de France réduisait ses prétentions à l'occupation de Gray [2] : M. de Piépape oublie qu'il a déjà parlé (I, 418) de ces propositions en leur assignant leur vraie date.

Page 8. *Elle* (la mine) *ensevelit une vingtaine de Dolois, dont M. de Grammont-Vellechevreux, « capitaine de valeur incroyable, » dit Boyvin.*

Le fourneau de mine auquel les assiégeants mirent le feu n'ensevelit point ce « capitaine de valeur incomparable ; » il fut « enlevé de la hauteur d'une pique,..... et, tout esblouy et estourdy qu'il estoit d'une si furieuse secousse, il s'en alloit jeter dans les tranchées de l'ennemy, l'espée au poing, quand quelques-uns de ses soldats, qui le virent chanceler, le ramenèrent dans la ville [3]. » L'historien du siège nous apprend qu'il n'avait qu'une légère blessure à la jambe, mais qu' « une fievre maligne, qui le saisit au neufieme jour, non sans soubçon de contagion, le nous ravit au dix-neufieme [4]. »

Page 11. « *Votre roi nous offre des pistoles pour nous acheter à son service : ne savez-vous pas que c'est le nôtre*

---

[1] BOYVIN, *Le siège de la ville de Dole*, p. 175 ; *Déclaration des commis au gouvernement de la Franche-Comté de Bourgongne*, p. 49.
[2] BOYVIN, *op. cit.*, p. 177 ; *Déclaration des commis au gouvernement de la Franche-Comté de Bourgongne*, p. 56.
[3] BOYVIN, *op. cit.*, p. 201.
[4] ID., *op. cit.*, p. 206.

qui en donne aux autres ; qu'il a des Indes inépuisables pour lui en fournir ? »

L'élu ajoutait : « Sçavés-vous pas.... que le vostre n'en a que celles qu'il mendie d'Espagne, ou qu'il succe du sang de ses pauvres sujets [1] ? » L'omission de cette phrase est regrettable, car elle enlève au propos du soldat franc-comtois ce qu'il a de caractéristique, tant sous le rapport de l'orgueil d'appartenir à un monarque qui tenait « le timon de toutes les banques en Europe, autant chez ses ennemis que chez ses amis [2], » qu'au point de vue de l'appréhension de la « tirannie du gouvernement » auquel Franc-Comtois et Flamands voyaient « les peuples de France abandonnez par le paiement des tailles et autres sortes d'impositions excessives [3]. »

Ibid. *Girardot de Beauchemin....*

Lisez : Girardot de Nozeroy.

Ibid. *Pétrey de Champvans, conseiller à la cour, faisait appel à la noblesse comtoise.*

Champvans n'appelait pas seulement aux armes la noblesse comtoise, mais « tous gentilshommes, nobles, cavalliers, soldatz, et autres ayants autrefois fait profession du noble mestier des armes ; comme aussi tous les gens de bien de quelque profession qu'ilz soient, qui desireront signaler leur courage et leur fidelité [4]. »

*Conseiller à la cour* est plaisant. On jurerait qu'il s'agit d'un collègue de M. Perruche de Velna.

Page 12. *Lettre de Boyvin aux Suisses, 22 juillet 1636.*

---

[1] BOYVIN, *op. cit.*, p. 213.
[2] GIRARDOT DE NOZEROY, *Histoire de dix ans de la Franche-Comté de Bourgongne*, p. 13.
[3] MONTGLAT, *Mémoires*, t. I, p. 86.
[4] PÉTREY DE CHAMPVANS, *Lettre à Jean-Baptiste Pétrey*, p. 88.

Lisez : L'archevêque et la cour aux Treize Cantons, Dole, 22 juillet 1636 [1].

Ibid. *Les Suisses montrèrent à cet égard une froideur, une inertie, dont la cause secrète était sans doute la terreur universellement inspirée par le courroux de Richelieu.*

La froideur et l'inertie des Treize Cantons n'avaient pas leur source dans la crainte, mais dans l'intérêt, peut-être aussi dans la défiance qu'inspirait au plus puissant des cantons protestants l'alliance particulière du comté de Bourgogne avec les cantons catholiques. Rien de plus impolitique que la conduite des Suisses pendant la guerre de Dix ans [2]; ils n'eurent jamais d'autre pensée que de faire acheter leur inaction par la France, et le prince de Condé les connaissait bien, lorsqu'il recommandait à François de Croison de leur représenter que, vu « la necessité en laquelle se trouvent à present ceux du Comté, le pays estant espuisé d'hommes.... et d'argent,..... ils sont en impuissance de pouvoir reconnoistre ceux qui pourroient les assister de gens de guerre [3]. »

D'autre part, présenter Richelieu comme l'arbitre de l'Europe, parler de la terreur universellement inspirée par son courroux, c'est commettre une méprise étrange. Le corps helvétique n'avait rien à redouter des armées de Louis XIII; M. de Piépape l'a lui-même montré (I, 377) faisant d'abord « plus estat d'une petite poignée de gens que de l'amitié d'un grand Roy [4], » et on sait ce que le

[1] *Corr. du parlement*, Arch. du Doubs, B. 203.
[2] Cf. Saavedra, *Symbola christiano-politica*, p. 626.
[3] Aubery, *Mémoires pour l'histoire du cardinal duc de Richelieu*, t. II, p. 6 ; D. Plancher, *Histoire générale et particulière de Bourgogne*, t. IV, p. cxxxiv. Cf. Levasson, *Histoire de Louis XIII*, t. V, p. 155 ; le P. Griffet, *Histoire du règne de Louis XIII*, t. II, p. 714.
[4] Relation du procureur Pingenet, 16 mai 1636. — *Corr. du parlement*, Arch. du Doubs, B. 202.

courroux du cardinal pesa l'année suivante dans la Valteline. Ce n'est que dans le royaume que, suivant l'énergique expression d'un historien franc-comtois, « toute parole libre donnoit soubçon et tout soubçon estoit mortel [1]. »

Ibid. *M. le prince avait ordre.... d'attendre de nouvelles instructions de S. M. Louis XIII.*

S. M. Louis XIII ! Il suffit de souligner ce que l'inventeur de la *hallebarde à rouet* prend sans doute pour la marque d'un style vraiment historique.

Ibid. *L'arrivée des secours d'Allemagne était retardée par les armées du roi. Le cardinal de la Valette barrait le passage à ceux d'Alsace.*

Comment M. de Piépape concilie-t-il ces assertions avec ce qu'il a dit précédemment du secours qui passa le Rhin à Brisach, *trompant la vigilance du cardinal de la Valette et du duc de Saxe-Weimar* (I, 427) ?

Page 13. *Il (le marquis de Conflans) vint prendre un poste d'observation à Marnay, pour y attendre les renforts qu'on lui annonçait. Les troupes allemandes et les Croates de Forkatz arrivèrent en effet bientôt, au nombre de 2,000 hommes d'infanterie et 500 chevaux, et furent installés à Pontailler-sur-Saône. Pontailler étant devenu intenable, M. de Conflans reporta son infanterie dans la banlieue de Gray et sa cavalerie à Apremont.*

Il est impossible d'accumuler plus d'erreurs en quelques lignes.

Le marquis de Conflans ne vint pas attendre les renforts qu'on lui promettait à Marnay ; il n'occupa ce poste qu'après les avoir reçus [2]. Les troupes allemandes dont parle l'auteur

---

[1] Girardot de Nozeroy, *Histoire de dix ans de la Franche-Comté de Bourgogne*, p. 83.

[2] Id., *op. cit.*, p. 121.

de l'*Histoire de la réunion de la Franche-Comté à la France*, ce sont les « deux regimens d'infanterie allemande qui estoient postez au val de Lemont, proche de nostre frontiere, l'un du marquis de Grana et l'autre du general Beck [1]. » Or, dès la fin du mois de juin, le baron de Savoyeux avait amené ces régiments, qui, en effet, « n'estoient que deux mille en tout [2]; » on a vu plus haut (I, 424) que leur arrivée avait coïncidé avec la prise de Quingey par le marquis de Villeroi. Quant aux Croates de Forgacz, M. de Piépape ne se souvient pas d'avoir déjà dit (I, 427) qu'ils arrivèrent au commencement de juillet; ils étaient alors 1,500; à présent leur effectif n'est plus que de 500 chevaux. En réalité, cette cavalerie n'était pas exclusivement composée de Croates : « le chef des Croates estoit le colonel Fortkatz, qui outre ces deux regimens en commandoit encor un de dragons, et le baron de Mercy, le plus jeune des trois freres, commandoit un regiment alleman de cuirasses [3]. »

Ceci n'est rien. Où l'heureux lauréat de l'Académie française est impardonnable, c'est quand il installe les renforts du roi de Hongrie à Pontailler, comme si Pontailler eût été au pouvoir des Franc-Comtois. Ce ne fut qu'après avoir rallié les régiments de Forgacz et de Mercy à Voray et à Cromary que le marquis de Conflans logea sa cavalerie à Apremont et son infanterie autour de Gray [4]; Champvans ayant insisté sur la nécessité de « se saisir d'un bon poste sur la riviere de Saône, » on résolut alors d'enlever Pon-

---

[1] GIRARDOT DE NOZEROY, *Histoire de dix ans de la Franche-Comté de Bourgongne*, p. 103.

[2] ID., *op. cit.*, p. 118.

[3] ID., *op. cit.*, p. 116. Cf. Grotius à Oxenstiern, Paris, 18 juillet 1636; Grotius à Camerarius, Paris, 18 juillet 1636. — *Epist.*, p. 246 et 248.

[4] ID., *op. cit.*, p. 122.

tailler ; dans l'emportement de l'action, quelques soldats mirent le feu aux maisons du bourg; ce fut ainsi (le créateur du *roman de geste* s'en doute-t-il?) que Pontailler devint intenable [1].

Ibid. *Les Croates, formés en trois régiments, s'en allèrent aux environs de Pesmes, pour couper les vivres que l'armée du prince de Condé tirait de la vallée de l'Ognon et intercepter ses communications avec Auxonne.*

On ne voit pas comment, en se logeant à Valay, Forgacz pouvait avoir dessein d'intercepter les communications entre Dole et Auxonne.

Ibid. *Les assiégés tinrent conseil dans Dole. Ils pensèrent d'abord à former un petit corps expéditionnaire, avec lequel on descendrait la Loue, pour l'amener le plus près possible du camp français par derrière la forêt de Chaux.*

Ici, nous sommes en pleine fantaisie. Les assiégés songeant à dégarnir les remparts de Dole de défenseurs pour former un petit corps expéditionnaire destiné à tourner le camp français en descendant la Loue ! Jamais le général Boum ne rêva rien de tel. Si c'est une nouvelle distraction de l'inventeur de la *hallebarde à rouet*, il faut avouer qu'elle est inexplicable.

Ibid. *La jonction de cette infanterie avec Forkatz et Mercy se fit sur l'Ognon.*

Le lecteur se demandera sans doute avec étonnement comment l'infanterie que le marquis de Conflans venait de reporter dans la banlieue de Gray put joindre sur l'Ognon la cavalerie campée à Apremont. Ce sont jeux d'officier du service d'état-major.

---

[1] Petrey de Champvans, *Lettre à Jean-Baptiste Petrey*, p. 62; Boyvin, *Le siège de la ville de Dole*, p. 223; Girardot de Nozeroy, *Histoire de dix ans de la Franche-Comté de Bourgongne*, p. 122.

Ibid. *François de Mercy, originaire de Lorraine, était entré au service de l'électeur de Bavière.*

Il n'y devait entrer qu'en 1638. Ce n'est pas, d'ailleurs, François de Mercy qui se trouvait avec Forgacz, mais le plus jeune de ses frères, car il ne vint lui-même en Franche-Comté qu'avec le duc de Lorraine [1].

Page 14. *Le général bavarois Mercy offrit d'enlever le quartier de Gassion.... mais l'entreprise éventée avorta, ainsi que la tentative du colonel de Raincourt pour jeter.... 200 cavaliers dans la place.*

Inutile d'insister sur l'erreur commise au sujet de Mercy, qui n'était ni général ni Bavarois.

Quelque aventureux qu'il fût, jamais Raincourt n'offrit de faire entrer deux cents cavaliers dans Dole : outre que l'entreprise eût vraiment été « trop hasardeuse, » un renfort de cavalerie aurait été mal reçu par les assiégés, près d'être réduits à nourrir leurs chevaux de « sarments de vigne hachés menu [2]; » aussi le vaillant mestre-de-camp essaya-t-il seulement « d'y jetter six cens pietons, dont quatre cens estoient armés de mousquets et de piques, et deux cens de demy picques, avec chacun son sac de cuir remply de poudre [3]. » Girardot de Nozeroy ne parle même que de « trois cens mousquetiers [4]. »

Ibid. *Forkatz, qui avait remplacé M. de Conflans à Valay et Apremont, en repartit pour aller attaquer les lignes de ravitaillement des Français vers Auxonne. Après*

---

[1] Forget, *Mémoires des guerres de Charles IV, duc de Lorraine*, fol. 136.
[2] Boyvin, *Le siège de la ville de Dole*, p. 270.
[3] Id., op. cit., p. 224.
[4] Girardot de Nozeroy, *Histoire de dix ans de la Franche-Comté de Bourgongne*, p. 121.

*avoir pris d'assaut et brûlé Pontailler, il se mit à inquiéter le camp de M. le prince.*

Ainsi, voilà Pontailler pris d'assaut, Pontailler que, d'après M. de Piépape, les Franc-Comtois avaient auparavant abandonné comme *intenable !* L'heureux lauréat de l'Académie française aurait-il conçu des doutes tardifs sur la vraisemblance de l'installation de la page précédente ? Mais ici encore il se fait prendre en flagrant délit d'inexactitude : Forgacz n'avait pas remplacé le marquis de Conflans à Apremont, car ses Croates furent tout d'abord envoyés à Valay [1] ; ce ne fut pas lui qui emporta Pontailler d'assaut ; l'honneur de ce coup de main revint au commissaire de la cavalerie de Mandre, qui l'exécuta « avec cinq cens chevaux et deux mille hommes de pied, moitié Bourguignons, moitié Allemands [2]. »

Ibid. « *L'infanterie allemande y fit bien. Elle y traversa la Saône à gué.... Les Comtois brûlèrent la ville, puis l'abandonnèrent.* » *Lettre de Pétrey de Champvans.*

On lit dans la lettre en question : « L'infanterie allemande y acquit de l'honneur, car estant sur le bord de la riviere, et ayant jetté les yeux sur une pauvre femme, qui pour se sauver traversoit la riviere, remarqua le gué, et aussi tost sans marchander se jetta dans l'eau, où ceux qui estoient de petite stature estoient jusqu'au menton.... Nos Bourguignons y entrerent après, et le malheur voulut que quelques particuliers de Quingey, contre l'ordre que l'on avoit donné, poussez d'un appetit de vengeance de ce que l'on avoit bruslé leur ville, mirent le feu par tout où ilz peurent, en sorte que plus de la moitié de cette ville fut reduite en cendre, au grand dommage des pauvres habi-

---

[1] GIRARDOT DE NOZEROY, *op. cit.*, p. 122 ; *Gazette de France* du 9 août 1636.

[2] BOYVIN, *Le siège de la ville de Dole*, p. 224. Cf. BROUILLET, *Histoire des guerres des deux Bourgognes*, t. I, p. 137.

tants, et mesme de nos gens, qui sans ce feu se fussent bien accommodez des munitions qui y estoient de toutes sortes en grande quantité. Et soit que cet embrasement les empescha d'y loger, soit qu'ilz jugeassent que la place n'estoit pas tenable, ilz quitterent tout et retournerent en leurs quartiers ordinaires [1]. »

Le lecteur voit à quel mode de citation sommaire l'auteur de l'*Histoire de la réunion de la Franche-Comté à la France* a recours.

Page 15. *La Meilleraye, défait, laisse sur le carreau nombre d'officiers, entre autres le marquis de Lansac, dernier rejeton des Lusignan. Richelieu en fut tout affligé, et fit inviter le grand maître de l'artillerie se ménager davantage à l'avenir.*

Le marquis de Lansac ne trouva point la mort au combat du 6 août ; il mourut, le 5, d'un coup de pistolet que lui avait tiré un cavalier mutiné, « tué par l'un des nostres, » écrivait le grand maître [2]. Que M. de Piépape n'objecte pas qu'il a été induit en erreur par Boyvin [3]. Pour reconnaître la méprise que ce dernier a commise à cet égard, il suffit de se reporter à la lettre dans laquelle, après avoir marqué son « desplaisir de l'assassinat » de son cousin de Lansac, Richelieu ajoute : « On n'a jamais ouï parler d'une pareille insolence [4]. »

Quant aux remontrances que le cardinal fit faire à la

---

[1] PETREY DE CHAMPVANS, *Lettre à Jean-Baptiste Petrey*, p. 69.
[2] La Meilleraie au cardinal de la Valette, Dole, 9 août 1636. — AUBERY, *Mémoires pour l'histoire du cardinal duc de Richelieu*, t. I, p. 680. Cf. *Gazette de France* des 9 et 16 août 1636; *Mercure françois*, t. XXI, p. 144; MONTGLAT, *Mémoires*, t. I, p. 135.
[3] *Le siège de la ville de Dole* (édit. de 1869), p. 161.
[4] Richelieu au prince de Condé, août 1636. — *Lettres, instructions diplomatiques et papiers d'État du cardinal de Richelieu*, t. V, p. 984.

Meilleraie, elles sont bien antérieures à la date que M. de Piépape leur assigne. Dès le 6 juin, Sublet de Noyers écrivait au grand maître : « Le commencement, le milieu et la fin de mes lettres ne devroient estre pleines que de mes tres-humbles prieres de ne prodiguer vostre chere personne.... au grand desplaisir de son Eminence. » Et le 19 juin il lui représentait de nouveau que « l'excez » de son courage commençait « à mettre en peine » Richelieu [1].

*Ibid. Les Croates, poursuivant les Français jusqu'à l'Ognon, rallièrent les escadrons comtois à Chambornay; les deux cavaleries se mirent ensuite en marche de concert pour aller ravager le duché.*

Ce n'est pas après le combat de Valay (6 août 1636) que ces courses eurent lieu : Pontailler n'avait pas encore été emporté (28 juillet 1636) quand « Fortkatz avec ses Croates et cinq cens chevaux bourguignons conduits par le capitaine Maistre, lieutenant-colonel du commandeur de Sainct Mauris » fut envoyé pour « gaster le pays entre Dijon et Auxonne [2]. »

Mais que dire des Croates poursuivant les Français jusqu'à Chambornay? Qu'il s'agisse de Chambornay-lez-Pin ou de Chambornay-lez-Bellevaux, cette bévue est curieuse, car de la sorte les escadrons de la Meilleraie s'enfuient dans la direction de Besançon ou de Baume-les-Dames pour regagner le camp de Dole, et M. de Piépape trouve cela tout naturel. Girardot de Nozeroy dit que Forgacz poursuivit les Français « jusques dans la rivière de l'Oignon [3]; » Cham-

---

[1] AUBERY, *Mémoires pour l'histoire du cardinal duc de Richelieu*, t. I, p. 623 et 632.

[2] GIRARDOT DE NOZEROY, *Histoire de dix ans de la Franche-Comté de Bourgongne*, p. 122.

[3] ID., *op. cit.*, p. 124. Cf. BOYVIN, *Le siège de la ville de Dole*, p. 226; PETREY DE CHAMPVANS, *Lettre à Jean-Baptiste Petrey*, p. 70.

bornay-lez-Pin et Chambornay-lez-Bellevaux sont situés sur cette rivière ; que le lecteur se décide pour l'un ou pour l'autre de ces deux villages. Si cependant l'heureux lauréat de l'Académie française voulait prendre la peine de relire le récit de l'engagement du 6 août, il verrait que *Chambornay* n'est pas la même chose que Champtonnay.

*Ibid. M. d'Haraucourt.... parvint à asphyxier dans leurs galeries un certain nombre d'assiégeants.*

C'est une erreur. Ce fut le capitaine Dusillet qui, dans la nuit du 20 juillet, mit le feu « aux fascines et aux bois » des galeries des assiégeants, enterrant ceux-ci « dans leurs fondrieres » et faisant « une sanglante boucherie » de tous ceux qui ne savaient pas « se garantir de vitesse. » D'Haraucourt, lui, trouva les tranchées vides et « se contenta d'y donner l'alarme par une descharge, afin d'obliger les assiegeans par cette diversion à retourner en arriere [1]. »

*Ibid. M. le prince fit conduire à la porte d'Arans un envoyé des treize cantons, porteur de lettres qui offraient aux Comtois la tardive entremise des Suisses.*

Peut-être serait-il à propos de ne pas laisser ignorer que le messager suisse fut mortellement blessé d'une mousquetade tirée des remparts « sans ordre et peut-estre sans dessein [2], » attendu que cet accident fut avidement exploité par les Français [3].

*Page 17. Le 29 juillet et le 2 août, deux fourneaux de mines furent allumés; mais, les mèches étant éventées, ils*

---

[1] Boyvin, *op. cit.*, p. 234.
[2] Id., *op. cit.*, p. 236. Cf. *Gazette de France* du 9 août 1636 ; Richelieu, *Mémoires*, p. 64.
[3] Sublet de Noyers au prince de Condé, Chaillot, 26 juillet 1636. — Aubery, *Mémoires pour l'histoire du cardinal duc de Richelieu*, t. I, p. 663.

n'éclatèrent pas, au grand scandale de *Richelieu*, qui, à cette nouvelle, écrivit une lettre *virulente* à M. de Serre, l'ingénieur du prince de Condé.

Nouvelle distraction de l'inventeur de la *hallebarde à rouet*. C'est le 29 juillet que le feu fut mis au premier fourneau de mine; le 2 août, un second fourneau fut allumé sans plus de succès [1], et la lettre *virulente* que le cardinal écrivit, à cette nouvelle, à l'ingénieur de Serres est du 29 juillet ! Richelieu apprenant au mois de juillet un événement survenu au mois d'août, les merveilles du télégraphe électrique sont dépassées. Le moyen néanmoins de douter d'un fait semblable, alors que M. de Piépape a soin de donner en note la dépêche qui témoigne d'une promptitude d'informations si surprenante ?

Page 18. « *J'avais toujours espéré*, écrivait le prince au cardinal de la Valette, *que votre armée*, etc. »

Cette lettre, à propos de laquelle l'auteur de l'*Histoire de la réunion de la Franche-Comté à la France* renvoie, je ne sais pourquoi, aux *Mss. Persan*, n'est pas citée d'une manière exacte [2].

Ibid. « *J'espère que bientost on s'y pourmenera plus seurement que dans la mienne.* » *(29 juillet 1636.)*

La dépêche de Sublet de Noyers à la Meilleraie n'est pas du 29 juillet, mais du 26 [3]. Dans quelle intention le mot *pourmenera* est-il souligné ? Bien avisé qui le pourrait comprendre.

Page 19. *12,000 Hispano-Impériaux commandés par*

---

[1] BOYVIN, *Le siège de la ville de Dole*, p. 255.
[2] Le prince de Condé au cardinal de la Valette, du camp devant Dole, 9 août 1636. — AUBERY, *op. cit.*, t. I, p. 679.
[3] ID., *op. cit.*, t. I, p. 663.

*l'infant.... avaient pénétré le 9 août sur le territoire français. La prise de Corbie, la Chapelle et la Charité, avait ouvert la vallée de l'Oise et jeté la panique dans Paris.*

Que l'Académie française n'ait cure des dates erronées lorsqu'elles ne concernent que la prise de quelques châteaux franc-comtois, soit; mais qu'elle ne trouve pas étrange que, non content d'avoir fait déclarer la guerre à l'Espagne le 19 mai *1636* (I, 373), un historien donne une preuve non moins forte de légèreté en faisant entrer l'armée du cardinal infant en France le 9 août, c'est ce que personne ne saurait admettre. Faut-il rappeler à la docte compagnie que, le 2 juillet 1636, les troupes espagnoles investissaient la Capelle, et que, le 9, la place capitulait [1]? La prise du Catelet est aussi du même mois. Il est vrai qu'il est difficile de reconnaître la Capelle et le Catelet dans *la Chapelle et la Charité*. Quelle fantaisie prend-il à M. de Piépape de les défigurer ainsi?

Page 20. *Richelieu.... songea à quitter le ministère et n'y fut retenu que par les conseils du P. Joseph.*

Ajoutez : et les remontrances du surintendant des finances Bullion [2].

Ibid. *Il en aurait fait la folie, dit Vittorio Siry....*

Au lieu de *Siry*, lisez : Siri.

Ibid. *Condé adressa donc à M. de la Verne une lettre plus pressante que jamais.*

---

[1] *Suite de l'Inventaire de l'histoire de France*, t. II, p. 674; BERNARD, *Histoire du roy Louis XIII*, t. II, p. 354; BASSOMPIERRE, *Journal de ma vie*, t. IV, p. 202; MONTGLAT, *Mémoires*, t. I, p. 141; LEVASSOR, *Histoire de Louis XIII*, t. V, p. 172; le P. GRIFFET, *Histoire du règne de Louis XIII*, t. II, p. 727; HÉNAULT, *Nouvel abrégé chronologique de l'histoire de France*, p. 423.

[2] TALLEMANT DES RÉAUX, *Historiettes*, t. II, p. 172; RICHARD, *Histoire de la vie du R. P. Joseph Le Clerc du Tremblay*, t. II, p. 244.

Cette lettre est antérieure à la date que le créateur du *roman de geste* paraît lui donner.

Page 21. *Les bourgeois n'en retournèrent pas moins aux remparts, ayant de l'eau jusqu'à la ceinture.*

Il est hors de doute que si, sur les remparts, les Dolois eurent de l'eau jusqu'à la ceinture, jamais on ne vit plus *effroyable tempête*. Mais cette assertion est sans autre fondement que l'étourderie bien connue de M. de Piépape. Boyvin dit simplement : « Nous passions en quelques endroits dans l'eau jusques à my-jambes [1]. » C'est la phrase que l'heureux lauréat de l'Académie française a confondue avec ce que l'historien du siège rapporte d' « aucuns » qui, dans la nuit du 7 au 8 août, « venoient des dehors tous percés des pluyes, et souillés des fanges jusques à la ceinture. »

Ibid. *Le clocher de l'église, haut de plus de deux cents pieds, et qui faisait le principal ornement de la ville, s'effondra tout à coup.*

Ce ne fut point la tour de l'église, haute de plus de deux cents pieds, qui s'effondra ; ce fut la partie supérieure de cette tour « dez le sommet jusques à la premiere galerie [2], » que l'orage renversa après qu'elle eut « souffert plus de mille coups de canons. » Le clocher n'avait que quatre-vingt-quatre pieds [3].

---

[1] Boyvin, *Le siège de la ville de Dole*, p. 265.

[2] Id., *op. cit.*, p. 263. Cf. *Gazette de France* du 16 août 1636 ; Tissot, *Comitatus Burgundiæ chorographica synomilia* (Bibl. de Vesoul), fol. 50 ; Girardot de Nozeroy, *Histoire de dix ans de la Franche-Comté de Bourgogne*, p. 124 ; Béguillet, *Histoire des guerres des deux Bourgognes*, t. I, p. 146.

[3] E. Michalet, *Notice historique sur l'église de Dole, la Sainte-Chapelle et la Confrérie des avocats*, p. 34. Cf. A. Marquiset, *Statistique historique de l'arrondissement de Dole*, t. I, p. 289.

*Ibid. Soit indifférence, soit mollesse, soit manque de direction, cette armée (l'armée de secours) temporisa encore, sous prétexte que l'on comptait sur l'arrivée d'un secours de Lamboy, sergent de bataille de l'armée impériale, et de la cavalerie du duc de Lorraine.*

Aucune des suppositions de M. de Piépape n'est fondée. Pour comprendre l'inaction du marquis de Conflans, il importe de se rappeler que tenter de faire lever le siège avec les seules forces dont il disposait avant l'arrivée de Lamboy, « c'eust esté tout hazarder et tout perdre [1]. » Boyvin, qu'on ne soupçonnera pas de vouloir pallier les fautes de Girardot de Nozeroy, reconnaît lui-même que celui-ci jugeait « meilleur de temporiser encor en l'attente d'un secours certain, que de se presser en la precipitation d'un douteux [2]. »

Page 22. *Il (Condé) alla recevoir à Bellegarde treize députés suisses.*

Au lieu de *treize députés*, lisez : quatre députés des Treize Cantons [3].

Ibid. *V. la lettre de Boyvin aux ligues suisses, 29 juillet 1636.*

Cette prétendue lettre de Boyvin n'est autre que la lettre de l'archevêque et de la cour aux Treize Cantons du 22 juillet 1636 [4], et non du 29. Quel rapport y a-t-il entre cette dépêche et la réception des Suisses à Dole le 14 août ?

Ibid. *A la suite de l'entrevue, les délégués des cantons de Berne, de Soleure et de Fribourg furent introduits dans la place et reçus par les gouverneurs.*

---

[1] GIRARDOT DE NOZEROY, *op. cit.*, p. 120.
[2] BOYVIN, *op. cit.*, p. 272.
[3] *Gazette de France* du 23 août 1636.
[4] *Corr. du parlement*, Arch. du Doubs, B. 203.

Les délégués? non, mais « trois des plus relevés de leur suitte [1]. »

Page 23. *Le général allemand Gallas.... s'était enfin décidé à envoyer M. de Lamboy, avec 2,500 hommes de pied, 500 chevaux, 400 dragons et 700 Croates.*

Veut-on savoir quelles étaient réellement les forces de Lamboy ? Girardot de Nozeroy, dont le témoignage doit, ce me semble, prévaloir sur les assertions de Forget [2], dit : « Le roi d'Hongrie.... destacha deux mille cinq cens chevaux qu'il nous envoya soub le commandement du baron de Lamboy, general de bataille [3]. » Que si le lecteur conservait quelques doutes, il n'aurait qu'à se reporter à la lettre de la Meilleraie au cardinal de la Valette, que M. de Piépape indique en note. On y lit : « J'avois desjà esté averty par Monsieur de Manicamp de la marche de Lamboy avec deux mil chevaux [4]. » Louis XIII, mieux informé, donnait à Lamboy « deux mil cinq cens chevaux [5]. »

Ibid. *Charles IV allait de son côté rentrer en scène, sur les instances d'un gentilhomme comtois qui était venu le supplier de secourir Dole.*

M. de Piépape est-il certain que le baron de Watteville fût Franc-Comtois ?

---

[1] Boyvin, *Le siège de la ville de Dole*, p. 276.
[2] Forget, *Mémoires des guerres de Charles IV, duc de Lorraine*, fol. 139 ; D. Calmet, *Histoire ecclésiastique et civile de Lorraine*, t. III, p. 333 ; Béguillet, *Histoires des guerres des deux Bourgognes*, t. I, p. 149.
[3] *Histoire de dix ans de la Franche-Comté de Bourgongne*, p. 125.
[4] La Meilleraie au cardinal de la Valette, du camp devant Dole, 9 août 1636. — Aubery, *Mémoires pour l'histoire du cardinal duc de Richelieu*, t. I, p. 679.
[5] Louis XIII au cardinal de la Valette, Paris, 9 août 1636. — Id., *op. cit.*, t. I, p. 677.

Ibid. *Il affectionnait fort la Franche-Comté, dit son historiographe Forget.*

Au lieu de *son historiographe*, lisez : son médecin.

Ibid. « *Il seroit bien fâcheux, écrivait M. des Noyers à la Valette, de voir les affaires du roi devant Dole troublées au moment d'aboutir, par l'intervention des Allemands. Mettez votre armée entre eux et celle du marquis de Conflans. Je ne puis croire que ces gros ivrognes soient capables de combattre V. E.* » *Des Noyers à la Valette, Charonne, 8 juillet.*

Quelques libertés que l'heureux lauréat de l'Académie française ait coutume de prendre à l'endroit des documents qu'il cite, jamais il ne lui est arrivé de dénaturer une dépêche d'une façon plus audacieuse. On ne le croirait pas si je ne donnais ici le post-scriptum de la lettre de Sublet de Noyers au cardinal de la Valette, lettre qui, pour le dire en passant, n'est pas du 8 juillet, mais du 16.

Voici ce post-scriptum : « Depuis ma depesche fermée, nous avons eu avis que les Polonois et Croates passoient pour aller joindre Galasse, vers Spire et Wormes, laissant seulement dans le Luxembourg huit à neuf cents chevaux de leur bonne cavallerie de Flandres. Il semble à voir leur dessein, qu'ils vueillent aller à vous, et delà à la Franche Comté, ou droit à la Franche Comté. En quelque façon que ce soit, cela vous regarde, et oblige le Roy à fortifier V. E. afin que s'ils vont à elle, il y aye dans vostre armée dequoy les combatre, et s'ils vont droit en Bourgongne, elle s'y puisse opposer, mettant son armée entr'eux et celle de Monsieur le prince. A cette fin l'on envoye au siege de Dole 1,000 chevaux, avec ordre à Monsieur le prince, aussi-tost qu'ils y seront arrivez, qu'il leur joigne encore 500 chevaux de son armée, afin de composer un corps de 1,500 chevaux, qui vous ira joindre à Enchizen : où l'on croit que V. E.

a déjà envoyé quelques troupes, pour les harceler, et preparer ce siege, ainsi que Monsieur Ferrier le nous a fait entendre. Cela estant, j'espere que s'ils se presentent, il y sera bien frapé, et que nous terminerons ces affaires de l'Alsace avec une glorieuse victoire; car je ne puis croire que ces gros yvrognes soient capables de combattre V. E. [1]. »

Il n'y a pas, après cela, à s'appesantir sur l'étrangeté de la soi-disant citation de M. de Piépape. Comment se fait-il qu'à « Monsieur le prince » il ait substitué le *marquis de Conflans* ?

Page 24. *Parti de Sierck, il* (le duc de Lorraine) *arriva par Saint-Mihiel en trois ou quatre jours sur la Saône, ayant fait, grâce à l'absence de bagages, des étapes de plus de vingt lieues.*

Tout officier du service d'état-major qu'il est, l'auteur de l'*Histoire de la réunion de la Franche-Comté à la France* ne se rend pas plus compte des distances que de la succession des événements : d'après lui, Charles IV aurait fait, non pas une traite, mais des étapes de plus de vingt lieues pendant trois ou quatre jours ; combien de kilomètres se figure-t-il qu'il y ait de Sierck à Jussey ? y-Champvans, qui fut recevoir le duc de Lorraine à onturcux, dit que « Son Altesse » sortit de Saint-Mihiel le 5 août, « accompagnée de deux mille chevaux et quelque peu d'infanterie, qu'elle conduisit elle mesme, avec un tel soin et diligence, qu'elle se rendit en quatre jours à Jussey, distant de Saint-Mihiel de vingt-cinq grandes lieues [2]. » En réalité,

---

[1] Sublet de Noyers au cardinal de la Valette, Paris, 16 juillet 1636. — AUBERY, *Mémoires pour l'histoire du cardinal duc de Richelieu*, t. 1, p. 650.

[2] *Lettre à Jean-Baptiste Petrey*, p. 76. Cf. BOYVIN, *Le siège de la ville de Dole*, p. 272 ; D. CALMET, *Histoire ecclésiastique et civile de Lorraine*, t. III, p, 332.

Charles IV arriva le 7 août « aux environs de Saint-Mihiel, » puis « en trois jours se rendit sur la Saône et la passa à deux heures de Jonvelle [1]. »

Ibid. *De là il se porta sur l'Ognon, où il vint assiéger le château de Balançon.... Balançon fut emporté par les Lorrains après une vive canonnade. M. de Salives fut tué à l'attaque.*

Charles IV ne se trouva point au siège de Balançon; il était à Champvans quand le marquis de Conflans vint lui annoncer la prise de ce château [2]. Balançon ne fut pas emporté par les Lorrains, mais rendu par composition, après que « huit cens fantassins bourguignons et allemands » eurent enlevé de nuit « une deffense.... devant la porte. » La vive canonnade dont parle l'inventeur de la *hallebarde à rouet* n'a jamais existé, car Girardot de Nozeroy dit positivement : « Bien que nous n'eussions pieces que de campagne,.... au marcher du canon qu'ils voyoient de loing, nous en fismes atteler aucuns de quantité de chevaux qu'ils creurent estre pieces de batterie [3]. »

Quel besoin y avait-il de mentionner la mort d'un obscur gentilhomme franc-comtois? M. de Piépape ne saurait peut-être pas dire qui était *M. de Salives.*

Ibid. *Bussy-Rabutin raconte plaisamment dans ses mémoires qu'il avait été envoyé à Pesmes,* etc.

Cet épisode de la jeunesse de Bussy est fidèlement rapporté, à cela près qu'au lieu d'infliger au *jeune et insouciant colonel* une *verte réprimande*, Condé lui fit « une petite reprimande honneste et sans aigreur [4]. » En outre, il ne

---

[1] Forget, *Mémoires des guerres de Charles IV*, fol. 136.
[2] Petrey de Champvans, op. cit., p. 78; Boyvin, *Le siège de la ville de Dole*, p. 273; Forget, op. cit., fol. 138.
[3] *Histoire de dix ans de la Franche-Comté de Bourgongne*, p. 126.
[4] Bussy-Rabutin, *Mémoires*, t. 1, p. 11.

pouvait être question de l'approche des Lorrains le 15 juillet, puisque le duc de Lorraine n'arriva qu'au mois d'août ; les troupes qui occupèrent Pesmes étaient tirées de la garnison de Gray [1]. Il est encore à noter qu'en 1636, Bussy n'était point colonel ; il ne fut fait mestre-de-camp qu'au mois de mars 1638 [2].

Ibid. *Le cardinal de Richelieu au cardinal de la Valette, Fontainebleau, 8 juillet 1636.*

Puisque M. de Piépape juge à propos de citer une lettre du mois de juillet comme preuve d'un *conseil* tenu au mois d'août, il est fâcheux que cette citation le convainque une fois de plus d'étourderie. La lettre écrite « le huitième juillet 1636 [3] » n'est pas de Richelieu, mais de Louis XIII ; au lieu de *Fontainebleau, 8 juillet 1636*, il faut lire : Charonne, 7 juillet 1636.

Page 25. *Il* (le duc de Lorraine) *mit sous les yeux du conseil une lettre de découragement dictée par l'un des défenseurs de Dole, le comte de Chastellux, et interceptée par les coureurs de Forkatz.*

Il n'y a que le créateur du *roman de geste* pour faire d'un cavalier français un défenseur de Dole. Comme si ce n'était pas assez de mettre César de Chastellux sous les ordres de la Verne, il lui fait, en outre, écrire une *lettre de découragement*. Nous avions déjà les lettres de change, les lettres de jussion, les lettres de créance, etc.; l'heureux lauréat de l'Académie française dote notre langue d'une

---

[1] Petrey de Champvans, *Lettre à Jean-Baptiste Petrey*, p. 57; Boyvin, *Le siège de la ville de Dole*, p. 172.

[2] Bussy-Rabutin, *op. cit.*, t. I, p. 21; Pinard, *Chronologie historique militaire*, t. IV, p. 192.

[3] Aubery, *Mémoires pour l'histoire du cardinal duc de Richelieu*, t. I, p. 646.

expression nouvelle, et on serait mal venu à lui reprocher d'avoir oublié que la lettre interceptée par les coureurs de Forgacz « estoit une que le comte de Chasteluz escrivoit dez le camp françois à son pere [1]. »

Page 27. « *Sa Majesté fait état, écrivait Richelieu le 4 août, aussitôt que Dole sera pris (ce dont nous attendons à toute heure la nouvelle), de faire venir deux mille chevaux de l'armée de M. le prince en Picardie, ou de les laisser dans la Franche-Comté, pour faire tête aux ennemis s'ils s'y présentent.* »

Ici encore, il faut donner le texte de la dépêche de Richelieu pour montrer comment l'omission d'une phrase fait dire au cardinal le contraire de ce qu'il écrivait : « Sa Majesté fait estat, aussi-tost que Dole sera pris, dont nous attendons à toute heure la nouvelle, de faire venir deux mil chevaux de l'armée de Monsieur le prince en celle de Picardie, où il n'y en a encore que cinq mil, laissant le reste de ladite armée, ou pour demeurer dans la Franche-Comté, et faire teste aux ennemis, s'ils y viennent ; ou pour les faire passer dans la Lorraine, ainsi qu'il sera jugé plus à propos [2]. »

Page 28. « *Vous y laisserez M. d'Epernon pour gouverneur.... Vous m'enverrez en toute diligence M. de la Meilleraye et M. Lambert, avec 3,000 chevaux et trois bons régiments d'infanterie.* »

Prendre Roger de Bossost pour le vieux duc d'Epernon ! De semblables fautes n'échappent jamais à qui s'est rendu familiers les hommes de l'époque dont il veut écrire l'his-

---

[1] Girardot de Nozeroy, *Histoire de dix ans de la Franche-Comté de Bourgongne*, p. 126.
[2] Richelieu au cardinal de la Valette, Chaillot, 4 août 1636. — Aubery, *op. cit.*, t. I, p. 674.

toire. Il est vrai que plus loin (II, 473) Espenan redevient simplement d'*Espenon*; Ranzau, par contre, se change en *Rampan*.

La Meilleraie et Lambert ne devaient pas conduire en Picardie trois bons régiments d'infanterie, mais « un corps d'infanterie composé des vieux régimens et de ceux de Castelmoron, Tonins et la Melleraye et autres [1]. »

Au reste, cette lettre de Louis XIII au prince de Condé n'est pas reproduite aux pièces justificatives avec plus de fidélité que les dépêches empruntées par M. de Piépape au recueil d'Aubery.

Ibid. *Le 11, il (Condé) avait fait encore une tentative auprès du gouverneur de Dole, en lui envoyant deux députés suisses.*

M. de Piépape oublie qu'il a longuement raconté cette tentative un peu plus haut (II, 22).

Page 29. *A ce moment solennel, le prince de Condé, vaincu par tant d'énergie, envoie au duc de Lorraine un trompette pour parlementer avec lui.*

N'en déplaise à l'heureux lauréat de l'Académie française, le prince de Condé n'envoya point de parlementaire à Charles IV après que la mine eut joué [2]. On prit seulement, dit Girardot de Nozeroy, « un espie françois qui s'enqueroit si le duc Charles (ainsi appeloit-il le duc de Lorraine) estoit en nostre camp [3]. »

Autre observation. Suivant M. de Piépape, le duc de Lorraine aurait menacé les Français de *les baptiser dans leur*

---

[1] Louis XIII au prince de Condé, Paris, 8 août 1636. — *Lettres, instructions diplomatiques et papiers d'État du cardinal de Richelieu,* t. V, p. 535.
[2] FORGET, *Mémoires des guerres de Charles IV,* fol. 140.
[3] *Histoire de dix ans de la Franche-Comté de Bourgongne,* p. 128.

*sang de la belle façon* si dans vingt-quatre heures ils ne sautaient dans la rivière. Ce délai accordé aux ennemis pour sauter dans le Doubs est une des plus bouffonnes inventions de l'auteur de l'*Histoire de la réunion de la Franche-Comté à la France*. Faisant allusion au titre que Richelieu lui refusait, « Son Altesse » dit au trompette envoyé « sous pretexte de repeter quelques prisonniers, » que les Français lui avaient « osté le nom, » mais « que dans vingt-quatre heures, s'ils ne sautoient dans la rivière, elle pretendoit se batiser dans leur sang [1]. »

Ibid. *Le duc donne aux assiégés le signal de sa présence par une volée de trente coups de canon.*

Ce ne fut pas le jour où le feu fut mis à la mine (13 août 1636), mais l'avant-veille (11 août 1636), que « l'on fit sur le soir environ les dix ou onze heures saluer les assiegez de vingt-cinq ou vingt-six volées de nos canons [2]. »

Page 30. « *Aussitôt soldats et bourgeois d'y accourir, d'enlever ce que l'ennemi avait pu y laisser,* etc. »

M. de Piépape ayant mis ce passage entre guillemets, il n'est personne qui ne le suppose tiré de l'ouvrage de Boyvin. Qu'on se reporte pourtant au *Siège de la ville de Dole*, on verra que l'heureux lauréat de l'Académie française n'a pu résister au désir de remanier le texte qu'il citait [3].

Ibid. *Il fallut les noyer ou les enfouir* (les canons), *notamment la Louise, pièce d'un calibre extraordinaire.*

Cette pièce ne fut ni noyée ni enfouie, mais simplement abandonnée « sur le penchant de la colline près du chasteau

---

[1] Forget, *op. cit.*, fol. 141.
[2] Petrey de Champvans, *Lettre à Jean-Baptiste Petrey*, p. 78. Cf. Boyvin, *Le siège de la ville de Dole*, p. 274.
[3] Boyvin, *op. cit.*, p. 291.

de Saint Ylie [1]. » Elle n'était pas d'un calibre extraordinaire ; les « Louyse » portaient trente-trois livres de balle ; c'était le plus fort calibre des pièces de siège de l'époque ; mais on avait déjà vu des canons de quarante-huit livres de balle [2].

Page 31. *A peine le siège fut-il levé qu'on vit apparaitre l'armée de secours. Elle se rangea en bataille sur la colline d'Archelange.*

Le siège n'était pas encore levé quand l'armée de secours parut en vue de Dole. Boyvin dit expressément : « Sur les sept heures du soir, se presente à nos yeux le spectacle agreable et tant desiré de nos gens en bataille sur la colline au deçà d'Archelanges, à trois quarts de lieue de la ville et à la portée du canon [3]. » Or, le siège ne fut définitivement levé que dans la nuit, ainsi que M. de Piépape le raconte lui-même quelques lignes plus haut.

Ibid. *Le duc de Lorraine, qui avait réuni sous sa main plus de 6,000 hommes de pied et 4,000 chevaux, voulait donner sur l'ennemi.*

D'où vient que le créateur du *roman de geste* ne compte dans l'armée de secours que 4,000 chevaux ? Le lendemain de la levée du siège, la Meilleraie écrivait que Charles IV avait « huit mille chevaux et six mille hommes de pied [4]. » Il était exactement instruit des forces du duc de Lorraine,

---

[1] Boyvin, *Le siège de la ville de Dole*, p. 294. Cf. Boyvin à Chifflet, Dole, 23 août 1636. — *Mss. Chifflet*, t. CXXII, fol. 271 ; Forget, *Mémoires des guerres de Charles IV*, fol. 145.

[2] Saint-Julien, *La forge de Vulcain, ou l'appareil des machines de guerre*, p. 23.

[3] Boyvin, op. cit., p. 291.

[4] La Meilleraie au cardinal de la Valette, Saint-Jean de Losne, 16 août 1636. — Aubery, *Mémoires pour l'histoire du cardinal duc de Richelieu*, t. I, p. 680.

car Girardot de Nozeroy dit : « Nous marchasmes forts de sept à huit mille chevaux.... et six mille hommes de pied 1. » Cette cavalerie était « composée de deux mille cinq cens chevaux lorrains, autant d'allemands que Lamboy avait amenés, deux mille du baron de Mercy et des Croates de Forcas, et quinze cens du pays 2. »

Ibid. *Il avait fait mettre pied à terre à ses dragons rangés en bataille, et à six heures du soir se trouvait à leur tête, l'épée à la main, prêt à enlever les retranchements.*

On vient de voir l'armée française abandonnant ses derniers retranchements *à l'aube*, après avoir, *le 14 août, veille de l'Assomption*, ouvert un feu violent *à la nuit tombante* ; d'après cela, le lecteur pourrait croire que ce fut le jour même de l'Assomption que Charles IV s'apprêta à enlever les retranchements ennemis. Rien de plus confus que ce récit de la levée du siège de Dole.

Ibid. *Quatre cents mousquetaires de Lamboy reçurent ordre de le soutenir.*

Quatre cents mousquetaires de Lamboy ? non, mais « quatre cens mousquetiers du régiment du sieur d'Arbois 3. »

Page 32. *Il (Lamboy) alla jusqu'à refuser à Charles IV 500 mousquetaires avec lesquels le prince se faisait fort de culbuter l'ennemi.*

Jamais le duc de Lorraine ne se fit fort de culbuter l'armée du prince de Condé avec 500 mousquetaires. D'un autre côté, M. de Piépape devrait savoir que Lamboy n'avait point d'in-

---

1 *Histoire de dix ans de la Franche-Comté de Bourgongne*, p. 126.
2 BOYVIN, *op. cit.*, p. 290.
3 ID., *op. cit.*, p. 292. Cf. PETREY DE CHAMPVANS, *Lettre à Jean-Baptiste Petrey*, p. 90

fanterie ; il a suivi la version de Forget [1], sans prendre garde aux erreurs que l'ouvrage de celui-ci renferme.

Page 33. *Ce mémorable siège avait duré trois mois.*
Lisez : près de trois mois.
Ibid. *Dole avait.... reçu 500 bombes, sans compter les dragons volants, grenades et autres engins nouveaux.*

Pourquoi enchérir sur l'historien du siège qui parle seulement de « cinq cens bombes, grenades et dragons volans [2] ? »

Ibid. *Boyvin au marquis de Leganez, gouverneur de Milan, Dole, 17 septembre 1636.*
Lisez : la cour au marquis de Leganez [3]....

Ibid. *Les assiégés n'avaient eu que 700 tués et blessés.*
Ce chiffre, rapproché de la perte de 5,000 hommes accusée par les Français, doit paraître invraisemblable : c'est qu'en effet l'étourderie accoutumée de l'inventeur de la *hallebarde à rouet* lui a fait prendre le nombre des morts pour celui des tués et blessés, c'est-à-dire des hommes mis hors de combat. Boyvin dit que « dans la place on a fait le calcul de sept cens ou abatus sur le champ, ou morts de leurs blessures [4]. » Il avait même cru tout d'abord les pertes des assiégés plus considérables, car, le 23 août 1636, il écrivait : « Nous pouvons avoir perdu en tout ce siege huit cens tant hommes que femmes et petits enfans, la pluspart tuez du canon sur les ouvrages de terre, où l'on travailloit

---

1 FORGET, *Mémoires des guerres de Charles IV*, fol. 142 ; D. CALMET, *Histoire ecclésiastique et civile de Lorraine*, t. III, p. 334.
2 BOYVIN, *op. cit.*, p. 295.
3 *Corr. du parlement*, Arch. du Doubs, B. 205.
4 *Le siège de la ville de Dole*, p. 302. Cf. *Memoire de ceux et celles qui sont morts, dois le 26 mai 1636, de canon, bombes, esclats, arquebuse, mines, maladie, peste ou autrement, pendant le siège de Dole en ladite année*, dans l'*Annuaire du Jura* de 1863, p. 44 et suiv.

presque continuellement jour et nuit à la veue du canon de l'ennemy. J'y comprens ceux qui sont morts de leurs blessures [1]. »

Ibid. *Dola à Condæo obsessa, par Callier, 1738. A la bibl. de Dole.*

L'abbé Callier de Villeneuve, mort à Dole le 28 décembre 1816, était né à Villeneuve le 6 août 1738 [2], et on ne voit pas comment il aurait pu composer en 1738 le poème que M. Cournot a traduit de nos jours en fort médiocres vers français. Loin de moi cependant la pensée de révoquer ce fait en doute : l'édition de 1738 doit exister, puisque M. de Piépape l'a vue, de ses propres yeux vue, à la bibliothèque de Dole. Il rencontrera bien plus tard (II, 130) le prince de Vaudémont sur un champ de bataille plusieurs années avant le rapprochement auquel ce *fils de Charles IV et de Béatrix de Cusance* dut le jour.

Page 34. *Lettre de Boyvin aux ligues, 22 juillet 1636.*

Lisez : Lettre de l'archevêque et de la cour aux Treize Cantons [3].... Cette dépêche est citée d'une manière fautive : c'est ainsi que « la ruine qu'ils attentent » devient sous la plume de M. de Piépape *la ruine qu'ils attendent*.

Ibid. *Il (Richelieu) savait au besoin dissimuler ses colères. Aussi écrivit-il à M. le prince, dans un style empreint, on en conviendra, d'un singulier euphémisme :* « L'heureux succès de la reddition de Corbie, joint à celui qui est arrivé du côté de la Bourgogne, auquel vous n'avez pas peu de part, remet les affaires de Sa Majesté en grande réputation. » *Rien n'était moins justifié.*

---

[1] Boyvin à Chifflet, Dole, 23 août 1626. — *Mss. Chifflet*, t. CXXXII, fol. 271.

[2] *Biographie universelle*, t. VI, p. 411.

[3] *Corr. du parlement*, Arch. du Doubs, B. 203.

Si je pouvais m'étonner de quelque chose, ce serait à coup sûr de cette grossière méprise de l'auteur de l'*Histoire de la réunion de la Franche-Comté à la France*. Richelieu félicitant le prince de Condé de la levée du siège de Dole, Richelieu le louant de la part qu'il y a prise, Richelieu déclarant que cet exploit relève le prestige des armes françaises, c'est là, on en conviendra, une révélation inattendue. Par malheur, rien n'est moins justifié que l'étonnement que les euphémismes du cardinal causent à M. de Piépape : comment ces mots : la reddition de Corbie. ne l'ont-ils pas averti que la lettre qu'il mentionnait était postérieure au 14 novembre ? Elle est effectivement du 19 novembre 1636 [1] ; à cette date, l'heureux succès qui était arrivé du côté de la Bourgogne, c'était « la retraite de Gallasse [2]. »

Page 35. « *Très chers et bien aimés, répondit l'archiduc....* »

Je ne ferai pas à l'heureux lauréat de l'Académie française l'injure de supposer qu'il ait oublié que l'archiduc Albert était mort en 1621. Pourquoi donner ce titre au cardinal infant ?

Ibid. *De Cambrai, 3 septembre 1636. L'infant à la cour, publiée dans le* Recueil des chartes de M. Dubois de Jancigny, *minute aux* Mss. Chifflet.

Les chartes de M. Dubois de Jancigny ! Plaisante transformation d'un préfet du département de la Haute-Saône en seigneur féodal.

La lettre du cardinal infant à l'archevêque et à la cour a

---

[1] Richelieu au prince de Condé, Amiens, 19 novembre 1636. — *Lettres, instructions diplomatiques et papiers d'Etat du cardinal de Richelieu*, t. VII, p. 1023.
[2] Richelieu à Louis XIII, 17 novembre 1636. — *Ibid.*, t. V, p. 681

aussi été publiée par Boyvin [1]. La minute de cette dépêche ne se trouve point dans les *Mss. Chifflet ;* l'original est aux archives départementales du Doubs.

Ibid. *Le roi et la reine d'Espagne coururent à cheval au monastère d'Atocha.*

M. de Piépape pourrait ajouter que le peuple espagnol se vit proposer en exemple « la valorosa y fuerte resistencia que hizo la ciudad de Dola en Borgoña al principe de Condé, general de las armas de Francia, en su assedio [2]. »

Ibid. *La ville de Dole fit présent à Jean Boyvin d'une médaille avec l'exergue :* Justitia et armis, *et sur le revers une inscription rappelant que le digne parlementaire avait bien mérité de la patrie.*

Ce ne fut pas en 1636, mais en 1638, que ses concitoyens remirent à Boyvin la médaille destinée à reconnaître ses services, ainsi qu'à rappeler « qu'il avoit mis en lumière un livre intitulé *Le siège de Dole,* par lequel il parloit advantageusement de la ville [3]. »

Page 36. *Tout l'honneur de la lutte n'en demeure pas moins à cette héroïque résistance,.... dont l'éclatant succès se trouve rehaussé encore par l'inexpérience des défenseurs en matière de guerre.*

M. de Piépape n'eût point parlé de l'inexpérience des défenseurs de Dole, s'il eût connu les états de service de la Verne [4] et de la plupart de ses officiers.

---

[1] *Le siège de la ville de Dole,* p. 301.
[2] A. MOREL-FATIO, *Catalogue des manuscrits espagnols de la Bibliothèque nationale,* t. I, p. 109. Cf. SAAVEDRA, *Symbola christiano-politica,* p. 416.
[3] E. CLERC, *Jean Boyvin,* p. 146.
[4] E. LONGIN, *Lettres de chevalerie de Louis de la Verne,* p. 4.

Page 37. *Le prince de Condé avait brûlé trois cents villages autour de Dole.*

L'heureux lauréat de l'Académie française se doute-t-il que les deux arrondissements actuels de Dole et de Gray n'ont guère, réunis, que trois cents communes? Le parlement ne parle que de « deux cent cinquante villages [1], » ce qui est encore empreint d'exagération [2].

Ibid. *L'on aurait vainement cherché, dans tout le bailliage de Dole, un charron ou un maréchal en état de réparer la ferrure d'un canon.*

Dans tout le bailliage de Dole? non, mais à Dole [3].

Ibid. *Lettre de Boyvin à l'infant, Dole, 14 septembre 1636.*

Lisez : La cour au cardinal infant [4].... »

Ibid. *Boyvin à Lamboy, 25 août 1636.... Boyvin à Lamboy, 28 septembre 1636.*

Lisez : La cour à Lamboy, 25 août 1636 [5].... La cour à Gallas, 23 septembre 1636 [6].

Page 38. *Les chefs de l'armée se retirèrent dans leurs foyers.*

Sans doute « les marquis de Varambon et baron de Scey et prince de Cantecroy et le reste de la noblesse se retirèrent en leurs maisons [7], » mais « dez le premier jour du gouver-

---

[1] *Les troupes auxiliaires au Comté en* 1636, dans les *Annales franc-comtoises*, t. XI, p. 91.

[2] Cf. Tissot, *Comitatus Burgundiæ chorographica synomilia*, fol. 49.

[3] La cour à Matherot et à Brun, Dole, 19 septembre 1636. — E. Clerc, *Jean Boyvin*, p. 28.

[4] Id., *op. cit.*, p. 14.

[5] *Corr. du parlement*, Arch. du Doubs, B. 203.

[6] E. Clerc, *op. cit.*, p. 45.

[7] Girardot de Nozeroy, *Histoire de dix ans de la Franche-Comté de Bourgongne*, p. 135.

nement de la cour, » le commandement des troupes avait été enlevé au marquis de Conflans. Cette dispersion soudaine des régiments levés pendant le siège de Dole est un des événements dont l'auteur de l'*Histoire de la réunion de la Franche-Comté à la France* me semble avoir le moins pénétré les causes.

Ibid. *Lettre de Boyvin à la cour, 29 septembre 1636, citée par M. E. Clerc dans son* Etude sur Boyvin.

Cette lettre de Boyvin, publiée, et non citée, par M. Clerc, n'est pas adressée à la cour, mais aux conseillers Chaumont, Briot, Toytot et Perrin [1].

Ibid. *La cour de Dole, sentant alors peser sur ses épaules le poids d'une responsabilité trop évidente, demanda qu'un délégué aux affaires militaires fût nommé sans retard et investi d'un pouvoir absolu. Son choix se porta sur le conseiller Boyvin.*

Où M. de Piépape a-t-il puisé les éléments de cette assertion? Jamais il ne fut question du choix d'un délégué aux affaires militaires, mais uniquement de la nomination « d'un gouverneur, ou d'un commis seigneur de marque, de prudence et d'expérience [2]; » le rôle politique que Boyvin joua jusqu'à l'arrivée du marquis de Saint-Martin, il le dut à l'ascendant de son intelligence et de ses vertus; quant au pouvoir absolu dont le parlement fut investi, il fut la conséquence naturelle de la mort de Ferdinand de Rye.

Ibid. *Soit irritation de ce que ses premiers ordres fussent restés méconnus, soit revirement subit d'un caractère inconstant et fantasque, il (le duc de Lorraine) avait empêché son lieutenant Lamboy, qu'il gourmandait naguère*

---

[1] E. CLERC, *Jean Boyvin*, p. 62.
[2] La cour au cardinal infant, Dole, 23 août 1636. — E. CLERC, *op. cit.*, p. 8.

*pour son inaction fatale, de pénétrer en France à la suite du prince de Condé.*

Lamboy n'était point le lieutenant de Charles IV ; il « n'avait point d'ordre de luy obeir [1] » et n'aurait pas souffert qu'il le gourmandât. A la vérité, le duc de Lorraine conseilla à la cour d'écouter les propositions relatives au rétablissement de la neutralité [2], mais il retint si peu son prétendu lieutenant, qu'immédiatement après la levée du siège de Dole ils marchèrent ensemble sur Chaussin. M. de Piépape pourrait-il dire ce qu'il entend par les *premiers ordres méconnus* de Charles IV ?

Page 39. *La milice ne se composait plus que de 4 à 500 hommes. Les 1,200 chevaux de la cavalerie s'étaient dispersés. Il ne restait au duc de Lorraine que deux régiments allemands et trois régiments lorrains,.... et ses 6,000 chevaux croates.*

M. de Piépape a lu trop rapidement Girardot de Nozeroy ; sans sa précipitation habituelle, il saurait que « ce qui restoit d'infanterie bourguignonne » était « de cent cinquante hommes pour le plus ; » il saurait aussi que la cavalerie n'était pas seulement composée de Croates, mais qu'en y comprenant les Croates, elle présentait un effectif « de peu moins de six mille chevaux » dont « la cavalerie de Bourgongne n'estoit pas la moindre et portoit plus de douze cens chevaux effectifs en vingt-quatre compagnies [3]. »

---

[1] GIRARDOT DE NOZEROY, *Histoire de dix ans de la Franche-Comté de Bourgongne*, p. 136.

[2] Froissard-Broissia à la cour, Besançon, 19 août 1637. — *Corr. du parlement*, Arch. du Doubs, B. 221 ; FORGET, *Mémoires des guerres de Charles IV*, fol. 148 ; D. CALMET, *Histoire ecclésiastique et civile de Lorraine*, t. III, p. 336 ; DUNOD, *Mémoires pour servir à l'histoire du comté de Bourgogne*, p. 560.

[3] GIRARDOT DE NOZEROY, *op. cit.*, p. 135.

Ibid. *Tel était l'ordre de l'infant, qui prescrivait de poursuivre en France par plusieurs points.*

Les ordres dont il s'agit n'arrivèrent que bien après la levée du siège de Dole [1] : le marquis de Conflans « n'avoit encore aucunes instructions pour entrer en France ny ailleurs [2]. »

Ibid. *Boyvin à l'infante, Dole, 14 septembre 1636.*

Lisez : La cour au cardinal infant [3]. M. de Piépape ne peut ignorer la mort de l'infante Isabelle-Claire-Eugénie.

Page 40. *Le duc entendait ne commander qu'à des Lorrains; Lamboy, ne donner d'ordres qu'aux impériaux. Cette disposition contraire des deux généraux alliés excita leur mauvaise humeur et les détermina à se séparer.*

Si Charles IV n'eût voulu donner d'ordres qu'à ses Lorrains, aucune compétition n'eût surgi entre lui et Lamboy; la difficulté venait précisément de ce que ce dernier refusait d'obéir au prince. A la fin un arrangement intervint, en vertu duquel toutes les troupes furent placées sous le commandement supérieur du duc de Lorraine [4].

Ibid. *Charles IV marcha sur Salins avec son canon. Les Français lui abandonnèrent la place.*

Voici la plus énorme bévue du livre couronné par l'Académie française : elle témoigne d'une ignorance sans égale, et pour tout lecteur instruit il ne peut désormais être question de prendre au sérieux l'écrivain qui l'a commise. M. de

---

[1] Le cardinal infant à la cour, Cambrai, 3 septembre 1636. — A. Dubois de Jancigny, *Recueil de chartes et autres documents pour servir à l'histoire de la Franche-Comté*, p. 199. Cf. Girardot de Nozeroy à la cour, I. Charité, 4 septembre 1636. — *Corr. du parlement*, Arch. du Doubs, B. 201.

[2] Girardot de Nozeroy, *op. cit.*, p. 136.

[3] E. Clerc, *Jean Boyvin*, p. 14.

[4] Girardot de Nozeroy, *op. cit.*, p. 136.

Piépape ne soupçonne pas que narrer l'évacuation de Salins par les Français, c'est imiter l'historien de la guerre de 1870-1871 qui montrerait les Prussiens abandonnant Lyon à l'approche de l'armée de Bourbaki : c'est qu'il ignore que le rôle militaire de Salins n'était rien au prix de son importance politique. Quoi ! les Français seraient entrés à Salins, et le marquis de Conflans aurait pu manœuvrer comme il le fit entre les troupes ennemies et cette place ! Mais, sans parler de cette invraisemblance, la perte de Salins eût inévitablement entraîné celle de la province ; Salins était le « thresor du Rey [1] ; » si le cardinal de Richelieu eût eu la liberté de réaliser son dessein de « gaster les sources [2] » des salines, jamais la Franche-Comté n'eût pu faire face aux charges de la guerre, encore moins tenter d'intéresser les Suisses au renouement de la neutralité. Il est vrai que, d'après l'heureux lauréat de l'Académie française, les Français abandonnèrent la place sans combat. C'est seulement une invraisemblance de plus : au lieu d'imiter Dunod [3] et de copier comme lui dom Calmet, sous la plume de qui, je ne l'ignore point, s'est glissée cette assertion étrange [4], M. de Piépape aurait mieux fait de se souvenir de l'indignation avec laquelle Boyvin flétrit « l'imposture effrontée » des gazetiers publiant que « les villes de Salins, Lons-le-Saunier et quelques autres petites places estoient venues presenter leurs clefs au prince de Condé [5]. »

[1] GIRARDOT DE NOZEROY, op. cit., p. 181.
[2] AUBERY, Mémoires pour l'histoire du cardinal duc de Richelieu, t. II, p. 6. Cf. Sublet de Noyers à Machault, Conflans, 6 juin 1636. — ID., op. cit., t. I, p. 624.
[3] DUNOD, Mémoires pour servir à l'histoire du comté de Bourgogne, p. 560.
[4] D. CALMET, Histoire ecclésiastique et civile de Lorraine, t. III, p. 336.
[5] Le siège de la ville de Dole, p. 120. Cf. Gazette de France, extraordinaire du 14 juin 1636.

Ibid. *De Salins, il se rendit à Besançon.*

Au lieu de *Salins*, lisez : Chaussin.

Ibid. *Le duc de Lorraine.... paya régulièrement ses subsides.*

Charles IV n'eut point de montre à payer à la garnison de Besançon, attendu que celle-ci refusa nettement de le suivre [1].

Ibid. *Ils* (Lamboy et Forgacz) *disposaient d'un corps de 15 à 16,000 Croates, Comtois et Lorrains.*

Jamais Lamboy n'eut sous ses ordres des forces aussi considérables : l'armée qui se porta sur Verdun était, on vient de le voir, composée de six mille chevaux et trois mille hommes de pied [2].

Page 41. *D'abord ils s'étaient contentés de faire une conduite prudente à l'armée de M. le prince, qui avait pu ainsi repasser tranquillement la Saône à Seurre et à Saint-Jean-de-Losne. Mais bientôt, prenant l'offensive, ils se ruèrent sur Chaussin, puis, le 16 août, sur Verdun.*

L'armée du prince de Condé ne repassa pas la Saône aussi tranquillement que M. de Piépape veut bien le dire ; la plupart des troupes qui la composaient étaient fort « débifées. » En second lieu, ce n'est pas le 16 août que Lamboy et Forgacz attaquèrent Verdun ; cette ville fut prise le 18 [3]. Le 16, l'armée de secours était en-

---

[1] Forget, *Mémoires des guerres de Charles IV*, fol. 152.
[2] Girardot de Nozeroy, *Histoire de dix ans de la Franche-Comté de Bourgogne*, p. 136.
[3] *Gazette de France* du 30 août 1636; de la Mare, *De bello Burgundico*, p. 12; Vittorio Siri, *Memorie recondite*, t. VIII, p. 458; D. Plancher, *Histoire générale et particulière de Bourgogne*, t. IV, p. 650; Béguillet, *Histoire des guerres des deux Bourgognes*, t. II, p. 12; Courtépée, *Description générale et particulière du duché de Bourgogne*, t. III, p. 287.

core autour de Dole; elle ne se mit en route que le 17 [1].

Ibid. *Boyvin à l'infant, Dole, 23 août 1636. Boyvin à Lamboy, Dole, 29 août.... Boyvin au marquis de Leganez, Dole, 17 septembre 1636.... Boyvin au marquis de Conflans, 21 septembre 1636.*

Lisez : La cour au cardinal infant, Dole, 23 août 1636 [2]. La cour à Lamboy, Dole, 29 août 1636 [3].... La cour au marquis de Leganez, Dole, 17 septembre 1636 [4].... La cour au marquis de Conflans, 21 septembre 1636 [5].

Je relève avec d'autant plus de soin ces indications inexactes, qu'elles sont de nature à faire croire à la délégation de Boyvin aux affaires militaires, dont il a faussement été question plus haut (II, 38).

Page 42. *Boyvin à Lamboy, Dole, 25 août 1636.*

Lisez : La cour à Lamboy [6]....

Ibid. *Gallas.... traça sa route, à la tête des impériaux, par Montbéliard, l'Isle-sur-le-Doubs et Villersexel.*

Par Montbéliard ? M. de Piépape oublie que, dès 1633, Montbéliard avait reçu une garnison française [7].

Ibid. *Elle* (l'armée de Gallas) *avait un train d'artillerie formidable, 80 pièces de canon,.... 8,000 femmes instruites au maniement des armes.*

---

[1] Forget, *Mémoires des guerres de Charles IV*, fol. 149; Petrey de Champvans, *Lettre à Jean-Baptiste Petrey*, p. 97; Boyvin, *Le siège de la ville de Dole*, p. 298; Girardot de Nozeroy, *Histoire de dix ans de la Franche-Comté de Bourgongne*, p. 137.

[2] E. Clerc, *Jean Boyvin*, p. 7.

[3] *Corr. du parlement*, Arch. du Doubs, B. 203.

[4] *Ibid.*, Arch. du Doubs, B. 204.

[5] E. Clerc, *op. cit.*, p. 39.

[6] *Corr. du parlement*, Arch. du Doubs, B. 203.

[7] Vesseaux, *Mémoires et négociations*, dans les *Documents inédits pour servir à l'histoire de la Franche-Comté*, t. II, p. 387.

8,000 femmes instruites au maniement des armes ! L'effectif de cette troupe d'amazones rendrait jaloux le souverain du Dahomey.

Après tout, l'heureux lauréat de l'Académie française n'a même pas l'honneur de la création du corps dont il s'agit : cette invention burlesque appartient à un historien français [1]. Que M. de Piépape prenne la peine de relire ce qu'il appelle quelque part l'*excellent commentaire de M. Delamare* (I, 390), il verra qu'il y est simplement question de la discipline qui régnait parmi les femmes de l'armée impériale [2].

Autre remarque. Si Gallas avait eu l'artillerie formidable que M. de Piépape lui prête, on ne comprendrait pas qu'il mît tant d'insistance à réclamer du canon au parlement [3]. La vérité est que le général impérial était bien loin d'avoir 80 pièces de canon ; son artillerie ne se composait que de « petites pieces [4] » de régiment ; à la fin du mois de septembre, le marquis de Grana lui amena « deux cents chariots de munitions de guerre et six demy-canon de vingt deux livres de basles [5] ; » mais ce ne fut qu'au mois d'octobre que le marquis de Saint-Martin arriva avec « notable quantité de canons [6]. »

---

[1] BÉGUILLET, *Histoire des guerres des deux Bourgognes*, t. II, p. 43.

[2] DE LA MARE, *De bello Burgundico*, p. 19.

[3] La cour au baron de Savoyeux, Dole, 13 septembre 1636 ; la cour à Matherot et à Brun, Dole, 19 septembre 1636 ; la cour à Gallas, Dole, 19 septembre 1636 ; la cour au marquis de Conflans, Dole, 21 septembre 1636. — E. CLERC, *Jean Boyvin*, p. 12, 25, 31 et 39.

[4] GIRARDOT DE NOZEROY, *Histoire de dix ans de la Franche-Comté de Bourgogne*, p. 143.

[5] Matherot et Brun à la cour, Gray, 30 septembre 1636. — *Corr. du parlement*, Arch. du Doubs, B. 206. Cf. Le baron de Melisey à la cour, au camp devant Lure, 21 septembre 1636. — *Ibid.*, Arch. du Doubs, B. 205.

[6] Boitouset et Buson à la cour, Besançon, 29 septembre 1636. Cf.

Ibid. *Turenne.... défit les impériaux et força à la retraite les gardes de Gallas, qui commençaient à y faire des retranchements.*

Malgré l'assertion de Richelieu [1], Turenne ne semble pas avoir eu affaire à « la compagnie de la garde dudict Galasse, » mais à la compagnie du jeune Gaucher [2].

Ibid. *Boyvin à Lamboy, Dole, 25 août 1636.*

Lisez : La cour à Lamboy [3]....

Page 43. *Gassion,.... à la même heure, menaçait le pays de Montbéliard et la franche montagne.*

Gassion menaçant la franche montagne ! J'ignore où l'auteur de l'*Histoire de la réunion de la Franche-Comté à la France* a lu cela. Si quelques troupes pouvaient inquiéter Gallas, c'étaient justement celles qui occupaient Montbéliard.

Ibid. *Mercy surprit et brûla Pontailler.*

Admirons la rapidité avec laquelle Pontailler, incendié dans les derniers jours du mois de juillet par les troupes comtoises, s'était relevé de ses ruines. Pour l'inventeur de la *hallebarde à rouet*, il est hors de doute que ce malheureux bourg fut deux fois livré aux flammes : c'est une erreur qu'il faut laisser aux historiens fran-

---

D'Espigny à la cour, Voujaucourt, 25 septembre 1636 ; le baron de Voisey à la cour, Mailley, 24 octobre 1636. — *Corr. du parlement*, Arch. du Doubs, B. 206, 207 ; *Gazette de France*, extraordinaire du 2 décembre 1636 : *Controlle de l'armée de l'Empereur commandée par Galas, lors qu'elle est entrée en bourgongne* ; GIRARDOT DE NOZEROY, *Histoire de dix ans de la Franche-Comté de Bourgongne*, p. 146.

1 Richelieu à Chavigny, Borin, 23 septembre 1636. — *Lettres, instructions diplomatiques et papiers d'État du cardinal de Richelieu*, t. V, p. 587. Cf. *Gazette de France* du 4 octobre 1636 ; *Mercure françois*, t. XXI, p. 268.

2 COUDRIET et CHATELET, *Histoire de Jussey*, p. 114 ; ID., *Histoire de la seigneurie de Jonvelle*, p. 244.

3 *Corr. du parlement*, Arch. du Doubs, B. 203.

çais [1], car Pontailler ne fut brûlé qu'une fois, et le feu y fit de tels ravages que, dix ans après, il ne restait que quatre maisons [2].

Je demanderai aussi à M. de Piépape pourquoi il ne mentionne ni la rencontre de Montsaugeon ni la surprise de Leffond. Dans cette dernière affaire, « la partie des François estoit si forte que toute l'armée fut en bataille pour le secours des Croates [3]; » Isolani, qui commandait ces derniers, perdit une partie de son bagage et son singe favori, « grand comme un homme et vêtu comme un houssars [4]; » c'est cette « guenuche [5], » que, par un plaisant quiproquo, bon nombre d'écrivains ont prise pour la maîtresse du général italien [6].

---

[1] D. Plancher, *Histoire générale et particulière de Bourgogne*, t. IV, p. 650; Béguillet, *Histoire des guerres des deux Bourgognes*, t. II, p. 26.

[2] Rossignol, *Fragment de l'histoire de Bourgogne sous le ministère de Richelieu*, dans les *Mémoires* de l'Académie des sciences, arts et belles-lettres de Dijon, année 1845-1846, p. 62. Cf. *Gazette de France* du 9 août 1636; *Mercure françois*, t. XXI, p. 145; Richelieu, *Mémoires*, p. 64.

[3] Girardot de Nozeroy, *Histoire de dix ans de la Franche-Comté de Bourgogne*, p. 142. Cf. Grotius à Salvius, Paris, 30 octobre 1636. — *Epist.*, p. 276; Forget, *Mémoires des guerres de Charles IV*, fol. 159; de la Mare, *De bello Burgundico*, p. 18; Pufendorf, *De rebus Suecicis*, p. 266; B. Rose, *Herzog Bernhard der Grosse von Sachsen-Weimar*, t. II, p. 127.

[4] Gramont, *Mémoires*, t. I, p. 58.

[5] *Gazette de France*, extraordinaire du 18 octobre 1636 : *L'enlèvement d'un quartier de Croates par le cardinal de la Valette, avec la mort de trois cens des ennemis.*

[6] *Gazette de France*, extraordinaire du 27 octobre 1636 : *Les particularitez de l'enlèvement du quartier des Croates, en Bourgoigne, par l'armée Françoise*; D. Plancher, *Histoire générale et particulière de Bourgogne*, t. IV, p. 651; D. Calmet, *Histoire ecclésiastique et civile de Lorraine*, t. III, p. 338; Béguillet, *Histoire des guerres des deux Bourgognes*, t. II, p. 51; V. Ladey, *Relation historique du siège de Saint-Jean-de-Losne*, dans *Les deux Bourgognes*, t. III, p. 203; G. Droysen, *Bernhard von Weimar*, t. II, p. 242.

Tout le récit du séjour de Gallas en Franche-Comté est du reste plus que sommaire.

Ibid. *Boyvin au marquis de Leganez, 17 septembre 1636. Boyvin à Gallas, 9 septembre 1636.*

Lisez : La cour au marquis de Leganez, 17 septembre 1636 [1]. La cour à Gallas, 9 septembre 1636 [2].

Ibid. « *M. le cardinal de la Valette et M. le duc de Weimar ont jusques à présent arresté Galasse sur le cul dans la Franche-Comté.* »

Le créateur du *roman de geste* ne peut, on le sait, s'astreindre à transcrire fidèlement une dépêche : lorsqu'il n'en altère pas le sens, il souligne telle ou telle expression qui ne l'est pas dans le texte. Ainsi, dans une lettre de Sublet de Noyers, il écrira en italique : *gros ivrognes* (II. 23), afin sans doute d'accentuer le mépris du secrétaire d'Etat pour es Allemands ; ailleurs (II, 18), ce sera le mot *pourmènera* qui lui paraîtra du dernier plaisant ; mais j'ai peine à comprendre ce qui le porte à souligner ici les mots : *sur le cul ;* craint-il que le lecteur ne remarque pas le pittoresque de cette image cynégétique ?

Ibid. *Lettre du conseiller Brun, Gray, 17 septembre 1636.*

Lisez : Lettre du procureur général. Le conseiller Brun était le père d'Antoine Brun. Un frère de ce dernier fut aussi « conseiller absolu. »

Page 44. *Gallas installa son camp à Champlitte.... et en partit pour aller dévaster le pays de Langres.*

Pour aller dévaster le pays de Langres ? non, mais pour marcher sur Dijon [3].

Ibid. *Il serait en dehors de notre sujet.... de retracer cet*

---

[1] *Corr. du parlement*, arch. du Doubs, B. 205.
[2] E. Clerc, *Jean Boyvin*, p. 10.
[3] Coudriet et Chatelet, *Histoire de la seigneurie de Jonvelle*, p. 260.

*immortel siège de Saint-Jean-de-Losne.... La résistance héroïque de cette bicoque est digne d'être mise en parallèle avec celle de Dole.*

Est-il vrai que la défense de Saint-Jean-de-Losne mérite d'être égalée à la défense de Dole ? Assurément les habitants de cette petite ville montrèrent du cœur, mais, sans les secours jetés dans la place par la Mothe-Houdancourt et Ranzau, force leur eût été de capituler ; on oublie que jamais Saint-Jean-de-Losne ne fut entièrement investi ; on préfère s'en tenir à la légende forgée de toutes pièces par l'amour-propre national, et longtemps encore les historiens français montreront cette *bicoque* arrêtant l'armée de Gallas [1], alors que celui-ci ne fit que détacher « quelques troupes sous le commandement du baron d'Egford [2]. »

Ibid. *Gallas leva le siège de Saint-Jean-de-Losne le 2 novembre, abandonnant une partie de son matériel.*

Il semble, à entendre M. de Piépape, que l'armée impériale ait abandonné à Ranzau une partie des 80 pièces dont il a été question plus haut. Gallas, je ne puis assez le répéter, n'était pas sous les murs de Saint-Jean-de-Losne ; aucun canon ne fut perdu par Enkenvort ; enfin le siège, entrepris le 25 octobre, fut levé, non le 2, mais le 3 du mois suivant [3].

---

[1] RICHELIEU, *Testament politique*, p. 44 ; BÉGUILLET, *Histoire des guerres des deux Bourgognes*, t. II, p. 209 ; COURTÉPÉE, *Description générale et particulière du duché de Bourgogne*, t. II, p. 452 ; CARNOT, *De la défense des places fortes*, p. 208 ; V. LADEY, *Relation historique du siège de Saint-Jean-de-Losne*, p. 206 ; Duc D'AUMALE, *Histoire des princes de Condé*, t. III, p. 296 ; l'abbé THOMAS, *La belle défense de Saint-Jean-de-Losne en 1636*, p. 33.

[2] GIRARDOT DE NOZEROY, *Histoire de dix ans de la Franche-Comté de Bourgogne*, p. 148. Cf. FORGET, *Mémoires des guerres de Charles IV*, fol. 161.

[3] Ranzau au cardinal de la Valette, Saint-Jean-de-Losne, 3 novembre 1636. — AUBERY, *Mémoires pour l'histoire du cardinal duc de Richelieu,*

Ibid. *Pendant sa campagne dans le duché, les Suédois avaient pris Jonvelle.*

C'est une erreur. Quand les Suédois prirent Jonvelle (30 novembre 1636), Gallas avait déjà repassé le pont d'A-premont [1].

Ibid. *M. de Grane avait fait capituler les Français dans Lure (20 septembre), et, à la suite d'un combat assez violent au pont de Vougeaucourt, leur garnison était tenue en échec depuis le 3 septembre.*

La garnison de Lure tenue en échec à la suite du combat de Voujaucourt ! L'inventeur de la *hallebarde à rouet* veut sans doute parler de la garnison de Montbéliard. Ce fut, en effet, le 3 septembre que « le gentilhomme de Mathay » se saisit du pont de Voujaucourt « par finesse [2], » mais il n'y

---

t. I, p. 713. Cf. Le marquis de Torrecusa à la cour, du camp de Saint-Jean-de-Losne, 4 novembre 1636. — *Corr. du parlement*, Arch. du Doubs, B. 208; *Gazette de France*, extraordinaire du 12 novembre 1636 : *Le siège levé devant S. Jean de Losne par Galas, avec perte de plus de huit cens Impériaux, et ce qui s'est n'aguères passé en Bourgongne*; Ibid., extraordinaire du 19 novembre 1636 : *La honteuse fuite de Galas, avec perte de plus de huit mille de ses gens et d'une partie de son canon et bagage*; Ibid., extraordinaire du 28 novembre 1636 : *La chasse générale donnée au reste des troupes de Galas hors de la Bourgongne, où il a esté contraint de faire crever une partie de ses canons, enterrer les autres et se sauver en Alemagne.*

[1] COUDRIET et CHATELET, *Histoire de la seigneurie de Jonvelle*, p. 263. Cf. Le cardinal de la Valette à Richelieu, 3 décembre 1636. — AUBERY, *op. cit.*, t. I, p. 727; Grotius à Camerarius, Paris, 12 décembre 1636; Grotius à Salvius, Paris, 12 décembre 1636. — *Epist.*, p. 285 et 287; FORGET, *Mémoires des guerres de Charles IV*, fol. 164; *Gazette de France* du 20 décembre 1636; Ibid., extraordinaire du 26 décembre 1636 : *Les particularitez de la prise de la ville de Jonvelle; Mercure françois*, t. XXI, p. 272; RICHELIEU, *Mémoires*, p. 85; MACHERET, *Journal de ce qui s'est passé de memorable à Langres et aux environs depuis 1628 jusqu'en 1658*, t. I, p. 63; PUFENDORF, *De rebus Suecicis*, p. 267; B. ROSE, *Herzog Bernhard der Grosse von Sachsen-Weimar*, t. II, p. 129; G. DROYSEN, *Bernhard von Weimar*, t. II, p. 262.

[2] BOIS DE CHESNE, *Recueil memorable*, p. 142.

eut pas de combat. Voici comment d'Espigny raconte le coup de main qu'il tenta sur l'ordre du quartier-maître général de Gallas : « Party de Mathay avec 15 paysans et led. cartier maistre general qui avoit 3 ou 4 chevaux à sa suitte, je m'advançat sur le pont accompagnez d'un paysant, et le sergent qui y commandoit avec vingt François baissat le pont, sortit avec 6 ou 8 arquebusiers pour me parler.... Le sergent intimidez de quelques menaces que j'avois fait auparavant et auquel je fist croire avoir des trouppes dans le bois, me demandat cartier ; je lui accordat et à ses gens, lesquels je fist engager le landemain dans les trouppes de l'Empereur [1]. » Comment l'heureux lauréat de l'Académie française voit-il dans cette surprise *un combat assez violent* ? et d'où vient qu'il oublie aussi que le pont de Voujaucourt fut repris par la garnison de Montbéliard le 29 septembre 1636 [2] ?

La ville de Lure ne fut pas prise par le marquis de Grana le 20 septembre, mais le 21 [3] ; quant à l'abbaye, elle ne capitula que le 22 octobre ; il serait utile de le dire, car le lecteur pourrait se demander comment, au commencement d'octobre, le parlement s'étonnait encore que Gallas souffrit « cent cinquante malotrus tenir une bicoque de l'Empire, au cœur de cette province, et sur le passage de l'armée [4]. »

---

[1] D'Espigny à la cour, Voujaucourt, 6 septembre 1636. — *Corr. du parlement*, Arch. du Doubs, B. 204.

[2] Le lieutenant de Baume à Brun, Baume, 29 septembre 1636; M<sup>me</sup> de Valangin à la cour, Sancey, 5 octobre 1636; de Raincourt à la cour, Bremondans, 5 octobre 1636; le lieutenant de Baume à Matherot et à Brun, Sancey, 5 octobre 1636. — *Corr. du parlement*, Arch. du Doubs, B. 206, 207.

[3] Le marquis de Grana au baron de Scey, Lure, 21 septembre 1636. — *Corr. du parlement*, Arch. du Doubs, B. 205.

[4] La cour à Buson, Dole, 4 octobre 1636. — E. Clerc, *Jean Boyvin*, p. 77.

Les deux événements que M. de Piépape fait coïncider avec la campagne des troupes impériales dans le duché sont, on le voit, antérieurs à l'entrée de Gallas en France.

Ibid. *Le marquis de Saint-Martin réunit sous sa main le commandement des troupes comtoises avec celui des troupes espagnoles qui figuraient dans l'armée impériale.*

L'heureux lauréat de l'Académie française est dans l'erreur. Le marquis de Saint-Martin commandait « l'armée de Silésie » qu'il amena à Gallas, mais les troupes du pays étaient sous les ordres du marquis de Conflans, auquel le cardinal infant avait de nouveau donné « la commission du gouvernement des armes du Roy en Bourgongne » en lui conférant de plus « la charge de bailly d'Aval vacante par le décès du feu marquis de Listenois [1]. »

Ibid. *Son armée était de 5 à 6,000 hommes d'infanterie et de 3,000 chevaux.*

Le marquis de Saint-Martin avait bien annoncé qu'il avait charge d'amener « 3,000 chevaux et 7,000 fantassins [2]; » en réalité, il n'avait guère plus de 4,000 hommes d'infanterie et 1,000 chevaux, « la pluspart.... officiers ou vielz soldatz de grande experience et d'insigne valeur [3]. »

Ibid. *La cavalerie du pays demeura confiée tour à tour à MM. de Scey et de Cléron.*

Voit-on le baron de Scey et le baron de Voisey (c'est de lui, je présume, que M. de Piépape veut parler) commandant tour à tour les compagnies de cavalerie levées dans la province ?

---

[1] GIRARDOT DE NOZEROY, *Histoire de dix ans de la Franche-Comté de Bourgogne*, p. 141.

[2] Boitouset et Buson à la cour, Besançon, 29 septembre 1636. — *Corr. du parlement*, Arch. du Doubs, B. 206.

[3] Le baron de Voisey à la cour, Mailley, 24 octobre 1636. — *Corr. du parlement*, Arch. du Doubs, B. 207.

Page 45. *Il (Gallas) envoya reprendre Jussey.*

De toutes les qualités de l'*Histoire de la réunion de la Franche-Comté à la France*, il n'en est pas de plus saisissante que la clarté ; j'en appelle à tous ceux qui ont lu cet ouvrage. Et quelle concision merveilleuse ! Voici, par exemple, Jussey qui, *pris et mis à sac* par Turenne, le 12 septembre 1636, puis *abandonné à l'approche de Lamboy* (II, 42), est repris par les Impériaux au mois de novembre. Rien de plus facile à saisir : il suffit de savoir que, dans la matinée du 23 novembre, Taupadel avait surpris le régiment de Gaspard de Mercy dans cette ville, lui faisant « quantité de prisonniers, » et que les habitants, réfugiés dans le couvent des Capucins, avaient été « contrainctz de capituler avec eux (les Suédois) et se delivrer pour une certaine somme [1]. »

Quelque critique malveillant objectera peut-être que M. de Piépape n'a pas parlé de l'enlèvement du quartier de Mercy, pas plus qu'il ne parlera du retour des Weimariens à Jussey « pour une troisiesme fois. » Mais qui ne voit que c'est une distraction fort excusable chez un écrivain absorbé par son service d'état-major ? Je ferai toutefois respectueusement observer à l'heureux lauréat de l'Académie française que Jussey ne fut pas repris *tandis que Lamboy battait l'estrade;* ce fut Lamboy lui-même qui en chassa les Suédois [2].

---

[1] COURRIET et CHATELET, *Histoire de Jussey*, p. 354; ID., *Histoire de la seigneurie de Jonvelle*, p. 550; *Gazette de France*, extraordinaire du 10 décembre 1636 : *Les particularitez de la défaite du régiment du colonel Merci, avec les postes des armées de Bourgogne et la prise d'un comte Bourguignon;* MACHERET, *Journal*, t. I, p. 63; G. DROYSEN, *Bernhard von Weimar*, t. II, p. 262.

[2] COURRIET et CHATELET, *Histoire de Jussey*, p. 118; ID., *Histoire de la seigneurie de Jonvelle*, p. 265.

Ibid. « *Il faut, écrivait Boyvin au général en chef de l'armée impériale, que votre armée rentre en France.* »

Il est assez singulier d'indiquer en note à l'appui de cette assertion trois dépêches des 26 août, 23 septembre et 3 octobre 1636 qui sont antérieures à l'entrée de Gallas en France, à plus forte raison à sa retraite en Franche-Comté. Ce qui ne l'est pas moins, c'est qu'aucune de ces dépêches n'est adressée au général impérial.

Ibid. *Il (Boyvin).... demandait au gouverneur des Pays-Bas à être relevé de sa charge, et le suppliait de la remettre au baron de Scey.*

Boyvin conjurant le cardinal infant de remettre sa charge au baron de Scey ! J'avoue que je ne me représente pas Claude de Bauffremont « conseiller en la cour souveraine de parlement à Dole. » C'était cependant la seule charge dont Boyvin fût investi, à moins qu'il ne faille entendre par ce mot la délégation aux affaires militaires imaginée par le créateur du *roman de geste* (II, 38). Le futur président du parlement ne désignait point d'ailleurs ouvertement le baron de Scey au choix du cardinal infant ; il suppliait seulement celui-ci au nom de la cour « de pourvoir au plus tost ce pays d'un gouverneur en chef, seigneur principal de la province, qui, par sa naissance, experience et authorité, tienne tous les ordres en respect et pourvoye à tant de necessités pressantes qui requierent que tout aboutisse à un seul chef [1]. »

Ibid. *La cour, désemparée comme son vice-président....*

Le vice-président du parlement n'était pas Jean Boyvin, mais Jean Chaumont.

Ibid. « *Réunissez les barons d'Oiselay et de Poitiers, le baron de Scey, le marquis de Varambon, le prince de*

---

[1] La cour au cardinal infant, Dole, 16 janvier 1637. — E. CLERC, *Jean Boyvin*, p. 119.

*Cantecroix, à Gray ou à Besançon, pour aviser à ce qu'il y a de plus urgent.* »

Sait-on à qui, d'après M. de Piépape, ces instructions étaient données ? *A M. de Voisey, colonel du régiment de Dole !* Je me figure que François de Cléron eût été étrangement surpris en recevant l'ordre de convoquer les barons de Scey, de Poitiers et d'Oiselay, le marquis de Varambon et le prince de Cantecroix. Aussi n'était-ce pas à lui, mais au marquis de Conflans, que le parlement écrivait en ces termes.

L'heureux lauréat de l'Académie française se doute si peu de sa méprise qu'il renvoie naïvement le lecteur au livre de M. Clerc sur *Jean Boyvin*, dans lequel cette dépêche est publiée.

Ibid. « *Nous n'avons pas mille francs de rente pour payer les messagers qui nous viennent.* »

Mille francs de rente auraient représenté un capital important pour l'époque, et le parlement ne se plaignait point de ne pas avoir cette somme à sa disposition ; il écrivait simplement : « Il est expédient que vous sachiez que nous n'avons pas mille francs de reste pour payer les messagers qui nous viennent [1]. »

Page 47. *A Liesle, l'armée de Gallas pilla les maisons, les caves surtout, et enleva les chevaux pour traîner le canon.*

Prendre l'Isle-sur-le-Doubs pour Liesle ! La distraction est un peu forte, car Liesle ne se trouve point au bailliage d'Amont, mais au bailliage de Dole [2].

---

[1] La cour au marquis de Conflans, Dole, 3 octobre 1636. — E. Clerc, *op. cit.*, p. 69.

[2] *Les troupes auxiliaires au Comté en* 1635, p. 95.

*Ibid. Avant de repasser le Rhin, Gallas voulut faire lever le siège que le duc de Weimar avait mis devant Jonvelle.... Weimar fit capituler cette place à sa barbe, puis il enleva le régiment de Mercy.*

M. de Piépape ne me paraît pas avoir une idée fort nette des événements qui précédèrent le départ de Gallas. L'enlèvement du quartier de Mercy est antérieur à la prise de Jonvelle ; les Suédois ne conservèrent pas longtemps cette place, où le duc de Weimar avait trouvé « très grande quantité de bled et de vin [1] ; » Gallas les en chassa avant de repasser le Rhin [2], et, dans le retour offensif qu'il exécuta pour préparer sa retraite, le général impérial pénétra jusqu'à Bourbonne.

*Ibid. Charles IV vint ensuite à Besançon, où il se rencontra avec Gallas et lui reprocha vivement son mauvais plan de campagne. Il y eut ensuite une réconciliation à la suite d'un repas « où l'on but beaucoup de part et d'autre, »* dit Boyvin. *(Lettre du 19 novembre 1636.)*

Une réconciliation après les reproches que le duc de Lorraine adressa à Gallas sur son mauvais plan de campagne ! Si l'heureux lauréat de l'Académie française a lu les lettres qu'il cite, je ne m'explique pas qu'il commette une pareille erreur. Jamais Gallas ne vint à Besançon ; le rapprochement de ce général et de Charles IV eut lieu plus d'un mois avant

---

[1] Le cardinal de la Valette à Richelieu, 3 décembre 1636. — AUBERY, *Mémoires pour l'histoire du cardinal duc de Richelieu*, t. I, p. 787.

[2] Grotius à Oxenstiern, Paris, 26 décembre 1636 et 29 janvier 1637 ; Grotius à Camerarius, Paris, 26 décembre 1636. — *Epist.*, p. 290, 291 et 292 ; *Gazette de France*, extraordinaire du 1ᵉʳ janvier 1637 : *La démarche du duc de Weimar et du général Galas vers la Lorraine* ; RICHELIEU, *Mémoires*, p. 85 ; MONTGLAT, *Mémoires*, t. I, p. 139 ; B. ROSE, *Herzog Bernhard der Grosse von Sachsen-Weimar*, t. II, p. 129 ; COUDRIET et CHATELET, *Histoire de la seigneurie de Jonvelle*, p. 267 ; G. DROYSEN, *Bernhard von Weimar*, t. II, p. 264.

l'entrée de l'armée impériale en France, attendu que le 19 septembre 1636, et non le 19 novembre, comme le dit à tort M. de Piépape, le parlement mandait au procureur général Brun : « Ce nous est un tres sensible contentement d'aprendre la reconciliation de S. A. de Lorraine avec le seigneur comte Galasse, d'autant plus que monsieur le baron de Scey nous escrit qu'elle produira de tres avantageux fruits pour l'advancement des affaires communes 1. » Enfin ce n'est pas Boyvin, c'est Claude de Bauffremont, qui donne sur l'entrevue du 13 septembre les détails auxquels fait allusion l'auteur de l'*Histoire de la réunion de la Franche-Comté à la France*. On lit, en effet, dans une lettre du baron de Scey au parlement : « Sambady, S. A. de Lorraine, M. le comte de Gallas, le prince de Florance, le prince de Bragance, de la maison de Portugal, et quantité d'aultres princes et seigneurs me firent l'honneur de venir disner audict lieu de Scey, où je les receu le mieux qu'il me fust possible; et le tout se passa en sorte que l'intelligence est demeurée tres bonne, que S. A. de Lorraine s'en alla contente, et M. le comte de Gallas aussy. Cette entrevue ne se passa point sans boire plus qu'on ne l'eust pas faict si la compagnie ne l'eust pas bien merité 2. »

Ibid. *Le conseiller Brun à la cour, Gray, 17 septembre 1636.*

M. de Piépape tient décidément à ressusciter Claude Brun.

Page 48. *Le roi Philippe IV envoya deux commissaires en Franche-Comté.*

---

1 La cour à Matherot et à Brun, Dole, 19 septembre 1636. — E. Clerc, *Jean Boyvin*, p. 28.

2 Le baron de Scey à la cour, Scey-sur-Saône, 16 septembre 1636. — Coudriet et Chatelet, *Histoire de la seigneurie de Jonvelle*, p. 557.

Si l'heureux lauréat de l'Académie française veut parler de l'envoi de Sarmiento et de Saavedra, il se trompe, car ce n'est qu'au mois de juin 1638 que ceux-ci « arriverent en mesme temps avec mesme commission, qu'estoit de reservir le Roy precisement de l'estat des affaires de Bourgongne [1]. »

Ibid. *Philippe IV envoya aussi en Franche-Comté le comte de Sallazard, gentilhomme de sa chambre.*

Le roi chargea, en effet, don Philippe de Velasco de passer en Bourgogne, « mais en venant il mourut au port de S. Sebastien [2]. »

Ibid. *Ce prince* (le duc de Lorraine), *exilé et pauvre, accepta la charge de capitaine général au comté de Bourgogne.*

Ici encore, Forget [3] a induit M. de Piépape en erreur : la charge de capitaine général au comté de Bourgogne ne fut pas donnée à Charles IV, mais au marquis de Saint-Martin [4]; ce que le duc obtint au mois d'avril 1637, ce fut « la commission de generalissime, » c'est-à-dire le commandement en chef des troupes réunies dans la province.

Ibid. *A peine rentré à Besançon, il recommença à assiéger de ses poursuites la belle Béatrix de Cusance.*

Le siège mis devant la princesse de Cantecroix vaut presque la *poursuite galante* à la fin de laquelle M. de Piépape montrait naguère Frédéric Barberousse déposant *son cœur amoureux et son épée libératrice* aux pieds de *la beauté qui servit de palme à cette campagne romanesque* (I, 21).

---

[1] GIRARDOT DE NOZEROY, *Histoire de dix ans de la Franche-Comté de Bourgogne*, p. 201.

[2] *Mss. Chifflet*, t. XXXVII, fol. 221.

[3] *Mémoires des guerres de Charles IV*, fol. 174. Cf. D. CALMET, *Histoire ecclésiastique et civile de Lorraine*, t. III, p. 343.

[4] GIRARDOT DE NOZEROY, *op. cit.*, p. 165.

Ibid. *L'infant demanda à Rome un chapeau de cardinal pour l'archevêque de Besançon, successeur de Ferdinand de Rye.*

Ce ne fut pas le cardinal infant, mais le roi d'Espagne, qui promit de rendre à l'archevêque de Césarée « les mesmes offices » qu'il avait chargé son ambassadeur de rendre à Ferdinand de Rye en vue de son élévation au cardinalat. La mort de François de Rye, survenue quelques mois seulement après celle de son oncle, ne laissa probablement pas à Philippe IV le temps de faire les démarches annoncées.

Ibid. *Les défenseurs de Dole obtinrent les droits et prérogatives attachés aux seigneurs espagnols.*

L'inventeur de la *hallebarde à rouet* pourrait-il dire en quoi consistaient les droits et prérogatives dont il parle? S'il avait lu plus attentivement les instructions du 5 décembre 1636, il aurait évité cette ridicule assimilation des défenseurs de Dole aux grands d'Espagne, puisque la lettre royale porte seulement concession « aux naturels du conté de Bourgogne qui ont contribué tout leur possible tant pour la deffence de la ville de Dole que au dedans pour la conservation de cette place.... des droits dont jouissent les naturels en tous mes royaulmes et seigneuries en Espaigne [1]. »

Ibid. *M. Pingaud, Etude sur Béatrix de Cusance (Mém. de l'Acad. de Besançon).*

Le travail dont il s'agit n'a pas paru dans le Bulletin de l'Académie de Besançon, mais dans les Mémoires de la Société d'émulation du Doubs, ainsi que dans le Bulletin de la Société d'agriculture, sciences et arts de Poligny.

---

[1] DE PIÉPAPE, *Recherches historiques sur la ville de Dole*, p. 407; A. DUBOIS DE JANCIGNY, *Recueil de chartes et autres documents pour servir à l'histoire de la Franche-Comté*, p. 206.

Page 49. *On n'avait fait épouser le prince de Cantecroix à Béatrix que pour la soustraire aux poursuites du duc de Lorraine, qui, dans sa pénurie et dans son exil, n'avait point paru, malgré sa haute naissance, un parti suffisamment avantageux pour elle.*

Cette explication du mariage de Béatrix de Cusance avec le prince de Cantecroix est plaisante. Le souverain de la Lorraine, un trop mince parti pour une des filles du baron de Belvoir ! On croit rêver quand on lit de semblables choses.

La vraie raison de l'opposition de la comtesse de Berghes, c'est que Charles IV était marié ; la retraite de la duchesse Nicole à la cour de France ne porta pas immédiatement son volage époux à protester de la nullité d'une union à laquelle il devait cependant sa couronne ducale, et, d'autre part, la princesse de Phalsbourg avait à cœur de ruiner les espérances qu'il nourrissait en secret, afin d'empêcher, comme M. Pingaud le fait justement observer [1], qu'un divorce impolitique ne rouvrît la question de la succession au trône de Lorraine.

Ibid. *Le régiment de Gomès était logé à la frontière des deux Bourgognes. Quelques troupes du duché se mirent en campagne vers la fin de l'année 1636, pour aller l'enlever. Le colonel Gomès, informé de leur dessein, put les prévenir aux environs de Bletterans, etc.*

Dom Calmet [2], à qui est emprunté textuellement le récit de la rencontre dans laquelle le chevalier de Clinchamp et le colonel Gomez trouvèrent la mort, se garde de placer cet engagement vers la fin de l'année 1636. Cette nouvelle erreur appartient donc en propre à l'heureux lauréat de l'Aca-

---

[1] *Béatrix de Cusance, princesse de Cantecroix*, dans les *Mémoires* de la Société d'émulation du Doubs, année 1875, p. 252.
[2] *Histoire ecclésiastique et civile de Lorraine*, t. III, p. 343.

démie française : le combat de cavalerie qu'il raconte n'est autre que le combat du 1ᵉʳ avril 1637 ; il ne fut pas livré aux environs de Bletterans, mais aux environs de Beaufort ; on le désigne généralement sous le nom de combat de Rotalier [1]. Notons encore que les quelques troupes du duché étaient, au rapport des historiens français, « trois cens maistres des trouppes de Normandie, cent autres du régiment liégeois de la Bloquerie, cinquante carabins et cent mousquetaires [2], » détachés de l'armée du duc de Longueville.

Page 50. *L'avantage de l'engagement demeura aux troupes duchoises.*

On étonnerait évidemment M. de Piépape, si on lui apprenait que ces troupes faisaient partie de l'armée qui pénétra en Franche-Comté au mois de mars 1637. Après cela, il nous renverrait peut-être aux *Mémoires de Forget (1639).*

Ibid. « *Les Français, dit Boyvin à la cour en lui remettant ses pouvoirs, n'ont rien occupé au comté de Bourgogne qu'ils n'aient été contraints d'abandonner bientôt.* » *Lettre de Boyvin, Dole, 30 novembre 1636.*

La phrase que l'auteur de l'*Histoire de la réunion de la Franche-Comté à la France* donne comme tirée d'une lettre du 30 novembre 1636, ne se trouve point dans cette dépêche, mais dans un mémoire du 15 février 1637, destiné au cardinal infant [3]. Quant aux pouvoirs de Boyvin, c'est sans doute une nouvelle allusion à la délégation dont M. de Piépape l'a précédemment investi.

---

[1] Boyvin à Chifflet, Dole, 3 et 11 avril 1636. — *Mss. Chifflet*, t. CXXXII, fol. 305 et 306 ; Forget, *Mémoires des guerres de Charles IV*, fol. 169 ; Girardot de Nozeroy, *Histoire de dix ans de la Franche-Comté de Bourgongne*, p. 163 et 171.

[2] *Gazette de France*, extraordinaire du 14 avril 1637.

[3] E. Clerc, *Jean Boyvin*, p. 128.

## CHAPITRE XII

Page 51. *Prise de Saint-Amour (25 mars).*
Au lieu de *25 mars*, lisez : 31 mars.
Ibid. *Combat de Vougeaucourt (19 avril).*
Au lieu de *19 avril*, lisez : 21 juin.
Ibid. *Il (Weimar) prend Baume et Clerval (7 et 8 juillet), puis le château de Montmartin (13 juillet).*
Au lieu de *13 juillet*, lisez : 14 juillet. Après avoir mentionné la prise du château de Montmartin en tête du chapitre, M. de Piépape oublie complètement d'en parler plus loin.
La composition de Baume est du 6 juillet.
Ibid. *Prise de Lons-le-Saunier (25 juillet).*
Au lieu de *25 juillet*, lisez : 25 juin.
Ibid. *Assaut de Bletterans (25 août).*
Au lieu de *25 août*, lisez : 31 août.
Ibid. *Mort du marquis de Conflans (26 octobre).*
Au lieu de *26 octobre*, lisez : 16 octobre. Que penser d'un historien qui, dans le sommaire d'un seul chapitre, commet ainsi erreur sur erreur ?

Page 52. « *Jadis, écrivait un Franc-Comtois à la fin de 1636, nous avons été attaqués par Henri IV ; nous l'avons vu, soutenu et repoussé,* etc. »
Ces lignes n'ont point été écrites à la fin de 1636, car le document duquel elles sont tirées [1] pousse le récit des

[1] *Manifeste au nom des peuples de la Franche-Comté de Bourgongne, de la continuation des hostilités des François et de la résistance y apportée*

malheurs de la guerre de Dix ans jusqu'à la prise de Champlitte par le duc de Longueville (26 août 1638).

Ibid. *Il faut convenir que Boyvin se montre bien indulgent pour Henri IV.*

M. de Piépape, on le voit, tient pour hors de conteste l'opinion qui attribue à Jean Boyvin le *Manifeste* publié par M. l'abbé Suchet et M. le président Clerc ; je ne suis, pour ma part, nullement disposé à voir dans cet écrit la continuation du *Siège de la ville de Dole* [1].

Page 53. *La Comté avait offert aux troupes françaises des quartiers salubres autour des places assiégées et infectées par la peste.*

En analysant le document qu'il attribue à Boyvin, l'auteur de l'*Histoire de la réunion de la Franche-Comté à la France* oublie que ce document est postérieur à l'été de 1638 ; cette distraction lui fait voir des places assiégées à une époque où les Français n'avaient encore mis le siège que devant la ville de Dole.

Ibid. *Il y avait plus d'un an déjà que l'invasion y avait pénétré.*

Sans s'arrêter à la prise de Chavanne, on peut considérer le combat de Cornod comme le point de départ de la campagne de 1637. Comment, du 28 juin 1636, date de l'investissement de Dole, au 13 mars 1637, date de la défaite du marquis de Conflans par le marquis de Thianges, l'inven-

---

depuis la levée du siège de Dole. — L'abbé Suchet, *Mémoire sur les guerres de Franche-Comté : campagnes de 1637 et 1638*, dans les *Annales franc-comtoises*, t. V, p. 418-445 ; E. Clerc, *Histoire des états généraux et des libertés publiques en Franche-Comté*, dans les *Mémoires* de la Société d'émulation du Jura, année 1880, p. 172-209.

[1] Cf. C. Bailly, *Considérations sur l'histoire du comté de Bourgogne, de 1595 à 1674*, dans le *Bulletin* de la Société d'agriculture, sciences et arts de Poligny, année 1880, p. 337.

teur de la *hallebarde à rouet* trouve-t-il qu'il s'était écoulé plus d'un an?

Ibid. *On reconnait.... le noble orgueil de l'infatigable organisateur qui n'avait qu'une seule pensée, la défense de son pays.*

Loin de moi l'idée de méconnaitre la sincérité du patriotisme de Boyvin. Je me permettrai toutefois de faire observer que la défense du pays ne fut pas l'unique pensée du grand parlementaire : profondément imbu des maximes du corps auquel il appartenait, il ne perdit jamais de vue les occasions d'accroître le pouvoir du parlement au détriment des autorités de la province; après le marquis de Conflans, le marquis de Saint-Martin fit l'épreuve de son opiniâtreté à empiéter sur le « gouvernement des armes; » toute résistance aux mesures dictées par « l'auguste Sénat de Dole » lui parut trahison, et Brun n'eut pas d'auxiliaire plus déterminé dans la guerre implacable qu'il fit à Girardot de Nozeroy [1].

Page 54. *La défense du pays avait à peine 5 à 6,000 hommes à son service, si l'on en juge par un mémoire que le vice-président de la cour de Dole adressa à l'infant, au commencement de l'année 1637.*

La Franche-Comté comptait, au commencement de l'année 1637, plus de 6,000 défenseurs, attendu qu'elle disposait de l'armée de Gallas et des troupes du duc de Lorraine, en sus de la cavalerie et de l'infanterie portées dans le mémoire que le parlement adressa au cardinal infant.

Ibid. *La cour fit ainsi envoyer à Lons-le-Saunier le plomb enlevé de la tour de Nozeroy.*

On songea, en effet, à découvrir la grosse tour du château

[1] Cf. C. BAILLE, *op. cit.*, p. 324.

de Nozeroy pour se procurer du plomb, mais, sur la réclamation des officiers du comte de Nassau, la cour abandonna ce dessein : « A nostre advis, écrivit-elle, il vaudra mieux chercher du plomb par tous autres moyens [1]. »

Ibid. *Dans le mémoire adressé à l'infant, Boyvin faisait sentir au gouvernement des Pays-Bas que la subsistance des troupes étrangères ne pourrait être assurée pour tout l'hiver.*

Le parlement demandait, au contraire, qu'on laissât dans la province, conformément aux ordres du roi de Hongrie, « six mille estrangers tant de l'armée royale que de l'imperiale [2]. »

Page 55. *Parmi les troupes auxiliaires, depuis cinq longs mois la Franche-Comté nourrissait celles de Gallas, c'est-à-dire au moins 30,000 hommes, sans compter celles du duc de Lorraine : ces deux armées réunies présentaient un effectif de plus de 50,000 chevaux.*

L'heureux lauréat de l'Académie française n'a nullement conscience de la portée de ce qu'il écrit, car il me répugne d'admettre que les hypothèses les plus invraisemblables lui paraissent toutes naturelles. Un effectif de plus de 50.000 chevaux! Mais le général qui aurait disposé d'une cavalerie aussi nombreuse eût pu renouveler l'invasion d'Attila; rien n'eût arrêté sa marche à une époque où les armées les plus considérables ne dépassaient guère le chiffre de 30,000

---

[1] La cour au marquis de Conflans, Dole, 22 janvier 1637. — *Corr. du parlement*, Arch. du Doubs, B. 211. — Cf. La cour à Chauconnert, Dole, 16 janvier 1637 ; les officiers du comte de Nassau à la cour, Nozeroy, 19 janvier 1637 ; officiers du comte de Nassau au marquis de Conflans, Nozeroy, 19 janvier 1637. — *Ibid.*, Arch. du Doubs, B. 210.

[2] E. Clerc, *Jean Boyvin*, p. 131.

combattants [1], et, si Gallas avait eu seulement 50,000 chevaux, il lui eût été facile de ravager la plus grande partie de la France.

La bévue de M. de Piépape vient de ce qu'il a lu avec sa précipitation habituelle le mémoire adressé par la cour de Dole au cardinal infant, le 15 janvier 1637. Dans ce mémoire, le parlement, exposant les charges qui pesaient sur la province, mentionnait la « suite incroiable de bagage » des armées étrangères « qui, disait-il, a surpassé.... plus de cinquante mille chevaux [2]. » Si exagéré qu'il paraisse, ce chiffre de cinquante mille chevaux ne doit donc s'entendre que des chevaux que le pays eut à nourrir, et il faut toute l'étourderie de l'inventeur de la *hallebarde à rouet* pour en faire un effectif, c'est-à-dire une troupe, de plus de 50,000 cavaliers. Giraidot de Nozeroy dit que la cavalerie de Gallas « estoit de dix à douze mille chevaux [3]. »

*Ibid. Les troupes lorraines arrivées à la fin comprenaient 3,500 chevaux et une infanterie qui appartenait en propre à Charles IV. Il reçut en outre 4,500 hommes de renfort.*

Il s'en fallait du tout au tout que le duc de Lorraine eût des forces aussi considérables : au mois de juin 1637, son infanterie n'était que de 1,260 hommes, et sa cavalerie, de 1,800 chevaux [4].

J'ignore ce que M. de Piépape entend par ce renfort de 4,500 hommes, à moins qu'il ne s'agisse des troupes royales et impériales laissées sous les ordres du marquis de Torrecusa et du baron de Furnimont.

---

[1] Cf. B. Rose. *Herzog Bernhard der Grosse von Sachsen-Weimar*, t. II, p. 198; La Valette, *Mémoires*, t. I, p. 166.
[2] E. Clerc, *Jean Boyvin*, p. 128.
[3] *Histoire de dix ans de la Franche-Comté de Bourgongne*, p. 152.
[4] Coudriet et Chatelet, *Histoire de la seigneurie de Jonvelle*, p. 572.

*Ibid. Le duc de Lorraine, qui ne doutait jamais de rien, se faisait fort, avec cette petite armée, « de tailler l'ennemi en pièces. »*

Si Charles IV ne doutait jamais de rien, il faut avouer qu'il ressemblait à l'auteur de l'*Histoire de la réunion de la Franche-Comté à la France*. Quelle fatalité pousse celui-ci à toujours prendre le contre-pied de la vérité?

Le duc de Lorraine ne se faisait pas fort de tailler en pièces l'ennemi, c'est-à-dire les Français; il offrait seulement de charger les troupes impériales, dont les désordres alarmaient le parlement. « S. A. de Lorraine, écrivaient deux conseillers, nous a fait entendre fort ouvertement que s'il estoit besoing il y accourroit avec ses trouppes et les tailleroit en pieces, mais nous apprehendons grandement la suyte de cela,.... car la deffaite des trouppes de S. M. Imper. par les nostres propres pourroit attirer l'ennemy [1]. »

*Ibid. On réunit les états à Dole. Il y fut résolu qu'on prendrait partout l'offensive.*

Faut-il rappeler que pendant vingt-un ans, de 1633 à 1654, les états ne furent pas convoqués? Les neuf députés des états, que M. de Piépape confond ici avec les états, s'assemblèrent à Dole le 15 février 1637, mais le recès de cette assemblée ne garde nulle trace de la résolution de prendre partout l'offensive [2] : ce fut au mois de juin que les députés des états représentèrent au marquis de Saint-Martin la nécessité de jeter sur le territoire français les troupes réunies dans la province [3].

---

[1] Buson et Lampinet à la cour, Besançon, 5 février 1637. — *Corr. du parlement*, Arch. du Doubs, B. 212.

[2] A. DE TROYES, *Recès des états de la Franche-Comté de Bourgogne*, t. III, p. 90; E. CLERC, *Histoire des états généraux et des libertés publiques en Franche-Comté*, t. II, p. 58.

[3] E. CLERC, *op. cit.*, t. II, p. 67.

Ibid. *Dès le 4 janvier, les troupes de Gallas, pensant se dédommager de leur échec devant Saint-Jean-de-Losne, étaient venues faire le siège d'Héricourt.*

Ce ne furent pas les troupes de Gallas, mais seulement « trois à quatre mille hommes de pied tirez de tous les corps d'infanterie qui estoient en l'armée de Galas, et huit cent chevaux » qui assiégèrent Héricourt. Le siège ne commença pas le 4 janvier, puisque les Impériaux « arriv devant Ericourt le premier de l'an » et « le lendemain du courant, dès la pointe du jour,.... batirent la muraille de la ville [1]. »

Ibid. *Gallas se retira avec des pertes sérieuses, et si précipitamment, que le comte de Grancey, nouveau gouverneur de Montbéliard, accouru dès le lendemain, ne put parvenir à lui couper la retraite.*

Gallas n'était pas devant Héricourt : les troupes qui assiégèrent cette ville étaient sous les ordres de Suyz et de Mercy. D'un autre côté, quoi qu'en ait dit Charles du Vernoy [2], les généraux impériaux ne s'enfuirent pas précipitamment ; ils se retirèrent à Granges, où, « le vingt-septiesme, ils separerent leurs troupes ; le baron de Suits prist le chemin d'Allemagne pour aller joindre l'armée de Galas, et le colonel Merci retourna dans la Franche-Comté auprès du duc Charles [3]. »

---

[1] *Gazette de France*, extraordinaire du 26 janvier 1637 : *La défaite de quatre à cinq cens Impériaux devant Ericourt, par le baron de Dannevoux.* Cf. Du Vernoy, *Véritable description du siège d'Héricourt*, dans les *Mémoires* de la Société d'émulation de Montbéliard, année 1856, p. 103 ; Bois de Chesne, *Recueil memorable*, p. 143 ; Richelieu, *Mémoires*, p. 130.

[2] *Véritable description du siège d'Héricourt*, p. 111.

[3] *Gazette de France*, extraordinaire du 19 février 1637 : *Le siège levé honteusement par les trouppes de l'Empereur devant Ericour.* Cf. Richelieu, *Mémoires*, p 131 ; Bernard, *Histoire du roy Louis XIII*, t. II, p. 372.

Ibid. *Le général allemand repassa le Rhin, laissant en Franche-Comté quelques bonnes troupes d'infanterie et de cavalerie, sous le commandement du baron de Suys et du colonel Mercy.*

Gallas n'avait pas attendu la levée du siège d'Héricourt pour repasser le Rhin [1]. Les troupes qu'il laissa en Franche-Comté n'étaient pas sous les ordres de Suyz et de Mercy; le commandement fut partagé entre le baron de Furnimont et le marquis de Torrecusa [2].

Ibid. *L'empereur venait de mourir à Vienne, le 14 février.*

Le 14 février? non, mais le 15 [3].

Page 56. *Le marquis de Saint-Martin occupa le pont de Vougeaucourt pour rester maître de la vallée du Doubs.*

Le récit de M. de Piépape anticipe sur les événements. Ce ne fut qu'au mois de juin que « le marquis avec quelque cavalerie et mille hommes de pied commandez par Meers, forcea le pont de Vougeaucourt [4]. »

Ibid. *Puis il réunit la cavalerie comtoise sur la Saône et l'Ognon, prêt à la faire descendre au bailliage d'Aval.*

[1] De Raincourt à la cour, l'Isle-sur-le-Doubs, 18 janvier 1637. — *Corr. du parlement*, Arch. du Doubs, B. 210. Cf. *Gazette de France* des 7 et 14 février 1637.

[2] Les barons de Scey et de Voisey à la cour, Charicz, 16 janvier 1637. — *Corr. du parlement*, Arch. du Doubs, B. 210. Cf. La cour au marquis de Torrecusa, Dole, 15 mars 1637; la cour au baron de Furnimont, Dole, 15 mars 1637; le marquis de Torrecusa à la cour, Luxeuil, 19 mars 1637; le baron de Furnimont à la cour, Amance, 19 mars 1637. — *Ibid.*, Arch. du Doubs, B. 215.

[3] E. CHARVÉRIAT, *Histoire de la guerre de Trente ans*, t. II, p. 369.

[4] GIRARDOT DE NOZEROY, *Histoire de dix ans de la Franche-Comté de Bourgongne*, p. 172. Cf. *Gazette de France* du 11 juillet 1637; FORGET, *Mémoires des guerres de Charles IV*, fol. 178; *Relation extraite des archives des états*, dans les *Mémoires de la Société d'émulation du Jura*, année 1880, p. 138.

*Il,* d'après le créateur du *roman de geste,* c'est le marquis de Saint-Martin. Erreur : il s'agit ici du marquis de Conflans, qui, pendant que Gallas pénétrait en France, « avoit fait bonne cavalerie qui estoit logée en divers quartiers sur la Saône et l'Oignon. » M. de Piépape, qui fait assembler ces troupes au bailliage d'Amont après la retraite de l'armée impériale, ne sait donc pas qu'à son retour en Franche-Comté, « la cavalerie de Gallasse.... trouvant la cavalerie de Bourgongne esparse en ses quartiers, la poussa comme si elle eust esté ennemye » et que le marquis de Conflans fut obligé « de la mener en desordre comme il put au bailliage d'Aval [1] ? »

*Ibid. On négligea de faire garder ses quartiers avec de l'infanterie. Aussi le poste de Courlaoux fut-il enlevé par un parti français.*

Mentionner l'enlèvement du poste de Courlaoux au cours des opérations militaires de la campagne de 1637 est une nouvelle distraction de l'heureux lauréat de l'Académie française : Courlaoux fut surpris dans la nuit du 13 décembre 1636 [2].

*Ibid. Le marquis de Saint-Martin alla rejoindre la cour de Dole à Lons-le-Saunier, où elle était venue, soit pour mieux s'abriter, soit pour mieux surveiller la frontière de Bresse.*

Le marquis de Conflans, que l'auteur de l'*Histoire de la réunion de la Franche-Comté à la France* continue à prendre pour le marquis de Saint-Martin, ne vint pas rejoindre la cour de Dole à Lons-le-Saunier, attendu que, malgré la dispersion de ses membres, le parlement restait à Dole. Que serait venue faire la cour à Lons-le-Saunier?

---

[1] GIRARDOT DE NOZEROY, *op. cit.*, p. 152.
[2] *Gazette de France* du 27 décembre 1636.

Surveiller les mouvements de l'ennemi, passe ; mais s'abriter dans une ville qui « pouvoit estre surprise et forcée sans canon et estoit assise à une lieue de France ! » Cette translation du parlement à Lons-le-Saunier n'est pas la moins amusante des méprises de M. de Piépape, car elle repose sur cette phrase de Girardot de Nozeroy : « Je fus visitter le marquis à Lons-le-Sonnier où estoit le quartier de la cour [1]. » Profitons de l'occasion pour apprendre à l'heureux lauréat de l'Académie française que, dans le langage militaire du temps, quartier de la cour, *cuartel de la corte*, est synonyme de quartier général.

Ibid. *Le marquis de Thianges, gouverneur de Bresse, avait donné le signal.... Le 1er janvier, il avait pris Chavannes sur le Suran.*

Le marquis de Thianges n'était pas gouverneur de Bresse, mais « lieutenant du Roy » en Bresse [2] ; le gouverneur de cette province était le prince de Condé. Malgré l'assertion de Richelieu [3], la surprise de Chavannes n'eut pas lieu le 1er janvier, mais le 2 [4].

Ibid. *Le comte de Bussolin n'avait à sa disposition que 200 hommes de pied et une compagnie de cavalerie.*

C'est une erreur. Le comte de Bussolin avait « mille hommes de pied, trois cent chevaux legers et trois cent dragons [5]. »

---

1 *Histoire de dix ans de la Franche-Comté de Bourgongne*, p. 153.
2 Guichenon, *Histoire de Bresse et de Bugey*, t. III, p. 303.
3 *Mémoires*, p. 131.
4 *Gazette de France*, extraordinaire du 22 janvier 1637 : *Particularitez de la prise de Chavanes, ville de la Franche-Comté, par le sieur de Thianges* ; *Mercure françois*, t. XXII, p. 95 ; Girardot de Nozeroy, op. cit., p. 154 ; J.-B. Perrin, *Notes historiques sur la ville de Lons-le-Saunier*. p. 61.
5 Brun à la cour, Lons-le-Saunier, 5 février 1637. — *Corr. du parlement*, Arch. du Doubs, B. 212.

Page 57. *Thianges prévint l'attaque et incendia Oyonnax le 3 février.*

Ce ne furent pas les Français, mais les Comtois, qui brûlèrent Oyonnax. « Nonobstant touts mes soings et de mes officiers, écrivait le comte de Bussolin, l'on a mis le feu aux quatres coings et au milieu…. J'ay, ajoutait-il, faict publiquement harquebuser deux soldatz qui avoit mis le feu dans Oyona. Je suis hors de moy de ne pouvoir empescher ce desordre [1]. »

Ibid. « *Je vous répète, écrivait-il* (le marquis de Conflans), *qu'il sera des plus utile que j'entre en Bresse et que j'y entraine les Allemands.* »

Le marquis de Conflans ne demandait point à jeter sur la Bresse *les Allemands*, c'est-à-dire les troupes impériales demeurées en Franche-Comté; il insistait seulement pour avoir Mercy, qui, disait-il, « est tout autre que les chefs allemands, qu'il se sçait faire obeyr [2], » et « mille Allemands des trouppes du marquis de Terracuse soub la charge du coronel Solis qui tient un peu du Bourguignon [3]. »

Ibid. *Son ambition était d'entrer à Bourg pour la semaine sainte.*

M. de Piépape prête au marquis de Conflans la présomption du procureur général qui, en sollicitant des renforts, écrivait : « Si cela nous arrive deans douze ou quinze jours et que les troupes ennemies ne grossissent guerres davantage,

---

[1] Le comte de Bussolin à Brun, Martigna, 3 février 1637. — *Corr. du parlement*, Arch. du Doubs, B. 212.

[2] Brun à la cour, Lons-le-Saunier, 4 mars 1637. Cf. Le marquis de Conflans à la cour, Lons-le-Saunier, 5 mars 1637. — *Corr. du parlement*, Arch. du Doubs, B. 214.

[3] Le marquis de Conflans à la cour, Lons-le-Saunier, 14 février 1637. — *Corr. du parlement*, Arch. du Doubs, B. 212.

je tiens pour asseuré que nous serons dans Bourg avant la sepmaine saincte 1. »

Ibid. *Lettre du conseiller Brun, Lons-le-Saunier, 28 février 1637.*

Lisez : Lettre du procureur général Brun. Le conseiller Brun était mort le 13 janvier 1621 [2].

Ibid. *Il (le marquis de Conflans) alla attaquer Cuiseaux au commencement de mars. Il y enleva 300 Français et 200 chevaux, avec des vivres pour trois mois. Dans cette affaire, il resta dix heures à cheval.*

Cuiseaux ne tomba pas au pouvoir des Franc-Comtois au commencement de mars, mais à la fin de janvier [3].

Quelle n'est pas cependant la légèreté de M. de Piépape pour que les troupes logées à Cuiseaux après la prise de cette « villette [4] » deviennent sous sa plume *300 Français et 200 chevaux?* Ici encore, il faut citer le document qu'a trop vite lu l'heureux lauréat de l'Académie française : « Par ce moyen, disait le procureur général en annonçant au parlement la reddition de Cuiseaux, la province est deschargée de deux cent chevaux et trois cent hommes de pied à present logés audict Cuseau, où elles ont de quoy vivre et s'entretenir pour plus de trois mois.... Monsieur le marquis de Conflans a demeuré vingt-huict heures à cheval et le reste de la cavalerie trente-huict [5]. »

---

[1] Brun à la cour, Lons-le-Saunier, 28 février 1637. — *Corr. du parlement*, Arch. du Doubs, B. 213.

[2] B. PROST, *Journal de Guillaume Durand, chirurgien à Poligny, de 1610 à 1623*, dans le *Bulletin* de la Société d'agriculture, sciences et arts de Poligny, année 1881, p. 225.

[3] Boyvin à Chifflet, Dole, 31 janvier 1637. — *Mss. Chifflet*, t. CXXXII, fol. 299; GIRARDOT DE NOZEROY, *Histoire de dix ans de la Franche-Comté de Bourgongne*, p. 154.

[4] *Gazette de France* du 14 février 1637.

[5] Brun à la cour, Lons-le-Saunier, 23 janvier 1637. — *Corr. du parlement*, Arch. du Doubs, B. 211. Cf. FORGET, *Mémoires des guerres de*

Page 58. *Il y avait.... un château fort nommé Arbent ; les troupes bressannes l'occupaient et il parut gênant au marquis de Saint-Martin.*

Lisez : au marquis de Conflans.

Ibid. *Son lieutenant, M. de Champagne, alla par son ordre le faire sommer (le 9 février 1637).*

M. de Piépape confond la prise du château d'Arbent avec la capitulation du château de Savigny-en-Revermont. Celui-ci se rendit, en effet, le 9 février [1], mais Arbent avait été emporté au mois de janvier ; cent quarante personnes avaient péri dans les flammes, « et le curé mesme du lieu [2]. »

Ibid. *Le comte de Bussolin fait arquebuser les défenseurs d'Arbent et exposer avec des écriteaux les cadavres des soldats bressans tombés sous le feu.*

L'étourderie de M. de Piépape lui fait prendre les rigueurs de la discipline pour une lâche et cruelle vengeance. On lit dans le *Manifeste* attribué par l'heureux lauréat de l'Académie française à Boyvin que la vue du tambour blessé par les défenseurs d'Arbent « porta les soldats à un tel exces de fureur que, sans aultre ordre, ils donnerent dans les barricades qui estoient à l'entrée du bourg, les gaignerent en un instant, l'espée à la main, et, avant que pouvoir estre ralliez soub leurs drappeaux, mirent le feug en divers logements. Quatre furent arquebusez sur le rang par ordre du conte de

---

*Charles IV*, fol. 151 ; *Manifeste au nom des peuples de la Franche-Comté de Bourgongne*, dans les *Mémoires* de la Société d'émulation du Jura, année 1880, p. 177.

[1] Le marquis de Conflans à la cour, Lons-le-Saunier, 9 février 1637 ; Articles accordés au sieur de Grosbois, commandant du château de Savigny, Savigny, 9 février 1637. — *Corr. du parlement*, Arch. du Doubs, B. 212.

[2] Brun à la cour, Lons-le-Saunier, 23 janvier 1637. — *Corr. du parlement*, Arch. du Doubs, B. 211.

Bussolin qui commendoit ceste attaque, et leurs corps exposez au passage du reste des trouppes avec les escriteaux de leurs crimes [1]. » Ce sont les incendiaires punis par le comte de Bussolin que M. de Piépape transforme en soldats bressans, avec la même assurance qu'il met à qualifier pompeusement de *hérauts* les tambours qui sommèrent Arbent.

Page 59. *Tel fut le combat d'Arbent.*

Ce récit des opérations militaires du marquis de Conflans demande à être complété par la mention de la tentative faite par les Français pour reprendre Martigna [2]. D'où vient que l'auteur de l'*Histoire de la réunion de la Franche-Comté à la France* ne juge pas non plus à propos de mentionner la prise de Dortans [3], de Joudes [4] et de Savigny [5] ?

Ibid. *Le marquis de Conflans partit donc de Lons-le-Saunier, sur l'ordre de la cour, avec 1,500 hommes, 600 chevaux et quelques canons.*

Ces chiffres sont empruntés à Girardot de Nozeroy. Peut-être la cavalerie comptait-elle plus de six cents maîtres. Quant aux canons dont parle M. de Piépape, il faut croire

---

[1] *Manifeste au nom des peuples de la Franche-Comté de Bourgongne*, p. 179.

[2] *Gazette de France* du 21 février 1637; *Manifeste au nom des peuples de la Franche-Comté de Bourgongne*, p. 178; GIRARDOT DE NOZEROY, *Histoire de dix ans de la Franche-Comté de Bourgongne*, p. 155. Cf. Duprel au comte de Bussolin, Martigna, 9 février 1637; Duprel au marquis de Conflans, Martigna, 9 février 1637; Brun à la cour, Salins, 14 février 1637; le marquis de Conflans à la cour, Lons-le-Saunier, 14 février 1637. — *Corr. du parlement*, Arch. du Doubs, B. 212.

[3] *Manifeste au nom des peuples de la Franche-Comté de Bourgongne*, p. 177; GIRARDOT DE NOZEROY, *op. cit.*, p. 154.

[4] Brun à la cour, Lons-le-Saunier, 29 janvier 1637. — *Corr. du parlement*, Arch. du Doubs, B. 211.

[5] *Manifeste au nom des peuples de la Franche-Comté de Bourgongne*, p. 178. Cf. Brun à la cour, Lons-le-Saunier, 8 février 1637. — *Corr. du parlement*, Arch. du Doubs, B. 212.

qu'ils proviennent de la multiplication de l'unique pièce d'artillerie, « un quart de canon amené de Salins [1], » que possédait le marquis de Conflans.

Ibid. *Lettres du conseiller Brun, Lons-le-Saunier, 20 et 22 janvier; de Girardot, Salins, 28 janvier 1637.*

Lisez encore : Lettres du procureur général Brun. La lettre de Girardot de Nozeroy n'est pas du 28, mais du 26 janvier [2].

Page 60. *L'aspect des lieux révéla aussitôt au marquis l'impossibilité de faire gravir les pentes à son canon.*

Faire *remonter* les pentes serait plus exact, car, lorsque le marquis de Conflans vit le chemin « difficile et estroit » qui conduisait à Cornod, la petite pièce qu'il trainait « estoit desjà en la descente [3]. »

Ibid. *M. de Thianges et le vicomte d'Arpajon avaient avantageusement posté leurs troupes au-dessus de Cornod, dans une position dominante, mais le passage du cours d'eau fut livré aux Comtois.*

Le vicomte d'Arpajon ne se trouva point au combat de Cornod : le 13 mars 1637, il était à Beaune avec le duc de Longueville [4].

Où M. de Piépape a-t-il pris que le passage de la Valouse fut livré aux Comtois ? La vérité est qu'il ne leur fut pas plus livré que disputé, car, contrairement à ce que l'inventeur de la *hallebarde à rouet* donne à entendre, nos troupes ne trouvèrent pas les Français avantageusement postés ; le 12 mars, le marquis de Thianges était au bourg de Jasseron ;

---

[1] GIRARDOT DE NOZEROY, *Histoire de dix ans de la Franche-Comté de Bourgongne*, p. 157.
[2] *Corr. du parlement*, Arch. du Doubs, B. 211.
[3] GIRARDOT DE NOZEROY, *op. cit.*, p. 157.
[4] *Gazette de France* du 21 mars 1637.

il en partit le lendemain, à deux heures du matin, et arriva dans l'après-midi en vue du château de Cornod [1]. L'erreur de M. de Piépape vient de ce qu'au début de l'action « celuy qui avoit le pont en garde où estoit le passage de l'ennemy l'abandonna sans rendre combat, et comme estranger a esté suspecté d'intelligence [2]; » il ne prend pas garde que, pour l'historien de la guerre de Dix ans, l' « ennemy, » ce n'étaient pas les Comtois, mais les Français.

Ibid. *Les régiments d'Enghien et de Rebecq (3,000 hommes de pied et 3 à 400 chevaux).*

Suivant les relations françaises, le marquis de Thianges n'avait que mille hommes de pied « composez de cinq compagnies du régiment d'Anguyen,.... du régiment entier du baron de Rebé,.... et de neuf compagnies de la milice de Bresse et Bugey [3]. » La cavalerie comptait trois cents maîtres.

Ibid. *Bussolin donne aussitôt l'ordre d'attaquer. Soit timidité, soit jalousie, le comte de Boutavant, qui commande la cavalerie bourguignonne, se refuse à obéir. Un duel s'ensuit entre eux. Troublé par cet incident intempestif, Boutavant néglige de reconnaître l'ennemi, et 80 mousquetaires bressans descendent des hauteurs pour venir surprendre l'infanterie comtoise.*

Telle est la précision de ce récit qu'elle ne laisse aucune place au doute : ordre d'attaquer, refus d'obéir, duel, les divers incidents se précipitent à la façon d'un dénouement

---

[1] *Gazette de France*, extraordinaire du 26 mars 1637 : *La signalée victoire obtenue sur les Comtois par les troupes du Roy, où il est demeuré plus de douze cens des ennemis morts et quatre cens prisonniers.*

[2] GIRARDOT DE NOZEROY, *Histoire de dix ans de la Franche-Comté de Bourgongne*, p. 158.

[3] *Gazette de France*, extraordinaire du 26 mars 1637; *Mercure françois*, t. XXII, p. 95; BERNARD, *Histoire du roy Louis XIII*, t. II, p. 375.

de tragédie. Malheureusement pour le créateur du *roman de geste*, les choses ne se sont point passées ainsi qu'il le raconte. Le comte de Bussolin ne donna pas l'ordre d'attaquer, car le 12 mars l'ennemi n'était point en vue; il fit seulement part au baron de Boutavant de l'ordre de son père, qui était « que sur toutes choses on deut bien faire battre les chemins de tous costez et envoyer petites parties bien avant pour recognoistre l'ennemy 1. » La timidité ne fut pour rien dans la conduite de Boutavant ; il ne refusa point d'attaquer; s'il « repartit vertement » au comte de Bussolin, avec lequel il avait eu précédemment « quelques prises de paroles » à Orgelet, c'est qu'il s'imagina que celui-ci « vouloit luy monstrer sa leçon. » Le duel, que les « principaux officiers » interrompirent, n'eut pas lieu le jour même de la querelle, mais « le lendemain au point du jour. » Enfin le combat ne fut pas « attaché » par une poignée de miliciens bressans, puisque Renaudot confesse que les ponts furent attaqués par deux cents mousquetaires soutenus d'une compagnie de carabins 2.

Notons encore que Marc de Montaign n'était pas *comte de Boutavant*.

Ibid. *M. de Bussolin met pied à terre et combat à la tête de son régiment, la pique à la main, comme un simple homme d'armes, jusqu'à ce que son infanterie soit forcée de guerre lasse.*

Un régiment d'infanterie bourguignonne composé d'*hommes d'armes!* Cela peut aller de pair avec le *sire* de Longueval et le *sire* de la Meilleraie, en attendant la *cotte de mailles* que le marquis de Saint-Martin revêtira au combat de Poligny.

---

1 GIRARDOT DE NOZEROY, *Histoire de dix ans de la Franche-Comté de Bourgongne*, p. 158. Cf. Boyvin à Chifflet, Dole, 3 avril 1637. — *Mss. Chifflet*, t. CXXXII, fol. 306.
2 *Gazette de France*, extraordinaire du 26 mars 1637.

Qu'est-ce que l'heureux lauréat de l'Académie française peut bien entendre par une troupe *forcée de guerre lasse?*

Page 61. *Six cents fantassins comtois avaient été mis hors de combat, d'après Girardot de Nozeroy, le chevalier de Clinchamp avait succombé, MM. de Vannod et de Champagne étaient prisonniers avec 400 hommes.*

Le nombre des fantassins comtois mis hors de combat à Cornod fut plus considérable, d'après Girardot de Nozeroy, que ne le dit M. de Piépape : l'historien de la guerre de Dix ans reconnaît, en effet, qu' « en ce combat moururent de nostre infanterie peu moins de six cens hommes [1]. » Dans une lettre à Jean-Jacques Chifflet, Boyvin parle de quatre cents fantassins et quatre-vingts cavaliers [2]. Pierre de Chissey n'était point au nombre des prisonniers; il fut tué « combattant vaillamment; » l'heureux lauréat de l'Académie française a confondu *Vannod* avec : Reculot. Quant au chevalier de Clinchamp, ce n'est pas la première fois qu'il succombe, et M. de Piépape l'a déjà fait périr vers la fin de l'année 1636 (II, 50); ce qu'il y a de plus singulier, c'est qu'il ne se trouvait pas à la journée de Cornod et ne devait être tué à la tête de son régiment que le 1er avril 1637 [3].

Ibid. *Un ordre mal interprété, l'arrivée tardive d'un renfort de cavalerie, vinrent achever la déroute des Comtois. Toute malheureuse qu'elle fut pour leur cause, l'affaire de Cornod amena cependant le salut de Saint-Claude, les troupes françaises, qui s'avançaient déjà contre*

---

[1] GIRARDOT DE NOZEROY, *Histoire de dix ans de la Franche-Comté de Bourgogne*, p. 159. Cf. La cour au cardinal infant, Dole, 15 mars 1637. — *Corr. du parlement*, Arch. du Doubs, B. 214.

[2] Boyvin à Chifflet, Dole, 3 avril 1637. — *Mss. Chifflet*, t. CXXXII, fol. 306.

[3] GIRARDOT DE NOZEROY, *op. cit.*, p. 163.

cette ville, ayant été rappelées à la nouvelle de l'engagement pour faire tête au marquis.

De quelle cavalerie M. de Piépape veut-il parler? Si c'est de celle de Saint-Germain, il reste à comprendre comment l'arrivée, même tardive, d'un renfort put achever la déroute du marquis de Conflans.

Ce que l'auteur de l'*Histoire de la réunion de la Franche-Comté à la France* dit de la marche des troupes françaises sur Saint-Claude est sans fondement : un détachement français avait, il est vrai, brûlé les Bouchoux dans la nuit du 8 au 9 mars [1]; mais le marquis de Thianges songeait si peu à prendre l'offensive que, pour secourir le château de Cornod, il se hâta d'assembler les garnisons « de Bourg, du chasteau de Treffort, et autres lieux voisins [2]; » ce ne fut qu'après la déroute des troupes comtoises qu'il donna « chaleur au conseil de France pour faire suivre sa victoire [3]. »

Ibid. *On lit dans la correspondance de Boyvin que les Français, à Cornod, égorgèrent de sang-froid MM. de Chissey, de Montaigu, de Balay et de Montagon, après leur avoir promis quartier. Le fait paraît douteux.*

Le fait n'est pas douteux en ce qui concerne le jeune Montaigu, car l'assertion du *Manifeste* [4] est confirmée par Girardot de Nozeroy rapportant qu'il fut « tué à sang froid au camp ennemy, et Boutavant menacé de mesme traitement s'il estoit pry [5]. » Au surplus, le chiffre considérable des

---

[1] Frère Michel à Brun, Saint-Claude, 9 mars 1637. — *Corr. du parlement*, Arch. du Doubs, B. 214.

[2] *Gazette de France*, extraordinaire du 26 mars 1637. Cf. GUICHENON, *Histoire de Bresse et de Bugey*, t. II, p. 46.

[3] GIRARDOT DE NOZEROY, *Histoire de dix ans de la Franche-Comté de Bourgongne*, p. 161.

[4] *Manifeste au nom des peuples de la Franche-Comté de Bourgongne*, p. 180.

[5] GIRARDOT DE NOZEROY, *op. cit.*, p. 159.

morts ne peut s'expliquer que par l'acharnement que les vainqueurs montrèrent à l'endroit des vaincus ; il est plus que probable que les milices de la Bresse, exaspérées par l'incendie de leurs villages, ne se firent aucun scrupule d'achever les blessés de la petite armée comtoise ; un historien contemporain avoue, d'ailleurs, que « les François ne furent occupez pendant deux heures qu'à tuer tous ceux qu'ils voulurent sacrifier à leur colère [1]. »

*Page 62. Ce fut.... le comte de Guébriant qui, arrivant de la Valteline, fit avancer ses troupes de Bourg, pour les joindre à celles du duc de Longueville.*

C'est faire preuve d'une ignorance étrange que de montrer les troupes de la Valteline grossissant l'armée destinée à entrer en Franche-Comté après le désastre de Cornod. Faut-il apprendre à l'heureux lauréat de l'Académie française que ce fut le 1er avril 1637 que le comte de Guébriant reçut l'ordre de passer chez les Grisons [2] ? La jonction des troupes du futur vainqueur de Kempen avec celles du duc de Longueville n'eut lieu qu'à la fin du mois de juin ; le 19 juin, le duc de Rohan passait encore son armée en revue aux environs de Genève [3].

Ibid. « *Le duc de Longueville avait, dit le cardinal de Retz, de la valeur et de la grandeur, et il ne fut jamais*

---

[1] BERNARD, *Histoire du roy Louis XIII*, t. II, p. 375.
[2] Louis XIII au comte de Guébriant, Saint-Germain-en-Laye, 1er avril 1637. — LE LABOUREUR, *Histoire du mareschal de Guébriant*, p. 23. Cf. *Lettres, instructions diplomatiques et papiers d'État du cardinal de Richelieu*, t. V, p. 763 et 1019 ; RICHELIEU, *Mémoires*, p. 135 ; LEVASSOR, *Histoire de Louis XIII*, t. V, p. 314 ; le P. GRIFFET, *Histoire du règne de Louis XIII*, t. III, p. 22.
[3] *Gazette de France* du 4 juillet 1637. Cf. VITTORIO SIRI, *Memorie recondite*, t. VIII, p. 499 ; LEVASSOR, *op. cit.*, t. V, p. 315 ; le P. GRIFFET, *op. cit.*, t. III, p. 26.

qu'un homme médiocre, parce qu'il eut toujours des idées infiniment au-dessous de sa capacité. »

La médiocrité du duc de Longueville tint, au contraire, à ce que ses vues surpassèrent sa capacité. « M' de Longueville, dit le cardinal de Retz, avoit avec le beau nom d'Orléans de la vivacité, de l'agrément, de la dépense, de la libéralité, de la justice, de la valeur, de la grandeur, et il ne fut jamais qu'un homme médiocre parce qu'il eut toujours des idées qui furent infiniment au-dessus de sa capacité [1]. »

*Ibid. Louis XIII dirigea aussi le duc de Rohan sur la Comté, mais Rohan tomba malade et demeura à Genève.*

Bien loin de souhaiter la jonction de Rohan avec Longueville, la cour de France la redoutait. Comment M. de Piépape peut-il ignorer que Louis XIII avait donné l'ordre d'arrêter Rohan et que le prince de Condé « avoit fait faire une embuscade pour l'attraper au sortir de Genève [2] ? » Il était recommandé d'exécuter cet ordre avant que le grand capitaine eût rejoint Longueville, « parce que M' de Longueville le croyant fidele luy communiqueroit tous les desseins qu'il a dans la Franche-Comté dont il pourroit donner advis à certains cantons qui y prennent quelque interest [3]. »

*Ibid. En 1638, il (le duc de Longueville) s'était déjà signalé aux armées d'Italie et d'Allemagne.*

Le duc de Longueville avait assisté au combat du pas de

---

[1] Retz, *Mémoires*, t. I, p. 197.
[2] La duchesse de Rohan à Richelieu, Paris, 25 février 1638. — B. Röse, *Herzog Bernhard der Grosse von Sachsen-Weimar*, t. II, p. 491.
[3] Instruction pour le s' d'Estampes, que le roi veut estre tenue secrete, pour arrester M' le duc de Rohan, Crosne, 29 juin 1637. — ID., *op. cit.*, t. II, p. 396. Cf. G. Droysen, *Bernhard von Weimar*, t. II, p. 278.

Suse [1], mais je ne crois pas qu'en 1638 il eût déjà pris part aux opérations militaires dont l'Allemagne fut le théâtre pendant la guerre de Trente ans [2].

Page 63. *Il tenait ses pouvoirs d'une lettre du cardinal Richelieu.*

Lisez : du cardinal de Richelieu.

Ibid. *Le gouverneur, M. de Goux, manda à Thianges, avec une audace non moins égale, « qu'il le voulait faire écarteler.... (Lettres du capitaine de Saint-Amour, des 25 et 26 mars 1637.) »*

Je n'ai pas trouvé dans la correspondance du parlement l'invraisemblable fanfaronnade que M. de Piépape prête au brave de Goux ; la lettre du 25 mars n'émane pas de ce dernier seul ; elle porte aussi les signatures de Beauregard et de Vieux ; quant à la soi-disant lettre du 26 mars, ce sont des avis sur la marche de l'ennemi [3]. N'y aurait-il pas là quelque nouvelle distraction de l'inventeur de la *hallebarde à rouet* ?

Ibid. *Après six jours d'investissement, M. de Thianges fit brèche aux murailles.*

C'est une erreur. Le marquis de Thianges ne commandait pas les troupes qui assiégèrent Saint-Amour : ce fut le vicomte d'Arpajon qui reçut l'ordre d'emporter cette place ; le duc de Longueville, auquel l'armée obéissait, voulut lui-même « entrer le quatriesme par la bresche [4]. » Saint-

---

[1] Bernard, *Histoire du roy Louis XIII*, t. II, p. 151 ; Bassompierre, *Journal de ma vie*, t. IV, p. 12 ; Baudier, *Histoire du mareschal de Toiras*, p. 110 ; Vittorio Siri, *Memorie recondite*, t. VI, p. 606 ; Levassor, *Histoire de Louis XIII*, t. III, p. 317.

[2] Le P. Anselme, *Histoire généalogique et chronologique de la maison royale de France*, t. I, p. 222.

[3] *Corr. du parlement*, Arch. du Doubs, B. 215.

[4] *Gazette de France*, extraordinaire du 14 avril 1637 : *La prise de*

Amour fut investi le 29 mars et pris d'assaut le 31. L'investissement ne dura donc pas six jours.

Page 64. *De Goux se retira dans le château et refusa de se rendre. Mais il fut tué d'un coup de canon, au moment où il faisait élever derrière la brèche un retranchement intérieur.*

De Goux ne se retira point dans le château; il fut tué sur la brèche de Saint-Amour : l'ennemi, dit Boyvin, « se jetta dans la ville, où noz gens rendirent combat; l'un des filz du sieur de Goux, capitaine d'une compagnie, fut tué avec nombre des siens; le reste se retira dans le chasteau [1]. »

Ibid. *Le château seul tint bon jusqu'à l'arrivée de M. de Conflans, qui n'avait presque plus de troupes avec lui.*

Beauregard, qui commandait le château de Saint-Amour, « donna loisir au mareschal de le secourir [2], » car il ne composa que le 2 avril. Cela ne veut pas dire qu'il tint jusqu'à l'arrivée du marquis de Conflans, ce dernier n'ayant pu venir à son secours [3].

Pourquoi M. de Piépape passe-t-il sous silence la conduite du docteur Chapuis et de la comtesse de Saint-Amour?

Ibid. « *Il faut dresser des statues à ceux qui ont dé-*

la ville et chasteau de S. Amour et de celuy de Lambespin, avec la défaite de quatre régimens et enlèvement d'un quartier de l'ennemi, par le duc de Longueville. Cf. Grotius à Oxenstiern, Paris, 9 avril 1637; Grotius à la reine de Suède, Paris, 10 avril 1637. — *Epist.*, p. 315 et 316; Bernard, *Histoire du roy Louis XIII*, t. II, p. 405.

[1] Boyvin à Chifflet, Dole, 11 avril 1637. — *Mss. Chifflet*, t. CXXXII, fol. 305.

[2] Girardot de Nozeroy, *Histoire de dix ans de la Franche-Comté de Bourgongne*, p. 162.

[3] Corneille Saint-Marc, *Tablettes historiques, biographiques et statistiques de la ville de Saint-Amour*, dans les *Mémoires de la Société d'émulation du Jura*, année 1868, p. 224.

*fendu si courageusement Saint-Amour, »* écrivait M. de Conflans *quelques jours après.*

Ce n'est pas le marquis de Conflans, mais le conseiller Garnier qui écrivait les lignes qui précèdent, le 5 avril 1637 [1]. A cette date le bruit courait à Poligny que les Français venaient d'être chassés de Saint-Amour.

Ibid. *Elle* (la cavalerie lorraine) *chargea le 2 avril la cavalerie française, au moment où celle-ci venait tendre une embuscade à l'infanterie comtoise.*

Qui se douterait que cette charge de la cavalerie lorraine n'est autre qu'une rencontre déjà racontée par M. de Piépape (II, 50) ?

La date indiquée est fausse, car le combat de Rotalier fut livré le 1er avril [2]; le choc fut « rude et y demeurèrent morts le chevalier de Clinchant, vaillant homme, et Gomez espagnol de nation, brave soldat, colonels chacun d'un régiment [3]. » Les deux autres régiments étaient ceux de Vernier et du marquis de Blainville. Le baron de Watteville, qui commandait ces troupes, n'avait point d'infanterie du pays avec lui. Ce qui a causé l'erreur de l'heureux lauréat de l'Académie française, c'est qu'un second engagement eut lieu le lendemain 2 avril, entre les Français et la cavalerie du marquis de Conflans [4].

---

[1] Garnier à la cour, Poligny, 5 avril 1637. Cf. Le baron de Watteville au marquis de Conflans, La Marre, 5 avril 1637. — *Corr. du parlement*, Arch. du Doubs, B. 216.

[2] *Gazette de France*, extraordinaire du 14 avril 1637; *Mercure français*, t. XXII, p. 100; Bazin, *Histoire du roi Louis XIII*, t. II, p. 405.

[3] Girardot de Nozeroy, *Histoire de dix ans de la Franche-Comté de Bourgogne*, p. 163. Cf. Forget, *Mémoires des guerres de Charles IV*, fol. 170.

[4] Le marquis de Conflans à la cour, Château-Châlon, 3 avril 1637. — *Corr. du parlement*, Arch. du Doubs, B. 216. Cf. *Gazette de France*, extraordinaire du 14 avril 1637.

*Ibid. Elle* (la peste) *fit plusieurs milliers de victimes dans la seule ville d'Arbois.... (Le procureur général Brun, lettre du 25 mars.)*

Ce n'est pas Brun, mais Garnier, qui, dans une lettre du 25 mars, montre les deux villes d'Arbois et de Salins « fort desolées par le moyen d'un grand nombre d'habitans que les dernieres pestes ont emporté jusques au nombre de cinq à six mille personnes [1]. »

*Ibid.* « *Les Français ont quantité d'échelles, de pioches et deux pièces de canon. Nous avons cinq cents pas de murs où des échelles de six pieds suffisent.... Nous avons des soldats malades....* » *Lettre du capitaine de Saint-Amour, 21 mars 1637.*

La lettre à laquelle est empruntée cette prétendue citation n'est pas du 21 mars, mais du 15. On y trouve bien mentionnés avec une orthographe fantaisiste « plus de sinc sanpas de murayle que il n'y faut que des echelle de six piez et des bresche partot, des fenestre bien basse et point bouché et quantitez de souldat mallade et mesme monsieur de Gou [2], » mais il n'y est nullement question des échelles, des pioches et du canon des Français.

*Ibid. Le marquis de Conflans à la cour de Dole, 5 avril 1637. V. une lettre des échevins de Poligny du 7 avril. (Corr. du parlement.)*

Il n'y a pas, aux archives du Doubs, de lettre du marquis de Conflans qui porte la date du 5 avril 1637. La soi-disant lettre des échevins de Poligny est du conseiller Garnier [3].

---

[1] Garnier à la cour, Poligny, 25 mars 1637. — *Corr. du parlement*, Arch. du Doubs, B. 215.

[2] Beauregard à Brun, Saint-Amour, 15 mars 1637. — *Corr. du parlement*, Arch. du Doubs, B. 215.

[3] Garnier à la cour, Poligny, 7 avril 1637. — *Corr. du parlement*, Arch. du Doubs, B. 216.

Page 63. *M. de Saint-Martin se posta de sa personne à Vaudrey avec une partie de l'armée.*

Cette assertion est totalement dénuée de preuves. Au bruit de la défaite du baron de Watteville et de la prise de Saint-Amour, le marquis de Saint-Martin quitta Besançon ; « il arriva à Arbois à la nuict [1], » séjourna à Poligny du 8 au 12 avril, « mit bonne garde à Orgelet et de là passa à Clairevaux, » d'où il écrivit au parlement le 13 et le 17 avril ; sa correspondance le montre ensuite à Salins le 19 et le 20, et à Champagnole le 23 et le 27 [2]. On ne voit donc pas à quel moment il eût pu établir son quartier général à Vaudrey.

Ibid. *Il s'occupa de la formation de deux bons corps de cavalerie et d'infanterie, dans lesquels les paysans réunis et armés pussent être encadrés.*

M. de Piépape anticipe de nouveau sur les événements. Ce ne fut qu'au mois de mai que le marquis de Saint-Martin travailla « à former un bon corps de cavallerie bourguignonne, qui soit solide et de durée, et un d'infanterie pareillement, dans lequel les paysans ruynez et armez puissent prendre party et à ce moyen estre hors d'excuse et delogez des bois et passages des grands chemins [3]. »

Il est plaisant de voir les « paysans ruynez » devenir sous la plume de l'heureux lauréat de l'Académie française les *paysans réunis.*

Ibid. *La compagnie du sieur de Ville.... Celle du seigneur de Rohan.*

Au lieu de *Ville,* lisez : Velle. Au lieu de *Rohan,* lisez : Rahon.

---

[1] GIRARDOT DE NOZEROY, *Histoire de dix ans de la Franche-Comté de Bourgogne,* p. 163.

[2] *Corr. du parlement,* Arch. du Doubs, B. 216, 217.

[3] Le marquis de Saint-Martin à la cour, Salins, 24 mai 1637. — *Corr. du parlement,* Arch. du Doubs, B. 218.

Ibid. *Troupes de Lorraine.... Troupes étrangères commandées par le baron de Vatteville, mestre de camp.*

M. de Piépape ne s'aperçoit pas de l'erreur qu'il commet en établissant une distinction entre les troupes lorraines et les troupes étrangères. Dans le document qu'il a eu sous les yeux, l'énumération des troupes de Charles IV se termine justement par ces mots : « Lesd. troupes estrangères commandées par le sieur baron de Vatteville maistre de camp. » Le même document nous apprend que la cavalerie lorraine n'était pas composée de trois régiments, mais de quatre, « sçavoir des regimentz des sieurs de Gomus, marquis de Blainville, Clinchans et Vernier [1]. »

Ibid. *Du marquis de Saint-Martin,.... Grozon, 2 mai.*
Au lieu de *2 mai*, lisez : *12 mai*.

Page 66. *Assis sur une hauteur de difficile accès.... Chevreau possédait une garnison espagnole permanente.*

Richelieu [2] a induit M. de Piépape en erreur : les seules places qui eussent une garnison permanente étaient, avec Dole, Gray et Besançon, Joux, Faucogney, Bletterans, Arguel et Sainte-Anne [3].

Ibid. *Lettre de Poligny à la cour de Dole, 6 avril 1637.*
Lisez : Lettre de Garnier à la cour, Poligny, 6 avril 1637 [4].

Ibid. « *On a fait saisir et arrêter ceux qui ont rendu si lâchement le château de Laubépin. On a trouvé des portes de villes et de châteaux ouvertes en pleine nuit....* » Lettre du marquis de Conflans, Château-Chalon, 3 avril 1637.

---

[1] *Corr. du parlement*, Arch. du Doubs, B. 216.
[2] *Mémoires*, p. 131.
[3] L'archevêque à la cour, Balançon, 22 août 1631. — *Corr. du parlement*, Arch. du Doubs, B. 128.
[4] *Corr. du parlement*, Arch. du Doubs, B. 216.

Cette citation n'est point tirée de la lettre du marquis de Conflans, mais d'une lettre de Garnier [1].

Page 67. *Il (Simard) se cassa la jambe en tombant, et les Français l'achevèrent.*

Pourquoi l'auteur de l'*Histoire de la réunion de la Franche-Comté à la France* tait-il que Jean Simard « fut pendu à une fenestre avec quelques-uns de ses officiers [2] ? » Ainsi le voulaient alors les lois de la guerre et la *Gazette de France* n'avait que faire d'accuser « d'actes execrables » le brave soldat que ses compatriotes louèrent pour « son courage et sa fidelité [3], » car, ainsi que l'écrivait Boyvin, « ce n'est pas le gibet qui rend infame, mais la cause [4]. »

Du récit même de Girardot de Nozeroy, il résulterait que la prise du château de Chevreaux suivit immédiatement celle du château de Laubespin. Cette erreur, reproduite par M. de Piépape, ainsi que par l'auteur du *Dictionnaire des communes du Jura* [5], m'oblige à rappeler que, loin d'avoir succombé au mois d'avril, Chevreaux ne fut pris d'assaut par le vicomte d'Arpajon que le 18 mai 1637, après trois jours d'attaque, et non quatre : « la resolution des assiegez y a paru en ce que la pluspart d'entr'eux se sont faits tuer plus-

---

[1] Garnier à la cour, Clairvaux, 15 avril 1637. — *Corr. du parlement*, Arch. du Doubs, B. 216.

[2] *Gazette de France*, extraordinaire du 29 mai 1637 : *La prise du fort chasteau de Chevreaux, dans la Franche-Comté, par le vicomte d'Arpajoux*.

[3] *Manifeste au nom des peuples de la Franche-Comté de Bourgongne*, p. 181. Cf. Girardot de Nozeroy, *Histoire de dix ans de la Franche-Comté de Bourgongne*, p. 163; *La Franche-Comté au Roy d'Espagne*, dans le *Bulletin de la Société d'agriculture, sciences et arts de Poligny*, année 1868, p. 244.

[4] Boyvin à Chifflet, Dole, 6 juin 1637. — *Mss. Chifflet*, t. CXXXIII, fol. 3.

[5] A. Rousset, *Dictionnaire des communes du Jura*, t. II, p. 113.

tost que de se rendre ¹. » Un contemporain montre les assiégeants ne faisant quartier à personne, « sauf au commandant et ung chapelain » qui furent sacrifiés à la colère de Louis de Séverac après l'assaut : « le premier s'estant voulu sauver fut tué et depuis pendu à une fenestre et le chapelain pendu dans la court ². »

Ibid. *Après avoir donné quelques jours de repos à son armée, Longueville se rejeta dans la montagne. Le 18 avril, il enleva un passage de l'Ain, brûla Charchilla et occupa Moirans.*

On voit que l'heureux lauréat de l'Académie française est persuadé que la prise du château de Chevreaux est antérieure à l'incendie de Moirans.

Ibid. *Pendant le cours de ces opérations, le gouvernement militaire de la province tint un conseil de guerre à Besançon. Le duc Charles y assista*, etc.

Ce conseil de guerre tenu à Besançon est une invention du créateur du *roman de geste*. A la nouvelle des progrès du duc de Longueville, le duc de Lorraine vint trouver le marquis de Saint-Martin à Salins ³; il fit ensuite descendre ses troupes au bailliage d'Aval, et le général français s'étant retiré « contre les montagnes de Mascon, » on délibéra « si on le poursuiveroit.... Tous vouloient qu'on poursuivit pour jeter la guerre sur la Bresse et le gras pays qui est sur la Saone. » Charles IV ne proposa donc point d'*envahir le Bassigny*. Pas davantage Pétrey-Champvans n'opina pour *attaquer Châlon-sur-Saône*, vu qu'il ne prit pas part à cette

---

1 *Gazette de France*, extraordinaire du 29 mai 1637.

2 D'Andelot-Tromarey au magistrat de Champlitte, Gray, 25 mai 1637. (Bibl. de Gray.)

3 Le marquis de Saint-Martin à la cour, Salins, 19 avril 1637. Cf. Garnier à la cour, Champagnole, 22 avril 1637. — *Corr. du parlement*, Arch. du Doubs, B. 217.

délibération : « Au conseil presidoit le duc et n'y entroit que le marquis, le mareschal, le general Mercy et dom Gabriel [1]. » M. de Piépape a confondu le conseil de guerre du mois d'avril avec celui qui se tint à Fraisans le 13 mai 1637.

Ibid. *Les échevins de Poligny à la cour de Dole, 7 avril 1637.*

On ne saurait assez s'étonner de la persistance de M. de Piépape à prendre le conseiller Garnier pour le magistrat de Poligny.

Page 68. *Weimar apparaissait au bailliage d'Amont et le marquis de Grancey à Montbéliard.*

Weimar n'avait pas encore pénétré en Franche-Comté. Le 17 avril, il promettait, il est vrai, d'y entrer « dans la fin du present mois d'avril au plus tard [2], » mais avant le mois de juin les troupes qu'il avait laissées sous le commandement du colonel Ohem ne firent au bailliage d'Amont que des courses sans importance [3].

Jacques Rouxel de Médavy n'était pas marquis, mais comte de Grancey [4].

Ibid. *Le marquis de Conflans alla prendre une position d'expectative sur la Loue. Il fut presque aussitôt rappelé*

---

[1] Girardot de Nozeroy, *Histoire de dix ans de la Franche-Comté de Bourgogne*, p. 166.

[2] Aubery, *Mémoires pour l'histoire du cardinal duc de Richelieu*, t. II, p. 30 ; Dumont, *Corps universel diplomatique du droit des gens*, t. VI, 1ᵉ partie, p. 147 ; B. Rose, *Herzog Bernhard der Grosse von Sachsen-Weimar*, t. II, p. 484.

[3] De Goubelans à la cour, Gray, 23 avril 1637 ; d'Andelot-Tromarey à la cour, Gray, 24 avril 1637. — *Corr. du parlement*, Arch. du Doubs, B. 217 ; *Gazette de France*, extraordinaire du 23 avril 1637 : *La défaite de deux régimens Espagnols par les troupes du duc de Weimar* ; Ibid., extraordinaire du 29 mai 1637 : *La fuite du colonel Merci devant les Suedois, qui lui ont pris trois cens chevaux et son bagage.*

[4] Le P. Anselme, *Histoire généalogique et chronologique de la maison royale de France*, t. VII, p. 568.

*à Besançon pour marcher contre les forces de Weimar et de Grancey. Weimar occupait Champlitte.*

Erreurs grossières. Le marquis de Conflans ne se posta pas sur la Loue; il « se logea au Pin, à une lieue de Lons-le-Saunier [1]; » ce fut le marquis de Saint-Martin qui, à la fin du mois de mai, « se posta à Chay, entre Besançon et Salins, pour secourir s'il estoit assailly et avoir advis de moment à autre de ce qu'entreprendroit Longueville [2]. » Quant à l'occupation de Champlitte au mois d'avril, c'est pure étourderie: le lecteur n'a qu'à passer à la page suivante pour voir que Weimar prit Champlitte le 21 juin.

Ibid. *Charles IV accourut cette fois avec toutes ses forces, les posta à Beaujeu, sur la Saône, entre Dampierre et Gray, puis envoya son régiment de cavalerie liégeoise près de Montbéliard, pour enlever le pont de Vougeaucourt au marquis de Grancey.*

M. de Piépape ignore sans doute que ce fut au conseil de guerre de Fraisans qu' « il fut resolu de diviser l'armée en deux [3]; » son récit devance par conséquent les événements. Charles IV ne posta point plus tard ses forces à Beaujeu; le 19 juin 1637, il ordonna à la cavalerie de s'y rendre, mais l'ordre arriva trop tard, et Mercy envoya son quartier-maitre pour lui faire connaître l'impossibilité où il était d'occuper ce poste; se voyant sans troupes, le prince se retira alors à Choye [4]. Où M. de Piépape a-t-il vu d'ail-

---

[1] GIRARDOT DE NOZEROY, *Histoire de dix ans de la Franche-Comté de Bourgongne*, p. 168.

[2] ID., *op. cit.*, p. 169.

[3] Le marquis de Saint-Martin à la cour, Vaudrey, 14 mai 1637. — *Corr. du parlement*, Arch. du Doubs, B. 218.

[4] FORGET, *Mémoires des guerres de Charles IV*, fol. 179. Cf. D'Andelot-Tromarey au duc de Lorraine, Gray, 21 juin 1637; le duc de Lorraine à Pétrey-Champvans et à Brun, Choye, 21 juin 1637. — *Corr. du parlement*, Arch. du Doubs, B. 219.

leurs que le duc de Lorraine eût un régiment de cavalerie liégeoise ? Ce régiment était celui du marquis de Saint-Martin qui, au mois de juin, le posta « en lieux fermez voisins de Montbeliard [1] » pour occuper le capitaine que l'heureux lauréat de l'Académie française persiste à qualifier de *marquis* de Grancey.

Ibid. *Le 19 avril, environ 1,000 Allemands et Comtois étaient venus tenter un coup de main sur Vougeaucourt.*

Il faudrait écrire : Le 19 avril (v. s.). Les chroniqueurs du comté de Montbéliard ne suivant point la réforme grégorienne, le coup de main dont il s'agit est, en réalité, du 29 avril [2].

Page 69. *Le marquis de Conflans..... enleva le pont de Vougeaucourt, puis amena toute son infanterie à la place d'armes de Beaujeu. Les gens de M. de Grancey, exaspérés, promenèrent tout nu dans Montbéliard un de leurs prisonniers, le sire de Valangin, et le firent bâtonner sans merci, bien qu'il fût blessé d'une mousquetade au ventre.*

On demeure confondu, lorsqu'on voit les erreurs que l'inventeur de la *hallebarde à rouet* accumule dans ce passage.

Quel jour le marquis de Conflans enleva-t-il le pont de Voujaucourt? Le 19 avril 1637, M. de Piépape a pris soin de le dire quelques lignes plus haut. Or, le 19 avril, le marquis de Conflans était à l'autre extrémité de la province; la surprise de Moirans par les troupes du duc de Longue-

---

[1] GIRARDOT DE NOZEROY, *Histoire de dix ans de la Franche-Comté de Bourgogne*, p. 170.
[2] Boyvin à Chifflet, Dole, 2 mai 1637. — *Mss. Chifflet*, t. CXXXIII, fol. 1. Cf. BOIS DE CHESNE, *Recueil memorable*, p. 145; DUVERNOY, *Ephémérides du comté de Montbéliard*, p. 135; E. TUEFFERD, *Histoire des comtes souverains de Montbéliard*, p. 521.

ville l'avait contraint de se retirer à Crilla [1]. M. de Piépape dira-t-il qu'il a pris Jean-Baptiste de la Baume pour Gérard de Watteville ? Peine perdue, car, le 19 avril, le marquis de Saint-Martin était à Salins [2]. En fin de compte, l'auteur de l'*Histoire de la réunion de la Franche-Comté à la France* a confondu l'attaque du mois d'avril 1637, à laquelle ni le marquis de Conflans ni le gouverneur ne prirent part, avec celle qui eut lieu deux mois plus tard : ce fut seulement le 21 juin que le marquis de Saint-Martin « avec quelque cavalerie et mille hommes de pied commandez par Meers força le pont de Vougeaucourt, qui estoit fortiffié aux deux bouts d'ouvrages de terre et gabionné tout du long [3]. »

M. de Piépape n'est pas mieux inspiré, lorsqu'il rapporte que toute l'infanterie fut amenée à la place d'armes de Beaujeu ; aucun des corps qui combattirent à Voujaucourt n'y arriva, car Girardot de Nozeroy, à qui le gouverneur laissa après la prise de Dampierre « la charge de faire suivre les regimens, » nous apprend qu'à peine ceux-ci eurent-ils « marché deux lieues dans le chemin tirant à Beaujeu » qu'il reçut « courriers sur courriers » l'informant de la défaite de la cavalerie de Mercy par Weimar avec ordre de prendre « le droit chemin de Besançon [4]. »

---

[1] Le marquis de Conflans au marquis de Saint-Martin, Crilla, 19 avril 1637. — *Corr. du parlement*, Arch. du Doubs, B. 219.

[2] Le marquis de Saint-Martin à la cour, Salins, 19 avril 1637. — *Corr. du parlement*, Arch. du Doubs, B. 219.

[3] Girardot de Nozeroy, *Histoire de dix ans de la Franche-Comté de Bourgongne*, p. 172. Cf. Forget, *Mémoires des guerres de Charles IV*, fol. 178 ; Bois de Chesne, *Recueil memorable*, p. 146 ; *Gazette de France*, extraordinaire du 31 juillet 1637 : *La retraite du marquis de S. Martin hors du comté de Montbéliard ; Relation extraite des archives des états*, p. 138.

[4] Girardot de Nozeroy, *op. cit.*, p. 172.

Où l'heureux lauréat de l'Académie française donne une preuve palpable de la légèreté avec laquelle il lit les documents qui lui sont fournis, c'est quand il présente les mauvais traitements infligés au *sire* de Valangin comme d'odieuses représailles de l'enlèvement du pont de Voujaucourt par le marquis de Saint-Martin. C'était « l'année precedente » que les Français avaient fait « donner, à chascun coin de rue, cinquante bastonnades » au sieur d'Espigny, après lui avoir couvert « le corps et le visage de franges à guise des Turcs [1]; » l'animosité des gens du comte de la Suze (*M. de Grancey* n'était pas encore gouverneur de Montbéliard) venait de ce qu' « avec quarante hommes seulement, » d'Espigny avait, le 26 août 1636 (v. s.), forcé et emporté le pont de Voujaucourt [2]. L'oubli de M. de Piépape est d'autant plus incompréhensible que la correspondance du parlement renferme un grand nombre de lettres relatives à la captivité du « gentilhomme de Mathay [3]. » Au mois de juin 1637, celui-ci n'était plus entre les mains des ennemis; il avait été « eslargy sans rançon [4]. »

---

[1] *Manifeste au nom des peuples de la Franche-Comté de Bourgongne*, p. 185. Cf. E. CLERC, *Jean Boyvin*, p. 85.

[2] BOIS DE CHESNE, *Recueil memorable*, p. 142; DUVERNOY, *Ephémérides du comté de Montbéliard*, p. 324.

[3] Cf. Le comte de la Suze à M^me de Valangin, Montbéliard, 29 septembre 1636; de Raincourt à la cour, Bremondans, 5 octobre 1636; le lieutenant de Baume à Matherot et à Brun, 5 octobre 1636; M^me de Valangin à la cour, Sancey, 5 octobre 1636, 18 janvier et 16 mars 1637; d'Espigny à la cour, Montbéliard, 19 novembre 1636, 17 janvier 1637; les officiers de la garnison de Montbéliard à la cour, Montbéliard, 19 novembre 1636; le baron d'Annevoux à M^me de Valangin, Montbéliard, 3 décembre 1636; etc. — *Corr. du parlement*, Arch. du Doubs, B. 207, 208, 209, 210.

[4] La cour au marquis de Saint-Martin, Dole, 13 juin 1637. — *Corr. du parlement*, Arch. du Doubs, B. 219.

Ibid. *Il y avait déjà près d'un mois que le duc Bernard de Saxe-Weimar avait pénétré dans le pays par la vallée de la Saône, avec une armée de 20,000 hommes, tant Français que Suédois, 5,000 chevaux et 20 pièces de canon.*

Comment? A la fin d'avril ou au commencement de mai, il y avait près d'un mois que Weimar était entré en Franche-Comté? Mais il n'envahit notre pays qu'au mois de juin [1]! Son armée n'était pas de 20,000 hommes et 5,000 chevaux; après avoir été renforcée des régiments de du Hallier, elle ne se montait guère qu'à 10 ou 12,000 hommes; une dépêche nous apprend que l'infanterie était « chétive, » mais la cavalerie « fort belle [2]. »

Ibid. *Le cardinal de Richelieu le pressait de franchir le Rhin et de se jeter en Allemagne.*

Richelieu laissait, au contraire, Weimar absolument libre d'aller où bon lui semblerait, « *quo ipse expedire judicaverit* [3]. » Il lui recommanda seulement plus tard de reprendre « en passant » la commanderie de la Romagne [4].

Ibid. *Weimar voulait rallier les troupes françaises de M. du Hallier et celles du maréchal de Bellefonds.*

L'heureux lauréat de l'Académie française prend Henri-Robert Gigault, seigneur de Bellefonds, pour son fils. La

---

[1] Grotius à Bielcke, Paris, 24 avril 1637. — *Epist.*, p. 323.
[2] D'Andelot-Tromarey à la cour, Gray, 22 juin 1637. — *Corr. du parlement*, Arch. du Doubs, B. 219. Cf. Grotius à Camerarius, Paris, 26 juin 1637. — *Epist.*, p. 335; Boyvin à Chifflet, Dole, 28 juin 1637. — *Mss. Chifflet*, t. CXXXIII, fol. 5; Sublet de Noyers au cardinal de la Valette, Rueil, 1ᵉʳ juillet 1637. — Aubery, *Mémoires pour l'histoire du cardinal duc de Richelieu*, t. II, p. 50; B. Röse, *Herzog Bernhard der Grosse von Sachsen-Weimar*, t. II, p. 385.
[3] Grotius à Bielcke, à Camerarius et à Salvius, Paris, 7 mai 1637. — *Epist.*, p. 325. Cf. G. Droysen, *Bernhard von Weimar*, t. II, p. 274.
[4] Gaun, *Tagebuch*, fol. 163. (Bibl. de Gotha.) Cf. B. Röse, *Herzog Bernhard der Grosse von Sachsen-Weimar*, t. II, p. 144.

confusion est d'autant plus plaisante que les lettres qui confèrent à ce dernier la dignité de maréchal de France sont du 8 juillet 1668 [1].

Ibid. *A la suite d'un nouveau conseil de guerre tenu à Fraisans, Charles IV fit repasser vers le nord les cavaleries lorraine et allemande, sous la conduite de Mercy, pour les opposer aux Suédois.*

Si le duc de Lorraine avait déjà, comme le prétend M. de Piépape, posté toutes ses forces à *Beaujeu, sur la Saône, entre Dampierre et Gray*, on ne voit pas comment il aurait pu faire repasser une partie de ces forces au bailliage d'Amont [2].

Ibid. *Le 21 juin, Weimar prit la ville et le château de Champlitte.*

Pourquoi M. de Piépape, qui s'arrête parfois à noter des faits aussi insignifiants que la mort du sieur de Salives devant Balançon (II, 24), ne relate-t-il point ici la courageuse défense du château de la Romagne, contre lequel il fallut faire jouer le canon [3] ?

Ibid. *Lettres du marquis de Varambon à la cour, 20 et 21 mars 1637.*

---

[1] Le P. Anselme, *Histoire généalogique et chronologique de la maison royale de France*, t. VII, p. 594.

[2] Cf. Mercy au magistrat de Champlitte, Breurey, 16 juin 1637. (Bibl. de Gray.)

[3] *Gazette de France, extraordinaire* du 30 juin 1637 : *La prise de la Romagne et de Champlitte par le duc de Weimar* ; La Verne à la cour, Dole, 17 juin 1637. — *Corr. du parlement*, Arch. du Doubs, B. 219 ; Grotius à Oxenstiern, Paris, 25 juin 1637 ; Grotius à Bielcke et à Salvius, Paris, 25 juin 1637. — *Epist.*, p. 335 ; Boyvin à Chifflet, Dole, 28 juin 1637. — *Mss. Chifflet*, t. CXXXIII, fol. 5 ; *Mercure françois*, t. XXII, p. 101 ; *Manifeste au nom des peuples de la Franche-Comté de Bourgogne*, p. 182 ; Gaün, *Tagebuch*, fol. 164 ; Forest, *Mémoires des guerres de Charles IV*, fol. 178 ; Richelieu, *Mémoires*, p. 142 ; B. Rose, *op. cit.*, t. II, p. 144.

La lettre du 21 mars 1637 n'est pas du marquis de Varambon, mais du marquis de Ville.

Ibid. *Lettres d'Andelot à la cour, 22 et 23 juin 1637.*

La lettre de d'Andelot-Tromarey du 22 juin 1637 n'est pas adressée à la cour, puisqu'elle commence ainsi : « Monsieur.... 1. »

Ibid. *Weimar écrivit à M. d'Andelot, à Gray.*

Weimar n'écrivit pas à d'Andelot-Tromarey, mais lui fit dire par un trompette qu'il irait bientôt le voir et qu'il lui préparât un festin.

Page 70. *Il (Weimar) resta de sa personne à Champlitte avec ses gros canons et ses réserves et envoya l'un de ses lieutenants contre Ray.*

Les « gros canons » restèrent effectivement à Champlitte, mais Weimar marcha avec ses troupes ; ce fut lui qui, sans marchander, « détacha un escadron de sa cavalerie pour essayer de passer » la Saône ; ce fut encore lui qui, « accompagné du colonel Rose, lieutenant du régiment de ses gardes, » reconnut le gué « proche de Ray 2. »

Tout le récit du combat de Ray est d'ailleurs aussi peu conforme à la vérité que celui du combat de Cornod.

Ibid. *Les Lorrains, en se retirant sur Frasne-le-Chatel, se trouvèrent pressés dans la petite vallée de la Romaine, long défilé où, faute de route, ils ne pouvaient passer que quatre de front.*

---

1 *Corr. du parlement*, Arch. du Doubs, B. 219.

2 *Gazette de France*, extraordinaire du 7 juillet 1637 : *La défaite de 17 régimens de cavalerie du duc Charles, avec la prise de la ville de Gys, par le duc de Weimar, ensemble la liste de la cavalerie du duc Charles dont la plus part a esté défaite.* Cf. GRUN, *Tagebuch*, fol. 165 ; FORGET, *Mémoires de Charles IV*, fol. 182 ; B. RÖSE, *Herzog Bernhard der Grosse von Sachsen-Weimar*, t. II, p. 145 ; G. DROYSEN, *Bernhard von Weimar*, t. II, p. 282.

Il faut croire que son service d'état-major n'a jamais appelé l'heureux lauréat de l'Académie française dans la vallée de la Romaine : écrirait-il sans cela que ce long défilé ne livre passage qu'à quatre chevaux de front ?

M. de Piépape confond la Romaine avec un de ses affluents : l'étroit passage dont parle d'Andelot-Tromarey existe encore, et il suffit de jeter les yeux sur une carte pour reconnaître le cours d'eau sur les bords duquel la retraite de la cavalerie de Mercy se changea en déroute.

Ibid. *Ils se dérobèrent à la faveur de la nuit, laissant.... 26 étendards, qui furent envoyés au roi Louis XIII.*

La *Gazette de France* dit à ce sujet : « Il n'y a eu que 16 enseignes prises. »

Ibid. *De M. d'Andelot, Gray, 25 juin 1637.*

Au lieu de *25 juin,* lisez : **26** juin.

Page 71. *Mercy était blessé de deux coups de pistolet, le comte de Rupt fait prisonnier, avec deux lieutenants-colonels, 20 capitaines....*

La *Gazette de France* dit encore : « Les prisonniers.... sont le comte de Reux, colonel, deux lieutenants colonels, sçavoir Sivry et Joseph Carré, dix capitaines de cavalerie 1. »

Cornettes perdues ou capitaines prisonniers, quel intérêt l'auteur de l'*Histoire de la réunion de la Franche-Comté à la France* a-t-il à grossir les chiffres donnés par les gaze-

---

1 *Gazette de France,* extraordinaire du 7 juillet 1637. Cf. Sublet de Noyers au cardinal de la Valette, Rueil, 3 juillet 1637. — Aubery, *Mémoires pour l'histoire du cardinal duc de Richelieu,* t. II, p. 53 ; *Mercure françois,* t. XXII, p. 106 ; Gaün, *Tagebuch,* fol. 165 ; Pufendorf, *De rebus Suecicis,* p. 290 ; Loticnius, *Rerum Germanicarum libri,* t. II, p. 455 ; B. Rose, *Herzog Bernhard der Grosse von Sachsen-Weimar,* t. II, p. 145.

tiers français ? Pourquoi, d'autre part, transforme-t-il le comte de Rœux en *comte de Rupt* ?

*Ibid. Dans cette affaire, la noblesse comtoise s'était surpassée en vaillance. Les Allemands s'étaient bien battus aussi; mais il leur avait fallu plier sous le nombre.*

La noblesse comtoise ne parut pas à la journée de Ray ; elle était tout entière avec le marquis de Conflans et le marquis de Saint-Martin, et les troupes que Weimar défit étaient presque exclusivement composées d'étrangers. Pour ce qui est de la bravoure des Allemands, elle n'est rien moins que prouvée, car, sans parler des deux régiments de dragons qui lâchèrent pied devant le feu des canons ennemis, un capitaine bourguignon écrivait le lendemain du combat de Ray : « L'on tient que quelques régiments d'Allemands ayants charge de la retraite, l'ont faicte en fuyant [1]. »

*Ibid. Weimar alla ensuite assiéger le château de Saint-Loup. Après avoir essuyé quelques volées de canon, la garnison se rendit à discrétion le jour même.*

Quelques volées de canon ! Les relations françaises confessent que Weimar fit « battre deux heures durant le chasteau de Saint-Loup [2], » dont la reddition eut lieu, en effet, le jour même (27 juin 1637) ; le commandant que Bernard fit pendre avait montré une telle opiniâtreté que, la brèche faite, il refusait encore de capituler [3]. A quoi M. de Piépape songe-t-il pour oublier la prise de Gy (25 juin 1637) ? Bien que Girardot de Nozeroy se soit mépris sur la durée de la résistance que « la bourgeoisie de

---

[1] De Ronchaud à la Verne, Gray, 23 juin 1637. — *Corr. du parlement*, Arch. du Doubs, B. 219. Cf. Ponsot, *Mémoires des guerres de Charles IV*, fol. 182.

[2] *Gazette de France*, extraordinaire du 7 juillet 1637.

[3] Grün, *Tagebuch*, fol. 166.

cette petite ville, commandée par le sieur de Thoraise [1], s'opposa à Weimar, il n'en est pas moins certain qu'elle retarda la marche des ennemis [2].

Ibid. *Il emporta d'emblée le bourg de Marnay. Mais le château de Marnay ne lui fut pas livré.*

M. de Piépape aurait aussi pu rappeler que le château de Montcley « amusa quatre jours » Weimar « sans pouvoir estre pris [3]. »

Ibid. *Lettre d'Andelot-Chevigney, Gray, 24 juin 1637.*

Lisez : Lettre de d'Andelot-Tromarey.

Ibid. *Le sire d'Oiselay, homme de soixante ans....*

Après le *sire* de Longueval, le *sire* de la Meilleraie et le *sire* de Valangin, saluons au passage le *sire* d'Oiselay.

Ermanfroi-François d'Oiselay avait « plus de soixante ans. »

Page 72. *Il (Charles IV) obtint non sans peine, il est vrai, l'autorisation de placer ses troupes sur le mont Rognon, vis-à-vis Chaudanne.*

Bizarre confusion ! Il n'était pas au pouvoir des cogouverneurs de Besançon d'empêcher le duc de Lorraine de retrancher son armée entre Velotte et Saint-Ferjeux. Parler de la peine qu'eut Charles IV à obtenir une autorisation dont il n'avait aucun besoin, prête à rire. Ce que les cogouverneurs auraient difficilement accordé, c'est l'entrée d'un secours dans leur ville : on peut voir, dans la correspondance du

---

[1] *Histoire de dix ans de la Franche-Comté de Bourgogne*, p. 174.
[2] Boyvin à Chifflet, Dole, 28 juin 1637. — Mss. Chifflet, t. CXXXIII, fol. 5 ; Grotius à Oxenstiern, Paris, 3 juillet 1637 ; Grotius à Camerarius, Paris, 3 juillet 1637. — *Epist.*, p. 338 ; Sublet de Noyers au cardinal de la Valette, Rueil, 4 juillet 1637. — Aubery, *Mémoires pour l'histoire du cardinal duc de Richelieu*, t. II, p. 54.
[3] *Manifeste au nom des peuples de la Franche-Comté de Bourgogne*, p. 183.

marquis de Saint-Martin, de quelles réserves ils prétendaient entourer l'admission de « douze centz hommes de pied » dont le tiers devait être « de Bourguignons, le tier de Lorrains, et le tier d'Allemans [1]. »

Page 73. *Il fallait, selon l'habile orateur, partager l'armée, envoyer sur la Loue le meilleur de la cavalerie et laisser l'infanterie pour couvrir Besançon ou y entrer en cas de nécessité.*

Quand M. de Piépape cessera-t-il de prendre le contrepied de la vérité ? Partager l'armée était si loin de la pensée du duc de Lorraine qu'il s'opposait même à ce qu'on détachât quelques troupes pour défendre Salins. « Nous avons voulu, disait-il, partager nostre armée pour deffendre toutes les frontieres et avons perdu au bailliage d'Aval le regiment de Rincour et auparavant deux de noz meilleurs colonels : nous avons posté sur la Saone nostre cavalerie en lieu advantageux, et elle a esté battue et la meilleure partie occise ou prisonniere ; et à present diviser de nouveau noz forces et avec une moitié combattre une armée royale desadvantageusement seroit contre toute reigle de guerre et tout perdre pour vouloir tout embrasser [2]. » Tout ce qu'il consentait à accorder au marquis de Saint-Martin, c'était la faculté de « tyrer des regimentz de la cavalerie et des dragons tous les soldatz qui se trouveront demontez, lesquelz on fera passer aud. Salins [3]. »

---

[1] « Propositions faites par M⁰ le marquis de S¹ Martin, gouverneur du Comté, à Messieurs les gouverneurs. » — *Corr. du parlement*, Arch. du Doubs, B. 220.

[2] Girardot de Nozroy, *Histoire de dix ans de la Franche-Comté de Bourgongne*, p. 179.

[3] Le marquis de Saint-Martin à la cour, Besançon, 11 juillet 1637. — *Corr. du parlement*, Arch. du Doubs, B. 220.

Il fallut de nouvelles instances pour qu'il lui donnât « trois petits regimens lorrains [1]. »

Ibid. *Weimar fit aussitôt une reconnaissance autour de la place.*

Weimar ne fit pas le tour de la place ; il en reconnut seulement la force des hauteurs qui la dominent, auprès d'un arbre qui garda longtemps son nom, « bei einem Baum auf einen Berg gehalten, so heissen die Bysantier denselben nach heutiges Tags des Herzog Bernhardts von Sachsen Weymar Baum [2]. »

Ibid. *Le marquis de Conflans posta et retrancha les troupes de défense à Velotte, ayant l'eau et le bois à leur portée.*

Ce poste n'est autre que celui dont M. de Piépape a fait mention à la page précédente. Ce qui décida le marquis, non de Conflans, mais de Saint-Martin, à y retrancher l'armée, c'est qu'elle n'y pouvait « estre forcée ny contraincte de combattre [3]. » Par quelle aberration l'heureux lauréat de l'Académie française s'entête-t-il à prendre Jean-Baptiste de la Baume pour Gérard de Watteville?

Ibid. *En 1637, le duc de Lorraine écrivait : « La force de Bourgogne consiste aux rivières et aux montagnes, etc. »*

*Disait* serait le terme juste, car les considérations stratégiques que M. de Piépape daigne approuver, furent exposées dans le conseil de guerre tenu à Besançon après la défaite de Ray [4].

---

[1] Girardot de Nozeroy, *Histoire de dix ans de la Franche-Comté de Bourgongne*, p. 180.
[2] Gaum, *Tagebuch*, fol. 168.
[3] Girardot de Nozeroy, *op. cit.*, p. 182.
[4] Id., *op. cit.*, p. 179.

*Page 74. M. de Conflans installa ses quartiers dans la plaine de Chalezeule, tâta la montagne Saint-Etienne et la trouva bien gardée.*

Se douterait-on qu'au lieu de *M. de Conflans*, il faut lire ici : Weimar ? Il n'y a que l'inventeur de la *hallebarde à rouet* pour tout embrouiller de telle sorte. « Weymar, dit Girardot de Nozeroy, n'ayant rencontré du costé de Battand, Charmont et Arenes nuls ruisseaux ny fontaines, fut contrainct de s'arrester au delà de Palante à Chaleze et Chaleseule.... Il monta au haut de la montagne au front de laquelle est posé Besançon,.... et dez le mesme lieu considera les murailles qui ferment le chapitre [1]. »

L'auteur de l'*Histoire de la réunion de la Franche-Comté à la France* pourrait-il dire quel jour sa myopie lui a fait voir la plaine de Chalezeule ?

*Ibid. Weimar se retira sur Baume-les-Dames, où il mit le siège le 7 juillet.*

Ce ne fut pas en se retirant de Besançon, mais en venant de Villersexel, où Bernard avait été recevoir les troupes que lui amenaient Schavalitsky et la Mothe Houdancourt, que « le 6°, toute l'armée s'assembla devant Beaulme, place de la Comté, qui se rendit le mesme jour [2]. »

*Ibid. Grancey, apprenant que le reste de l'armée de Charles IV s'était retranché près de Besançon, franchit le*

---

[1] GIRARDOT DE NOZEROY, op. cit., p. 184.
[2] *Gazette de France*, extraordinaire du 24 juillet 1637 : *La défaite de six compagnies de chevaux-legers et des gardes du duc Charles, ensemble d'un régiment de la milice de Besançon*; *Ibid.*, extraordinaire du 26 août 1637 : *Le passage du Rhin par le duc de Weimar, avec la défaite d'une partie des troupes de Jean de Werth*. Cf. Pétrey-Champvans et Buson à la cour, Besançon, 7 juillet 1637; Pétrey-Champvans à la cour, Besançon, 9 juillet 1637; Froissard-Broissia à la cour, Besançon, 9 juillet 1637. — *Corr. du parlement*, Arch. du Doubs, B. 220; *Relation extraite des archives des états*, p. 138; GAUN, *Tagebuch*, fol. 156; Bois

*Doubs* à *Baume, et marcha rapidement contre lui avec 1,200 mousquetaires, tant Français qu'Allemands, et 300 chevaux.*

Cette marche de la garnison de Montbéliard sur Besançon est une des découvertes les plus surprenantes du créateur du *roman de geste*. Voit-on les Weimariens considérant avec stupeur le défilé des régiments du comte de Grancey sur le pont de Baume? De Montbéliard à Besançon il y a environ quatre-vingts kilomètres; cette distance fut néanmoins franchie si rapidement que les troupes du duc de Lorraine n'eurent que le temps de repasser le Doubs au pont de Battant.

Pour couper court à la surprise du lecteur, il est bon de le prévenir charitablement qu'au lieu de *Grancey*, l'heureux lauréat de l'Académie française a sans doute voulu écrire : Weimar. Seulement, ce ne fut pas avec 1,200 mousquetaires et 300 chevaux que « Son Altesse de Weimar et le s[r] du Hallier partirent du camp de devant Beaulme.... pour aller chercher l'ennemi vers Bezançon; » ce fut « avec 3,500 chevaux et 1,200 hommes de pied [1]; » un officier weimarien parle même de 4,000 cavaliers et 1,500 mousquetaires [2]. M. de Piépape paraît également ignorer la mésintelligence que l'occupation de Clerval amena entre Bernard et le comte de Grancey [3]; l'arrestation du frère de

---

de Canson, *Recueil memorable*, p. 147; B. Röse, *Herzog Bernhard der Grosse von Sachsen-Weimar*, t. II, p. 146; l'abbé Besson, *Mémoire historique sur l'abbaye de Baume-les-Dames*, p. 82; G. Droysen, *Bernhard von Weimar*, t. II, p. 283.

[1] *Gazette de France*, extraordinaire du 24 juillet 1637. Cf. Richelieu, *Mémoires*, p. 143.

[2] Gaün, *Tagebuch*, fol. 167.

[3] Le comte de Grancey à Richelieu, Montbéliard, 12 juillet 1637; Louis XIII au duc de Weimar, Chantilly, 25 juillet 1637. — B. Röse, *Herzog Bernhard der Grosse von Sachsen-Weimar*, t. II, p. 485; Richelieu au duc de Weimar, Paris, 29 juillet 1637; Richelieu à du Hallier,

ce dernier n'est cependant pas l'un des moins curieux épisodes de la campagne de 1637 [1].

Ibid. *Weimar rencontra trois compagnies de cavalerie retardataires, les mit en déroute, alla se ranger en bataille à portée du canon des Bisontins, et y demeura deux heures.*

Après avoir défait à Fontain les « mousquetons » du duc de Lorraine et « sa compagnie de chevaux legers [2], » Weimar ne vint pas braver pendant deux heures l'artillerie de Besançon : sa cavalerie essuya seulement quelques volées de canon du château d'Arguel.

Ibid. *Il vit 200 mousquetaires comtois sortant du bois de Chalezeule et essayant de se jeter dans la ville*, etc.

Ce ne fut pas sur la rive droite du Doubs, mais sur la rive gauche, « proche Morre [3], » que Bernard défit la compagnie du régiment de Voisey, « qui s'estoit levée à Versey (Vercel). » Pourquoi M. de Piépape ne mentionne-t-il pas la mort du baron de Voisey [4]?

Ibid. « *Le Weymar arrive en carrosse et ne va pas autrement. Il est malade et on le frotte d'onguent.* » *Lettre du conseiller Pétrey, 9 juillet 1637.*

On sait la confusion qui règne dans les notes de M. de

---

30 juillet 1637; Richelieu au comte de Grancey, 30 juillet 1637. — *Lettres, instructions diplomatiques et papiers d'État du cardinal de Richelieu*, t. V, p. 1045; Gaun, *op. cit.*, fol. 167; Duvernoy, *Notice historique sur la ville de Clerval*, p. 16; G. Droysen, *Bernhard von Weimar*, t. II, p. 284.

[1] B. Rose, *op. cit.*, p. 146 et 386.

[2] Pétrey-Champvans et Buson à la cour, Besançon, 12 juillet 1637.— *Corr. du parlement*, Arch. du Doubs, B. 220.

[3] Le marquis de Saint-Martin à la cour, Besançon, 11 juillet 1637. — *Corr. du parlement*, Arch. du Doubs, B. 220. Cf. Forget, *Mémoires des guerres de Charles IV*, fol. 188; Gaun, *Tagebuch*, fol. 168.

[4] Buson à la cour, Besançon, 14 juillet 1637. — *Corr. du parlement*, Arch. du Doubs, B. 220.

Piépape. En voici un nouvel exemple : c'est Froissard-Broissia, et non Pétrey-Champvans, qui, dans une lettre du 7 juillet, et non du 9, dit, en parlant d'un voyageur : « Il at veu le Weymar, qui vat en carosse, et non autrement, et l'at veu frotter d'onguent. Et precedemment le bruit avoit icy couru qu'il estoit malade [1]. »

*Page 75. Le 24 juillet, il assiégea Lure, où le marquis de Grane avait laissé depuis un an environ 200 hommes.*

Je ne ferais pas un grief à l'auteur de l'*Histoire de la réunion de la Franche-Comté à la France* de passer sous silence la prise des châteaux de Vezet, de Chevroz, de Montby, de Longevelle et de Fallon [2], mais, puisque le sommaire du chapitre fait mention de la prise du château de Montmartin, où Weimar s'empara des beaux chevaux du marquis de Saint-Martin, « sehr vortrefflich schöne Spanisch und Neapolitanische Pferde [3], » il ne serait pas hors de propos d'en parler. D'un autre côté, avant de rapporter le siège de la ville et de l'abbaye de Lure, que les Weimariens devaient incendier deux ans plus tard [4], peut-

---

[1] Froissard-Broissia à la cour, Besançon, 7 juillet 1637. — *Corr. du parlement*, Arch. du Doubs, B. 220.

[2] Instructions de la cour à François Mareschal, Dole, 22 juillet 1637. — *Corr. du parlement*, Arch. du Doubs, B. 220. Cf. G. Droysen, *Bernhard von Weimar*, t. II, p. 287.

[3] Gaun, *Tagebuch*, fol. 168.

[4] Mémoire envoyé par le colonel de Remchingen à Monsieur de Choisy, Strasbourg, 10 octobre 1639. — Aubery, *Mémoires pour l'histoire du cardinal duc de Richelieu*, t. II, p. 452. Cf. Froissard-Broissia à la cour, Besançon, 30 juillet 1639. — *Corr. du parlement*, Arch. du Doubs, B. 248; Boyvin à Chifflet, Dole, 31 juillet 1639. — *Mss. Chifflet*, t. CXXXIII, fol. 65; Bois de Chesne, *Recueil memorable*, p. 155; A. von Gonzenbach, *Der General Hans Ludwig von Erlach von Castelen*, t. I, p. 347.

être conviendrait-il de citer le siège du château de Granges, qui, sommé le 17 juillet, ne se rendit que le cinquième jour, « les assiegez voyant les mineurs logez sous leur muraille 1. »

Notons, en passant, que du 22 octobre 1636 au 24 juillet 1637, il ne s'était pas écoulé un an.

Ibid. *Le 22 juin, il (Grancey) partit à la tête du régiment français de la Mothe-Houdancourt (1,000 hommes), avec la cavalerie suédoise (200 chevaux) et 5 pièces de canon; il arriva le jour même devant l'Isle, qu'il fit battre par son artillerie.*

Les forces dont le comte de Grancey disposait étaient autrement considérables que ne le dit M. de Piépape [2] : outre le régiment de la Mothe-Houdancourt, il avait avec lui les régiments du Perche, de la Suze et de Dannevoux; sa cavalerie comprenait « trois compagnies de chevaux legers, auxquels s'estoient joints les Allemands du colonel Schavelisky faisans l'avant-garde de l'armée de Son Altesse de Weimar [3]. » Par contre, il n'avait pas cinq pièces de canon, mais seulement « deux pieces de batterie, chacune de 36 livres de boulet. »

Où M. de Piépape induit encore le lecteur en erreur, faute de faire une distinction nécessaire entre le calendrier grégorien et le calendrier julien, c'est lorsqu'il donne le

---

[1] *Gazette de France*, extraordinaire du 26 août 1637 ; *Ibid.*, extraordinaire du 9 septembre 1637 : *Ce qui s'est passé de plus memorable en l'armée du duc de Weimar*; GRÜN, *Tagebuch*, fol. 169; RICHELIEU, *Mémoires*, p. 143; B. RÖSE, *Herzog Bernhard der Grosse von Sachsen-Weimar*, t. II, p. 147.

[2] Pétrey-Champvans à la cour, Besançon, 5 juillet 1637. — *Corr. du parlement*, Arch. du Doubs, B. 220.

[3] *Gazette de France* du 1er août 1637. Cf. *Second factum ou Défenses pour Messire Philippes de la Mothe-Houdancourt, duc de Cardonne et mareschal de France, cy-devant vice-roy et capitaine general en Catalogne*, p. 16.

22 juin comme la date de l'attaque de l'Isle-sur-le-Doubs. L'Isle-sur-le-Doubs fut investi le 2 juillet 1637 et pris le lendemain 1.

Ibid. *Lettre datée de Baudoncourt, 7 août 1637* (Corr. du parlement).

Au lieu de *Baudoncourt,* lisez : Besançon 2.

Page 76. *De l'Isle il se porta sur Saint-Hippolyte, qu'il trouva non moins vigoureusement défendu par les deux fils du gouverneur, Marc et François de Saint-Mauris.*

Ce n'étaient pas les deux fils, mais « les filz et beau-filz de Sainct-Mauris gouverneur de la place, tous deux bons soldats 3, » qui se trouvaient dans Saint-Hippolyte.

Pourquoi ne pas mentionner la prise de Pont-de-Roide 4 ?

Ibid. *Les assiégés demandèrent du secours au sire de Pierrefontaine, qui gardait les passages du Lomont.*

Le *sire* de Pierrefontaine ! Qui reconnaîtrait sous cette dénomination féodale Jean de Sagey, seigneur de Pierrefontaine ?

---

1 *Gazette de France* du 1er août 1637; *Mercure françois,* t. XXII, p. 111; *Manifeste au nom des peuples de la Franche-Comté de Bourgongne,* p. 183; *Relation extraite des archives des états,* p. 138; GIRARDOT DE NOZEROY, *Histoire de dix ans de la Franche-Comté de Bourgongne,* p. 176; BOIS DE CHESNE, *Recueil memorable,* p. 146; DUVERNOY, *Ephémérides du comté de Montbéliard,* p. 233; l'abbé RICHARD, *Monographie de l'Isle-sur-le-Doubs,* p. 20; G. DROYSEN, *Bernhard von Weimar,* t. II, p. 287.

2 Buson à la cour. Besançon, 7 août 1637. — *Corr. du parlement,* Arch. du Doubs, B. 221.

3 GIRARDOT DE NOZEROY, *op. cit.,* p. 187; *Manifeste au nom des peuples de la Franche-Comté de Bourgongne,* p. 184; Marquis de SAINT-MAURIS, *Généalogie historique de la maison de Saint-Mauris,* p. 195.

4 *Gazette de France* du 14 août 1637; BOIS DE CHESNE, *Recueil memorable,* p. 147; DUVERNOY, *Ephémérides du comté de Montbéliard,* p. 252; l'abbé RICHARD, *Monographie de Pont-de-Roide,* p. 19.

Page 77. *Il n'y avait en réalité à Saint-Hippolyte que 200 hommes et les retrahants.*

L'effectif des défenseurs de Saint-Hippolyte ne s'élevait même pas à ce chiffre; en réalité, ce furent « six vingt soldatz qui à l'ayde des montagnardz battirent le comte de Granscey [1]. »

Ibid. *Le gouverneur de la province avait pris de bonnes positions sur les hauteurs.*

Où l'auteur de l'*Histoire de la réunion de la Franche-Comté à la France* a-t-il puisé cette assertion? Le comte de Grancey vint assiéger Saint-Hippolyte « tandis que le duc et le marquis estoient bien occuppez et ne pouvoient quitter Besançon et Salins [2]. » Malgré l'audace des conceptions de M. de Piépape en fait de stratégie, je ne suppose pas que les hauteurs dont il parle soient celles qui dominent ces deux dernières villes; c'eût vraiment été garder Saint-Hippolyte de loin.

Ibid. « *Les moindres places, répondit-il (Grancey) avec calme, valent autant que savent les défendre ceux qui sont dedans.* »

M. de la Palisse n'eût pas mieux dit, et l'heureux lauréat de l'Académie française a raison de voir dans *cette simple phrase,* non seulement *un titre de noblesse,* mais encore, mais avant tout *une réflexion de toute vérité.* Par malheur, ce n'est pas tout à fait l'aveu que la levée du siège de Saint-Hippolyte arracha au comte de Grancey; il confessa, dit

---

[1] Le lieutenant de Baume à la cour, Châtillon-sous-Maîche, 26 septembre 1637. — *Corr. du parlement,* Arch. du Doubs, B. 222. Cf. Pétrey-Champvans à la cour, Salins, 11 août 1637. — *Ibid.,* Arch. du Doubs, B. 221.

[2] GIRARDOT DE NOZEROY, *Histoire de dix ans de la Franche-Comté de Bourgogne,* p. 187. Cf. l'abbé RICHARD, *Monographie de Saint-Hippolyte-sur-le-Doubs,* p. 36; l'abbé VAUTREY, *Histoire des évêques de Bâle,* p. 221.

Girardot de Nozeroy, « que les places foibles vaillent autant que vaillent les hommes qui sont dedans. ». Il y a là une nuance qui devait échapper à la myopie de M. de Piépape.

Ibid. *Revenons aux opérations de M. de Longueville, que nous avons abandonné après la prise de Moirans. Le 17 mai, il incendia Neublans, dans le Val d'Amour. Puis il s'empara successivement de Cuiseaux, Chevreau, Saint-Julien, Orgelet.*

Ce retour aux opérations du duc de Longueville est, pour l'inventeur de la *hallebarde à rouet*, la source de nouvelles erreurs.

L'incendie de Moirans est du 18 avril 1637 ; sans être indiscret, on a le droit de demander ce que fit l'armée française du 18 avril au 17 mai. La reprise de Cuiseaux est antérieure au combat de Cornod (13 mars 1637). La défense du château de Chevreaux a été à tort rapportée précédemment (II, 66), à la suite de la capitulation du château de Saint-Amour (2 avril 1637). Pour ce qui est de la prise de Saint-Julien, elle est, comme la prise d'Orgelet (16 juillet 1637), postérieure au siège de Lons-le-Saunier, dont M. de Piépape n'a pas encore parlé. Comment veut-on que le lecteur se tire d'un semblable enchevêtrement de dates ?

Page 78. *Le marquis de Conflans avait supplié le duc de Lorraine de ne pas abandonner cette place* (Salins).

Ce n'est pas le marquis de Conflans, mais le marquis de Saint-Martin, qui « pria le duc de ne pas abandonner Salins [1]. »

Ibid. *Longueville était arrêté aux grottes de Revigny, où s'était réfugié un parti comtois qui y tenait énergique-*

---

[1] GIRARDOT DE NOZEROY, *Histoire de dix ans de la Franche-Comté de Bourgogne*, p. 180.

*ment. Cette résistance vaincue, il en rencontra une autre au château de Frontenay, qui était aux mains d'un vaillant soldat nommé Flamand. On somme Flamand de se rendre*, etc.

Le duc de Longueville ne s'arrêta pas à vaincre la résistance des « paysans de Revigny retirez en leur grotte, » car, « après plusieurs volées de canon tirées contre l'embouchure, » il passa outre, ne voulant pas « s'amuser à si peu de choses puisqu'il n'y avoit dedans nuls hommes de guerre [1]. »

En ce qui concerne la prise de Frontenay, l'erreur dans laquelle M. de Piépape est tombé est le fait de l'historien de la guerre de Dix ans; c'est lui qui, mal servi par ses souvenirs, a placé la défense du château de Frontenay par le sergent Flamand en 1637 [2], alors que ce fait d'armes est du 14 juin 1638 [3]. En 1637, Frontenay fut assiégé deux fois : « la première fois que ceste place fust attaquée, elle l'avoit (l'ennemi) repoussé honteusement après quatorze jours de siege; celuy qui y commandoit lors se nommoit Darioz [4]; » la seconde fois, « elle fut prise par assaut » après deux cents volées de canon, suivant les relations comtoises, rendue après trois coups de canon, suivant les

---

[1] GIRARDOT DE NOZEROY, *Histoire de dix ans de la Franche-Comté de Bourgongne*, p. 185. Cf. Foissotte à la cour, Vaudrey, 24 août 1639. — *Corr. du parlement*, Arch. du Doubs, B. 249.

[2] ID., *op. cit.*, p. 185.

[3] Relation de ce qui s'est passé dans la Franche-Comté depuis que l'armée du Roy y est entrée, commandée par Monseigneur le duc de Longueville (1638). — Affaires étrangères, France, t. MDLXXIX, fol. 213. Cf. l'abbé ARNAULD, *Mémoires* (coll. Michaud), p. 493.

[4] *Manifeste au nom des peuples de la Franche-Comté de Bourgongne*, p. 183. Cf. Boyvin à Chifflet, Dole, 14 août 1637. — Mss. *Chifflet*, t. CXXXIII, fol. 10; la cour au marquis de Saint-Martin, Dole, 27 août 1637; la cour au cardinal infant, Dole, 29 août 1637. — *Corr. du parlement*, Arch. du Doubs, B. 221.

auteurs français [1] ; les Franc-Comtois la reprirent au mois de septembre.

Page 79. *Mémoires du baron d'Arnans.*
D'Arnans n'a point laissé de mémoires.

Ibid. *Longueville.... « le fait pendre en cet équipage, » à la porte de son château, et achever à coups d'arquebuse.*

De ce qu'une relation déclare que Jean Flamand fut « arquebusé gissant en terre [2], » l'heureux lauréat de l'Académie française infère la présence d'arquebusiers dans les rangs de l'armée française, alors que le mousquet y avait complètement détrôné l'arquebuse [3]. Une autre relation dit simplement que « la corde ayant rompu, il fut tué d'un coup de mousquet, trouvant une mort honorable, au lieu de l'infâme qu'on lui avoit destinée [4]. »

Ibid. *Guébriant entra par Gex, le 23 juin, avec 3,000 hommes et 500 chevaux.*

La *Gazette de France* lui donne « plus de 500 chevaux et 4,000 fantassins effectifs [5]. »

Ibid. *Le 6 juillet, Longueville marcha contre Lons-le-Saunier, qui était défendu par M. de Raincourt, et, après trois semaines d'investissement, y pénétra par une triple brèche. Le régiment de Normandie prit le couvent des capucins, et le 25 on donna l'assaut au faubourg Saint-Désiré. A mesure qu'il se vit forcé par les Français,*

---

[1] *Gazette de France*, extraordinaire du 7 septembre 1637.

[2] *Manifeste au nom des peuples de la Franche-Comté de Bourgogne*, p. 189.

[3] Cf. J. DE BILLON, *Les principes de l'art militaire.... divisés en trois livres*, p. 111 ; Vicomte D'AVENEL, *Richelieu et la monarchie absolue*, t. III, p. 76.

[4] L'abbé ARNAULD, *Mémoires*, p. 493. Cf. CAMPION, *Mémoires*, p. 102.

[5] *Gazette de France* du 24 juin 1637. Cf. LE LABOUREUR, *Histoire du maréchal de Guébriant*, p. 33.

*Raincourt alluma des incendies de quartier en quartier dans la ville.*

On peut dire que, dans ce passage, le créateur du *roman de geste* s'est surpassé lui-même : la triple brèche faite à l'enceinte de Lons-le-Saunier après trois semaines d'investissement est tout uniment une merveille. Que dire du faubourg Saint-Désiré emporté le 25 juillet, quand l'assaut eut lieu, en réalité, « le lendemain de St Jean-Baptiste de l'année 1637 [1], » c'est-à-dire le 25 juin ? Ce n'est pas le 6 juillet, mais le 21 juin, que le duc de Longueville marcha contre Lons-le-Saunier ; le 6 juillet, il recevait à composition la garnison de Savigny, « place importante, » qu'il avait investie le 2 [2]. D'un autre côté, il n'est pas encore prouvé que la responsabilité de l'incendie de Lons-le-Saunier incombe exclusivement à Christophe de Raincourt [3]. Ce n'est rien cependant au prix de cet investissement de trois semaines que l'heureux lauréat de l'Académie française substitue à un investissement d'un jour : parti de Branges, le 21 juin, le duc de Longueville arriva, en effet, sous les murs de Lons-le-Saunier le 24, après avoir pris en

---

[1] *Annales du monastère des pauvres religieuses de Sainte-Claire de Poligny*, fol. 24.

[2] *Gazette de France*, extraordinaire du 13 juillet 1637 : *La prise de la ville et chasteau de Montaigu, dans la Franche-Comté, par le comte de Guébriant; la prise de Savigni et de quatre autres chasteaux, au mesme païs de la Franche-Comté, par le duc de Longueville; Mercure françois*, t. XXII, p. 108. Cf. La cour au marquis de Saint-Martin, Dole, 9 juillet 1637. — *Corr. du parlement*, Arch. du Doubs, B. 220.

[3] Cf. *Manifeste au nom des peuples de la Franche-Comté de Bourgongne*, p. 181; Campion, *Mémoires*, p. 96; Girardot de Nozeroy, *Histoire de dix ans de la Franche-Comté de Bourgongne*, p. 171; *Mercure françois*, t. XXII, p. 103; J.-B. Perrin, *Notes historiques sur la ville de Lons-le-Saunier*, p. 63; A. Rousset, *Dictionnaire des communes du Jura*, t. III, p. 561; *Annuaire du Jura de 1866*, p. 48; B. Prost, *Documents inédits relatifs à l'histoire de la Franche-Comté*, t. IV, p. 64; A. Vayssière, *Le siège et l'incendie de Lons-le-Saunier en 1637*, p. 36.

passant le château de Courlaoux (23 juin 1637) ; il emporta le jour même le couvent des capucins et dès le lendemain l'assaut fut donné à la ville [1].

L'heureux lauréat de l'Académie française objectera peut-être que Girardot de Nozeroy a écrit que « Longueville attaqua et prit Savigny au commencement de juillet, puis vint à Lons-le-Saunier [2]. » Cela ne le justifie pas : il devait s'apercevoir de la méprise de l'historien de la guerre de Dix ans, et le lecteur est fondé à lui demander compte de sa promesse de signaler dans l'ouvrage de ce dernier *les quelques erreurs de détail et de date qu'il est facile d'y relever à l'aide de la riche correspondance du parlement comtois* (I, 338).

Ibid. « *Il semble qu'en ces guerres les ennemis soutinssent le personnage des nostres, et les nostres le leur,* etc. » *Lettre du 27 juin 1637.* (Corr. du parlement.)

Cette appréciation de la conduite de Christophe de Raincourt n'est pas tirée de la correspondance du parlement, mais du *Mercure* [3].

Page 80. *Ils* (les habitants) *se cramponnèrent avec une opiniâtreté inouïe aux grottes de Revigny.*

Au lieu de revenir sur la défense de la baume de Revigny, l'auteur de l'*Histoire de la réunion de la Franche-Comté à la France* ferait mieux de mentionner la prise de Courlaoux, Chilly, l'Isle, Crèvecœur, l'Etoile, Savigny, Bornay,

---

[1] *Gazette de France*, extraordinaire du 6 juillet 1637 : *La prise de trois chasteaux et de la ville de Lyon-le-Saulnier, avec trois enseignes gangnées sur les ennemis dans la Franche-Comté, par le duc de Longueville.* Cf. Boyvin à Chifflet, Dole, 28 juin 1637. — *Mss. Chifflet*, t. CXXXIII, fol. 5.

[2] *Histoire de dix ans de la Franche-Comté de Bourgongne*, p. 171.

[3] *Mercure françois*, t. XXII, p. 107. Cf. Richelieu à Louis XIII, 1er juillet 1637. — *Lettres, instructions diplomatiques et papiers d'Etat du cardinal de Richelieu*, t. V, p. 799.

Moutonne, Pymorin, Présilly, Beauregard, Binans, Le Pin et Arlay. La plupart de ces châteaux, « faits pour faire pendre leurs commandants, soit qu'ils ne se défendent pas, soit qu'ils se défendent [1], » se rendirent à la première sommation. Pourtant Savigny tint cinq jours [2]; Bornay ne fut pris qu'après avoir souffert « 58 volées de canon [3] » et Guébriant fit pendre « pour l'exemple » trois des dix soldats qui composaient la garnison.

*Ibid. Château-Chalon fut pris le 10; Saint-Laurent de la Roche succomba le 26, après dix-huit jours de siège.... Lettre de Pétrey, Besançon, 9 juillet 1637 (Corr. du parlement). Lettre de Froissard-Broissia, 9 juillet. Id.*

Château-Chalon ne fut pas pris le 10 (août, ou juillet ?), mais le 25 juillet [4]. Quant à Saint-Laurent de la Roche, les Français ne s'en emparèrent pas le 26 (août, ou juillet ? M. de Piépape néglige encore de le dire). Saint-Laurent fut emporté d'assaut le 25 juillet 1637, et le château se rendit le 10 août suivant, après quinze et non dix-huit jours de siège [5], ses défenseurs « ayans faute d'eau et estans d'ailleurs affligez de peste [6]. » Girardot de Nozeroy dit que

---

[1] L'abbé ARNAULD, *Mémoires*, p. 493.

[2] *Gazette de France*, extraordinaire du 13 juillet 1637.

[3] *Gazette de France*, extraordinaire du 30 juillet 1637 : *La prise de la ville d'Orgelet et de plusieurs chasteaux dans la Franche-Comté par le duc de Longueville*. Cf. *Mercure françois*, t. XXII, p. 110; LE LABOUREUR, *Histoire du mareschal de Guébriant*, p. 34.

[4] *Gazette de France*, extraordinaire du 4 août 1637 : *La prise de la ville de Chasteauchalon et de deux chasteaux en la Franche-Comté par le duc de Longueville*.

[5] Boyvin à Chifflet, Dole, 14 août 1637. — *Mss. Chifflet*, t. CXXXIII, fol. 10; la cour au cardinal infant, Dole, 29 août 1637. — *Corr. du parlement*, Arch. du Doubs, B. 221.

[6] *Gazette de France*, extraordinaire du 18 août 1637 : *La prise de S. Laurent de la Roche dans la Franche-Comté, par le duc de Longueville*; *Gazette de France* du 22 août 1637; *Manifeste au nom des peuples de la Franche-Comté de Bourgongne*, p. 182.

cette place était, ainsi que Bornay, « comme cimetières de pestifferez [1]. »

Qu'est-ce que deux dépêches du 9 juillet peuvent apprendre sur un événement du 25 du même mois?

Ibid. *Le 25 août, ce fut le tour de Bletterans.*

On devrait peut-être mentionner auparavant la prise des châteaux de Jousseaux et de Coges [2]. Il serait également utile de faire connaître que les troupes du duc de Lorraine étaient occupées au siège de Lure [3].

Page 81. *Le premier assaut fut vaillamment repoussé par le colonel de Valorsky et 300 Allemands de la garnison.*

Valorski n'était pas dans Bletterans; après la mort du comte de Bussolin, le marquis de Saint-Martin « l'y vouloit envoyer, mais il s'en excusa pour l'heure et cependant fut envoyé son lieutenant colonel avec deux cens soldats de son regiment [4]. »

Ibid. *Le régiment de Normandie monta à l'assaut, s'élança dans la ville et y mit le feu.*

---

[1] *Histoire de dix ans de la Franche-Comté de Bourgongne*, p. 176.

[2] *Gazette de France*, extraordinaire du 1ᵉʳ septembre 1637: *La prise des chasteaux de Jousseau et de Loges dans la Franche-Comté, avec la défaite de 40 chevaux et 50 mousquetaires de la garnison de Bleteran, par le comte de Guébriant*; *Suite de l'Inventaire de l'histoire de France*, t. II, p. 701; Le Laboureur, *Histoire du mareschal de Guébriant*, p. 36.

[3] Le marquis de Saint-Martin à la cour, Baudoncourt, 25 août 1637. — *Corr. du parlement*, Arch. du Doubs, B. 221; *Gazette de France* du 19 septembre 1637; Forget, *Mémoires des guerres de Charles IV*, fol. 191.

[4] Girardot de Nozeroy, *Histoire de dix ans de la Franche-Comté de Bourgongne*, p. 186. Cf. Pétrey-Champvans à la cour, Salins, 14 août 1637. — *Corr. du parlement*, Arch. du Doubs, B. 221; Grotius à Oxenstiern, Paris, 12 septembre 1637. — *Epist.*, p. 358.

Le régiment que nomme M. de Piépape n'eut pas seul les honneurs de la journée ; le biographe de Guébriant dit que « Normandie prit à droict et Rebé à gauche, ce qui les fit arriver en mesme temps à la brèche [1]. »

*Ibid. La place fut emportée le 30.*

Ce fut le « dernier du mois, » le 31 août, par conséquent, que, les assiégés ayant rejeté les sommations du duc de Longueville, celui-ci, « après douze coups de canon qu'il leur fit tirer de nouveau, commanda qu'on donnast l'assaut [2]. »

*Ibid. Le château capitula le 4 septembre.*

Il serait juste d'indiquer la part qu' « une insigne trahison ou lascheté [3] » eut à « ceste infâme et pernicieuse rendition [4] ; » les Français ne se seraient point emparés du château de Bletterans sans les intrigues du maître des

---

[1] LE LABOUREUR, *Histoire du mareschal de Guébriant*, p. 38. Cf. BERNARD, *Histoire du roy Louis XIII*, t. II, p. 406.

[2] *Gazette de France*, extraordinaire du 7 septembre 1637 : *La prise par assaut de la ville de Bleterans apres six cens volées de canon, où il a esté tué plus de deux cens ennemis, par le duc de Longueville.* Cf. Le baron de Laubespin à la cour, Poligny, 2 septembre 1637 ; la cour au marquis de Saint-Martin, Dole, 2 septembre 1637. — *Corr. du parlement*, Arch. du Doubs, B. 222 ; CAMPION, *Mémoires*, p. 98 ; LE LABOUREUR, *Histoire du mareschal de Guébriant*, p. 39 ; le P. GRIFFET, *Histoire du règne de Louis XIII*, t. III, p. 74 ; D. PLANCHER, *Histoire générale et particulière de Bourgogne*, t. IV, p. 654 ; J.-B. PERRIN, *Notes historiques sur la ville de Lons-le-Saunier*, p. 285.

[3] Boyvin à Chifflet, Dole, 12 septembre 1637. — *Mss. Chifflet*, t. CXXXIII, fol. 15. Cf. FOROET, *Mémoires des guerres de Charles IV*, fol. 192 ; A. ROUSSET, *Dictionnaire des communes du Jura*, t. I, p. 256 ; F. DES ROBERT, *Campagnes de Charles IV*, p. 410.

[4] La cour au marquis de Saint-Martin, Dole, 11 septembre 1637. — *Corr. du parlement*, Arch. du Doubs, B. 222. Cf. *Gazette de France*, extraordinaire du 15 septembre 1637 : *La prise du chasteau de Bleterans dans la Franche-Comté par le duc de Longueville ; Relation extraite des archives des états*, p. 139 ; GIRARDOT DE NOZEROY, *Histoire de dix ans de la Franche-Comté de Bourgongne*, p. 188.

comptes Tissot [1], qu'on trouve l'année suivante dans l'armée du duc de Longueville [2].

Ibid. *La garnison était à bout de forces quand les troupes lorraines débouchèrent, le 8 septembre.*

Plaisante distraction ! Le 8 septembre, la garnison du château de Bletterans était à bout de forces, et quelques lignes plus haut, M. de Piépape a montré cette même garnison capitulant *le 4 septembre, avant l'arrivée du renfort amené par le duc de Lorraine;* elle était sortie du château le 5 [3]. Quelque diligence qu'il fit, Charles IV ne put, en effet, arriver devant Bletterans que « quatre jours après sa prise [4]. »

Ibid. *Le colonel Valorsky fut mis aux arrêts pour avoir rendu Bletterans, et M. de Mercy déclara qu'il se serait cru digne d'être puni de mort s'il avait signé une capitulation semblable.*

L'heureux lauréat de l'Académie française a déjà pris le lieutenant-colonel du régiment de Mercy pour Mercy (I, 368); pareille mésaventure lui est arrivée avec les lieutenants-colonels des régiments de Beck et de Grana (I, 424); ici, force est de lui rappeler que « le lieutenant colonel de

---

[1] Le marquis de Saint-Martin à la cour, du camp proche Arlay, 8 septembre 1637, Poligny, 15, 20 et 23 septembre 1637, Vaudrey, 26 septembre 1637; la cour au marquis de Saint-Martin, Dole, 8, 11, 17, 26 et 27 septembre 1637, 1er octobre 1637. — *Corr. du parlement*, Arch. du Doubs, B. 222, 223. Cf. La cour au roi, Dole, 19 juin 1637. — *Ibid.*, Arch. du Doubs, B. 219.

[2] Relation du 3 juin 1638. — A. ROUSSET, *Dictionnaire des communes du Jura*, t. V, p. 398. Cf. *Histoire des guerres des duché et comté de Bourgogne* (Bibl. de Vesoul), fol. 78.

[3] BERNARD, *Histoire du roy Louis XIII*, t. II, p. 407; D. MONNIER, *Notes pour l'histoire particulière des communes du Jura*, dans l'*Annuaire du Jura* de 1846, p. 561.

[4] BERNARD, *op. cit.*, t. II, p. 408.

Valorsky » n'est pas Valorski, mais « le lieutenant du regiment Varlorsqui [1]. »

Au surplus, Mercy ne tint point le propos que M. de Piépape lui prête; il déclara seulement au procureur général que si le lieutenant-colonel avait signé la capitulation de Bletterans, il serait « condamné à mort [2]. »

Ibid. *Des Noyers à Guébriant, Conflans, 25 août 1637.*

M. de Piépape (qui le croirait?) cite cette dépêche à l'appui de l'assertion suivante : *Guébriant fut chaudement félicité par la cour de France.* On a vu précédemment (II, 17) Richelieu reprocher, le 29 juillet 1636, à l'ingénieur de Serres l'insuccès de deux mines allumées, l'une, le 29 juillet, et l'autre, le 2 août 1636. Maintenant c'est Sublet de Noyers qui félicite, le 25 août 1637, le comte de Guébriant d'une capitulation signée le 4 septembre 1637. Avec l'inventeur de la *hallebarde à rouet* on marche de surprise en surprise : si cependant il avait lu plus attentivement l'ouvrage où se trouve cette lettre, il aurait vu que les félicitations chaleureuses du secrétaire d'État avaient seulement trait au dessein de tenter le siège de Bletterans [3].

Page 82. « *J'ai quelque appréhension que S. A. de Lorraine ne suive pas.... S. A. se montre vis-à-vis de M. de Conflans d'une susceptibilité extraordinaire*, etc. »

Fidèle à son procédé ordinaire, l'heureux lauréat de l'Académie française dénature la lettre de Buson à la cour, comme il a fait, à la page précédente, celle de Brun. Jamais Buson n'aurait commis la faute de transformer

---

[1] *Manifeste au nom des peuples de la Franche-Comté de Bourgogne*, p. 184.

[2] Brun à la cour, Poligny, 15 septembre 1637. — *Corr. du parlement*, Arch. du Doubs, B. 222.

[3] LE LABOUREUR, *Histoire du mareschal de Guébriant*, p. 37.

le marquis de Saint-Martin en *M. de Conflans*. « J'ay remarqué, écrivait-il, que led. sieur marquis estoit tellement respectueux envers Sad. A. qu'il y avoit plustost du trop que du peu [1]. »

Page 83. « *L'on ne voulait pas que cela fût, jusqu'à ce que leur canon nous estillât.* »

Voilà qui peut aller de pair avec les *bandachères* (II, 115) des défenseurs de Pesmes. Si « estrilloit » lui paraissait étrange M. de Piépape n'avait qu'à demander le sens de ce mot au premier soldat venu, et celui-ci n'eût pas été embarrassé pour lui apprendre ce que c'est qu'étriller l'ennemi.

Ibid. *V. aux pièces justif. la lettre du duc de Lorraine à la cour, Salins, 10 septembre 1637. Pièce n° XXVII.*

Le lecteur peut se dispenser de recourir aux pièces justificatives, car il n'y trouvera qu'une lettre du duc de Lorraine à Pétrey-Champvans, datée d'Arbois.

Ibid. « *A qui a maitre il faut obéir.* »

Cette phrase doit être rétablie de la manière suivante : « Qui a maistre, il fault obeyr [2]. »

Ibid. *Le conseiller Brun à la cour, Poligny, 13 septembre.*

Lisez : Le procureur général Brun.

Page 84. *Après la prise de Bletterans, l'armée française battit la plaine aux environs de Poligny. Le duc de Longueville reconnut lui-même les dehors de cette place (25 juin).*

---

[1] Buson à la cour, Besançon, 2 septembre 1637. — *Corr. du parlement*, Arch. du Doubs, B. 222.

[2] Le marquis de Saint-Martin à    cour, Arbois, 24 juin 1638. — *Corr. du parlement*, Arch. du Doubs, B. 236.

Lorgueville reconnaissant, le 25 juin, les dehors de Poligny, après la prise de Bletterans (4 septembre 1637)! Le Ménalque de la Bruyère est un homme réfléchi, si on le compare au créateur du *roman de geste*.

En réalité, le duc de Longueville ne parut pas devant Poligny, mais, le 24 juillet, il fit reconnaître les dehors de Salins [1] pour se conformer aux instructions de Richelieu [2]. L'auteur de l'*Histoire de la réunion de la Franche-Comté à la France* aura confondu juillet avec juin et Salins avec Poligny. *De minimis non curat....*

Ibid. *M. de Guébriant, qui, comme l'exprime son historiographe, « n'avait point la maladie de retourner à la cour et qui ne cherchait que l'occasion de bien faire, » alla cantonner sa cavalerie.*

L'historiographe du comte de Guébriant! Qu'est-ce que cette charge nouvelle?

M. de Piépape estime apparemment qu'historiographe et biographe sont synonymes. Au reste, ce n'est pas le Laboureur qui s'exprime en ces termes sur le compte de Guébriant, mais Jacques Borelli, seigneur de Roqueservières [3].

Page 85. *Elle* (la peste) *emporta le maréchal marquis de Conflans, qui mourut le 26 octobre, à Salins, à l'âge de soixante-dix ans.*

M. de Piépape donne en note une lettre de Girardot de Nozeroy, d'où il semble résulter que le marquis de Conflans est mort le 28 octobre 1637. Une lecture moins précipitée

---

[1] Pétrey-Champvans à la cour, Salins, 26 juillet 1637. — *Corr. du parlement*, Arch. du Doubs, B. 220.

[2] Richelieu au duc de Longueville, 29 juin 1637. — *Lettres, instructions diplomatiques et papiers d'État du cardinal de Richelieu*, t. V, p. 1038.

[3] LE LABOUREUR, *Histoire du mareschal de Guébriant*, p. 41.

lui eût permis de constater que cette dépêche porte la date du 16 octobre : Gérard de Watteville ne mourut donc ni le 26 octobre ni le 28, mais le 16 [1].

*Ibid. Charles IV dépêcha à Saint-Hippolyte le prince François de Lorraine, son frère, l'investit de la défense de la franche montagne et lui fit occuper le Lomont.*

L'heureux lauréat de l'Académie française prend François de Lorraine, évêque de Verdun, pour Nicolas-François de Lorraine, frère de Charles IV. Ce dernier prince ne se trouvait point en Franche-Comté; après avoir séjourné en Italie, il était revenu à Munich au commencement de janvier 1637 avec la duchesse Claude; tous deux y demeurèrent jusqu'au 23 octobre 1638 [2].

*Page 86. Richelieu lui envoya* (à Weimar) *quelques subsides, un renfort de 2,000 hommes sous le marquis de Bourbonne, et plusieurs régiments étrangers.*

Les renforts promis au duc de Weimar ne lui furent point fournis, bien qu'il eût souvent demandé « les moyens propres pour remettre sad. armée en estat d'agir suivant son traicté, » et, au mois de février 1638, la cour de France renonçait à les envoyer sur le Rhin, « le corps de trouppes que Mons' de Feuquieres conduisoit audit s' duc estant separé depuis long temps en diverses garnisons en sorte que l'on ne pourroit les rassembler avec la diligence requise [3]. » Quant aux troupes de du Hallier, elles étaient

---

[1] Girardot de Nozeroy à la cour, Salins, 16 octobre 1637; le baron de Scey à la cour, Besançon, 17 octobre 1637. — *Corr. du parlement*, Arch. du Doubs, B. 223.

[2] D. CALMET, *Histoire ecclésiastique et civile de Lorraine*, t. III, p. 310.

[3] Mémoire de M' le duc de Weimar, fait au camp d'Elemont, le 4 janvier n. s. 1638 : Responses de la part du Roy sur les presentes demandes de M' le duc de Weimar. — B. ROSE, *Herzog Bernhard der Grosse von*

tellement ruinées qu'au mois d'octobre 1637, elles ne comprenaient guère « plus de quatre cent hommes [1]. »

Ibid. *Avec ces troupes, Weimar força le passage de Goumois au commencement de novembre, battit les Comtois à Trévillers.*

L'heureux lauréat de l'Académie française croit que Bernard se mit à la tête des troupes qui envahirent la franche montagne en 1637, tandis qu'il donna le commandement de cette expédition au général-major Taupadel; l'horrible incendie de Trévillers fut l'œuvre du colonel Callenbach [2].

Ibid. *« Ainsi, écrivait un Espagnol du temps, on a mieux aimé réserver ses provisions à l'envahisseur que de nous les donner à nous-mêmes. »*

Celui qui mandait ceci au parlement, le 8 novembre 1637, n'était pas Espagnol; Jacques-Nicolas de la Baume était né, le 16 octobre 1603, dans la petite ville de Saint-Amour [3].

Page 87. *Au mois de décembre, Charles IV tomba gravement malade d'une fièvre lente: il fallut le transporter à Besançon.*

Au mois de décembre? non, mais au mois de novembre [4]. Le duc de Lorraine était dans la montagne quand il tomba malade [5]; on le transporta « sur des branquars » à Besançon

---

Sachsen-Weimar, t. II, p. 509 et suiv. Cf. A. von Gonzenbach, *Der General Hans Ludwig von Erlach von Castelen*, t. I, p. 57; G. Droysen, *Bernhard von Weimar*, t. II, p. 324.

[1] Mémoire et instruction du duc de Weimar au sr Truchses, au camp de Bromstadt, 23 octobre 1637. — B. Röse, *op. cit.*, t. II, p. 492.

[2] Grün, *Tagebuch*, fol. 182.

[3] Guichenon, *Histoire de Bresse et de Bugey*, t. III, p. 31.

[4] Pétrey-Champvans à la cour, Ornans, 26 novembre 1637. — *Corr. du parlement*, Arch. du Doubs, B. 226.

[5] Forget, *Mémoires des guerres de Charles IV*, fol. 195.

et de là à Belvoir, où il demeura plusieurs jours entre la vie et la mort [1]; le bruit courut même à Besançon qu'il avait succombé à son mal.

*Ibid. Lettre de Charles IV, Châtillon-sous-Maiche, 26 novembre.*

Avec son étourderie ordinaire, l'heureux lauréat de l'Académie française a pris la signature « Laborey [2] » pour la signature « Lorraine. » Le 26 novembre, Charles IV était si mal qu'on ne laissait entrer personne auprès de lui [3]; il ne se trouvait point d'ailleurs à Châtillon-sous-Maiche.

*Ibid. Le marquis de Conflans n'avait jamais désespéré de la victoire.*

Il est singulier qu'en rendant hommage au marquis de Conflans, M. de Piépape oublie le rôle prépondérant que le marquis de Saint-Martin joua dans la campagne de 1637; s'il est un capitaine qui ne désespéra jamais de la victoire, c'est bien celui qui écrivait sur ses drapeaux :

> Je veux par ma perseverance
> Voir l'effet de mon esperance [4].

Après cela, M. de Piépape a si souvent pris le gouverneur pour le marquis de Conflans, qu'en parlant de l'héroïque obstination du second, il l'attribue peut-être en son for intérieur au premier. Par les soins de celui-ci, Champlitte fut

---

[1] Pétrey-Champvans à la cour, Ornans, 28 novembre, 3, 6 et 7 décembre 1637. — *Corr. du parlement*, Arch. du Doubs, B. 226, 227; Boyvin à Chifflet, Dole, 5 décembre 1637. — *Mss. Chifflet*, t. CXXXIII, fol. 20; D. Calmet, *Histoire ecclésiastique et civile de Lorraine*, t. III, p. 347; Vicomtesse de Flavigny, *Le bienheureux Pierre Fourier*, p. 254; F. des Robert, *Campagnes de Charles IV*, p. 417.

[2] Le lieutenant de Baume à la cour, Châtillon-sous-Maiche, 26 novembre 1637. — *Corr. du parlement*, Arch. du Doubs, B. 226.

[3] Pétrey-Champvans à la cour, Ornans, 26 novembre 1637. — *Ibid.*, Arch. du Doubs, B. 226.

[4] *Gazette de France*, extraordinaire du 2 novembre 1638.

repris sur les Français au mois de décembre 1637 [1] ; il n'eût pas été hors de propos de le dire.

Page 88. *Il* (Charles IV) *avait sans doute les regards et l'esprit plus souvent fixés sur les frontières envahies de ses propres États que sur celles de ses impuissants alliés.*

Il est certain que le duc de Lorraine « n'eut depuis 1634 qu'un seul dessein au fond du cœur, dessein conduit, il est vrai, sans habileté ni mesure, mais poursuivi avec une tenace opiniâtreté, celui de rentrer dans la possession intégrale de ses anciens États [2]. » Toutefois c'est aller trop loin que de traiter ce prince d'*ennemi caché* [3], et il faut féliciter M. de Piépape de n'être pas tombé dans une exagération semblable ; l'appréciation du rôle de Charles IV par M. Clerc tient plus du réquisitoire que de la saine critique ; croit-on que, sans les troupes étrangères, la Franche-Comté eût pu résister en 1637 à la triple attaque de Weimar, de Longueville et de Grancey ?

Au surplus, il faut reconnaître qu'un grief sérieux contre le duc de Lorraine est le refus de laisser le colonel Meers enlever les quartiers de Weimar [4] ; pourquoi l'auteur de de l'*Histoire de la réunion de la Franche-Comté à la France* juge-t-il inutile d'en entretenir le lecteur ?

---

[1] Grotius à Oxenstiern, Paris, 19 décembre 1637 ; Grotius à Camerarius, Paris, 19 décembre 1637. — *Epist.*, p. 386 et 387 ; *Gazette de France* du 19 décembre 1637 ; *Manifeste au nom des peuples de la Franche-Comté de Bourgongne*, p. 185 ; MACHERET, *Journal*, t. I, p. 86 ; l'abbé BRIFFAUT, *Histoire de la seigneurie et de la ville de Champlitte*, p. 109 et 116.

[2] Comte D'HAUSSONVILLE, *Histoire de la réunion de la Lorraine à la France*, t. II, p. 228.

[3] E. CLERC, *Histoire des états généraux et des libertés publiques en Franche-Comté*, t. II, p. 83.

[4] *Relation extraite des archives des états*, p. 141 ; GIRARDOT DE NOZEROY, *Histoire de dix ans de la Franche-Comté de Bourgongne*, p. 218.

*Ibid. Ces prises de villes et de châteaux au bailliage d'Aval, par les ducs de Longueville et de Guébriant....*

Le *duc* de Guébriant! Il n'y a que M. de Piépape pour titrer sans hésitation un gentilhomme, à qui ses contemporains contestaient même le droit de timbrer ses armes d'une couronne comtale [1].

[1] Tallemant des Réaux. *Historiettes*, t. V, p. 143.

## CHAPITRE XIII

Page 89. *Expédition du colonel Rosen dans la franche montagne (février-mars 1638).*

Cette expédition doit être rangée parmi les découvertes de M. de Piépape. Se figure-t-on Weimar détachant Reinhold de Rosen de l'armée qui investissait Rheinfelden pour le renvoyer en Franche-Comté ? Ce fut précisément au mois de février 1638 que l'audacieux colonel reçut l'ordre de battre l'estrade jusqu'à Stühlingen [1].

Ibid. *Charles IV de Lorraine au bailliage d'Aval (20 avril).*

Le 20 avril, le duc de Lorraine n'était point au bailliage d'Aval.

Ibid. *Mort héroïque de Carle Dusillet (2 juin).*

Au lieu de *2 juin*, lisez : 4 juin.

Ibid. *Départ de Charles IV pour les Flandres.*

Charles IV ne passa aux Pays-Bas qu'en 1639.

Ibid. *Ambassade de M. Laubépin à Madrid (décembre 1638).*

*Mission* serait le terme propre, les souverains ayant seuls des ambassadeurs. Que dire du baron de Laubespin travesti en *M. Laubépin ?*

Page 90. *Au commencement de 1638, Richelieu renforça*

---

[1] B. Rösz, *Herzog Bernhard der Grosse von Sachsen-Weimar*, t. II, p. 216.

*ses armées et fit prendre partout l'offensive.... La Valette fut condamné à mort.*

Le duc de la Valette condamné à mort au commencement de 1638, afin, sans doute, de *donner à la nouvelle campagne une impulsion plus vigoureuse!* Et la victoire remportée par les Espagnols à Fontarabie est du 8 septembre 1638! La condamnation à laquelle l'auteur de l'*Histoire de la réunion de la Franche-Comté à la France* fait allusion fut prononcée le 24 mai 1639 : c'est le 8 juin suivant que le duc de la Valette fut décapité en effigie à Paris, à Bordeaux et à Bayonne [1].

Ibid. *Il (Richelieu) dépêcha de nouveau Guébriant sur la frontière comtoise, le chargeant.... en cas d'insuccès, d'attirer sur lui les forces du duc Charles, en dégageant celles de Weimar, et empêchant qu'il ne s'y joignît aux autres généraux de l'empereur.*

Telle est la construction de cette phrase qu'il semble que Guébriant eut pour mission d'empêcher la jonction du duc de Weimar avec Savelli, Speerreuter et Werth.

Page 91. *Il (Guébriant) n'entra en Franche-Comté qu'avec une poignée d'hommes : sa diversion fut prompte et active, mais de peu de durée.*

Sait-on en quoi consista cette diversion prompte et active? Non seulement Guébriant n'exécuta pas « l'entreprise de Vezou, » que Louis XIII lui avait recommandée, mais, faute de troupes, ses « grands desseins » sur la

---

1 *Suite de l'Inventaire de l'histoire de France,* t. II, p. 733; Girard, *Histoire de la vie du duc d'Espernon,* p. 572; Omer Talon, *Mémoires* (coll. Michaud), p. 65; Bassompierre, *Journal de ma vie,* t. IV, p. 301; Montrésor, *Mémoires,* t. II, p. 296; Levassor, *Histoire de Louis XIII,* t. V, p. 631; le P. Griffet, *Histoire du règne de Louis XIII,* t. II, p. 195; Le Clerc, *Vie du cardinal de Richelieu,* t. III, p. 116.

Franche-Comté n'aboutirent, de l'aveu même de Sublet de Noyers, qu'à « une apparence de diversion [1]. »

Ibid. *La campagne s'ouvrit par une expédition du colonel Rosen contre la franche montagne.*

On vient de voir ce qu'il faut penser de cette prétendue incursion du vieux Rosen dans la franche montagne. Le plus piquant, c'est qu'à l'appui de sa découverte, M. de Piépape met en avant une *lettre de François Mareschal, Morteau, 9 janvier 1638,* dans laquelle, rendant compte de ses démarches à la diète de Baden, l'honnête procureur fiscal déclare que « les generaulx n'ont commis dez lors aucun acte d'hostilité [2]. »

Page 92. *A peine sorti de ses quartiers d'hiver, le duc de Lorraine mit garnison au château de Belvoir.... Le colonel de Rosen y tenta un assaut qui fut repoussé. Les Suédois se dédommagèrent de cet échec en pillant les villages voisins. Mais, par un habile coup de main, Charles IV fit saisir leurs chariots chargés de butin, et les ramena en triomphe à Belvoir.*

Pour croire les Weimariens dans la terre de Belvoir au début de la campagne de 1638, il faut que l'heureux lauréat de l'Académie française n'ait aucune notion des événements qui s'accomplissaient alors sur le Rhin [3]. Se doute-il seulement de l'erreur qu'il commet? L'expédition dont il parle à la page précédente est celle qu'à la date du 22 février 1639 la *Gazette de France* mentionne en ces termes : « Le colonel Rose est parti d'ici (Pontarlier) depuis trois jours avec

---

[1] Sublet de Noyers à Guébriant, Paris, 13 mars 1638. — Le Laboureur, *Histoire du mareschal de Guébriant,* p. 53.

[2] François Mareschal à la cour, Morteau, 9 janvier 1638. — *Corr. du parlement,* Arch. du Doubs, B. 230.

[3] Cf. Pufendorf, *De rebus Suecicis,* p. 322 et suiv.

quinze cens chevaux et autant de fantassins, sans avoir laissé aucune lumière sur ses desseins [1]. » Quant à l'habile coup de main du duc de Lorraine, c'est la surprise du 27 février 1639, que M. de Piépape racontera d'ailleurs une seconde fois au chapitre suivant (II, 134).

Page 93. *Lettres de Charles IV,.... uyon, 22 mars 1638.*

Où M. de Piépape prend-il *Guyon*? La lettre en question est datée de Guyans.

Ibid. *Lettre du conseiller Brun, Salins, 22 avril 1638.*

Lisez : Lettre du procureur général Brun. Au reste, cette dépêche n'émane pas de Brun seul, mais de Boyvin et de Brun [2].

Ibid. « *Je ne doute pas, écrivait-il le 14 mars, que le secours du duc de Weimar ne donne grande valeur aux entreprises ennemies*, etc. »

Il faut rétablir ce passage de la lettre écrite par le duc de Lorraine « du quartier general de Passavant » ainsi qu'il suit : « Je ne doubte pas que ce dernier succes du duc de Veymard ne donne beaucoup de chaleur à leurs entreprises, mais j'espere, Dieu aydant, et nonobstant l'estat de nos trouppes et des affaires de ceste province, que nous empescherons les accidents que l'on en pourroit apprehender, particulierement touchant la conservation de vostre ville, pourveu que la resolution demeure aussy bonne au dedans comme j'apporteray de soing aux choses de la campagne. » Le succès que l'heureux lauréat de l'Académie française transforme en *secours* n'est autre que la seconde bataille de Rheinfelden (3 mars 1638).

---

[1] *Gazette de France* du 5 mars 1639. Cf. GRÜN, *Tagebuch*, fol. 257.
[2] *Corr. du parlement*, Arch. du Doubs, B. 233.

Page 94. *On écrivait de Mouthe à la cour, le 13 avril :* « .... *MM. de Palaiseaux et de Nancray ont été mis en chemise aux portes de Pontarlier.* »

*MM. de Palaiseaux et de Nancray* sont « les sieurs de Balaissaux et de Nancray ; » la dépêche qui mentionne leur mésaventure n'est pas adressée à la cour, mais à Charles IV [1].

Ibid. *Au commencement de mai, il* (le duc de Lorraine) *fut mandé en toute hâte au bailliage d'Aval, où le duc de Longueville avait pénétré de nouveau.*

Ce ne fut pas au commencement de mai, mais au commencement de juin, que Longueville « fit rebrosser le duc de son voyage de Bassigny [2], » car, le 29 mai, Charles IV recevait à composition les défenseurs du château de Deuilly, après avoir saccagé Bourbonne et Coiffy-le-Châtel [3]. Pourquoi ne pas mentionner l'incendie de Selongey par les troupes franc-comtoises [4] ?

Page 95. *Chaussin, gros bourg sur le Doubs.*

Lisez : Chaussin, petite ville sur l'Orain.

Ibid. *Le 2 juin, il* (le duc de Longueville) *fit brèche au château de Chaussin, avec quelques volées de canon de batterie portant trente-cinq livres de balles.*

Une relation conservée aux archives du Doubs dit que

---

[1] Brun au duc de Lorraine, Mouthe, 13 avril 1638. — *Corr. du parlement*, Arch. du Doubs, B. 233.

[2] GIRARDOT DE NOZEROY, *Histoire de dix ans de la Franche-Comté de Bourgogne*, p. 201. Cf. *Mercure françois*, t. XXII, p. 234.

[3] *Gazette de France* du 12 juin 1638 ; FORGET, *Mémoires des guerres de Charles IV*, fol. 203 ; GIRARDOT DE NOZEROY, *op. cit.*, p. 187 ; MACHERET, *Journal*, t. I, p. 86 ; D. CALMET, *Histoire ecclésiastique et civile de Lorraine*, t. III, p. 348.

[4] *Gazette de France* du 22 mai 1638 ; FORGET, *op. cit.*, fol. 202 ; MACHERET, *op. cit.*, t. I, p. 86 ; Duc D'AUMALE, *Histoire des princes de Condé*, t. III, p. 572.

Chaussin souffrit « quatre-vingt et douze volées de canon de batterie [1] ; » on voit qu'il ne s'agit pas seulement de quelques volées de canon. La *Gazette de France* dit, il est vrai, qu'on ne « deslacha » que 24 boulets. Quoi qu'il en soit, les canons qui jouèrent contre Chaussin n'étaient pas de trente-cinq, mais de trente-trois livres de balle [2].

Ibid. *Les défenseurs, au nombre de cinquante à peine, se rendirent à discrétion, après deux assauts.*

Aucun des documents contemporains ne parle de deux assauts repoussés par les 53 soldats du capitaine Cadet.

Ibid. *Le capitaine Cadet.... fut pendu avec son sergent, par ordre du duc, sans autre motif que d'avoir osé « opiniâtrer sa défense » contre une armée royale.*

Il n'est pas douteux que ce fut là le véritable motif de l'exécution de Brisenot. Encore ne serait-il pas superflu de relever les accusations que les Français dirigèrent contre lui « pour couvrir l'infamie de ceste action [3]. » M. de Piépape aurait aussi pu parler de la pension que Sarmiento accorda, le 25 octobre 1638, à sa veuve [4].

Page 96. *Le château de Rahon fut le berceau du fameux grand maître des Templiers, Jacques de Molay.*

C'est une erreur. Jacques de Molay n'était point de la

---

[1] *Corr. du parlement*, Arch. du Doubs, B. 236. Cf. Relation de ce qui s'est passé dans la Franche-Comté depuis que l'armée du Roy y est entrée, commandée par Monseigneur le duc de Longueville (1638). — Affaires étrangères, France, t. MDLXXIX, fol. 213 ; *Second factum ou Deffenses pour Messire Philippes de la Mothe-Houdancourt*, p. 17 ; A. Rousset, *Dictionnaire des communes du Jura*, t. V, p. 397.

[2] *Gazette de France*, extraordinaire du 17 juin 1638 : *La prise de Chaussin et de Raon en la Franche Comté par le duc de Longueville*; *Mercure françois*, t. XXII, p. 213.

[3] *Manifeste au nom des peuples de la Franche-Comté de Bourgongne*, p. 187. Cf. Bernard, *Histoire du roy Louis XIII*, t. II, p. 428.

[4] *Chambre des comptes*, Arch. du Doubs, B. 583.

maison de Longwy [1]; il ne naquit point au château de Rahon ; son père était un modeste vassal du sire de la Rochelle [2].

Ibid. *Rahon fut sommé le 3 juin.... Malade et infirme, Dusillet tint dix jours avec une poignée d'hommes. Longueville, exaspéré de sa résistance, fit donner l'assaut et pénétra dans Rahon par la brèche, le 3 juin 1638.*

Tout commentaire ne pourrait qu'affaiblir la beauté de cette résistance de dix jours que l'inventeur de la *hallebarde à rouet* place entre le 3 juin 1638 et.... le 3 juin 1638; c'est à se demander si M. de Piépape relit jamais ce qu'il écrit.

Tout ce récit de la prise de Rahon est du reste de pure fantaisie : ce ne fut pas le 3, mais le 2 juin, que « l'armée françoise, après avoir pris Chaussin, envoya un trompette.... environ les huict heures du matin dudit jour pour sommer le chasteau de Rahon [3]; » les Français ne pénétrèrent point par la brèche ; le 4 juin, ils canonnèrent le château et « contraignirent les paysans estant audit chasteau de prier le capitaine Dusillet de n'estre point cause de leur perte ; » dans l'après-midi, la garnison composa. Ainsi, le combat acharné dans lequel *les Comtois finirent par succomber sous le nombre* n'a jamais existé que dans les rêves de l'heureux lauréat de l'Académie française [4].

---

[1] Cf. Dunod, *Mémoires pour servir à l'histoire du comté de Bourgogne*, p. 70; Labbey de Billy, *Histoire de l'université du comté de Bourgogne*, t. II, p. 146; E. Clerc, *Essai sur l'histoire de la Franche-Comté*, t. II, p. 13.

[2] A. Rousset, *Dictionnaire des communes du Jura*, t. V, p. 391; L. Suchaux, *Galerie biographique de la Haute-Saône*, p. 401 ; Id., *Dictionnaire des communes de la Haute-Saône*, t. II, p. 71.

[3] L. Jeannez, *Antoine et Carle Dusillet*, dans le *Bulletin de l'Académie de Besançon*, séance publique du 24 août 1864, p. 84; A. Rousset, *Dictionnaire des communes du Jura*, t. V, p. 396.

[4] Relation de ce qui s'est passé dans la Franche-Comté depuis que

J'ignore où M. de Piépape a pris que Dusillet était malade et infirme, quand les Français se présentèrent devant Rahon. Ne serait-ce point qu'il a confondu la date de la mort du brave capitaine avec celle de son testament [1] ?

Page 97. *Le roi d'Espagne.... érigea le lieu du supplice en fief héréditaire dans la famille Dusillet, sous le titre de fief de la Place.*

Rien n'est moins prouvé que cette érection de fief en faveur d'Antoine Dusillet [2].

Ibid. *Les paysans qui avaient aidé Dusillet à défendre son poste furent en grande partie massacrés.*

Ce massacre n'est pas plus vrai que la *mêlée* dont il est question plus haut : « les paysans furent decimez, et, selon le sort du dez, huict d'entre eux paierent la vie pour les autres [3]; » une relation ne parle que de la pendaison de « quatre ou cinq.... tant soldats que paysans [4]; » une autre dit que « le cappitaine et six autres furent penduz, et le reste prisonniers de guerre [5]. »

Page 98. *Longueville,.... après avoir fait enlever le châ-*

---

l'armée du Roy y est entrée, commandée par Monseigneur le duc de Longueville (1638). — Affaires étrangères, *France*, t. MDLXXIX, fol. 213; *Gazette de France* du 26 juin 1638; *Manifeste au nom des peuples de la Franche-Comté de Bourgongne*, p. 187.

[1] PALLU, *Le château de Rahon; défense héroïque de Carle Dusillet; son testament*, dans la *Revue de la Franche-Comté*, janvier 1842, p. 16; L. JEANNEZ, *Antoine et Carle Dusillet*, p. 75.

[2] L. JEANNEZ, *op. cit.*, p. 88; A. ROUSSET, *Dictionnaire des communes du Jura*, t. V, p. 395.

[3] *Manifeste au nom des peuples de la Franche-Comté de Bourgongne*, p. 188.

[4] A. ROUSSET, *op. cit.*, t. V, p. 397.

[5] Relation de ce qui s'est passé dans la Franche-Comté depuis que l'armée du Roy y est entrée, commandée par Monseigneur le duc de Longueville (1638). — Affaires étrangères, *France*, t. MDLXXIX, fol. 213.

teau de Vaudrey, le 7 juin, se porta résolument au-devant du duc Charles, avec six régiments d'infanterie française et 400 chevaux de cavalerie liégeoise.

Où M. de Piépape a-t-il vu que le duc de Longueville ait enlevé les châteaux de Vaudrey? Ce prince n'entreprit rien sur eux, « peut estre, dit Girardot de Nozeroy, pour ne pas desobliger le marquis qui portoit le nom de Vaudrey joint à celuy de la Baume [1]; » après la prise de Chaussin et de Rahon, ses troupes s'emparèrent seulement de Fay, de Rye et de Frontenay [2].

M. de Piépape ne donne au duc de Longueville que six régiments d'infanterie. Or, voici les noms des régiments d'infanterie qui combattirent à Poligny : Normandie, La Mothe-Houdancourt, Serres, Melun, Le Palais, Batilly, Le Repaire, Roncherolles et Florainville. Faut-il s'étonner que les cavaliers d'Enghien, du Terrail, de Marchin, de Beauregard, de Treilly, des Roches-Baritaut, de Saint-André et de la Luzerne deviennent, sous la plume de l'heureux lauréat de l'Académie française, 400 chevaux de cavalerie liégeoise?

Ibid. *Lettre de M. de Savoyeux, camp près de Villette, 7 juin 1638.*

[1] *Histoire de dix ans de la Franche-Comté de Bourgogne*, p. 207. Cf. Le marquis de Saint-Martin à la cour, de l'armée sur le mont d'Ivory, 29 juin 1638; le marquis de Saint-Martin à Foissotte, de l'armée sur Salins, 4 juillet 1638; le marquis de Saint-Martin à la cour, Besançon, 3 août 1638; le marquis de Saint-Martin à Foissotte, Besançon, 3 août et 30 novembre 1638. — *Corr. du parlement*, Arch. du Doubs, B. 236, 237, 238, 240.

[2] Relation de ce qui s'est passé dans la Franche-Comté depuis que l'armée du Roy y est entrée, commandée par Monseigneur le duc de Longueville (1638). — Affaires étrangères, *France*, t. MDLXXIX, fol. 213. Cf. La cour au marquis de Saint-Martin, Dole, 8 juin 1638. — *Corr. du parlement*, Arch. du Doubs, B. 236; *Gazette de France*, extraordinaire du 30 juin 1638 : *Le sanglant combat donné entre le duc de Longueville et le duc Charles près de Poligny, où il est demeuré plus de 800 ennemis morts ou blessés.*

La lettre datée « de la campagne proche Villette, le 7 juin 1638, à 10 heures du matin, » n'est pas du baron de Savoyeux, mais du baron de Scey ; l'auteur de l'*Histoire de la réunion de la Franche-Comté à la France* l'a confondue avec celle que Philibert-Emmanuel de Fouchier écrivit, le 7 juin 1638, « de la campagne proche Arbois [1]. »

Page 99. « *Sarmiento arriva à Salins le 10 juin.* » *Lettre de Girardot de Nozeroy, Salins, 11 juin. Lettre de M. de Savoyeux, Arbois, 8 juin 1638.*

Il est inutile de mettre entre guillemets ce qui n'est pas une citation. Quant à la lettre du baron de Savoyeux, elle n'a pas trait à la venue de Sarmiento, mais aux forces de l'ennemi [2].

Ibid. *Il arrivait pénétré des idées les plus belliqueuses.*

M. de Piépape paraît partager les préventions de nos historiens à l'endroit de Sarmiento : presque tous ont méconnu le rôle que le fier Espagnol joua pendant la guerre de Dix ans, et je ne vois guère que l'auteur des *Considérations sur le Comté de Bourgogne de 1595 à 1674* qui ait rendu justice à la droiture de ses intentions et à la clairvoyance de ses pressentiments.

Page 100. *Il* (le duc de Lorraine) *feignit de marcher sur Poligny pour en faire le siège.*

Il aurait été difficile à Charles IV de faire le siège de Poligny, puisque cette ville n'était pas encore au pouvoir des Français. Comment le créateur du *roman de geste* peut-il oublier que ceux-ci ne la prirent d'assaut qu'après le combat du 19 juin 1638 ?

---

[1] *Corr. du parlement,* Arch. du Doubs, B. 236.
[2] Le baron de Savoyeux à la cour, Arbois, 8 juin 1638. — *Corr. du parlement,* Arch. du Doubs, B. 236.

Ibid. *Théophile Renaudot.*

*Théophile,* pour Théophraste. Il ne serait pas plus étrange d'écrire *Ernest de Girardin* pour Emile de Girardin.

Page 101. *Le prince se retrancha aussitôt dans une assiette excellente : son centre vers Chaussenans, sa droite à Chamole, sa gauche à la forêt de Poligny, son front couvert par la gorge du prieuré de Vaux.*

Tout grand stratégiste qu'il est, M. de Piépape ne se rend pas compte du terrain sur lequel le duc de Lorraine attendit Longueville ; il montre ce prince couvrant son front par les escarpements de la falaise de Vaux, comme si les Français devaient tenter une escalade impossible au lieu de venir à lui par Barretaine et Champvaux ; c'est l'origine de la plupart des bévues que le récit du combat de Poligny renferme.

La simple lecture de la carte révèle d'ailleurs l'invraisemblance des positions que l'inventeur de la *hallebarde à rouet* assigne aux troupes lorraines. L'aile droite de Charles IV n'était pas à Chamole, mais en avant de Chaussenans, tandis que son aile gauche s'appuyait aux bois que M. de Piépape prend à tort pour la forêt de Poligny ; le duc de Lorraine avait de la sorte « à droite le chasteau de Grimont et la ville de Poligny, à gauche un grand bois [1] ; » avec son centre à Chaussenans et sa droite à Chamole, il aurait difficilement fait face à l'ennemi.

Ibid. *Sa droite ne pouvait être tournée, puisqu'elle s'appuyait à des escarpements.*

N'est-ce pas la confession de l'erreur commise en plaçant cette aile à Chamole ?

---

[1] GIRARDOT DE NOZEROY, *Histoire de dix ans de la Franche-Comté de Bourgogne*, p. 202.

Page 102. « *Derrière leur camp, où nous estions en bataille, il y avoit une vallée où ils avoyent leur gros de cavallerye, qui faisoit leur front de nostre costé,* etc. »

Cette citation n'est pas à sa place. Le lecteur peut, en effet, se demander comment, au début de l'action, les Français se trouvaient en bataille dans le camp des Lorrains. De plus, elle a le tort d'être infidèle : la réserve de cavalerie n'était pas *à droicte et à gauche,* mais en un seul gros, attendu que la relation dont il s'agit dit : « Derriere leur camp, où nous estions en battaille, il y avoit une vallée où ils avoynt leur gros de cavallerye qui faisoint leur front de nostre costé en six escadrons et derriere eux fort loin leur gros de reserve où estoit le duc Charles, qui paroissoit estre de huict cents chevaulx; » puis elle ajoute : « A droict et à gauche ils avoynt deux forts [1]. »

*Ibid. Son infanterie fut rangée derrière ses retranchements, son artillerie sur sa droite et le long des escarpements qui couvraient son front.*

M. de Piépape ne renonce pas, on le voit, à l'idée de l'armée du duc de Lorraine faisant front à contre-sens.

*Ibid. On lit dans une curieuse relation manuscrite du couvent des clarisses de Poligny, écrite d'heure en heure pendant la bataille, que les religieuses entendaient le canon du côté de la Roche du Midi.*

Le manuscrit des clarisses de Poligny ne consacre au combat du 19 juin 1638 que les lignes suivantes : « Le prince de Lorraine, chef de nostre armée, presenta la bataille aux François, laquelle se fit sur la Roche du Midi.... Le prince de Lorraine et Monseigneur le gouverneur, qui

---

[1] Relation de ce qui s'est passé dans la Franche-Comté despuis que l'armée du Roy y est entrée, commandée par Monseigneur le duc de Longueville (1638). — *Affaires étrangères, France,* t. MDLXXIX, fol. 215.

estoit pour lors le marquis de S. Martin, s'y comporterent fort vaillamment et donnerent leurs coups, et tous les nostres firent si bien que l'ennemi se retira honteusement, laissant pour gage la terre couverte de corps morts, ou... ceux des principaux qu'ils avoient chargez sur des chariots et enterrez çà et là. Que s'ils eussent esté poursuivis, ils n'eussent eu garde de retourner de si tost [1]. » Voilà ce que l'heureux lauréat de l'Académie française appelle une relation écrite d'heure en heure pendant la bataille !

Page 103. *Il fut résolu qu'on commanderait 300 hommes de la première colonne qui était de 1,500, et qu'avec cela on irait se rendre maître du rocher.*

La première colonne, « ainsy appellent-ils aujourd'huy l'avant-garde [2], » ne se composait pas seulement de 1,500 hommes, car, pour débusquer les Lorrains du « rocher qui commandoit non seullement le bois, mais encore leur camp, » on lit qu' « il fut resolu qu'on commanderoit 300 hommes de chaque regiment de la premiere colonne, qui estoint 1,500, sçavoir de Normandye, Melun, Serre, Battilly et Palais [3]. »

Page 104. *Vers dix heures, l'armée française se présenta, pleine d'entrain et de confiance.... Du haut des rochers qui dominent la gorge, Longueville reconnut les lignes de Charles IV.... Il vit le campement et les lignes des ennemis.*

---

[1] *Annales du monastère des pauvres religieuses de Sainte-Claire de Poligny*, fol. 24.

[2] *Gazette de France*, extraordinaire du 30 juin 1638.

[3] *Relation de ce qui s'est passé dans la Franche-Comté depuis que l'armée du Roy y est entrée, commandée par Monseigneur le duc de Longueville* (1638). — Affaires étrangères, France, t. MDLXXIX, fol. 214.

Ce ne fut pas le 19 juin, mais le 18, que « le sieur de Feuquières, ayant franchi la montagne avec l'avant-garde, n'eut pas fait environ une lieue que d'une eminence par où il passa il vid le campement et les tentes des ennemis [1]. » Le duc de Longueville était avec le gros de l'armée.

Ibid. *A deux heures de l'après-midi seulement les avant-gardes en vinrent aux mains.*

C'est l'heure à laquelle le marquis de Saint-Martin fait commencer la bataille [2]. En réalité, l'action s'engagea plus tôt : vers dix heures, la Mothe-Houdancourt attaqua le premier corps de garde, qu'il emporta « après un vigoureux combat [3] ; » avant que l'aile droite de l'armée française eût achevé son mouvement, l'impatience d'un officier du régiment du Palais entraina l'aile gauche, et ce fut celle-ci qui, montant à l'assaut de la redoute de Bornival, s'en empara « un peu après midi [4]. »

Ibid. *Dès le début de l'action le duc de Lorraine apparut sur le terrain. Le régiment de Valorsky.... chargea en flanc à bonne distance la cavalerie française.*

Charles IV prit-il part aux engagements qui précédèrent la bataille proprement dite ? Je l'ignore, mais, pour ce qui est de Valorski, ce ne fut pas au début de l'action que son feu arrêta la cavalerie française, car la redoute qu'il occupait était à l'extrémité de l'aile droite de l'armée du duc de Lorraine.

---

[1] *Gazette de France*, extraordinaire du 30 juin 1638.

[2] Le marquis de Saint-Martin à la cour, de l'armée sur le mont de Poligny, 20 juin 1638. — *Corr. du parlement*, Arch. du Doubs, B. 236.

[3] *Gazette de France*, extraordinaire du 30 juin 1638 ; *Mercure françois*, t. XXII, p. 215 ; *Annuaire du Jura* de 1880, p. 127.

[4] Fonget, *Mémoires des guerres de Charles IV*, fol. 211. Cf. Relation de ce qui s'est passé dans la Franche-Comté depuis que l'armée du Roy y est entrée, commandée par Monseigneur le duc de Longueville (1638). — Affaires étrangères, *France*, t. MDLXXIX, fol. 214.

*Ibid. Le marquis de Saint-Martin, qui apportait à la bataille sa valeur éprouvée et son patriotisme exalté, avait revêtu ce jour-là une cotte de mailles écarlate bordée d'or.*

Une *cotte de mailles* écarlate ! Serait-ce une mêlée du XIII° siècle que l'heureux lauréat de l'Académie française raconte ? Girardot de Nozeroy montre simplement « le marquis avec une cotte d'armes d'escarlatte brodée d'or [1]. »

Page 103. *Il* (le marquis de Feuquières) *est salué par une grêle de balles et met pied à terre pour mieux diriger sa troupe.*

M. de Piépape se figure qu'il est aisé à un officier général démonté de diriger ses colonnes d'attaque. Cette appréciation n'eût pas été partagée par le marquis de Feuquières, qui, voyant ses gens courir aux retranchements ennemis, se hâta de monter à cheval pour les appuyer « avec le reste dudit regiment d'Anguien ; » s'il n'avait pas eu « le loisir de pouvoir reprendre leur teste afin de les arrester, » c'est qu'il « estoit lors à pied [2]. »

*Ibid. M. de Rocque-Servière mène l'attaque avec M. de Sauvebœuf, qui a débordé la gauche de Charles IV par les bois.*

Ni Roqueservières ni Sauvebœuf ne prirent part à l'attaque en question ; pendant que Feuquières emportait la redoute de Bornival, ils achevaient de faire filer l'arrière-garde par les bois.

*Ibid. La cavalerie lorraine débouche à son tour entre les retranchements ; elle est contenue par le feu de la mousqueterie française. Cependant elle a le bonheur de prendre une cornette.*

---

[1] *Histoire de dix ans de la Franche-Comté de Bourgongne*, p. 203.
[2] *Gazette de France*, extraordinaire du 30 juin 1638.

L'étourderie de l'inventeur de la *hallebarde à rouet* fait qu'il confond ici le malheur de perdre une cornette avec le bonheur de la prendre. Après avoir dit, en effet, que le marquis de Feuquières contraignit « un gros escadron de cavalerie ennemie » à se retirer, la *Gazette de France* ajoute : « Ce qu'il ne pût néantmoins faire si diligemment que deux escadrons commandez par les sieurs de Coupet, de Livry et Chastelus ne le rompissent et n'emportassent la cornette [1]. »

Ibid. *Feuquières enlève d'assaut le premier retranchement du duc Charles, où il prend deux canons et un drapeau.*

Quoi qu'en dise la *Gazette de France*, aucun drapeau ne fut pris au combat de Poligny [2].

Page 106. *Il (Sauveboeuf) se trouve ainsi à bonne portée des deux principaux forts, où le duc Charles avait posté trois régiments d'infanterie.*

La redoute de Bornival emportée par Feuquières, il restait encore au duc de Lorraine trois forts occupés par les régiments de Suyz, de Saint-Balmont et de Valorski.

Ibid. « *Alors, confesse le bulletin de la* Gazette de France, *l'un de nos postes plia tout à fait, et notre cavalerie, se voyant dénuée d'infanterie, fut mise en déroute.* »

Il serait bon d'ajouter que « le poste de la haye » fut immédiatement réoccupé par le régiment de Florainville.

---

[1] Extraordinaire du 30 juin 1638. Cf. Relation de ce qui s'est passé dans la Franche-Comté depuis que l'armée du Roy y est entrée, commandée par Monseigneur le duc de Longueville (1638). — Affaires étrangères, *France*, t. MDLXXIX, fol. 214; *Mercure françois*, t. XXII, p. 219; Richelieu, *Mémoires*, p. 265; Campion, *Mémoires*, p. 106.

[2] Le duc d'Enghien au prince de Condé, Dijon, 27 juin 1638. — Duc d'Aumale, *Histoire des princes de Condé*, t. III, p. 575.

Ce ne fut qu'à la nuit tombante que le duc de Longueville se décida à battre en retraite [1].

Ibid. *Le duc de Lorraine, l'épée à la main, invectivait les cavaliers comtois qu'il trouvait trop froids au combat et animait de la voix et du geste ses fidèles compagnons d'armes. La cavalerie bourguignonne avait deux escadrons de réserve*, etc.

Ce n'est pas la première fois que l'heureux lauréat de l'Académie française se plaît à dépeindre Charles IV apostrophant les cavaliers comtois. Ici, l'accusation que M. de Piépape dirige contre la cavalerie bourguignonne n'a d'autre fondement que la précipitation avec laquelle il a lu le passage suivant de Girardot de Nozeroy : « Le duc l'espée à la main fit reproches aux cavaliers allemans et anima ses Lorrains [2]. » Comment d'ailleurs le duc de Lorraine eût-il pu trouver trop froide au combat une cavalerie qui *rivalisait d'ardeur et d'audace* avec la sienne ? La vérité est qu'elle ne prit pas part à l'action ; elle demeura en réserve sous le commandement du baron de Scey et du baron de Savoyeux.

Page 107. *Tout à coup les fantassins du duc Charles lâchent pied à leur tour et se retirent sur d'autres retranchements plus en arrière..... C'était une sorte de formation en échiquier.*

Après avoir prématurément raconté (II, 106) la déroute de la cavalerie française, il ne manquait plus à l'auteur de l'*Histoire de la réunion de la Franche-Comté à la France* que d'imaginer cette triomphante formation en échiquier. Ce qu'il prend pour une manœuvre destinée à

---

[1] *Gazette de France*, extraordinaire du 30 juin 1638.
[2] GIRARDOT DE NOZEROY, *Histoire de dix ans de la Franche-Comté de Bourgogne*, p. 203.

devenir *le salut de la petite armée comtoise*, c'est tout bonnement l'avantage partiel remporté sur l'aile droite de Charles IV avant que l'action devint générale; ses retranchements enlevés, Bornival s'était, en effet, replié sur le centre, mais ni Suyz, ni Saint-Balmont, ni Valorski n'abandonnèrent leurs forts.

Ibid. *Il* (le fort de Bornival) *fut assailli avec intrépidité par les troupes de Feuquières et de la Mothe-Houdancourt, malgré le feu terrible qu'il vomissait de ses crêtes.*

M. de Piépape oublie qu'il a déjà (II, 405) narré l'attaque et la prise de la redoute de Bornival. Parler de *crêtes* à propos d'ouvrages improvisés est vraiment le fait d'un poète.

Ibid. *Les Lorrains avaient fait avancer dix canons dont ils se servaient avec avantage.*

La légèreté du créateur du *roman de geste* lui fait placer dans les rangs lorrains les pièces dont disposait le duc de Longueville. C'est, en effet, celui-ci qui, « pour favoriser ce qu'il avoit cru obtenir sans difficulté.... fit avancer dix quarts de canon desquels il ne se servoit pas mal [1]. » Une relation ne donne cependant aux Français que « deux pieces de batterye, deux batardes et deux moyennes [2]. »

Ibid. *Les troupes du duc de Longueville se jettent dans le fort et rompent le front du régiment de Bornival.*

Qui croirait que ce fort n'est autre que *le premier retranchement du duc Charles* qu'on a déjà vu emporté plus haut (II, 405) ?

---

[1] Ponset, *Mémoires des guerres de Charles IV*, fol. 210. Cf. *Mercure françois*, t. XXII, p. 220; D. Calmet, *Histoire ecclésiastique et civile de Lorraine*, t. III, p. 351.

[2] Relation de ce qui s'est passé dans la Franche-Comté depuis que l'armée du Roy y est entrée, commandée par Monseigneur le duc de Longueville (1636). — Affaires étrangères, *France*, t. MDLXXIX, fol. 213.

*Ibid. Le duc Charles.... reprend la redoute Bornival avant que les Français y soient établis.*

Les Français occupèrent si bien le fort de Bornival que l'heureux lauréat de l'Académie française a précédemment montré Feuquières s'y installant avec le régiment de Normandie et ôtant aux Lorrains *tout espoir de ressaisir ce poste* (II, 103).

*Ibid. Le régiment lorrain de Saint-Balmont, commandé par le colonel d'Arbois, résiste à cinq assauts successifs.*

Pourquoi passer sous silence l'assaut de la redoute occupée par le régiment de Valorski, « qui, aiant en toute rencontre emporté de la gloire,.... fut attaqué sans autres effets que de voir la terre couverte des corps des ennemis [1] ? »

Page 108. *Il* (le marquis de Saint-Martin) *presse Longueville et lui fait repasser le défilé qui sépare les deux armées.*

Cette phrase est inintelligible : si les deux armées avaient été séparées par un défilé sur le plateau de Chamole, comment l'une d'elles aurait-elle pu le faire repasser à l'autre ? Quand Girardot de Nozeroy parle du « poste estroit qui estoit entre les armées [2], » il faut sous-entendre : lorsque les Français étaient encore sur le plateau de Barretaine, et M. de Piépape était tenu de s'expliquer plus clairement que lui.

*Ibid. Les troupes françaises n'ayant pas de canon pour les soutenir....*

Qu'était donc devenu le canon de Feuquières qui, au début de l'action, lui avait été « amené par le sieur de

---

[1] Forget, *Mémoires des guerres de Charles IV*, fol. 212. Cf. D. Calmet, *Histoire ecclésiastique et civile de Lorraine*, t. III, p. 352.
[2] *Histoire de dix ans de la Franche-Comté de Bourgongne*, p. 203.

Brosses, lequel fut servi avec grande diligence et hardiesse des officiers [1] ? » L'heureux lauréat de l'Académie française a cependant mentionné la justesse du tir de ces pièces (II, 105).

Ibid. *A la vue de ce mouvement rétrograde, le marquis dépêche un cavalier au duc de Lorraine pour lui demander de l'infanterie et faire marcher toute l'armée à la poursuite.*

Pour lui demander de l'infanterie ? Non, mais « ses Bourguignons [2], » c'est-à-dire de la cavalerie.

Ibid. *La tradition rapporte même que le duc Charles arracha les boutons de métal de son justaucorps, pour les faire tirer, en guise de balles, aux mousquetaires qui l'entouraient.*

Ce n'est pas la tradition, c'est un contemporain de Charles IV, qui nous a conservé le souvenir de cette « gasconnade [3]; » M. de Piépape ne l'ignore probablement pas, bien qu'il travestisse plus loin l'abbé Arnauld en *M. d'Arnaud*.

Page 109. *Les particularités de cette journée sont encore rapportées dans la relation du sieur de Renecourt, imprimée à Bruxelles. (Mss. Boyvin.)*

« *Toute l'armée y coucha son reste, dit cette relation, et fut repoussée par la moitié de l'armée comtoise seulement.* »

Citer de seconde main est le procédé ordinaire de l'auteur de l'*Histoire de la réunion de la Franche-Comté à la France,* et je ne crains pas d'être démenti en affirmant

---

[1] *Gazette de France,* extraordinaire du 30 juin 1638. Cf. FORGET, *Mémoires des guerres de Charles IV,* fol. 211.
[2] GIRARDOT DE NOZEROY, *op. cit.,* p. 203.
[3] L'abbé ARNAULD, *Mémoires,* p. 506.

qu'il n'a pas lu la relation du sieur de Remenecourt. Au reste, la phrase qu'il met entre guillemets n'est pas tirée d'une gazette que les plus éminents bibliographes belges déclarent introuvable, mais de l'écrit attribué par quelques auteurs à Boyvin [1].

*Ibid. Les Lorrains eurent 1,000 tués et 800 blessés.*

Ces chiffres ne sont pas *un peu*, mais ridiculement exagérés. Le *Mercure françois* ne parle que de « six ou sept cens hommes morts ou blessez [2]. » D'autre part, ils ne sont pas, comme M. de Piépape le dit, empruntés à la relation de la *Gazette de France*, car celle-ci se borne à déclarer que, d'après le rapport de quelques soldats prisonniers, « les morts et blessez abandonnez du parti de l'ennemi » dépassaient « huit cens [3]. »

*Ibid. Telle fut la bataille de Poligny.*

On ne peut que s'incliner devant la robuste confiance avec laquelle l'heureux lauréat de l'Académie française croit à l'exactitude du récit qu'il vient de faire.

Page 110. « *Depuis le combat, écrit le gentilhomme comtois, les mouvements de l'armée, et le dernier en particulier, me semblent des mystères qui ne sont pas de mon goût et que je n'entends nullement*, etc. »

---

[1] *Manifeste au nom des peuples de la Franche-Comté de Bourgongne*, p. 191.

[2] *Mercure françois*, t. XXII, p. 224. Cf. Grotius à Oxenstiern, Paris, 3 juillet 1638; Grotius à Camerarius, Paris, 3 juillet 1638. — *Epist.*, p. 414 et 415; Richelieu au cardinal de la Valette, Rueil, 7 juillet 1638. — *Lettres, instructions diplomatiques et papiers d'Etat du cardinal de Richelieu*, t. VI, p. 58; CAMPION, *Mémoires*, p. 108.

[3] Extraordinaire du 30 juin 1638. Cf. Relation de ce qui s'est passé dans la Franche-Comté depuis que l'armée du Roy y est entrée, commandée par Monseigneur le duc de Longueville (1638). — Affaires étrangères, France, t. MDLXXIX, fol. 215; FOREST, *Mémoires des guerres de Charles IV*, fol. 214.

La lettre du marquis de Saint-Martin est transcrite avec la même négligence que les autres dépêches extraites par M. de Piépape de la correspondance du parlement. Pourquoi, je le répète, ne pas respecter l'énergique concision du mot qui la termine : « Qui a maistre il fault obeyr [1] ? »

Page 111. *Plusieurs contemporains l'ont attribuée* (la conduite du duc de Lorraine) *au désir.... de se rapprocher de M*<sup>me</sup> *de Cantecroix, qui se trouvait alors à Salins.*

Béatrix de Cusance ne se trouvait point à Salins ; elle était à Besançon, où Charles IV fut la rejoindre après la bataille de Poligny [2].

Ibid. « *Le duc de Longueville, dit la* Gazette de France, *mérite la principale gloire, etc.* »

Plus de vingt mots ont été omis dans la transcription de ce court passage de l'extraordinaire du 30 juin 1638.

Page 112. *Ce récit* (le récit de la *Gazette de France*) *est évidemment très partial, et le duc de Longueville luimême l'aurait peut-être désavoué.*

M. de Piépape ne prêterait peut-être pas de tels scrupules au duc de Longueville, s'il savait par qui la relation du combat de Poligny a été communiquée à Renaudot [3].

Ibid. *Il* (Longueville).... *recula, en suivant les hauteurs, jusqu'à Château-Châlon,* « *lieu fortifié par la nature et situé sur la croupe d'une montagne inaccessible dans la plupart de ses faces. (Richelieu au cardinal de la Valette, Rueil, 7 juillet 1638. Doc. inéd. sur l'hist. de France.)* »

---

[1] Le marquis de Saint-Martin à la cour, Arbois, 21 juin 1638. — Corr. du parlement, Arch. du Doubs, B. 236.

[2] Sarmiento au cardinal infant, Salins, 4 juillet 1638. — C. Baille, Le comté de Bourgogne de 1595 à 1674, p. 115.

[3] Lettres de Jean Chapelain, t. I, p. 254.

La phrase que l'inventeur de la *hallebarde à rouet* met entre guillemets n'est point tirée d'une lettre du cardinal de Richelieu; elle se trouve dans Chevalier [1].

*Ibid. Après huit jours de repos, le 24 juin, Longueville vint réoccuper le champ de bataille de Chamole.*

Est-ce que dans le service d'état-major les jours de repos comptent double? Je ne vois pas comment du 19 au 24 juin l'armée française put se reposer huit jours. Ce ne fut pas d'ailleurs le 24 juin, mais le 26, que les troupes du duc de Longueville partirent du camp de Saint-Martin et vinrent camper « au-dessus du chasteau de Poligny [2]; » le manuscrit des clarisses dit : « Le siege fut posé le samedi jour de S. Jean et S. Paul de l'année 1638 [3]. »

Page 113. *Soixante d'entre eux furent égorgés dans l'église collégiale.*

Quoi qu'en ait dit Chevalier [4], ce massacre des bourgeois de Poligny dans l'église est peu vraisemblable : la *Gazette de France*, toujours portée à enfler les pertes des Comtois, déclare qu'à la prise de la ville il ne fut tué que soixante ennemis, « car, ajoute-t-elle, nos soldats ont sauvé tous les habitans pour en tirer bonne rançon [5]. »

---

[1] *Mémoires historiques sur la ville et seigneurie de Poligny*, t. I, p. 291.

[2] Relation de ce qui s'est passé dans la Franche-Comté depuis que l'armée du Roy y est entrée, commandée par Monseigneur le duc de Longueville (1638). — Affaires étrangères, France, t. MDLXXIX, fol. 215. Cf. CAMPION, *Mémoires*, p. 108.

[3] *Annales du monastère des pauvres religieuses de Sainte-Claire de Poligny*, fol. 26.

[4] *Mémoires historiques sur la ville et seigneurie de Poligny*, t. I, p. 293.

[5] *Gazette de France* du 10 juillet 1638. Cf. *Annales du monastère des pauvres religieuses de Sainte-Claire de Poligny*, fol. 38; *Mercure françois*, t. XXII, p. 226.

*Ibid. Le couvent des clarisses fut envahi, et ce n'est qu'à grand'peine que les religieuses obtinrent une sauvegarde du général français. Elles sortirent sans pain, presque sans vêtements, pour aller se réfugier à Arbois.*

Est-il possible de dénaturer les faits d'une façon plus complète ? Le monastère des clarisses ne fut pas envahi : Jean-Pierre de Moyria, seigneur de Châtillon, y courut au péril de sa vie avec d'autres officiers français pour « garantir d'insultes » les religieuses. « Trois de celles-ci étant venues avec la croix à la principale porte de leur monastère, les officiers donnèrent des marques de leur piété [1] » que le manuscrit des clarisses nous a transmises : « Quand ils virent ces trois pauvres créatures plus mortes que vives, en une si humble posture, baignant toutes en larmes, ils se prosternèrent aussi à genoux, et comme vrais catholiques baisèrent le crucifix fort dévotement, et commencèrent à consoler ces pauvres religieuses [2]. » Un soldat ayant rompu le toit et étant entré dans le dortoir avec quelques autres en criant : « Tue, tue ! La bourse, la bourse ! » le sieur de Châtillon ne parlait de rien moins que de le faire pendre à la porte du monastère. Les clarisses ne se réfugièrent pas à Arbois, mais au couvent des capucins de Poligny, où elles demeurèrent plusieurs jours ; loin de leur accorder à grand'peine une sauvegarde, le duc de Longueville les prit sous sa protection ; il ordonna qu'on leur fournît du pain de munition [3] ; enfin son lieutenant la Mothe-Houdancourt présida lui-même à leur départ pour Arbois, où une escorte de cavalerie vint les prendre pour les conduire à « l'armée du païs. »

[1] Chevalier, *op. cit.*, t. II, p. 171.
[2] *Annales du monastère des pauvres religieuses de Sainte-Claire de Poligny*, fol. 32.
[3] *Ibid.*, fol. 50.

Ibid. *Longueville fit ensuite investir le château de Grimont. Il intimida le gouverneur du Roc.*

Le commandant du château de Grimont n'était pas du Roc, mais Bonaventure Dagay, « vieillard courageux, assisté du sieur du Roc, soldat de Flandre [1]. »

Ibid. *Grimont capitula le lendemain de la prise de Poligny, malgré les objurgations d'un brave bourgeois de Vers, qui offrait à ses compagnons de s'aller mettre sur le fourneau de mine, s'il était vrai que l'assaillant s'apprêtât à le faire sauter.*

Grimont ne capitula pas le lendemain de la prise de Poligny, mais le jour même : « Le 29°, après plusieurs volées de canon, dont la frequence.... egaloit presque celle des mousquetades, le chasteau se rendit à composition.... et le lendemain 30° en sortirent le sieur Daguet qui en estoit gouverneur pour le Roy d'Espagne, cinq capitaines, un lieutenant, deux alferes, avec leurs armes et un bidet chacun, et 350 soldats sous les armes [2]. »

Ce qui est risible, c'est l'étourderie qui fait que l'heureux lauréat de l'Académie française prend « de Vers, bourgeois de la ville et soldat [3], » pour un brave bourgeois de Vers.

Page 114. *Un partisan comtois, le capitaine de Courbière.*

Jacques Roussel, dit le capitaine la Courbière, eût assurément été surpris de se voir anobli.

Ibid. *Après le sac de Poligny, le duc de Longueville*

---

[1] GIRARDOT DE NOZEROY, *Histoire de dix ans de la Franche-Comté de Bourgongne*, p. 201. Cf. DUNOD, *Histoire de l'église de Besançon*, t. II, p. 347.

[2] *Gazette de France* du 10 juillet 1638. Cf. *Mercure françois*, t. XXII, p. 227.

[3] GIRARDOT DE NOZEROY, op. cit., p. 265.

envoya son *lieutenant la Mothe-Houdancourt contre l'abbaye de Baume-les-Messieurs.*

Ce ne fut pas après le sac de Poligny, mais « peu devant » que « le sieur de la Mothe Houdancour alla attaquer par l'ordre du duc de Longueville la vallée de Baume [1]. » Les défenseurs de l'abbaye composèrent le 25 juin [2].

Ibid. *Cette abbaye servait de repaire à des partisans comtois.... La Mothe-Houdancourt les en expulsa, tandis que Longueville allait, le 9 juillet, faire capituler Arbois.*

M. de Piépape, on le voit, est convaincu que la prise de Baume et la capitulation d'Arbois eurent lieu dans le même temps.

Ibid. *Le duc marcha ensuite sur Salins.*

Il est fâcheux que, non content de taire la reddition du château de Montigny [3], l'auteur de l'*Histoire de la réunion de la Franche-Comté à la France* passe sous silence la prise du château de Vadans [4], dont il mentionnera cependant plus loin la reprise (II, 121).

Page 113. *Des pluies d'orage détrempèrent les chemins*

---

[1] *Gazette de France*, extraordinaire du 5 juillet 1638 : *La prise de la ville et chasteau de Poligni et autres places par le duc de Longueville.* Cf. *Mercure françois*, t. XXII, p. 227.

[2] Relation de ce qui s'est passé dans la Franche-Comté depuis que l'armée du Roy y est entrée, commandée par Monseigneur le duc de Longueville (1638). — Affaires étrangères, France, t. MDLXXIX, fol. 216.

[3] Boyvin, Boreur et Brun à la cour, Salins, 13 juillet 1638. — *Corr. du parlement,* Arch. du Doubs, B. 237.

[4] Boyvin, Boreur, Toytot et Brun à la cour, Salins, 14 juillet 1638 ; Foissotte à la cour, Vaudrey, 14 juillet 1638. — *Corr. du parlement,* Arch. du Doubs, B. 237 ; *Gazette de France* du 31 juillet 1638 ; *Mercure françois*, t. XXII, p. 229 ; *Manifeste au nom des peuples de la Franche-Comté de Bourgongne*, p. 192 ; *Relation extraite des archives des états,* p. 144 ; Richelieu, *Mémoires*, p. 265 ; Girardot de Nozeroy, *Histoire de dix ans de la Franche-Comté de Bourgongne*, p. 205.

*et obligèrent Longueville à abandonner sa tentative sur Salins.*

Ce ne fut pas seulement l'état des chemins qui dissuada le duc de Longueville de marcher sur Salins : les renforts qu'il avait envoyés à Weimar avaient tellement affaibli son armée qu'il ne pouvait songer à former le siège de cette place [1].

Ibid. *Richelieu s'écria, dit-on, à cette nouvelle, « que ceux d'Autriche, quand ils étaient pressés, tiraient aussitôt des miracles de leurs poches. »*

Ce ne fut pas non plus à cette nouvelle que le cardinal de Richelieu poussa l'exclamation que M. de Piépape rapporte, et je doute même qu'il ait eu connaissance des causes qui firent échouer le dessein du duc de Longueville sur Salins. Girardot de Nozeroy se borne à dire : « Les secours du ciel ont esté ordinaires à la maison d'Austriche durant toutes ces guerres, si que Richelieu disoit que ceux d'Austriche quand ils estoient pressez tiroient aussi tost des miracles de leurs poches [2]. » Au surplus, l'heureuse fortune de nos princes était tellement passée en proverbe que je rencontre la même expression dans la bouche du duc de Guise remarquant, « non sans regret, que le ciel n'a gueres manqué jusques ici de faire un miracle en faveur de la maison d'Autriche, quand elle est sur le point de sa perte [3]. »

Ibid. *Longueville se consola du contre-temps en allant ravager le bailliage d'Amont.*

Le duc de Longueville se posta d'abord à la vue de Dole,

---

[1] Grotius à Camerarius, Paris, 31 juillet et 7 août 1638; Grotius à Salvius, Paris, 31 juillet 1638; Grotius à Oxenstiern, Paris, 7 août 1638. — *Epist.*, p. 451 et suiv.

[2] *Histoire de dix ans de la Franche-Comté de Bourgongne*, p. 297.

[3] *Mémoires* (coll. Michaud), p. 171.

entre Molay, Tavaux et Champdivers [1]. Le 2 août, à la pointe du jour, il canonna le château de Chevigney, qui se rendit après que les quinze hommes qui le défendaient eurent témoigné « une constance et une resolution non pareille [2], » ayant « enduré cent trente volées de canon et tué deux officiers d'artillerie [3]. »

*Ibid. Le 3 août, il brûla Pesmes, et, le 25, prit Champlitte, à la barbe du duc de Lorraine, que Saint-Martin avait enfin déterminé à se remettre en campagne.*

Le duc de Longueville ne brûla point Pesmes, et M. de Piépape a pris les appréhensions du parlement pour la réalité. Comment d'ailleurs cet incendie aurait-il pu avoir lieu le 3 août, la garnison n'étant sortie que le 4? Les Français se contentèrent de démolir les ouvrages de Pesmes avant d'aller assiéger le château d'Autrey. Pourquoi l'auteur de l'*Histoire de la réunion de la Franche-Comté à la France* ne parle-t-il pas de la prise de cette dernière place [4]? Pourquoi, d'autre part, assigne-t-il une date erronée à la prise du château de Champlitte? Ce fut bien le 25 août que « la ville fut batue jusques à midy, et en suitte prise par assaut

---

[1] La cour au marquis de Saint-Martin, Dole, 21 juillet 1638. — *Corr. du parlement*, Arch. du Doubs, B. 237; Boyvin à Chifflet, Dole, 30 juillet 1638. — *Mss. Chifflet*, t. CXXXIII, fol. 28; *Manifeste au nom des Peuples de la Franche-Comté de Bourgogne*, p. 193.

[2] La cour au duc de Lorraine, Dole, 2 et 3 août 1638; la cour au marquis de Saint-Martin, Dole, 2, 3 et 4 août 1638. — *Corr. du parlement*, Arch. du Doubs, B. 238.

[3] *Gazette de France* du 21 août 1638; *Mercure françois*, t. XXII, p. 232; *Manifeste au nom des Peuples de la Franche-Comté de Bourgogne*, p. 193; Richelieu, *Mémoires*, p. 266.

[4] Grotius à Oxenstiern, Paris, 28 août 1638. — *Epist.*, p. 459 et 460; *Gazette de France* du 4 septembre 1638; *Mercure françois*, t. XXII, p. 233; *Manifeste au nom des Peuples de la Franche-Comté de Bourgogne*, p. 194; Montglat, *Mémoires*, t. I, p. 231; Macheret, *Journal*, t. I, p. 93.

sans grande resistance ¹, » mais le château ne composa que le 26. Enfin, du moment où M. de Piépape mentionnait la rentrée en campagne du duc de Lorraine, il n'eût pas été superflu de faire connaître qu'avant d'accourir au secours de Dole menacé par Longueville, Charles IV avait repris les châteaux de Soye et de Goubelans et s'apprêtait à assaillir le château de Granges ².

Ibid. « *Je regrette vivement la prise ignominieuse de quelques places, telles que Pesmes, où j'ai pris ma regrettée naissance.* » (*Du marquis de Saint-Martin, Besançon, 5 août 1638.*)

Veut-on savoir avec quelle fidélité l'heureux lauréat de l'Académie française cite une dépêche? Voici ce qu'écrivait le marquis de Saint-Martin : « Il faut que j'avoue que ces diligences commencent à me lasser extremement, et de ne m'esveiller tous les matins qu'à la nouvelle de la perte ignominieuse de quelques places de ce miserable pays et en particulier de Pesmes, où j'ay pris ma regrettée naissance ³. »

Ibid. *Les gens de guerre, tant de la ville que du chasteau, sortiront demain 4 aost…. sans emporter aultres munitions de guerre que leurs bandacheres fermées.*

Inutile de rechercher ce que peuvent être les *bandacheres*

---

1 *Gazette de France* du 11 septembre 1638. Cf. *Mercure françois*, t. XXII, p. 234; *Manifeste au nom des peuples de la Franche-Comté de Bourgogne*, p. 195; Forget, *Mémoires des guerres de Charles IV*, fol. 225; Richelieu, *Mémoires*, p. 266; l'abbé Buffaut, *Histoire de la seigneurie et de la ville de Champlitte*, p. 111.

2 Le duc de Lorraine à la cour, Besançon, 4 août 1638; Monnier à la cour, Besançon, 10 août 1638. — *Corr. du parlement*, Arch. du Doubs, B. 238; *Manifeste au nom des peuples de la Franche-Comté de Bourgogne*, p. 194.

3 Le marquis de Saint-Martin à la cour, Besançon, 5 août 1638. — *Corr. du parlement*, Arch. du Doubs, B. 238.

fermées que l'inventeur de la *hallebarde à rouet* met obligeamment sur le compte de M. Gauthier; la copie de la capitulation de Pesmes, qui se trouve aux archives départementales du Doubs, parle simplement de « bandoulières fermées [1]. » M. de Piépape, on le voit, n'a rien à envier à M. Clerc transformant l' « arcade au devant de la petite porte de fer [2] » en *aucre au devant de la petite Porte de feu* [3], et à M. Dubois de Jancigny faisant du marquis de Castel-Rodrigo *Masqu : Deck : Rogo* [4].

Ibid. *Voici le texte de la capitulation de Champlitte*, etc.

Ce texte est incomplet : il tait que les ecclésiastiques eurent la liberté d' « emporter avec eulx leurs livres et tout ce qui sera pour le service divin, ensemble leurs ardes et meubles, » et ne donne pas les noms des sept bourgeois abandonnés à la discrétion du vainqueur « comme complices de la conjuration faicte contre la garnison françoise [5]. »

Page 116. *Au commencement de l'automne, Charles IV.... les mit (ses troupes) en quartiers d'hiver, quitta Besançon et s'en alla de sa personne en Allemagne et aux Flandres.*

C'est une erreur : le duc de Lorraine ne passa en Flandre qu'au printemps de l'année suivante; quant à ses troupes, elles ne se logèrent pas non plus dans la montagne au com-

---

1 *Corr. du parlement*, Arch. du Doubs, B. 238.

2 Duprel à la cour, Salins, 25 août 1639. — *Corr. du parlement*, Arch. du Doubs, B. 249.

3 E. Clerc, *Notice historique sur le baron d'Arnans*, dans les *Mémoires de la Société d'émulation du Jura*, année 1875, p. 270.

4 *Recueil de chartes et autres documents pour servir à l'histoire de la Franche-Comté*, p. 213.

5 *Corr. du parlement*, Arch. du Doubs, B. 238. Cf. Macheret, *Journal*, t. I, p. 94.

mencement de l'automne, mais seulement au mois de novembre 1638 [1].

Ibid. *Au mois d'octobre il marcha contre Bernard de Saxe-Weimar, l'atteignit à Cernay, dans la haute Alsace, et le culbuta, le 14, avec sa cavalerie. C'était un succès que de vaincre un si fameux capitaine; mais, comme à Poligny, ce ne fut qu'une demi-victoire, car, pendant la poursuite, sa cavalerie se débanda.*

Pour transformer la défaite du duc de Lorraine en une demi-victoire, il faut que M. de Piépape n'ait jamais lu de relation de la bataille de Cernay. Ce ne fut pas le 14, mais le 15, qu'elle se donna : Weimar y gagna 5 pièces de canon et 24 cornettes ; sans la ferme contenance de l'infanterie de Charles IV, la retraite se fût changée en un effroyable désastre [2].

---

[1] Le marquis de Saint-Martin à la cour, Besançon, 10, 11, 15 et 16 novembre 1638, Gray, 21 novembre 1638, Besançon, 28 novembre 1638. — *Corr. du parlement*, Arch. du Doubs, B. 240.

[2] Féret à d'Erlach, Ensisheim, 16 octobre 1638. — A. von Gonzenbach, *Der General Hans Ludwig von Erlach von Castelen*, t. I, Urkunden, p. 91 ; Grotius à Oxenstiern, Paris, 30 octobre 1638 ; Grotius à Camerarius, Paris, 30 octobre 1638. — *Epist.*, p. 474, 475 et 476 ; Forget, *Mémoires des guerres de Charles IV*, fol. 236 ; Grün, *Tagebuch*, fol. 225 ; Campion, *Mémoires*, p. 113 ; *Relation welcher gestalt I. Fl. Gna. Herzog Bernhardt von Weymmern abermals eine Victori gegen Ihre Fürstliche Durchleuchtigheit Herzog Carls zu Lothringen am 5 octobris auf dem Ochsenfeldt ohnfern von Tann im Suntgaw, erhalten, und wie solches abgelauffen* (1638) ; *Gazette de France*, extraordinaire du 29 octobre 1638 : *La deffaite des trouppes du duc Charles par celles du duc de Weimar, prez Mulhausen* ; *Ibid.*, extraordinaire du 2 novembre 1638 : *Relation de la bataille de Sennes, donnée entre le duc de Weimar et le duc Charles, en laquelle les ennemis ont perdu mille à douze cens hommes, tout leur canon, bagage et vingt-quatre cornettes* ; *Mercure françois*, t. XXII, p. 502 ; Bernard, *Histoire du roy Louis XIII*, t. II, p. 430 ; Bassompierre, *Journal de ma vie*, t. IV, p. 285 ; Beauvau, *Mémoires*, p. 61 ; Girardot de Nozeroy, *Histoire de dix ans de la Franche-Comté de Bourgogne*, p. 210 ; Richelieu, *Mémoires*, p. 263 ; Montglat, *Mémoires*,

Ibid. « *Je suis appelé sur la frontière d'Alsace*, etc. »
Citation inexacte.

Page 447. *Dans ces conjonctures, le procureur général Brun fut envoyé en Suisse, afin de négocier le retour à la neutralité.*

Grave erreur. Ce ne fut pas Antoine Brun, mais son beau-père, qui, dans le cours de l'année 1638, se rendit deux fois en Suisse pour intéresser les Treize Cantons au rétablissement de la neutralité. Lorsque M. de Piépape a dépouillé la *riche correspondance du parlement comtois* (I, 338), les nombreuses dépêches échangées entre la cour de Dole et le surintendant des sauneries ont dû attirer son attention, et je ne m'explique pas le contre-sens qu'il a commis en lisant la phrase suivante : « Le procureur general qui estant vefve avoit naguieres espousé la fille de d'Accoste, surintendant des sauneries, procura qu'il fut envoyé en Suisse [1]. »

---

t. I, p. 227; Le Laboureur, *Histoire du mareschal de Guébriant*, p. 86; Lotichius, *Rerum Germanicarum libri*, t. II, p. 517; Gualdo Priorato, *Historia delle guerre di Ferdinando II e Ferdinando III, imperatori, e del rè Filippo IV di Spagna*, t. I, p. 536; *Theatrum Europeum*, t. III, p. 985; Vittorio Siri, *Memorie recondite*, t. VIII, p. 628; Bizot, *Le Bourguignon interessé*, p. 105; Levassor, *Histoire de Louis XIII*, t. V, p. 600, Puffendorf, *De rebus Suecicis*, p. 337; le P. Laguille, *Histoire de la province d'Alsace*, t. II, p. 143; D. Calmet, *Histoire ecclésiastique et civile de Lorraine*, t. III, p. 360; *Mémoires historiques concernant le général d'Erlach*, t. II, p. 388; B. Röse, *Herzog Bernhard der Grosse von Sachsen-Weimar*, t. II, p. 257; E. Charvériat, *Histoire de la guerre de Trente ans*, t. II, p. 401; G. Droysen, *Bernhard von Weimar*, t. II, p. 457.

[1] Girardot de Nozeroy, *Histoire de dix ans de la Franche-Comté de Bourgogne*, p. 211. Cf. « Rapport du voyage que j'ay faict en Suisse par commandement de Messeigneurs du parlement de Dole, du gré et consentement de Monseigneur le marquis de St Martin, lieutenant gouverneur et capitaine general de Bourgogne. » — Archives particulières;

Page 118. *Des soldats frappés à mort furent dépecés sur des champs de bataille, et les lambeaux de leurs corps palpitants partagés entre des bouches moribondes.*

Quel besoin y avait-il d'emprunter la langue du boulevard du Crime pour dépeindre les extrémités auxquelles la famine de 1638 réduisit notre infortuné pays [1] ?

Page 119. *Le récit de Boyvin est une élégie.*

Ce que l'heureux lauréat de l'Académie française appelle le récit de Boyvin, c'est, je le présume, le *Manifeste* publié par M. l'abbé Suchet et par M. Clerc. Singulière élégie qu'un écrit qui se termine par le plus éloquent appel aux armes qu'on puisse voir.

Page 120. *Quant à la neutralité, le roi d'Espagne ne consentit pas à la réclamer.*

Philippe IV avait eu, dans le principe, quelque répugnance à consentir au rétablissement de la neutralité, mais il avait fini par laisser son frère libre de le négocier [2].

Ibid. *Depuis le départ du duc de Lorraine, Sarmiento prétendait tout diriger. De Salins, où il s'était posté, il fit reprendre le château de Vadans, et s'efforça de ressaisir aussi Grimont.*

M. de Piépape, on vient de le voir, place le départ de Charles IV au commencement de l'automne de 1638 (II, 116), alors qu'en réalité il n'eut lieu qu'au mois d'avril

---

A. von Gonzenbach, *Der General Hans Ludwig von Erlach von Castelen*, t. I, p. 331 ; E. Longin, *Instructions diplomatiques du parlement de Dole à Jean d'Accoste*, dans le *Bulletin* de la Société d'agriculture, sciences et arts de la Haute-Saône, année 1882, p. 186.

[1] Girardot de Nozeroy, *op. cit.*, p. 212 ; B. Prost, *Documents inédits relatifs à l'histoire de la Franche-Comté*, t. IV, p. 68 ; E. Longin, *Un épisode de la famine de 1638 en Franche-Comté*, p. 3.

[2] Id., *op. cit.*, p. 216. Cf. A. von Gonzenbach, *op. cit.*, t. I, p. 332.

1639; c'est donc, suivant lui, dans le courant de l'automne que fut repris le château de Vadans. Ici encore, le créateur du *roman de geste* se trompe : Vadans fut repris le 8 août 1638 [1] ; ce fut à la même époque qu'eut lieu la tentative sur Grimont.

Page 121. *M. de Vaquières y commandait pour la France.* Lisez : M. de Verquières.

Ibid. *Le château de Grimont était à l'abri de l'escalade, mais manquait d'eau. D'Antorpe, un partisan comtois chargé de l'expédition, s'était retranché dans les masures désertes de Poligny, et allait emporter la forteresse, quand la Mothe-Houdancourt vint la dégager,* etc.

Ce récit de la défaite des troupes comtoises par la Mothe-Houdancourt est peu exact : il n'y eut pas deux combats distincts ; le baron de Savoyeux n'eut pas ordre de recommencer la tentative par le plateau supérieur ; enfin ce fut pendant qu'elle se retirait sur Arbois que l'infanterie du sieur d'Antorpe fut chargée par la cavalerie française. Notons aussi que cette malheureuse affaire est antérieure au départ du duc de Lorraine [2].

Ibid. *Le baron de Scey essaya une troisième fois de reprendre Grimont : ce fut en vain.*

[1] *Gazette de France*, extraordinaire du 20 août 1638 : *La défaite d'une partie de l'armée du Comté, où il est demeuré plus de cinq cens des ennemis morts ou prisonniers, par le duc de Longueville* ; *Mercure françois*, t. XXII, p. 229 ; Girardot de Nozeroy, *Histoire de dix ans de la Franche-Comté de Bourgogne*, p. 214.

[2] Sarmiento à la cour, Salins, 12 août 1638. — Corr. du parlement, Arch. du Doubs, B. 238; *Gazette de France*, extraordinaire du 20 août 1638 ; Richelieu aux maréchaux de la Force et de Châtillon, Amiens, 21 août 1638. — Aubery, *Mémoires pour servir à l'histoire du cardinal duc de Richelieu*, t. II, p. 228 ; Boyvin à Chifflet, Dole, 27 août 1638. — Mss. Chifflet, t. CXXXIII, fol. 29 ; *Mercure françois*, t. XXII, p. 231 ; Girardot de Nozeroy, op. cit., p. 214.

Qui se douterait que cette troisième tentative n'eut lieu qu'en 1642 [1]? Qui ne croirait, au contraire, qu'elle suivit de près l'échec du 9 août 1638?

*Ibid. Les Comtois obtinrent enfin que les Français l'abandonnassent, moyennant une indemnité de 5,000 pistoles. C'était en 1644.*

En 1644? non, mais en 1643 [2].

*Ibid. Après la prise de Brisach, Weimar, ne pouvant faire subsister ses troupes en Alsace, vint prendre ses quartiers d'hiver au Val du Lémont, près de la frontière, entre la Suisse et la Franche-Comté.*

Après la prise de Brisach, Weimar ne tarda guère à envahir la Franche-Comté [3]. Ce n'est pas au mois de décembre 1638, mais au mois d'octobre 1637, qu'il prit ses quartiers d'hiver dans les terres de l'évêque de Bâle [4].

*Ibid. Le duc de Lorraine, qui était en face de lui, se mit mollement à sa poursuite. Pendant ce temps, le marquis de Saint-Martin allait cantonner sa petite armée comtoise dans la franche montagne, qui renfermait encore d'abondantes ressources.*

---

[1] *Histoire des guerres des duché et comté de Bourgogne*, t. I, fol. 103 ; *Mercure françois*, t. XXIV, p. 569 ; GIRARDOT DE NOZEROY, *Histoire de dix ans de la Franche-Comté de Bourgongne*, p. 274.

[2] *La Franche-Comté au roy d'Espagne*, p. 272 ; GIRARDOT DE NOZEROY, *op. cit.*, p. 300 ; CHEVALIER, *Mémoires historiques sur la ville et la seigneurie de Poligny*, t. I, p. 296 ; A. ROUSSET, *Dictionnaire des communes du Jura*, t. V, p. 204.

[3] B. RÔSE, *Herzog Bernhard der Grosse von Sachsen-Weimar*, t. II, p. 291 ; A. VON GONZENBACH, *Der General Hans Ludwig von Erlach von Castelen*, t. I, p. 185 ; G. DROYSEN, *Bernhard von Weimar*, t. II, p. 509.

[4] Le baron de Scey à la cour, Salins, 1ᵉʳ novembre 1637. — *Corr. du parlement*, Arch. du Doubs, B. 226 ; *Gazette de France* des 14, 21, 28 novembre, 5, 12 et 26 décembre 1637, 2 et 9 janvier, 13 et 20 février 1638 ; GRÜN, *Tagebuch*, fol. 181 ; B. RÔSE, *op. cit.*, t. II, p. 164 ; A. VON GONZENBACH, *op. cit.*, t. I, p. 55 ; G. DROYSEN, *op. cit.*, t. II, p. 330.

Le duc de Lorraine, dont l'armée venait d'être défaite en Alsace, ne se mit pas à la poursuite de Weimar; il revint en Franche-Comté au commencement de novembre « avec ses troupes assez malmenées [1], » et peu après leur fit « reprendre leurs quartiers en la montaigne [2]; » ce ne fut donc pas le marquis de Saint-Martin qui occupa les montagnes. Je serais curieux d'apprendre ce que M. de Piépape entend par la petite armée comtoise : sait-il que toutes les garnisons de la province ne se montaient alors qu'à 2,200 hommes et 150 chevaux [3]?

Ibid. *Un de ses lieutenants, ayant reconnu les quartiers de Weimar, s'aperçut qu'ils étaient mal établis*, etc.

M. Clerc a montré [4] l'erreur de date commise par Girardot de Nozeroy [5] à l'égard de la reconnaissance de Meers, et il est singulier que l'auteur de l'*Histoire de la réunion de la Franche-Comté à la France* persiste à reporter à la fin de l'année 1638 un événement qui est du mois de décembre 1637.

Page 122. *Weimar essaya à son tour, pendant l'hiver de 1638 à 1639, de forcer les défilés qui mènent sur le troisième plateau du Jura.*

Essaya de forcer? non, mais força.

---

[1] Le marquis de Saint-Martin à la cour, Besançon, 11 novembre 1638. — *Corr. du parlement*, Arch. du Doubs, B. 240.

[2] Le marquis de Saint-Martin à la cour, Besançon, 28 novembre 1638. — *Corr. du parlement*, Arch. du Doubs, B. 240. Cf. *Relation extraite des archives des états*, p. 148.

[3] « Memoire pour l'entretien et logement des troupes pendant l'hyver, à commencer le logement au dix-huitième de novembre et continuer jusques au mesme jour de mars de l'an 1639. » — *Corr. du parlement*, Arch. du Doubs, B. 240.

[4] *Histoire des états généraux et des libertés publiques en Franche-Comté*, t. II, p. 81. Cf. *Relation extraite des archives des états*, p. 141.

[5] *Histoire de dix ans de la Franche-Comté de Bourgongne*, p. 218.

Ibid. *Le cardinal avait indiqué à Weimar la prise de Pontarlier comme devant être fort utile.*

Où M. de Piépape a-t-il vu que Richelieu ait pressé Bernard de Saxe-Weimar de faire le siège de Pontarlier?

Ibid. *La défense de Pontarlier fut enfin confiée au commandeur de Saint-Mauris, c'est-à-dire à l'héroïque vainqueur de M. de Grancey à Saint-Hippolyte.*

Si l'heureux lauréat de l'Académie française connaissait mieux l'histoire de notre province, il saurait que l'héroïque vainqueur du comte de Grancey ne fut point appelé à défendre Pontarlier; la similitude de nom l'a induit en erreur, mais Jean-Baptiste de Saint-Mauris n'appartenait point à la même famille que Marc et François de Saint-Mauris [1].

Page 123. *Les gouverneurs et le parlement résolurent de retirer les troupes et de les concentrer à Nans-sous-Sainte-Anne.*

Il appartenait à l'écrivain qui a découvert *les cantons de Fribourg* (I, 426) de nommer en 1638 plusieurs gouverneurs au comté de Bourgogne.

Ce que M. de Piépape dit de la résolution de concentrer toutes les forces du pays à Nans-sous-Sainte-Anne ne supporte pas l'examen : le marquis de Saint-Martin se borna à faire choix du val de Nans pour, « si Weymar tornoit contre Salins, comme il estoit aussi probable [2], » jeter du secours dans la place.

Ibid. *Il y avait à Nans des magasins déjà tout installés.*

A Nans? non, mais à Sainte-Anne : tout retranché

---

[1] Mis de Saint-Mauris, *Généalogie historique de la maison de Saint-Mauris*, p. XIII.
[2] Girardot de Nozeroy, *Histoire de dix ans de la Franche-Comté de Bourgogne*, p. 223.

qu'était « le village de Nans, » il n'eût été ni prudent ni facile d'y établir des magasins [1].

Ibid. *Girardot de Nozeroy et d'Andelot, gouverneur de Salins, y furent dépêchés.*

Par une étourderie dont il n'a donné que trop de preuves, l'inventeur de la *hallebarde à rouet* prend « le gouverneur de la place » de Sainte-Anne pour le gouverneur de Salins, oubliant que le capitaine qui avait remplacé le commandeur de Saint-Mauris à Salins était « le sieur de Grandmont, baron de Melisey, soldat de l'escole de Flandre [2]. »

---

[1] GIRARDOT DE NOZEROY, *Histoire de dix ans de la Franche-Comté de Bourgongne*, p. 225 et 229.

[2] ID., *op. cit.*, p. 221.

## CHAPITRE XIV

*Page 125. Weimar investit Saint-Claude. — Pillage de l'abbaye par la Mothe-Houdancourt (17 mai).*

Ce ne fut pas Weimar, mais un de ses lieutenants, qui investit Saint-Claude. L'abbaye ne fut point pillée par la Mothe-Houdancourt le 17 mai, car ce capitaine n'arriva à Saint-Claude qu'à la fin du mois.

Ibid. *Incendie de Pontarlier (5 juillet).*

Au lieu de *5 juillet,* lisez : 6 juillet.

Ibid. *Prise de Pontarlier par Villeroy (20 septembre).*

Lorsqu'il secourut le fort de Joux investi par Sarmiento, le marquis de Villeroi ne s'amusa point à la prise de Pontarlier : ruinée et sans défenses, cette ville n'avait pas besoin d'ouvrir ses portes, comme les gazetiers français le racontent[1], pour que les Weimariens de Grün y levassent paisiblement leurs contributions.

Ibid. *Villeroy devant Dole (9 juin).*

Au lieu de *9 juin,* lisez : 8 juin.

Ibid. *La Franche-Comté demeurait pour la France « le plus sérieux sujet d'alarmes. »*

C'est commettre un contre-sens que de traduire ainsi la lettre de Grotius : au mois de juillet 1639, la Franche-Comté pouvait bien être pour la France un très sérieux sujet d'alarmes, mais d'autres soucis passaient avant ceux

[1] *Gazette de France* du 8 octobre 1639.

que donnait au cardinal de Richelieu le coin de terre qu'avaient dévasté les troupes de Weimar. Au reste, voici la phrase même de Grotius : « Helvetii regem Galliæ orant, ut comitatum Burgundiæ, gravissimam periculorum Gallis causam, patiatur extra bellum esse [1]. »

Page 126. « *Vous êtes les premiers de mes vassaux, ceux que je prise le plus et désire conserver, quand je devrais hasarder pour vous ce que j'ai de plus estimable en mon royaume.* »

On connaît les procédés de l'heureux lauréat de l'Académie française en matière de citations. C'est ainsi qu'il faut rétablir celle qu'on vient de lire comme il suit : « Vous estes les premiers vassaulx que j'ay et ceulx que j'aime le plus, cognoissant vostre fidelité et valeur. Aussy devez croire que ne vous manqueray en aulcune maniere, quand bien mesme il fauldroit exposer pour vous ce que j'ay de plus cher en ma couronne. » Chose étrange! ces assurances, qui se trouvent dans une lettre de Philippe IV, du 31 mars 1639 [2], auraient été données, d'après M. de Piépape, par *le cardinal infant à la cour de Dole*, le 2 février 1639.

Page 127. *C'était l'époque où le P. Fourier mourait à Gray, comme un héros sur la brèche, du mal dont ses mains voulaient guérir toute une population décimée.*

Pierre Fourier ne mourut pas de la peste, ainsi que le créateur du *roman de geste* le donne à entendre. En outre, ce ne fut pas l'année 1639 qui le vit succomber aux fatigues

---

[1] Grotius à Camerarius, Paris, 30 juillet 1639. — *Epist.*, p. 549.
[2] *Registre des lettres écrites au parlement par le Roy et par les ministres*, t. II, fol. 274. — Arch. du Doubs, B. 11.

qui avaient miné sa santé; sa mort arriva le 9 décembre 1640 [1].

*Ibid. Weimar arriva dans les derniers jours du mois de décembre 1638, par le val de Saint-Ursanne et le plateau de Trévillers, sans éprouver la moindre résistance de la part des troupes lorraines.*

C'est une erreur. L'armée de Weimar ne se mit en marche que le 13 janvier 1639 [2]. Le 10, Bernard recevait à Delémont les députés de la ville de Bâle: M. de Piépape aura oublié que ce jour « estoit le dernier de l'an selon le vieil stile qu'ils observent encor en ce païs-là [3]; » ce qui est plaisant, c'est de renvoyer le lecteur aux *Ephémérides de Montbéliard*, qui ne renferment aucun détail sur l'irruption des Weimariens.

D'autre part, il est faux de prétendre que les envahisseurs n'éprouvèrent aucune résistance; ils pénétrèrent, à la vérité, dans Morteau « sans y avoir rencontré une sentinelle [4], » mais un combat assez vif avait eu lieu à Bonné-

---

[1] *La vie du reverend père Pierre Fourrier*, p. 230; CRESTIN, *Recherches historiques sur la ville de Gray*, p. 221; A. DE BESANCENET, *Le bienheureux Pierre Fourier et la Lorraine*, p. 227; GATIN et BESSON, *Histoire de la ville de Gray*, p. 194; l'abbé RICHARD, *Histoire des diocèses de Besançon et de Saint-Claude*, t. II, p. 312; *Vie des saints de Franche-Comté*, t. IV, p. 427; Vicomtesse DE FLAVIGNY, *Le bienheureux Pierre Fourier*, p. 271.

[2] *Gazette de France* du 29 janvier 1639: LE LABOUREUR, *Histoire du mareschal de Guébriant*, p. 111; B. ROSE, *Herzog Bernhard der Grosse von Sachsen-Weimar*, t. II, p. 292; A. VON GONZENBACH, *Der General Hans Ludwig von Erlach von Castelen*, t. I, p. 193.

[3] *Gazette de France*, extraordinaire du 8 février 1639: *La prise des villes de Morteau et de Pontarlier dans la Franche-Comté, avec la défaite du prince François de Lorraine, par le duc de Weimar.* Cf. A. VON GONZENBACH, op. cit., t. I, p. 187; G. DROYSEN, *Bernhard von Weimar*, t. II, p. 510.

[4] Le comte de Saint-Amour à la cour, Montgesoye, 19 janvier 1639. — *Corr. du parlement*, Arch. du Doubs, B. 242.

tage entre les troupes du prince François de Lorraine et les soldats du comte de Nassau et du colonel Rosen ; la *Gazette de France*, toujours portée à dissimuler les pertes des Suédois, avoue que « le duc de Weimar y eut cent cinquante hommes tuez ou blessez [1]. » C'est l'engagement que, par une singulière méprise, l'heureux lauréat de l'Académie française ne mentionne qu'après l'investissement de Pontarlier (II, 130).

Ibid. *Le 13 janvier, il était devant Saint-Hippolyte. Craignant les ennuis d'un long siège, il ne s'y arrêta qu'un instant.*

Le 13 janvier, Weimar était à Saint-Ursanne [2] ; il ne parut pas devant Saint-Hippolyte ; un trompette alla par son ordre sommer cette ville, dont les habitants ne montrèrent d'abord rien moins que de la résolution [3], mais le comte de Saint-Amour étant parvenu à jeter deux capitaines et cent cinquante soldats dans la place, le sergent de bataille Roqueservières en trouva les portes fermées, lorsqu'il se présenta à la tête de quatre compagnies pour en prendre possession [4].

Page 128. *Archives du château d'Arlay. Compte de la seigneurie de Beaumont, par Pierre Cheval (1644).*

Les comptes du receveur Cheval sont mentionnés dans

---

[1] Extraordinaire du 8 février 1639. Cf. *Mercure françois*, t. XXIII, p. 9 ; Grün, *Tagebuch*, fol. 246 ; Le Laboureur, *Histoire du mareschal de Guébriant*, p. 111 ; E. Clerc, *Histoire des états généraux et des libertés publiques en Franche-Comté*, t. II, p. 99.

[2] Grün, op. cit., fol. 246.

[3] Le comte de Saint-Amour à la cour, La Grange, 14 janvier 1639. — *Corr. du parlement*, Arch. du Doubs, B. 242.

[4] *Gazette de France*, extraordinaire du 8 février 1639. Cf. Le comte de Saint-Amour à la cour, Montgesoye, 19 janvier 1639. — *Corr. du parlement*, Arch. du Doubs, B. 242.

un ouvrage moderne [1] : au lieu de renvoyer le lecteur à ce livre, il plait à M. de Piépape de se vanter de recherches dans les archives du prince d'Aremberg qu'il n'a point faites ; par malheur, son érudition d'emprunt se trahit dans la transformation de l'importante seigneurie de Réaumont en je ne sais quelle *seigneurie de Beaumont*.

Lorsqu'on cite un document de seconde main, il ne faut pas le faire à l'étourdie ; autrement, on s'expose à laisser passer le bout de l'oreille.

Ibid. *Weimar fait là une simple démonstration.... tandis que le gros de ses gens opère par l'abbaye de Montbenoît un mouvement tournant.*

Ni Grün ni Renaudot ne parlent du passage du Doubs à Montbenoît. Dans quel état eussent été les troupes auxquelles on eût fait opérer un semblable mouvement tournant ?

Ibid. *Mise entre deux feux, la troupe de défense est écrasée et forcée de lâcher pied. Elle ne cède le terrain, toutefois, qu'en se faisant massacrer et en laissant plus de mille morts sur le théâtre de son héroïsme.*

N'en déplaise à M. de Piépape, le nombre des morts fut loin d'être aussi considérable [2]. Il y eut d'ailleurs deux actions distinctes, et c'est dans la dernière que les montagnards montrèrent le plus de furie. Au lieu de donner à la défense de Morteau des proportions qu'elle n'eut assurément pas, le créateur du *roman de geste* ferait bien de rapporter que « les païzans du païs qui s'estoient sauvez dans les montagnes, s'estant assemblez le lendemain 15°,.... après avoir bien beu, vinrent en plein midy, pour forcer

---

[1] L'abbé NARDEY, *Les hautes montagnes du Doubs entre Morteau, le Russey, Belvoir et Orchamps-Vennes*, p. 251.
[2] GRÜN, *Tagebuch*, fol. 246.

l'avant-garde de la cavalerie de Son Altesse [1]; » surpris par cette attaque inopinée, les Weimariens montèrent à cheval à la hâte et parvinrent à repousser les assaillants, auxquels on ne fit pas de quartier [2].

Page 129. *Morteau est réduit en cendres. Plus de 3,000 maisons disparurent dans les flammes.*

Si l'heureux lauréat de l'Académie française avait consulté les documents originaux, il aurait vu qu'il n'y eut pas d'incendie général [3]. D'un autre côté, il eût été difficile que plus de 3,000 maisons fussent réduites en cendres dans une ville qui ne comptait à cette époque que 1,179 feux [4].

Ibid. *Weimar avait avec lui sa fille, qui mourut à Morteau et y fut enterrée en grande pompe. Il la crut empoisonnée par les Comtois.*

Bernard n'avait point d'enfant. Ce fut le colonel Müller qui, au mois de mars 1639, perdit à Morteau une petite fille de six ans : cette innocente enfant, à qui son épitaphe donne l'épithète touchante de vraie petite pierre précieuse, *gemmula*, fut inhumée dans l'église du Locle [5].

Ibid. *Ils* (les Suédois) *torturaient les paysans pour leur extorquer de l'argent,.... les forçaient à avaler de l'eau bouillante, puis leur piétinaient le ventre pour les faire vomir.*

Plût à Dieu que ces atrocités n'eussent été commises que par les Weimariens! Mais c'étaient « les Allemands, Lor-

---

[1] *Gazette de France*, extraordinaire du 8 février 1639. Cf. B. Rose, *Herzog Bernhard der Grosse von Sachsen-Weimar*, t. II, p. 293.
[2] Grun, op. cit., fol. 247.
[3] E. Clerc, *Histoire des états généraux et des libertés publiques en Franche-Comté*, t. II, p. 109.
[4] Tissot. *Comitatus Burgundiæ chorographica synomilia*. fol. 171.
[5] E. et C. Willemin. *Le prieuré de Morteau*, p. 225.

rains, François, Suedois, autant les troupes auxiliaires comme les ennemies, » qui, « pour avoir l'argent ou ce qu'ils desiroient de ceux qu'ils pouvoient attraper, leur faisoient avaler, même aux prêtres et curés, de l'eau chaude, de l'huile, de l'urine, de l'eau de fumier, et des seaux entiers, et après leur sautoient des pieds sur le ventre pour le faire ressortir par la bouche [1]; » de l'armée de Gustave-Adolphe, le fameux *breuvage des Suédois*, « der berüchtigte Schwedische Trank [2], » avait passé aux autres armées. Sous ce rapport d'ailleurs, les troupes levées dans le pays même finiront par ne le céder en rien aux étrangers, et Sarmiento n'exagérera pas, lorsqu'il déclarera plus tard qu'« elles en sont venues à un si hault point d'excès qu'il n'y a desordre ni vices dans l'enfer qu'elles ne practiquent [3]. » Pour être juste, M. de Piépape devrait le dire.

Ibid. *On éleva au milieu du pont de Morteau une croix commémorative du sac de la ville avec cette inscription :* « Herois Mortuacis.... hostibus ferro interemptis, *etc.*

Au lieu de *herois*, lisez : *heroibus.*

Cette inscription, que Droz croit plutôt destinée à perpétuer le souvenir des Mortuaciens morts en repoussant les réformés en 1575 [4], ne se trouvait pas sur le pont de Morteau, mais dans l'église de cette ville.

Ibid. *Bernard de Saxe-Weimar marcha sur Pontarlier.* — *Lettre de Froissard-Broissia (11 juin 1639.)*

---

[1] B. Prost, *Documents inédits relatifs à l'histoire de la Franche-Comté*, t. IV, p. 66.

[2] B. Rose, *Herzog Bernhard der Grosse von Sachsen-Weimar*, t. II, p. 189.

[3] Mémoire joint à une lettre de Sarmiento à la cour, Arguel, 23 septembre 1639. — *Corr. du parlement*, Arch. du Doubs, B. 250. Cf. Labbey de Billy, *Histoire de l'université du comté de Bourgogne*, t. II, p. 100.

[4] *Mémoires pour servir à l'histoire de la ville de Pontarlier*, p. 156.

Voici une nouvelle preuve de la distraction de l'inventeur de la *hallebarde à rouet*. A ses yeux, la lettre où l'on voit que, le 11 juin 1639, les ennemis « attendent à Pontarlie demain ou après le Veymar qui ramène d'Allemagne de l'infanterie 1, » se rapporte à l'investissement de Pontarlier au mois de janvier de la même année.

Page 130. *Le prince François de Lorraine, fils de Charles IV et de Béatrix de Cusance, accourut pour délivrer la place et disputer les abords de la muraille au comte de Nassau et au colonel Rosen.*

Les inventions de l'heureux lauréat de l'Académie française font pâlir les exploits fabuleux de la Grèce. L'antiquité nous montre Hercule étouffant deux serpents dans son berceau. Ici, nous voyons le fils de Charles IV et de Béatrix de Cusance aux prises avec les Suédois dix ans avant sa naissance (15 février 1649). Comment M. de Piépape a-t-il pu confondre François de Lorraine, évêque de Verdun, avec le prince de Vaudémont 2 ?

Ibid. *Dans cet engagement, Weimar perdit 150 hommes.*

Ce combat n'est pas postérieur, mais antérieur à la surprise de Morteau 3.

Page 131. *La faim commençait aussi à se faire sentir.*

La faim se faisait si peu sentir parmi les assiégés qu'après la capitulation de Pontarlier, Weimar n'eut rien de plus pressé que de faire « conduire à Brisach le bled auparavant achepté par Sarmiento, et les vins, lards et autres muni-

---

1 Froissard-Broissia à la cour, Besançon, 11 juin 1639. — *Corr. du parlement*, Arch. du Doubs, B. 247.

2 Cf. L. Pingaud, *Le prince Charles-Henri de Vaudémont*, dans les *Mémoires* de la Société d'émulation du Doubs, année 1878, p. 354.

3 *Gazette de France*, extraordinaire du 8 février 1639.

tions de gueule dont la ville regorgeoit ¹. » Grün confirme à cet égard l'assertion de Girardot de Nozeroy : « Man hat, dit-il, eine grosse Quantiteet Fässer mit Salz, wie auch überauss viel Früchte und Speck neben andern Victualien, insonderheit des besten Weins d'Arbois darin gefunden, welches den mehreren Theil von der nacher Breysach geführt worden ². » Cette « capitale des montagnes ³ » était, en effet, abondamment pourvue de vivres ; la cour de Dole n'évaluait pas à moins de 13,560 mesures le blé que ses magasins renfermaient à la veille du siège ⁴, et M. de Piépape a lui-même reconnu plus haut qu'elle avait des *grains en abondance* (II, 122).

Page 132. *Weimar la fit* (la capitulation) *très honorable pour les défenseurs dont la résistance l'avait émerveillé. Il les désarma et entra le lendemain dans la place.*

Weimar n'entra pas dans Pontarlier le lendemain de la capitulation. « Le mardi S. A. ne sortit point de son quartier qu'estoit en la rasse du sieur Bressand ⁵. » Ce ne fut que le mercredi, « environ les onze heures, » qu'il entra dans la ville.

Quant au désarmement de la garnison, l'auteur de l'*Histoire de la réunion de la Franche-Comté à la France* devrait savoir que, conformément au premier article de la

---

1 Girardot de Nozeroy. *Histoire de dix ans de la Franche-Comté de Bourgongne*, p. 226.
2 *Tagebuch*, fol. 251. Cf. B. Röse, *Herzog Bernhard der Grosse von Sachsen-Weimar*, t. II, p. 294 ; A. von Gonzenbach, *Der General Hans Ludwig von Erlach von Castelen*, t. I, p. 194.
3 Girardot de Nozeroy, *op. cit.*, p. 220.
4 La cour à Froissard-Broissia, Dole, 8 janvier 1639 ; la cour au baron de Scey, Dole, 10 janvier 1639. — *Corr. du parlement*, Arch. du Doubs, B. 242. Cf. *Relation extraite des archives des états*, p. 146.
5 Droz, *Mémoires pour servir a l'histoire de la ville de Pontarlier*. p. 134.

capitulation, les soldats du commandeur de Saint-Mauris sortirent avec « armes et bagages, tambour batant,.... mesche allumée, balle en bouche [1]; » s'ils ne défilèrent pas devant Weimar « enseignes deployées, » c'est que leurs drapeaux avaient été déposés dans le fort de Joux [2].

Ibid. *La capitulation ne fut pas respectée : au lieu des 300 hommes qui avaient été fixés, la garnison mi-partie française et allemande fut portée à 2,000.*

Quoi qu'en ait dit Droz [3], aucun article de la capitulation ne limitait le nombre des troupes qui devaient entrer dans Pontarlier [4].

Ibid. *Weimar somma les habitants de lui solder, sous huit jours, comme rançon, 60,000 écus d'or.*

Il ne faut pas prendre au pied de la lettre ce délai de huit jours, car au mois de juin 1639 le paiement de la rançon fixée par Weimar n'avait pas même reçu un commencement d'exécution [5].

Ibid. *L'occupation de Pontarlier.... enlevait aux Comtois toutes communications avec la Savoie et la Suisse.*

De ce que l'occupation de Pontarlier rendit plus difficiles les communications avec la Suisse, il ne suit pas qu'elle les intercepta tout à fait ; il en eût été autrement si les troupes de Weimar avaient occupé en même temps les passages de

---

[1] *Gazette de France*, extraordinaire du 8 février 1639. Cf. *Mercure françois*, t. XXIII, p. 11; GIRARDOT DE NOZEROY, *Histoire de dix ans de la Franche Comté de Bourgogne*, p. 226; DROZ, *op. cit.*, p. 134; B. RÖSE, *Herzog Bernhard von Sachsen-Weimar*, t. II, p. 293; A. VON GONZENBACH, *Der General Hans Ludwig von Erlach von Castelen*, t. I, p. 223.

[2] GRÜN, *Tagebuch*, fol. 251.

[3] *Mémoires pour servir à l'histoire de la ville de Pontarlier*, p. 134.

[4] *Gazette de France*, extraordinaire du 8 février 1635.

[5] DROZ, *op. cit.*, p. 136. Cf. GRÜN, *Tagebuch*, fol. 262; LOISEAU, *Notice sur le monastère de l'Annonciade céleste de Pontarlier*, p. 12; l'abbé SUCHET, *Pontarlier en 1639*, dans le *Bulletin de l'Académie de Besançon*, année 1874, p. 30.

la terre de Saint-Claude. Dans tous les cas, la Savoie n'a rien à voir ici.

Page 133. *Les Suédois réduisirent ensuite le château de Joux, après quinze jours de tranchée ouverte. Son défenseur, M. de Grün, qui était d'origine wallonne, disparut lâchement, et le château se rendit au comte de Nassau. Le marquis de Saint-Martin fit faire le procès du gouverneur infidèle.*

Autant d'erreurs que de mots. L'investissement du château de Joux ne dura pas quinze jours, mais treize [1]. La place ne se rendit pas au comte de Nassau, mais au duc de Weimar [2]; la direction des opérations du siège avait été confiée à Christophe de Grün [3]. Ce ne fut pas au gouverneur Fauche de Domprel que le marquis de Saint-Martin fit faire son procès, mais au capitaine la Verdure [4], qu'il avait envoyé pour assister « un Vallon de nation, lieutenant du gouverneur de la place [5], » peu de temps avant que celui-ci eût été fait prisonnier par les Suédois dans Morteau [6]; une

---

[1] Grotius à Oxenstiern, Paris, 26 février 1639. — *Epist.*, p. 509; *Gazette de France* du 5 mars 1639.

[2] *Gazette de France*, extraordinaire du 28 février 1639 : *La prise du chasteau de Joux par le duc de Weimar, commandant l'armée du Roy, avec les articles de sa reddition.*

[3] GAÜN, *Tagebuch*, fol. 252.

[4] Le marquis de Saint-Martin à la cour, Besançon, 18 février 1639. — *Corr. du parlement*, Arch. du Doubs, B. 243; GAÜN, *op. cit.*, fol. 255; B. ROSE, *Herzog Bernhard der Grosse von Sachsen-Weimar*, t. II, p. 291; A. VON GONZENBACH, *Der General Hans Ludwig von Erlach von Castelen*, t. I, p. 223.

[5] GIRARDOT DE NOZEROY, *Histoire de dix ans de la Franche-Comté de Bourgogne*, p. 226. Cf. ROUGET, *Annales de Frasne de 1635 à 1700*, dans le *Bulletin* de l'Académie de Besançon, année 1881, p. 259.

[6] GRÜN, *op. cit.*, fol. 246; LOTICHIUS, *Rerum Germanicarum libri*, t. II, p. 537; B. ROSE, *op. cit.*, t. II, p. 292; A. VON GONZENBACH, *op. cit.*, t. I, p. 193.

relation donne le nom de Verrouceau à ce « commandant qui estoit Hollandois [1]; » Grün, qui l'appelle Verenco, nous apprend que ce fut lui qui livra les drapeaux du régiment du commandeur de Saint-Mauris, que les défenseurs de la place avaient cachés sous leurs vêtements; il prit ensuite parti dans les troupes de Weimar. Quant à la Verdure, les Suédois le retinrent d'abord prisonnier pour avoir voulu leur dérober les drapeaux de la garnison de Pontarlier et les richesses de l'abbaye de Mont-Sainte-Marie; lorsqu'il arriva à Besançon, la populace lui jeta de la boue et des pierres; la cour néanmoins l'acquitta, et le manuscrit de Gotha nous apprend encore qu'il périt au mois de septembre devant la forteresse qu'il s'était flatté de reprendre [2].

Comment M. de Piépape a-t-il pu prendre Christophe de Grün pour le défenseur du château de Joux? C'est faire preuve, on l'avouera, d'une ignorance singulière.

Ibid. *Weimar passa le reste de l'hiver à Pontarlier..... Il avait avec lui le comte de Guébriant et la Mothe-Houdancourt.*

La Mothe-Houdancourt n'était pas avec Weimar, car ce ne fut qu'au mois de juin qu'il vint se mettre sous ses ordres [3].

Ibid. *Le 4 février, Guébriant prit la ville et le château de Nozeroy.*

La ville fut prise d'assaut le 4. Le château ne capitula que le lendemain, « après quatre volées de canon [4]. »

---

[1] *Histoire des guerres des duché et comté de Bourgogne*, t. I, fol. 91.
[2] Grün, op. cit., fol. 255.
[3] *Gazette de France* du 25 juin 1639.
[4] *Gazette de France*, extraordinaire du 22 février 1639 : *La prise de la ville et chasteau de Nozeroy en la Franche-Comté par les troupes du Roy*; *Mercure françois*, t. XXIII, p. 15; *Récit véritable de ce qui s'est passé durant le siège de Nozeroy*, dans le *Bulletin* de l'Académie de Besançon, année 1880, p. 165.

*Ibid. Le 17 février, les troupes du colonel Rosen entrèrent à Ornans.*

Le 17 ? non, mais le 16 [1].

*Ibid. Un autre Suédois, le colonel Ohem, allait prendre le château de Neuchâtel.*

L'auteur de l'*Histoire de la réunion de la Franche-Comté à la France* a confondu le château de Neufchâtel avec celui de Châtelneuf-en-Vennes, que les Weimariens prirent le 7 mars [2] ; je ne crois pas qu'en 1639 Neufchâtel soit tombé au pouvoir de l'ennemi [3]. Puisqu'il mentionnait l'entrée du colonel Rosen à Ornans, il eût pu consacrer quelques lignes à la courageuse défense du château de Montsaugeon [4], où Guébriant fut contraint de mener sa « musique [5] ; » il eût pu rapporter la prise des châteaux de Châteauvilain, la Chaux, Franquemont [6], etc. Ce qu'on a peine à comprendre, c'est qu'il passe sous silence la capitulation de Saint-Hippo-

---

1 A. MARLET, *Épisodes de la guerre de Dix ans*, p. 35 ; l'abbé GROS-JEAN, *Le P. Marchant et les minimes d'Ornans*, dans les *Annales franc-comtoises*, t. I, p. 490.

2 Froissard-Broissia à la cour, Besançon, 8 mars 1639. — *Corr. du parlement*. Arch. du Doubs, B. 244.

3 Le comte de Saint-Amour à la cour, Besançon, 10 avril 1639 ; le marquis de Saint-Martin à la cour, Ornans, 31 juillet 1639 ; la cour au capitaine de Neufchâtel, Dole, 9 août 1639. — *Corr. du parlement*, Arch. du Doubs, B. 245, 248, 249 ; l'abbé RICHARD, *Recherches historiques et statistiques sur l'ancienne seigneurie de Neufchâtel*, p. 278 ; l'abbé NARBEY, *Les hautes montagnes du Doubs entre Morteau, le Russey, Belvoir et Orchamps-Vennes*, p. 257.

4 Le baron de Scey à la cour, Salins, 24 avril 1639. — *Corr. du parlement*, Arch. du Doubs, B. 245.

5 Le comte de Guébriant à Normand, Châteauvilain, 19 avril 1639. — *Corr. du parlement*, Arch. du Doubs, B. 245.

6 *Relation extraite des archives des états*, p. 149 ; *Mercure françois*, t. XXIII, p. 23 ; LE LABOUREUR, *Histoire du maréchal de Guébriant*, p. 113 ; GIRARDOT DE NOZEROY, *Histoire de dix ans de la Franche-Comté de Bourgongne*, p. 227 ; D. MONNIER, *Notes pour l'histoire particulière des communes du Jura*, dans l'*Annuaire du Jura* de 1854, p. 187.

lyte [1], après avoir parlé (II, 128) de la première tentative faite par les Suédois pour s'emparer de ce poste important.

Page 134. *On se demandera sans doute ce que faisaient pendant ce temps les troupes du duc de Lorraine.*

Sans vouloir absoudre Charles IV, qui ne vit guère dans la Franche-Comté qu'une place d'armes avantageuse pour inquiéter ceux qui l'avaient dépouillé de ses Etats, il serait juste de rappeler qu'il relevait de maladie au moment de l'invasion des Weimariens [2]; aussitôt après avoir mis ses troupes en quartiers d'hiver, il avait été saisi d' « une eresipele à la teste, accompagnée d'une fievre continue, d'un violent mouvement, et avec des simptômes qui, dit Forget, m'en faisoit apprehender une fascheuse issue; les inquietudes, assoupissements continuels et rêveries m'obligerent le plus qu'il me fut possible à l'esloigner de la connoissance de toutes affaires [3]. »

Ibid. *Charles IV était de sa personne au Val de Maillot, entre Scey et Pontarlier. D. Calmet, toujours prêt à excuser ses fautes militaires, prétend que le colonel de Rosen empêcha S. A. de porter secours au château de Scey, investi par les Suédois.*

Entre Scey et Pontarlier! Pourquoi ne pas dire simple-

---

[1] Grotius à Camerarius, Paris, 21 mai 1639. — *Epist.*, p. 532; *Gazette de France* des 21 et 28 mai 1639; *Mercure françois*, t. XXIII, p. 7; Gaüs, *Tagebuch*, fol. 258; Bois de Chesne, *Recueil memorable*, p. 154; Le Laboureur, *op. cit.*, p. 114; B. Röse, *Herzog Bernhard der Grosse von Sachsen-Weimar*, t. II, p. 307; Duvernoy, *Ephémérides du comté de Montbéliard*, p. 137; l'abbé Richard, *Monographie de Saint-Hippolyte-sur-le-Doubs*, p. 38; A. von Gonzenbach, *Der General Hans Ludwig von Erlach von Castelen*, t. I, p. 257.

[2] La cour à Froissard-Broissia, Dole, 7 janvier 1639. — *Corr. du parlement*, Arch. du Doubs, B. 242.

[3] *Mémoires des guerres de Charles IV*, fol. 259.

ment : entre Ornans et Pontarlier ? On ne s'aviserait pas de mettre : entre Rouen et Vincennes, pour : entre Rouen et Paris.

Ceci n'est rien auprès de la bévue que *Scey* fait commettre à l'inventeur de la *hallebarde à rouet*. Assurément D. Calmet n'est pas moins porté à dissimuler les fautes du duc de Lorraine que je ne le suis moi-même à excuser les distractions historiques de M. de Piépape, mais il ne mérite point les critiques que celui-ci lui adresse ici, car il est dans le vrai lorsqu'il rapporte que les Suédois empêchèrent Charles IV de secourir Pontarlier [1]. Girardot de Nozeroy nous a conservé le souvenir de l'embuscade dressée par le colonel Rosen près du château d'Usier [2]; la cavalerie, que le marquis de Saint-Martin commandait, fut ramenée jusqu'à Longeville, où la ferme contenance d'une partie du régiment de Valorski lui permit de se rallier; le duc de Lorraine, dont l'historien de la guerre de Dix ans ne mentionne pas, il est vrai, la présence, revint ensuite à Besançon [3]. D. Calmet ayant écrit *Assey* pour : Usier, l'heureux lauréat de l'Académie française s'est imaginé qu'il s'agissait du château de Scey-en-Varais, que Reinhold de Rosen somma, en effet, plusieurs fois [4].

Notons que Charles IV ne demeura nullement posté de sa personne au val de Maillot : ce prince résidait à Besan-

---

[1] *Histoire ecclésiastique et civile de Lorraine*, t. III, p. 375.
[2] *Histoire de dix ans de la Franche-Comté de Bourgogne*, p. 225. Cf. *Mercure françois*, t. XXIII, p. 17.
[3] Forer, *Mémoires des guerres de Charles IV*, fol. 264; A. Marlet, *Episodes de la guerre de Dix ans*, p. 35; E. Clerc, *Histoire des états généraux et des libertés publiques en Franche-Comté*, t. II, p. 103.
[4] Lhoste au magistrat de Salins, Scey-en-Varais, 3 avril 1639. — *Corr. du parlement*, Arch. du Doubs, B. 245. Cf. Marquis de Tramer-Loray, *Le château de Scey-en-Varais*, dans les *Annales franc-comtoises*, t. V, p. 185.

çon, et la défense du château de Maillot avait été confiée au capitaine Beauregard [1].

Ibid. *Le prince, dans ses lettres, explique autrement sa conduite. « Le pagador ne paie plus, etc. »*

La lettre que cite M. de Piépape ne se rapporte point au combat d'Usier (26 janvier 1639), mais au secours du château de Belvoir (27 février 1639), « d'où l'ennemi se retira,..... après y avoir laissé tout son bagage, force grains, langue de bœuf, chair salée et autres provisions, mesme le carosse de la colonelle Rose, et une nourrice et un enfant que l'on dit estre sien [2]. » D. Calmet n'a pas confondu les deux faits [3].

En remaniant selon sa coutume le texte de cette lettre, M. de Piépape a commis une légère erreur : les Weimariens ne furent pas avertis de la marche du duc de Lorraine à Passavant, mais de Passavant [4].

Ibid. *On sent dans cette lettre à quel point Charles IV, n'ayant plus rien à tirer de la Franche-Comté, s'en désintéressait désormais.*

Ne serait-ce pas le cas de mentionner les démarches

---

[1] Beauregard à la cour, Maillot, 6 juin 1639; la cour à Sarmiento, Dole, 8 août 1639. — *Corr. du parlement*, Arch. du Doubs, B. 247, 249; GIRARDOT DE NOZEROY, *op. cit.*, p. 232.

[2] Froissard-Broissia à la cour, Besançon, 3 mars 1639. — *Corr. du parlement*, Arch. du Doubs, B. 244. Cf. FORGET, *Mémoires des guerres de Charles IV*, fol. 269; GAÜN, *Tagebuch*, fol. 257; *Relation extraite des archives des états*, p. 151; *Gazette de France* des 12 mars et 9 avril 1639; PUFENDORF, *De rebus Suecicis*, p. 372; B. RÖSE, *Herzog Bernhard der Grosse von Sachsen-Weimar*, t. II, p. 295; E. CLERC, *Histoire des états généraux et des libertés publiques en Franche-Comté*, t. II, p. 106; A. VON GONZENBACH, *Der General Hans Ludwig von Erlach von Castelen*, t. I, p. 194.

[3] *Histoire ecclésiastique et civile de Lorraine*, t. III, p. 375 et 376.

[4] Le duc de Lorraine à la cour, Fondremand, 4 mars 1639. — *Corr. du parlement*, Arch. du Doubs, B. 244.

plus ou moins sincères du marquis de Ville à la cour de France [1] ?

**Page 135.** *A Luxeuil, le passage lui fut disputé par des bandes de paysans.*

A la fin de l'année précédente, Charles IV avait déjà menacé Luxeuil d'escalade [2]. M. de Piépape devrait le dire. Il pourrait en même temps faire connaître l'incendie de Fougerolles [3].

*Ibid. Charles IV conserva en armes le petit noyau d'hommes qui lui restait. Il le mena à la prise de la Mothe.*

La prise de la Mothe par le duc de Lorraine est encore du fait du créateur du *roman de geste*. Après sa reddition au maréchal de la Force, la Mothe « demeura à la France jusqu'à l'année 1641, qu'on appela celle de la Petite Paix [4]; » ce fut à cette époque que la place fut « remise entre les mains de S. A. [5] »

*Ibid. Le départ du duc de Lorraine laissait le champ libre à Weimar. Celui-ci marcha aussitôt sur Saint-Claude.*

---

[1] Déclaration du roi pour le duc Charles de Lorraine, Saint-Germain-en-Laye, 24 janvier 1639. — AUBERY, *Mémoires pour l'histoire du cardinal duc de Richelieu*, t. II, p. 947. Cf. Grotius à Oxenstiern, Paris, 19 février et 5 mars 1639; Grotius à Camerarius, Paris, 19 février 1639; Grotius à Cornelius Grotius, Paris, 8 mars 1639. — *Epist.*, p. 506, 507, 510 et 512 ; V. COUSIN, *Madame de Chevreuse*, p. 159.

[2] FORGET, *Mémoires des guerres de Charles IV*, fol. 273; D. CALMET, *Histoire ecclésiastique et civile de Lorraine*, t. II, p. 377; L. ECARMENT, *Essai historique sur la ville et l'abbaye de Luxeuil*, p. 103 ; A. DÉY, *Mémoires pour servir à l'histoire de la ville de Luxeuil*, dans les *Mémoires de la Commission d'archéologie de la Haute-Saône*, t. IV, p. 339.

[3] Le comte de Saint-Amour à la cour, Besançon, 10 avril 1639. — *Corr. du parlement*, Arch. du Doubs, B. 245.

[4] D. CALMET, op. cit., t. III, p. 282.

[5] DU BOYS DE RIOCOUR, *Histoire de la ville et des deux sièges de la Mothe*, p. 185.

Ce ne fut point Weimar qui s'empara de Saint-Claude : il avait laissé le commandement des troupes au colonel Ohem, pour aller lui-même former le siège de la ville de Thann [1]. Ce fut le jeune comte de Nassau qui exécuta le hardi coup de main que va raconter M. de Piépape [2].

Page 136. *Le lichen seul croit sur les hauteurs voisines.*

Il faut que l'heureux lauréat de l'Académie française n'ait jamais vu Saint-Claude que dans le *Diamant de la Vouivre* et les romans de la même fabrique ; les montagnes qui dominent la ville ne sont pas aussi nues qu'il se l'imagine ; on a même jadis cultivé la vigne sur une d'elles [3].

Après cela, à force de croître, les lichens dont parle M. de Piépape atteignent peut-être la taille de jeunes arbres.

Ibid. *Les moines de cette abbaye étaient attachés à la maison d'Autriche « par leur noblesse et le devoir de leur naissance. »*

M. de Piépape oublie « que l'abbaye estoit peuplée esgalement de noblesse françoise comme de celle du pays, » et que les « bons gentilshommes » qui l'habitaient étaient « sujets esgalement en leur naissance aux deux couronnes

---

[1] GRÜN, *Tagebuch*, fol. 258 ; *Gazette de France* du 7 mai 1639 ; *Mercure françois*, t. XXIII, p. 23 ; PINARD, *Chronologie historique militaire*, t. IV, p. 53 ; B. RÖSE, *Herzog Bernhard der Grosse von Sachsen-Weimar*, t. II, p. 307 ; A. VON GONZENBACH, *Der General Hans Ludwig von Erlach von Castelen*, t. I, p. 258.

[2] *Gazette de France*, extraordinaire du 3 juin 1639 : *La prise de la ville et passage de Saint-Claude par le comte de Guébriant* ; *Mercure françois*, t. XXIII, p. 25 ; VUILLEME, *Relation fidelle et veritable de ce qui s'est passé en la ville et terre de St Claude occupée par l'armée françoise en deux diverses fois, et du sac et embrasement de ladite ville* (Arch. du Doubs), fol. 9 ; LE LABOUREUR, *Histoire du mareschal de Guébriant*, p. 114 ; PUFENDORF, *De rebus Suecicis*, p. 372.

[3] A. ROUSSET, *Dictionnaire des communes du Jura*, t. II, p. 196.

et dottés pour une partie des liberalités des Roys tres-chrestiens 1. »

*Ibid. On les avertit secrètement de l'approche de l'ennemi.*

On n'eut pas à avertir en secret les religieux de l'approche des ennemis, puisque « dès la prise des chasteaux de la Chaux et Chasteau Vilain » ceux-ci « picoroient et ravageoient tout le voisinage jusques à Foncine, Grandvaux, le Four du Plane et Chasteaux des Prels, voire mesme jusques à la Rixouse, village distant de Saint-Claude d'une bonne lieue ou environ. » On leur fit seulement savoir « que le duc de Veymard estoit en resolution de faire passer ses troupes jusques en ladicte ville et toute la terre pour s'en saisir et emparer 2, » et ce fut alors qu'ils députèrent le cellérier de l'abbaye vers ce prince 3.

*Ibid. Les moines furent désavoués par le gouvernement comtois.*

Le gouverneur et le parlement ne se bornèrent pas à un simple désaveu du traité du 16 avril 1639, mais « le marquis l'ayant sceu fit saisir prisonnier un jeune gentilhomme qui avoit suivy vers Weymar à Pontarlier le religieux sus dit son oncle, et le parlement fit appeller ce religieux à requeste du procureur general 4. »

*Ibid. Les pourparlers cessèrent aussitôt, et l'assaillant commença son attaque.*

---

1 VUILLEMY, *Relation fidelle et veritable de ce qui s'est passé en la ville et terre de S<sup>t</sup> Claude*, fol. 15. Cf. GIRARDOT DE NOZEROY, *Histoire de dix ans de la Franche-Comté de Bourgongne*, p. 230.

2 VUILLEMY, *op. cit.*, fol. 15. Cf. La cour au baron de Scey, Dole, 23 avril 1639. — *Corr. du parlement*, Arch. du Doubs, B. 245.

3 GAUS, *Tagebuch*, fol. 260.

4 GIRARDOT DE NOZEROY, *op. cit.*, p. 230. Cf. Toledo à la cour, Besançon, 9 mai 1639 ; la cour au marquis de Saint-Martin, Dole, 15 mai 1639. — *Corr. du parlement*, Arch. du Doubs, B. 245.

Il semblerait, d'après cela, que les négociations du sieur d'Epenoy avec Weimar précédèrent immédiatement l'attaque de Saint-Claude, alors qu'il s'écoula un mois entre la conclusion du traité auquel elles aboutirent et l'apparition des troupes du comte de Nassau.

Page 137. *Ils (les ennemis) se saisirent des portes et occupèrent l'abbaye : la ville fut livrée au pillage pendant plusieurs jours.*

Les Weimariens ne pillèrent pas Saint-Claude pendant plusieurs jours, puisqu' « ils ne demeurèrent que trois heures entières [1]. » Ce furent « quelques soldats et villageois armés, lesquels avoient esté logés en garde sur les autres passages, » qui, aussitôt après la retraite de l'ennemi, « se jetterent à la foule dans la ville et redoublerent les ravages et pillages.... par l'espace de plusieurs jours [2], » malgré les énergiques efforts du capitaine Lacuson.

Ibid. *Après Weimar, ce fut son allié, la Mothe-Houdancourt, qui vint avec ses Français dévaster Saint-Claude.*

Il est plus que singulier de qualifier la Mothe-Houdancourt d'*allié* de Bernard de Saxe-Weimar ; l'heureux lauréat de l'Académie française est seul à ne s'en pas douter.

Ibid. *L'armée française déboucha de Nozeroy par des passages où vraisemblablement aucune troupe n'avait jamais été vue.*

Ce sont les propres termes des gazetiers de Richelieu ;

---

[1] VUILLEMIN, *Relation fidelle et veritable de ce qui s'est passé en la ville et terre de S<sup>t</sup> Claude*, fol. 10. Cf. *Gazette de France*, extraordinaire du 3 juin 1639 ; B. PROST, *Documents inédits relatifs à l'histoire de la Franche-Comté*, t. IV, p. 70.

[2] VUILLEMIN, op. cit., fol. 12.

seulement ils ne s'appliquent pas aux soldats de la Mothe-Houdancourt, mais bien à l'avant-garde du comte de Nassau [1]. Les troupes qui occupèrent pour la seconde fois Saint-Claude ne venaient pas de Nozeroy, mais du Bugey [2].

Ibid. *Elle franchit la Bienne à gué et arriva au pont de Saint-Claude en face du faubourg.*

La Mothe-Houdancourt arrivant par Septmoncel et Montépile n'eut point à franchir la Bienne.

Ibid. *La Mothe-Houdancourt mande aussitôt aux bourgeois « qu'il a ordre du roi Louis XIII de ravager et brûler les montagnes et la ville, etc. »*

Ce ne fut pas aux bourgeois que la Mothe-Houdancourt tint ces propos, mais au provincial des capucins, qui était allé le trouver avec « le sieur de Croisier, françois d'extraction et de naissance, pieux et ancien religieux, qui seul estoit resté en l'abbaye; » après le départ du baron d'Arnans, tous les habitants avaient de nouveau pris la fuite, « laissant dans la ville pour la seconde fois les PP. capucins tous seuls [3]. »

Page 138. *Le comte de Scey évacue Saint-Claude, et la cavalerie française pénètre par la porte Notre-Dame.*

M. de Piépape continue, on le voit, à confondre les événements du 17 mai 1639 avec ceux du 31 mai.

Claude de Bauffremont, que le marquis de Saint-Martin envoya à Saint-Claude avant la prise de cette ville par le

---

[1] *Gazette de France*, extraordinaire du 3 juin 1639; *Mercure françois*, t. XXIII, p. 27.

[2] *Gazette de France* du 25 juin 1639; Vuillame, *Relation fidelle et veritable de ce qui s'est passé en la ville et terre de S¹ Claude*, fol. 12; B. Prost, *Documents inédits relatifs à l'histoire de la Franche-Comté*, t. IV, p. 71.

[3] Vuillame, *op. cit.*, fol. 14. Cf. B. Prost, *op. cit.*, t. IV, p. 71.

comte de Nassau ¹, n'était pas comte, mais baron de Scey ².

Ibid. *Les reliques de saint Claude, illustrées par tant de pèlerinages, et en particulier par celui de Louis XI, sont violées.*

Si l'auteur de l'*Histoire de la réunion de la Franche-Comté à la France* a lu Girardot de Nozeroy, comment a-t-il pu oublier que « Houdancourt espargna l'eglise et n'attoucha point au corps sainct ³ ? » Les ordres donnés à ce sujet par Louis XIII étaient formels ⁴.

Ibid. *Nombre d'habitants sont mis à mort ou emmenés en prison.*

Aucun habitant de Saint-Claude ne fut mis à mort par les troupes de la Mothe-Houdancourt. Elles ne firent pas non plus de prisonniers, car tous les bourgeois s'étaient enfuis dans les montagnes, d'où ils contemplèrent le « spectacle si triste et si funeste de la ville et de leurs maisons qui brusloient sans oser y descendre pour y apporter remede, » dans la crainte « que quelques trouppes destachées ne retournassent de nouveau pour enlever la chasse et les reliques de Sᵗ Claude, conformément à leur premiere resolu-

---

1 Le marquis de Saint-Martin à la cour, Besançon, 15 mai 1639. — *Corr. du parlement*, Arch. du Doubs, B. 246. Cf. *Gazette de France*, extraordinaire du 3 juin 1639 ; VUILLERME, *op. cit.*, fol. 8 ; GIRARDOT DE NOZEROY, *Histoire de dix ans de la Franche-Comté de Bourgogne*, p. 230.

2 DUNOD, *Histoire du comté de Bourgogne*, t. II, p. 509.

3 GIRARDOT DE NOZEROY, *op. cit.*, p. 231. Cf. Boyvin à Chifflet, Dole, 19 juin 1639. — *Mss. Chifflet*, t. CXXXIII, fol. 60 ; VUILLERME, *op. cit.*, fol. 13 ; J. GAUTHIER, *Augustin Vuillerme de Saint-Claude et son itinéraire de Franche-Comté en Italie au XVIIᵉ siècle*, dans le *Bulletin de l'Académie de Besançon*, année 1881, p. 42.

4 Sublet de Noyers à Guébriant, s. l. n. d. — LE LABOUREUR, *Histoire du mareschal de Guébriant*, p. 109. Cf. *Gazette de France*, extraordinaire du 20 juin 1639 : *Extrait d'une lettre de Nozeroy, contenant l'impiété des Francomtois* ; B. ROSE, *Herzog Bernhard der Grosse von*

tion ¹. » C'était le 17 mai 1639 que les Weimariens avaient emmené à Pontarlier quatre religieux de l'abbaye et fait subir « semblable traittement au sieur de Banseney (Bancenel), au sieur de Lezay et à quelques officiers de sa compagnie ². »

Au surplus, la plus grande confusion règne dans tout ce récit de la dévastation de la terre de Saint-Claude ³; pas une date n'est donnée, en sorte que le lecteur se demande vainement quel temps s'est écoulé entre l'évacuation de la ville par le comte de Nassau (17 mai 1639) et son incendie par la Mothe-Houdancourt (1ᵉʳ juin 1639).

Ibid. « *Voilà, s'écrie le chroniqueur auquel nous devons ces tristes détails, le très fidèle narré du sac de Saint-Claude !* »

« Voilà, dit Vuillerme, le tres-fidel narré et la lugubre representation d'une partie des malheurs arrivés jusques à deux fois à la ville et terre de Sᵗ Claude en l'espace de quinze jours conformement à la plus pure, plus naïfve et plus sincere verité et aux advis donnés par des personnes qui en ont esté les tesmoins oculaires et irreprochables ⁴. »

Page 139. *Il y avait sans doute dans ces exécutions une farouche haine calviniste.*

Il est curieux de transformer Weimar en disciple de Cal-

---

*Sachsen-Weimar*, t. II, p. 527 ; A. von Gonzenbach, *Der General Hans Ludwig von Erlach von Castelen*, t. I, p. 258.

¹ Vuillerme, *Relation fidelle et veritable de ce qui s'est passé en la ville et terre de Sᵗ Claude*, fol. 19.

² Id., op. cit., fol. 11. Cf. B. Prost, *Documents inédits relatifs à l'histoire de la Franche-Comté*, t. IV, p. 71.

³ Cf. *Gazette de France*, extraordinaire du 3 juin 1639 ; *Gazette de France* des 11 et 25 juin 1639 ; A. Rousset, *Dictionnaire des communes du Jura*, t. II, p. 222.

⁴ Vuillerme, *Relation fidelle et veritable de ce qui s'est passé en la ville et terre de Sᵗ Claude*, fol. 21.

vin : nul prince ne fut plus fermement attaché que lui à la confession d'Augsbourg, et on n'a pas le droit d'ignorer que « son zèle de luthérien était redouté des calvinistes au moins autant que des catholiques [1]. »

Il n'est pas moins singulier de faire de Bernard le *la Trémoille* d'un *nouveau Louis XI*.

Ibid. *Weimar et Guébriant en étaient sortis* (de Pontarlier) *le 2 juillet*.

Guébriant revint à Pontarlier le 6 juillet pour tirer de cette ville les annonciades, à qui, la veille, il avait envoyé une sauvegarde [2].

Ibid. *Plusieurs notables du baroichage de Pontarlier périrent de la sorte dans l'intérieur de leurs propres maisons.*

C'est donner une trop faible idée des cruautés qui signalèrent l'incendie de Pontarlier. La cour de Dole tenait que plus de trois cents personnes avaient péri dans les flammes [3].

Page 140. *Depuis un certain temps déjà il (Weimar) avait quitté le pays, y laissant seulement quelques garnisons, et s'était rendu à Brisack.*

Au mois d'avril 1639, Bernard s'était, en effet, rendu à Brisack [4], mais je ne suppose pas que ce soit à ce voyage

---

[1]. E. Charvériat, *Histoire de la guerre de Trente ans*, t. II, p. 413. Cf. B. Rose, *Herzog Bernhard der Grosse von Sachsen-Weimar*, t. II, p. 187.

[2] Barthelet, *Histoire de l'abbaye de Montbenoît*, p. 112 ; l'abbé Suchet, *Pontarlier en 1639*, p. 34.

[3] La cour au cardinal infant, Dole, 22 juillet 1639. — *Corr. du parlement*, Arch. du Doubs, B. 248 ; Boyvin à Chifflet, Dole, 31 juillet 1639. — Mss. Chifflet, t. CXXXIII, fol. 65 ; Girardot de Nozeroy, *Histoire de dix ans de la Franche-Comté de Bourgogne*, p. 233 ; Droz, *Mémoires pour servir à l'histoire de la ville de Pontarlier*, p. 137 ; E. Clerc, *Les Suédois en Franche-Comté*, p. 18 ; l'abbé Suchet, *op. cit.*, p. 38.

[4] B. Rose, *Herzog Bernhard der Grosse von Sachsen-Weimar*, t. II, p. 306.

que M. de Piépape fasse allusion, puisqu'il parle de l'évacuation des montagnes par les Suédois. Apprenons-lui que, loin d'avoir quitté la Franche-Comté depuis un certain temps, Weimar venait d'en sortir quand il tomba malade : le 5 juillet, il était encore à Montbenoît [1], et le 8, auprès de Belvoir [2]. Rappelons-lui aussi qu'il ne mourut pas dans Brisach, mais en vue de cette ville, où son cœur et ses entrailles furent portés le lendemain [3].

*Ibid. Ce fut le 18 juillet 1639 qu'il succomba, à l'âge de trente-six ans, laissant la renommée d'un vaillant et astucieux capitaine, d'un homme dur et superbe en réalité autant que doux et bon en apparence.*

Weimar ne fut pas enlevé dans la trente-septième année de son âge, mais dans la trente-cinquième [4] ; « non arrivava ancora al 36 anno della sua vita [5], » car il était né le 16 août 1604.

Avant de copier le jugement de Girardot de Nozeroy sur ce prince, M. de Piépape aurait dû se demander si la postérité l'avait ratifié : l'historien comtois ne parle pas d'ailleurs de la dureté du duc de Weimar, mais seulement de « sa superbe [6], » qu'il couvrait, ajoute-t-il, « d'un exterieur

---

[1] Gaüs, *Tagebuch*, fol. 266. Cf. Weimar à d'Erlach, Montbenoît, 25 juin (5 juillet) 1639. — A. von Gonzenbach, *Der General Hans Ludwig von Erlach von Castelen*, t. I, Urkunden, p. 190.

[2] Weimar à d'Erlach, Belvoir, 28 juin (8 juillet) 1639. — Id., *op. cit.*, t. II, p. 191.

[3] Saavedra à la cour, Eberdorf, 22 et 28 juillet 1639 ; Froissard-Broissia à la cour, Besançon, 28 juillet 1639 ; Sarmiento à la cour, Fribourg, 3 août 1639. — *Corr. du parlement.* Arch. du Doubs, B. 248, 249. Cf. B. Rose, *op. cit.*, p. 331 et 427.

[4] *Sallustius Germanicus, seu Bellum Sueco-Gallo-Germanum*, p. 250.

[5] Vittorio Siri, *Memorie recondite*, t. VIII, p. 765. Cf. Gaüs, *Tagebuch*, fol. 267 ; Gualdo Priorato, *Historia delle guerre di Ferdinando II e Ferdinando III, imperatori, e del re Filippo IV di Spagna*, t. I, p. 573.

[6] *Histoire de dix ans de la Franche-Comté de Bourgongne*, p. 234.

doux et benin. » L'heureux lauréat de l'Académie française l'appelle plus haut *le farouche Weimar* (II, 136). Rarement épithète fut plus mal placée. Chacun sait, en effet, que la plupart des généraux de la guerre de Trente ans étaient impuissants à réprimer la licence de leurs troupes ; il y avait aussi des pillages commandés, et les incendies allumés par les Suédois dans la montagne ne sont pas beaucoup plus odieux que la dévastation méthodique des moissons autour des places assiégées. En bonne justice, Bernard ne doit pas être rendu responsable des excès de ses soldats [1] ; l'incendie de Pontarlier lui arracha un cri d'horreur [2] ; tous les contemporains ont vanté sa douceur, sa tempérance, sa générosité [3], et il faudrait bien une fois pour toutes renoncer à traiter de « sauvage [4] » un capitaine que sa sagesse et sa civilité « auroient plutôt fait prendre pour un Italien que pour un Allemand [5]. »

Ibid. *Elle* (l'armée de Weimar, *ne rentra plus en Franche-Comté. Les progrès de la coalition contre la France obligèrent Richelieu à l'envoyer en Italie.*

En Italie ! Le créateur du *roman de geste* serait fort empêché de dire où il a puisé cette étourdissante assertion [6] ;

---

[1] B. Röse, *Herzog Bernhard der Grosse von Sachsen-Weimar*, t. II, p. 189. Cf. Louis XIII à Richelieu, Chantilly, 22 avril 1636. — M. Topin, *Louis XIII et Richelieu*, p. 299.

[2] Schiller, *Histoire de la guerre de Trente ans* (trad. Regnier), p. 481 ; B. Röse, *op. cit.*, t. II, p. 325 ; A. von Gonzenbach, *Der General Hans Ludwig von Erlach von Castelen*, t. I, p. 347 ; G. Droysen, *Bernhard von Weimar*, t. II, p. 570.

[3] Cf. Levassor, *Histoire de Louis XIII*, t. V, p. 690.

[4] *La Franche-Comté et le pays de Montbéliard*, p. 80.

[5] Arnauld d'Andilly, *Mémoires*, t. II, p. 60.

[6] Cf. Le Laboureur, *Histoire du maréchal de Guébriant*, p. 163 ; Aubery, *Mémoires pour l'histoire du cardinal duc de Richelieu*, t. II, p. 419 et suiv. ; *Lettres, instructions diplomatiques et papiers d'État du cardinal de Richelieu*, t. VI, p. 451 et 481.

il n'est vraiment pas permis d'ignorer que les régiments weimariens furent envoyés au delà du Rhin [1].

Page 141. *Chaque cours d'eau.... se fraie un passage ou plutôt une brèche, à travers des fissures naturelles qu'un géant semble avoir taillées dans le granit des plateaux supérieurs.*

Le *granit* du Jura! Cela peut aller de pair avec les *buissons* des prés-bois (II, 142).

Page 143. *C'est à peine.... s'il* (Lacuson) *est nommé dans les récits des chroniqueurs contemporains, Girardot et Boyvin.*

En relisant le *Siège de Dole* et l'*Histoire de dix ans*, M. de Piépape pourra voir que Lacuson n'y est pas nommé une seule fois.

Page 144. *Dès qu'il eut vingt-deux ans, il mit son épée au service de l'indépendance comtoise.*

Qui donc, en 1629, menaçait l'indépendance de la Franche-Comté ? Ce fut beaucoup plus tard que l'humeur aventureuse de Claude Prost lui mit les armes à la main : son contrat de mariage, qui est du 31 octobre 1632, nous le montre encore adonné à sa paisible profession [2]; il avait alors vingt-cinq ans.

Ibid. *Prost est représenté par les portraits contemporains sous l'aspect d'un homme jeune, à la tournure élégante, d'une beauté mâle, avec de longs cheveux noirs, des yeux vifs perdus sous de profondes arcades sourcilières, un teint d'une pâleur chaude et brune.*

---

[1] Relation du passage du Rhin par l'armée du duc de Longueville. 1639. — AUBERY, *op. cit.*, t. II, p. 454.

[2] L'abbé DE FERROUL-MONTGAILLARD, *Histoire de l'abbaye de Saint-Claude*, t. II, p. 224 ; P. PERRAUD, *Lacuzon d'après de nouveaux documents*, dans les *Mémoires* de la Société d'émulation du Jura, année 1866, p. 484.

Merveilleuse imagination des poètes! Je ne doute pas que l'heureux lauréat de l'Académie française ne soit persuadé de l'existence des portraits contemporains d'après lesquels il décrit Lacuson. Malheureusement pour lui, les cheveux noirs, les yeux vifs, le teint d'une pâleur chaude et brune ne sont que de pures conjectures. C'est comme la défroque qui suit : *manteau noir, feutre gris à plume de corbeau, pourpoint et haut-de-chausses en drap de même couleur*, etc.; elle est tirée du vestiaire romantique de Rougebief [1]. On ne connaît qu'un portrait de Claude Prost; c'est celui que la Société d'émulation du Jura a fait reproduire en tête de l'étude de M. Perraud; encore n'est-il pas absolument prouvé que cette image soit celle du célèbre partisan.

Ibid. *Il avait pour lieutenants deux âmes damnées, presque aussi redoutables que lui, la Curée dit le Marquis, et Varroz.*

Warrods n'était pas sous les ordres de Lacuson. Que dire pourtant de la métamorphose de Claude Marquis, curé de Saint-Lupicin [2], en *la Curée, dit le Marquis*?

Page 146. *Cette sculpture reproduit une vieille tradition, d'après laquelle le capitaine Lacuson, déguisé en capucin, aurait un jour gagné la confiance des trop crédules habitants de Cuiseaux*, etc.

La vieille tradition ne se rapportait pas à Lacuson, mais à son lieutenant Pierre Prost, dit *Pille-Muguet* [3]. Cuiseaux

---

[1] *Histoire de la Franche-Comté ancienne et moderne*, p. 496.
[2] A. ROUSSET, *Dictionnaire des communes du Jura*, t. IV, p. 54; P. PERRAUD, *Lacuson d'après de nouveaux documents*, p. 566; *Le curé Marquis*, dans la *Revue franc-comtoise*, année 1884, p. 65.
[3] D. MONNIER, *Lacuson*, dans l'*Annuaire du Jura* de 1858, p. 193; P. PERRAUD, *op. cit.*, p. 377.

ne fut nullement surpris par les partisans comtois ; le capucin, de qui les conseils amenèrent en 1637 la reddition de cette petite ville, était le père Chrysostôme Vaignoux, de Saint-Amour [1].

Page 147. *En 1637, il* (Lacuson) *délivra Montaigu.*

Cette assertion prouve que l'heureux lauréat de l'Académie française ne sait pas le premier mot de l'histoire qu'il se mêle d'écrire. Montaigu ne fut pas délivré en 1637, par la bonne raison que c'est en 1637 que Guébriant ruina les défenses de ce bourg après s'en être emparé. Ce fut seulement à la fin de septembre ou au commencement d'octobre 1640 que d'Arnans donna ordre à Lacuson de se loger « dans les masures du chasteau de Montaigu [2]. »

Ibid. *Au mois d'août 1638, il prit dans Saint-Amour un gouverneur français.*

J'ignore d'après quels documents M. de Piépape attribue à Lacuson la capture du gouverneur de Saint-Amour ; Renaudot l'impute à « un gentilhomme natif de Saint-Amour, nommé le Merle [3]. » Dans tous les cas, le sieur de Gommerans ne fut pas pris dans Saint-Amour ; les partisans comtois l'enlevèrent comme il allait entendre « une première messe au couvent des augustins situé hors la ville [4] » et le conduisirent à d'Arnans ; les augustins

---

[1] DE LA MARE, *De bello Burgundico*, p. 11 ; COURTÉPÉE, *Description générale et particulière du duché de Bourgogne*, t. III, p. 312 ; B. PROST, *Documents inédits relatifs à l'histoire de la Franche-Comté*, t. IV, p. 61.

[2] P. PERRAUD, *Lacuzon d'après de nouveaux documents*, p. 380, 531 et 535.

[3] *Gazette de France*, extraordinaire du 8 avril 1639 : *La défaite de quelques troupes lorraines du baron d'Arnan par les François, près de Courlaou.*

[4] *Gazette de France* du 11 septembre 1638. Cf. CORNEILLE SAINT-MARC, *Tablettes historiques, biographiques et statistiques de la ville de Saint-Amour*, p. 228.

dont parle le gazetier français ne sont autres que les capucins.

Page 148. *On le voit* (d'Arnans) *à son tour surprendre Cuiseaux au mois de mars 1639.*

D'Arnans ne surprit point Cuiseaux : la tentative qu'il fit au mois de mars 1639 échoua par la trahison d'une femme [1].

Ibid. *Puis il défend si vigoureusement le château de Montfleur que les Français exaspérés, à peine maîtres de la forteresse, incendient le bourg voisin, massacrent les habitants et démantèlent le château. D'Arnans ne s'échappe qu'à grand'peine.*

Ici, l'inventeur de la *hallebarde à rouet* confond Claude du Saix, seigneur d'Arnans, avec César du Saix, baron d'Arnans, et le xv$^e$ siècle avec le xvii$^e$ siècle. S'il relisait attentivement l'ouvrage qu'il a copié, il verrait qu'incendie, massacre et démantèlement, tout eut lieu à l'époque où « Charles d'Amboise vint assiéger Montfleur en 1479.... » et que le château de Montfleur « ne joua aucun rôle dans la défense de la province contre Louis XIII [2]. »

Page 149. *Au mois de juillet il poursuivit la Mothe-Houdancourt dans sa retraite sur Saint-Claude et lui enleva le château de la Chaux, puis il aide le capitaine Lacuson à reprendre Montsaugeon et Château-Vilain.*

Ne querellons pas M. de Piépape à propos de ce terme de retraite appliqué à la marche de la Mothe-Houdancourt sur Saint-Claude, marche qu'il place au mois de juillet, alors qu'en réalité elle eut lieu au mois de mai [3]; ne lui deman-

---

[1] *Gazette de France* du 26 mars 1639.
[2] A. Rousset, *Dictionnaire des communes du Jura*, t. IV, p. 293.
[3] Girardot de Nozeroy, *Histoire de dix ans de la Franche-Comté de Bourgogne*, p. 231 ; B. Prost, *Documents inédits relatifs à l'histoire de la Franche-Comté*, t. IV, p. 71.

dons pas compte de l'inconséquence qu'il y a à mentionner la reprise de châteaux dont on n'a pas encore parlé ; je tiens seulement à signaler une fois de plus la confusion qui règne dans les récits du créateur du *roman de geste*. De même qu'à la page précédente il faisait allusion à l'incendie de Treffort (23 juin 1640) avant d'avoir raconté la tentative infructueuse sur Cuiseaux au mois de mars 1639, de même, ici, nous le voyons revenir aux événements de l'été de 1639 après avoir montré d'Arnans échouant au mois de mai 1640 dans son dessein de reprendre Grimont : quel lecteur ne s'imaginerait, d'après cela, que la reprise du château de la Chaux eut lieu au mois de juillet 1640 ?

Autre observation. Lacuson ne paraît pas avoir fait partie des expéditions dont M. de Piépape lui donne le commandement. Le détachement qui reprit Montsaugeon était conduit par « le sr de Dournon, sergent major du regiment de monsieur d'Arnan, et le sr Bassan, capitaine au terce de monsieur de la Verne [1]. »

Ibid. *Le 20 août, 1,200 soldats et 3,000 paysans réunis par ses soins aux environs de Salins furent dirigés contre Nozeroy, qui était aussi occupé par les Français. Munis de haches et de pioches, ils pénétrèrent dans la ville par une ouverture de l'église des Cordeliers*, etc.

Si confondre les noms et brouiller les dates est la qualité maitresse de l'historien, je m'explique la distinction flatteuse dont l'ouvrage de M. de Piépape a été l'objet. Que l'heureux lauréat de l'Académie française souffre néanmoins qu'on lui apprenne les événements dont le bailliage d'Aval fut le théâtre au mois d'août 1639. Ce n'est pas le 20 août,

---

[1] De Malpas à la cour, Salins, 21 juillet 1639. — E. Clerc, *Notice historique sur le baron d'Arnans*, p. 269. Cf. Le baron de Scey à d'Arnans, Besançon, 22 juillet 1639. — *Guerres de la Franche-Comté sous Louis XIII en ce qui concerne le baron d'Arnans*, p. 50.

mais dans la nuit du 6 au 7 août que d'Arnans prit d'assaut Nozeroy [1]; la capitulation du château fut faite « par un marchand d'Auxonne, » tant l'apparition inattendue des assiégeants surprit l'officier qui y commandait. Il est inutile de décupler le nombre des paysans « armez de haches et pioches » que mentionnent les gazetiers français, déjà suspects d'exagérer les forces ennemies pour amoindrir les échecs infligés aux armes de Richelieu [2]; dans le plan d'attaque de Nozeroy, il n'est question que d'une vingtaine d'ouvriers [3]. Enfin l'infanterie n'était pas commandée par d'Arnans, mais par Duprel; celui-ci dit formellement que d'Arnans n'arriva qu'au moment où il répartissait les postes, suivi seulement d'environ « 40 ou 50 hommes [4]. »

Ibid. *D'Arnans.... poursuivit l'ennemi. Mais celui-ci lui donna le change en faisant battre ses tambours à la comtoise, puis se jeta sur ses gens et les tailla en pièces. C'était un rude échec cette fois.*

Qui se douterait que ce rude échec n'est que l'amplification d'une rencontre entre un détachement de la garnison de Grimont et quarante mousquetaires logés au village de Piasne, que les Français surprirent en contraignant deux tambours prisonniers à battre la marche comtoise [5]? L'auteur de l'*Histoire de la réunion de la Franche-Comté à la France* n'a pas songé à d'autres engagements plus sé-

---

[1] De Malpas à la cour, Salins, 7 août 1639. — E. CLERC, *op. cit.*, p. 270. Cf. La cour à Sarmiento, Dole, 8 août 1639; la cour au marquis de Saint-Martin, Dole, 12 août 1639. — *Corr. du parlement*, Arch. du Doubs, B. 249.

[2] *Gazette de France* des 27 août et 10 septembre 1639. Cf. Grotius à Oxenstiern, Paris, 3 septembre 1639. — *Epist.*, p. 559.

[3] Duprel à la cour, Salins, 25 août 1639. — E. CLERC, *op. cit.*, p. 270.

[4] ID., *op. cit.*, p. 271.

[5] *Gazette de France* du 10 septembre 1639.

rieux [1], non plus qu'à la « reddition traistreuse » du château de Montureux-sur-Saône [2], à la prise des châteaux de Vers [3] et de Colonne [4], et à l'incendie d'Orgelet [5].

Ibid. *Les paysans vengèrent les compagnons de M. d'Arnans en enlevant les soldats du vicomte de Tavanes, à leur passage dans les bois et dans les villages. Ils les firent confesser et les mirent à mort.*

C'est la seconde fois que l'heureux lauréat de l'Académie française raconte cet épisode (II, 144). « Quatre soldats du régiment de Tavanes [6] » ne sauraient d'ailleurs être pris pour *les soldats du vicomte de Tavanes* sans une exagération manifeste. Notons encore que Jean de Saulx, seigneur du Mayet, n'était pas vicomte, mais marquis [7].

Ibid. *L'intrépide d'Arnans échoua une fois encore contre le château de Joux, place bien munie, défendue par le colonel suédois Christophe de Grün.*

---

[1] *Gazette de France*, extraordinaire du 24 juin 1639 : *La défaite de deux cens hommes de pied et d'une compagnie de cent chevaux de la garnison de Dole, dont il est demeuré six vingts sur la place, par le comte de Saint Aulaye.*

[2] Les officiers de Gray à la cour, Gray, 11 juin 1639. — *Corr. du parlement*, Arch. du Doubs, B. 247 ; *Relation extraite des archives des états*, p. 153; *Gazette de France*, extraordinaire du 18 juin 1639 : *Extrait d'une lettre de Dijon du unziesme juin 1639 contenant la prise du chasteau de Montureuil* ; *Mercure françois*, t. XXIII, p. 324; MACHERET, *Journal*, t. I, p. 110.

[3] *Gazette de France*, extraordinaire du 18 juin 1639 : *Extrait d'une lettre escrite de Nozeroy, le 10 de ce mois, contenant la prise du chasteau de Vers* ; *Mercure françois*, t. XXIII, p. 324.

[4] *Gazette de France*, extraordinaire du 28 juillet 1639 : *La prise et razement du chasteau de Colonne pres Bletterans, où ont esté faits prisonniers deux cent Francomtois, par le marquis de Villeroy* ; *Mercure françois*, t. XXIII, p. 322.

[5] *Gazette de France* du 10 septembre 1639; A. ROUSSET, *Dictionnaire des communes du Jura*, t. IV, p. 571.

[6] *Gazette de France* du 10 septembre 1639.

[7] PALLIOT, *Le parlement de Bourgongne*, p. 140.

Grün reparaît ici sans que M. de Piépape s'aperçoive de la bévue qu'il a précédemment commise (II, 133). Pas davantage il ne soupçonne que l'échec dont il parle est celui qu'il va décrire à la page suivante.

Page 150. *Le marquis de Villeroy.... se porta sur Courlaoux. Il y trouva en face de lui un corps de simples paysans, réunis sous le commandement de Sarmiento.*

Bien que M. de Piépape trouve la chose toute naturelle, Sarmiento ne pouvait songer à faire place d'armes à Courlaoux, car Courlaoux était au pouvoir des Français; autant eût valu assigner Bletterans comme rendez-vous aux troupes qu'il se proposait de conduire au siège du château de Joux. Renaudot dit simplement : « Il (le marquis de Villeroi) prit la route du chasteau de Corlaou. Les ennemis ont ramassé partie de leurs garnisons avec force payzans, dont ils ont fait un corps commandé par un Espagnol [1]. »

Ibid. *Le 20 septembre, un nouvel engagement assez sérieux fut livré sous les murs de Joux.*

C'est l'attaque dont M. de Piépape a parlé à la page précédente; d'Arnans s'y trouvait avec Sarmiento [2], et il n'y a que l'inventeur de la *hallebarde à rouet* pour croire à l'existence de deux sièges différents.

Ibid. *Comme le baron d'Arnans, il* (Sarmiento) *perdit inutilement beaucoup de monde. Au moment où le gouverneur, M. de Grün, allait capituler, les Suisses lui envoyèrent à propos un ravitaillement.*

M. de Piépape, on le voit, continue d'ignorer la présence de d'Arnans à l'attaque du donjon, où Sarmiento « perdit pour

---

[1] *Gazette de France* du 3 septembre 1639.
[2] E. CLERC, *Notice historique sur le baron d'Arnans*, p. 239 et suiv.

neant beaucoup de braves gens. » Bizarre idée cependant que de faire un *ravitaillement* du message qui empêcha la reddition du château de Joux! « Le commandant capituloit desjà, dit Girardot de Nozeroy, quand un Suisse passa entre les sentinelles et l'alla advertir du secours qui luy venoit [1]. » Ce secours, c'était celui qu'amenait le marquis de Villeroi, dont l'heureux lauréat de l'Académie française ne prononce seulement pas le nom [2]. Pourquoi ne pas mentionner aussi le second siège de Nozeroy par les Français au mois d'octobre 1639 [3] ?

Ibid. *Le château de Joux demeura ainsi aux Français, ou plutôt au commandant du fort.... En 1647, Mazarin s'en fit assurer la possession à prix d'argent.... Le fort finit par être cédé pour mille pistoles seulement.*

Christophe de Grün ne céda pas le fort de Joux pour mille pistoles seulement ; le traité du 18 septembre 1647 lui assura une pension de cinq mille livres et le gouvernement de Haguenau [4] ; il avait d'abord demandé le gouvernement

---

[1] *Histoire de dix ans de la Franche-Comté de Bourgongne*, p. 254.
[2] Boyvin à Chifflet, 12 et 25 septembre et 10 octobre 1639. — *Mss. Chifflet*, t. CXXXII, fol. 282, et t. CXXXIII, fol. 73 et 74 ; la cour à Sarmiento, Dole, 19 septembre 1639 ; Sarmiento à la cour, Arguel, 23 septembre 1639 ; la cour au cardinal infant, Dole, 24 septembre 1639. — *Corr. du parlement*, Arch. du Doubs, B. 250 ; *Relation extraite des archives des états*, p. 156 ; *Gazette de France* du 8 octobre 1639 ; *Mercure françois*, t. XXIII, p. 322 ; Rouget, *Annales de Fresne de 1635 à 1700*, dans le *Bulletin* de l'Académie de Besançon, année 1881, p. 256 ; Gualdo Priorato, *Historia delle guerre di Ferdinando II e Ferdinando III, imperatori, e del rè Filippo IV di Spagna*, t. II, p. 17 ; E. Girod, *Esquisse historique de la ville de Pontarlier, du château de Joux et de leurs environs*, p. 275 ; E. Clerc, *Notice historique sur le baron d'Arnans*, p. 240.
[3] Grotius à Oxenstiern, Paris, 22 octobre 1639 ; Grotius à Camerarius, Paris, 22 octobre 1639. — *Epist.*, p. 573 et 574 ; *Gazette de France* du 22 octobre 1639 ; *Mercure françois*, t. XXIII, p. 323 ; A. Rousset, *Dictionnaire des communes du Jura*, t. IV, p. 512.
[4] Mazarin à d'Erlach, Paris, 13 novembre 1646 ; Mazarin à d'Hervarth, Amiens, 30 juillet 1647, et Fontainebleau, 23 septembre 1647 ;

de Thann [1], qu'il finit par obtenir [2]. A tort ou à raison, le parlement s'était longtemps flatté de « retirer de ses mains cette clef de nostre pays du costé de Suysse, » et même après qu'il eut « traitté avec la France de la remettre à monsieur le duc de Longueville pour la joindre à sa souveraineté de Neufchastel, » de nouvelles négociations eurent lieu, qui aboutirent seulement à retarder la remise du fort aux Français [3].

Page 151. *Villeroy quitta la Comté le 29 octobre 1639, alla trouver le roi à Dijon et ne reparut plus cette année-là.*

Ce ne fut pas le 29 octobre, mais le 29 août 1639, que « les marquis de Villeroy et de Tavanes et les vicomtes de Melun et de Courval partirent.... pour aller trouver le Roy à Dijon [4]. »

Ibid. *Les affaires de la province se trouvaient confiées au gouverneur, au président du parlement et au pro-*

---

Mazarin à Servien, Fontainebleau, 27 septembre 1647. — *Lettres du cardinal Mazarin pendant son ministère*, t. II, p. 826, 933, 953 et 955. Cf. Louis XIV à d'Erlach, Fontainebleau, 24 septembre 1647. — *Mémoires historiques concernant le général d'Erlach*, t. III, p. 318.

[1] Mazarin à Grün, Paris, 23 janvier, 11 mai et 1ᵉʳ décembre 1647, Saint-Germain-en-Laye, 23 septembre 1648. — *Lettres du cardinal Mazarin pendant son ministère*, t. II, p. 851, 896 et 980, et t. III, p. 1060.

[2] Bois de Chesne, *Recueil memorable*, p. 187 ; A. von Gonzenbach, *Der General Hans Ludwig von Erlach von Castelen*, t. II, p. 518 et 605, t. III, p. 28.

[3] Boyvin à Chifflet, Dole, 11 janvier, 8 et 22 février, 4 et 7 mars 1648. — *Mss. Chifflet*, t. CXXXV, fol. 177, 179, 180, 181 et 182. Cf. E. Girod, *Esquisse historique de la ville de Pontarlier, du château de Joux et de leurs environs*, p. 276 ; De Chambrier, *Histoire de Neuchâtel et Valangin*, p. 417 ; G. Depping, *Un banquier protestant au XVIIᵉ siècle : Barthélemy Herwarth, contrôleur général des finances (1607-1676)*, dans la *Revue historique*, t. X, p. 297.

[4] *Gazette de France* du 10 septembre 1639.

*cureur général. Cette association prit le nom de triumvirat.*

M. de Piépape prend le langage de la satire pour celui de l'histoire, et l'association des triumvirs franc-comtois n'est pas la moins heureuse des découvertes qui font tant d'honneur à son imagination. S'il veut pourtant se rendre compte de l'erreur qu'il a commise, il n'a qu'à relire le passage où, après avoir mentionné l'union du marquis de Saint-Martin, de Boyvin et de Brun, Girardot de Nozeroy ajoute : « De quoy chacun parloit à sa façon et aucuns disoient que cette intelligence estoit bonne quand elle n'avoit autre but que le service du Roy et repos de son Estat, mais si elle estoit pour l'interest particulier de chacun des trois pour se prester la main l'un l'autre, elle seroit mauvaise, et appelloient cette union le triumvirat [1]. »

*Ibid. Le baron d'Oiselay fut délégué par le parlement auprès du baron de Scey, pour conférer avec lui des choses de la guerre.*

Ermanfroi-François d'Oiselay ne fut pas investi d'un pouvoir spécial, comme l'auteur de l'*Histoire de la réunion de la Franche-Comté à la France* se le persuade; on le voit seulement du nombre des « commis » que, pour prévenir certaines difficultés sur les préséances, le parlement chargeait d'aller « trouver le baron de Scey en son logis, » quand survenaient des « choses qui se debvoient resoudre de commune main [2] » pendant l'absence du gouverneur.

*Ibid. Richelieu dépêcha M. de Caumartin en ambassade auprès des cantons protestants.*

Auprès des cantons protestants? non, mais auprès des « treze cantons [3]. »

---

[1] *Histoire de dix ans de la Franche-Comté de Bourgongne*, p. 235.
[2] GIRARDOT DE NOZEROY, *op. cit.*, p. 238.
[3] ID., *op. cit.*, p. 242.

Page 152. *M. d'Arnans.... fut appelé devant Grimont, où les Comtois avaient de nouveau mis le siège. Les Français parvinrent à y faire entrer un convoi et le dégagèrent. Le baron d'Arnans poursuivit l'ennemi avec sa cavalerie et l'atteignit près de Bletterans, où il le défit.*

Antoine Duprel tenta, en effet, de reprendre Grimont au mois de décembre 1639 [1], mais il leva le siège avant d'avoir été rejoint par d'Arnans. Quant à l'avantage remporté par celui-ci près de Bletterans, on pourrait être tenté de le croire plus considérable qu'il ne fut ; au sujet de cette rencontre, d'Arnans écrivait à la cour : « Ils n'avoit que vingt soldats pour les aconpagnier que tous feurent mort seur la place, » et loin de s'autoriser de ce succès pour demander à *attaquer les Français dans leur propre pays*, il ajoutait : « Je me contiendrey ainssin que faites savoir vostre volonté, à laquelle je perdrey plutôt la vie que d'y manquer d'un seul point [2]. »

Ibid. *Les Français, à bout de ressources, évacuèrent peu à peu les montagnes, et abandonnèrent successivement les châteaux de Chaux, Vers, Château-Vilain et Nozeroy.*

M. de Piépape a l'habitude de rapporter deux fois le même événement : c'est ainsi qu'il oublie qu'il a déjà parlé (II, 149) de la reprise des châteaux de la Chaux, de Châteauvilain et de Nozeroy. C'est la première fois, en revanche, que le château de Vers est nommé dans son récit ; les Français le reprirent au mois de septembre et le brûlèrent au mois d'octobre en même temps que celui de Montsaugeon [3].

---

[1] *Gazette de France* du 7 janvier 1640 ; *Guerres de la Franche-Comté sous Louis XIII* en ce qui concerne le baron d'Arnans, p. 58.

[2] D'Arnans à la cour, Baume, 21 décembre 1639. — *Corr. du parlement*, Arch. du Doubs, B. 253.

[3] Le baron de Melisey à la cour, Salins, 27 septembre 1639 ; la cour au cardinal infant, Dole, 28 septembre 1639 ; la cour au marquis de

Ibid. *Un jour, le 20 février, 300 cavaliers de la garnison de Gray ayant fait une sortie contre celle d'Auxonne, le capitaine de la Roche les fit tomber dans une embuscade, attaquer en queue et massacrer.*

Pourquoi choisir, entre cent, un fait de guerre aussi insignifiant que l'embuscade dressée à la garnison de Gray par le capitaine la Roche? L'heureux lauréat de l'Académie française eût mieux fait de mentionner la prise et l'incendie de la petite ville de Sellières [1] par la garnison de Grimont (7 janvier 1640). Au surplus, les Comtois n'étaient pas 300, mais 30; ils ne furent pas tous massacrés; la *Gazette de France*, toujours prompte à amplifier les heureux coups de main du capitaine la Roche, ne met celui-ci aux prises qu'avec les ennemis qui « sortirent sur lui au nombre de trente à cheval ; » attaqués en queue par les mousquetaires français, « ces trente cavaliers comtois furent tuez ou faits prisonniers [2]. »

Page 153. *Le 15 avril, il* (d'Arnans) *rentra en Bresse avec 600 fantassins et 200 cavaliers comtois.*

Ce sont les chiffres que donne la *Gazette de France* [3], mais d'Arnans nous apprend lui-même qu'il n'avait que 300 fantassins et 30 à 40 chevaux [4] ; ce n'est que beaucoup

---

Saint-Martin, Dole, 28 septembre 1639. — *Corr. du parlement*, Arch. du Doubs, B. 250 ; Boyvin à Chifflet, Dole, 10 octobre 1639. — *Mss. Chifflet*, t. CXXXII, fol. 282 ; *Gazette de France* du 22 octobre 1639 ; E. Clerc, *Notice historique sur le baron d'Arnans*, p. 243.

[1] *Gazette de France* du 21 janvier 1640 ; *Mercure françois*, t. XXIII, p. 492 ; A. Rousset, *Dictionnaire des communes du Jura*, t. V, p. 559.

[2] *Gazette de France* du 3 mars 1640.

[3] *Gazette de France* du 5 mai 1640.

[4] D'Arnans à la cour, 25 janvier 1640. — E. Clerc, *Notice historique sur le baron d'Arnans*, p. 249.

plus tard qu'il eut « deux cens chevaux et cinq cens hommes de pied [1]. »

Ibid. *Le 4 mai, les Croates ayant intercepté une lettre du gouverneur français de Grimont, lequel déclarait n'avoir plus pour huit jours de vivres, investirent cette forteresse.*

*Nil mirari!* Telle devrait être l'épigraphe de l'*Histoire de la réunion de la Franche-Comté à la France.* Quel étonnement n'a-t-on pas à réprimer en voyant, en 1640, les Croates, les Croates d'Isolani et de Forgacz, battre l'estrade en Franche-Comté? Il n'y a que M. de Piépape pour reproduire sans sourciller de semblables assertions [2] : faut-il donc lui apprendre que depuis 1637 aucun Croate ne se trouvait plus sur le sol comtois? Ce ne fut pas le 4 mai, mais le 2, que d'Arnans vint investir la place : l'ordre de bloquer Grimont est du 26 avril 1640 [3]. Il est à remarquer que M. de Piépape ne paraît pas non plus savoir que le gouverneur français de Grimont n'est autre que l'officier dont il parle deux lignes plus haut.

Ibid. *Le marquis de Villeroy parut à son tour, tua aux Croates plus de 200 hommes et leur prit les huit pièces de canon.*

Encore les Croates! Si ces hardis cavaliers se fussent trouvés devant Grimont, les chemins eussent été mieux battus, et le vicomte de Courval n'eût pas pu surprendre les troupes comtoises qui bloquaient ce château.

Les pertes des assiégeants furent bien inférieures au chiffre que donne ici M. de Piépape : la *Gazette de France*

---

[1] GIRARDOT DE NOZEROY, *Histoire de dix ans de la Franche-Comté de Bourgogne*, p. 249.

[2] *Gazette de France* du 19 mai 1640.

[3] A. ROUSSET, *Dictionnaire des communes du Jura*, t. V, p. 202; E. CLERC, *op. cit.*, p. 255 et 273.

ne parle que de « cent hommes tuez sur la place [1]. » Ils n'avaient pas huit canons, mais six fauconneaux et deux petites pièces « de nulle consideration [2]. » En revanche, le secours était plus considérable que l'heureux lauréat de l'Académie française ne le suppose, car aux cent vingt cavaliers dont il parle, il faut ajouter « autant de mousquetaires tirez des garnisons de Bellegarde, S. Jean de Loone et Verdun [3]. »

Où M. de Piépape a-t-il vu que *le marquis de Villeroy parut à son tour?* Il ne dépassa pas le pont de l'Estalet, et ce fut le vicomte de Courval qui mit seul en déroute les soldats du baron d'Arnans.

Ibid. *Lettres du commandeur de Saint-Mauris, Salins, 20-23 janvier 1640.... Lettre du baron de Scey, Besançon, 25 mars.*

Au lieu de *Salins, 20 janvier 1640*, lisez : Besançon, 10 janvier 1640 [4]. Au lieu de *25 mars*, lisez : 26 mars [5].

Ibid. *Une partie de l'armée française était passée en Italie, sous la conduite du vicomte de Courval ; une autre en Alsace, sous celle de Guébriant.*

Guébriant avait quitté la Franche-Comté avec l'armée de Weimar. Quant au remplacement du vicomte de Courval par Villeroi, c'est une distraction plaisante, attendu que Charles-Christophe de Mazancourt servait précisément dans l'armée de Villeroi [6].

---

[1] *Gazette de France* du 19 mai 1640.
[2] Le baron de Scey à la cour, Besançon, 11 mai 1640. — E. Clerc, *Notice historique sur le baron d'Arnans*, p. 257. Cf. Le baron de Scey à d'Arnans, Besançon, 30 avril, 2 et 15 mai 1640. — *Guerres de la Franche-Comté sous Louis XIII en ce qui concerne le baron d'Arnans*, p. 71, 73 et 74.
[3] *Gazette de France* du 19 mai 1640.
[4] *Corr. du parlement*, Arch. du Doubs, B. 254.
[5] *Ibid.*, Arch. du Doubs, B. 256.
[6] *Gazette de France* du 7 juillet 1640.

Page 154. *C'était.... inaugurer un genre de guerre inusité jusque alors.*

L'auteur de l'*Histoire de la réunion de la Franche-Comté à la France* se trompe lorsqu'il considère les faucheurs de Villeroi comme une nouveauté ; dès l'année précédente, le marquis de Tavanes et le marquis de Francières avaient tenté de couper les blés en herbe aux environs de Gray [1]. Au reste, la dévastation méthodique des moissons constituait alors une opération régulière ; cela s'appelait faire le dégât ; les troupes royales l'avaient largement pratiquée jadis en Languedoc, et on sait que Richelieu recommandait au prince de Condé de « faire faucher les bleds pendant qu'ils sont vers, et non pas attendre à les faire brusler lorsqu'ils seront meurs, par ce que le feu ne brusle que la paille et le grain demeure [2]. »

Ibid. *Villeroy y était rentré de son côté, amenant 7 régiments d'infanterie (de 1,200 hommes), 600 chevaux, 2 pièces de batterie, et « du bagage à ne pouvoir le croire. »*

Sept régiments d'infanterie de 1,200 hommes font 8,400 fantassins. Or, veut-on savoir quelle était, d'après le commandant du château de Vaudrey, la force de l'armée de Villeroi ? « Lad° armée a filé six heures entières à trois ou quatre cent pas du chasteau.... Ils sont six cent chevaulx fort lestes, sept regiments d'infanterie qui font environ douze cent hommes, les deux tiers de picques, deux pieces de batterie, l'une appliée de 21, l'autre de 23 chevaulx,

---

[1] Les officiers de Gray à la cour, Gray, 25 juin 1639 ; le magistrat de Gray à la cour, Gray, 25 juin 1639 ; le marquis de Saint-Martin à la cour, Gray, 25 juin 1639. — E. LONGIN, *Les Français aux Capucins de Gray*, p. 7.

[2] Richelieu au prince de Condé, Suse, 28 avril 1629. — Duc D'AUMALE, *Histoire des princes de Condé*, t. III, p. 524. Cf. ROHAN, *Mémoires*, p. 275 et 329 ; *Lettres, instructions diplomatiques et papiers d'État du cardinal de Richelieu*, t. VII, p. 976, et t. VIII, p. 209.

deux autres petites pieces, et du bagage à ne pouvoir le croire ¹. » Comment M. de Piépape a-t-il pu prendre l'effectif de sept régiments pour l'effectif de chacun d'eux ?

Page 155. *Cet officier (Treilly) avait envoyé aux portes de Salins un convoi de 150 chariots de blé, escorté de 300 Français en armes.*

L'heureux lauréat de l'Académie française a-t-il des preuves du rôle joué par le chevalier de Treilly dans le ravitaillement de Salins ? Girardot de Nozeroy, qui rapporte la tentative faite par cet officier pour introduire un traitre au château de Sainte-Anne, attribue l'envoi des cent cinquante chariots de blé au baron de Cressia, qu'il n'ose cependant déclarer complice du dessein de Villeroi : « Si Cressia en estoit consentant ou non, nous ne l'avons jamais descouvert ². » Le convoi n'aurait pu être escorté de *300 Français en armes*, car, en pareil cas, l'entreprise eût eu peu de chances de réussir ; « les charretiers et gardes estoient partie françois, entre lesquels estoient douze personnes que Villeroi avoit entrejetté qui sçavoient ses intentions ³. »

Ibid. *Le 9 juin enfin, il* (le marquis de Villeroi) *se présenta devant la capitale de la Franche-Comté.*

Le 9 juin ? non, mais le 8 ⁴.

Ibid. *Il alla tâter le château de Saint-Ylie, où un chef de poste se fit sauter pour ne pas crier : Vive le roi de France !*

Bizarre façon de conter la fin héroïque de ce caporal du

---

1 Foissotte à Boyvin, Vaudrey, 6 juin 1640. — *Corr. du parlement*, Arch. du Doubs, B. 259. Cf. GIRARDOT DE NOZEROY, *Histoire de dix ans de la Franche-Comté de Bourgongne* p. 243.
2 GIRARDOT DE NOZEROY, *op. cit.*, p. 243.
3 ID., *op. cit.*, p. 244.
4 *Gazette de France* du 23 juin 1640.

régiment de la Verne ! Il semble que ce soit lui qui ait mis le feu aux tonneaux de poudre placés sous la vieille tour qu'il était chargé de défendre, tandis que ce fut après l'explosion de cette mine qu' « un serjent françois courut à luy la halebarde à la main et luy mettant la poincte dans le gousier, luy voulut faire recognoistre le roy de France [1]. »

M. de Piépape ne sait-il pas que les enfants eux-mêmes enduraient la torture plutôt que de crier : « Vive le roi de France [2] ! »

Ibid. *Tandis que le tumulte régnait dans la ville,.... Villeroy décampait et gagnait Gray.*

Le marquis de Villeroi ne décampa point pendant, mais après la sortie de nuit, à la confusion de laquelle M. de Piépape fait allusion [3].

Ibid. *Girardot à la cour, Salins, 23 mars 1640.... Lettre du baron de Scey, gouverneur, Besançon, 16 mai.*

La seule raison qu'on puisse souvent donner des renvois de M. de Piépape à la correspondance du parlement, c'est que des notes font bien au bas des pages d'un livre soumis au jugement de l'Académie française. Ici, par exemple, ni la lettre du baron de Scey ni celle de Girardot de Nozeroy n'ont trait (leur date même l'indique) à la campagne de Villeroi : la première est relative à une course de la garnison d'Auxonne aux portes de Besançon [4] ; quant à la seconde, c'est une dépêche de vingt lignes absolument insignifiante [5].

---

[1] GIRARDOT DE NOZEROY, *Histoire de dix ans de la Franche-Comté de Bourgongne*, p. 246. Cf. *Gazette de France* du 30 juin 1640.

[2] BIOROT, *Le Bourguignon intéressé*, p. 144.

[3] GIRARDOT DE NOZEROY, *op. cit.*, p. 248.

[4] Le baron de Scey à la cour, Besançon, 16 mai 1640. — *Corr. du parlement*, Arch. du Doubs, B. 258. Cf. *Gazette de France* du 9 juin 1640.

[5] Girardot de Nozeroy à la cour, Salins, 23 mars 1640. — *Corr. du parlement*, Arch. du Doubs, B. 256.

En 1640, Claude de Bauffremont n'était pas gouverneur, puisque le marquis de Saint-Martin ne mourut qu'en 1641.

Page 156. *Le marquis de Saint-Martin pénétra en Bresse à son tour. Il s'empara de Treffort. Son avant-garde y fit main basse sur les notables réfugiés dans le château, pilla les caves et se retira chargée de butin. De son côté, M. de Saint-Martin alla jusqu'à porter la flamme dans une petite ville entourée de murs.*

L'heureux lauréat de l'Académie française serait bien embarrassé de nommer la petite ville entourée de murs que, suivant lui, le gouverneur livra aux flammes. Que veut-il dire en opposant *M. de Saint-Martin* au marquis de Saint-Martin? Croit-il à l'existence de deux personnages de ce nom à la tête des troupes franc-comtoises? Ou n'est-ce pas plutôt son étourderie ordinaire qui lui a fait écrire *le marquis de Saint-Martin,* pour : le baron d'Arnans?

La surprise de Treffort a déjà été mentionnée plus haut (II, 148). Dans cette rencontre l'avant-garde de d'Arnans ne fit pas main basse sur les notables réfugiés au château, attendu que le bruit de l'approche du marquis de Coligny contraignit les Comtois à la retraite au moment où ils se disposaient à « attaquer à la bonne essient » la tour dans laquelle les « principaux » s'étaient retirés [1]. M. de Piépape ferait mieux de rapporter ici l'entreprise formée par les Français pour s'emparer de Gy [2] à la faveur de la ma-

---

[1] D'Arnans à la cour, la Chaux, 29 juin 1640. — E. CLERC, *Notice historique sur le baron d'Arnans,* p. 260.

[2] Les officiers de Gray à la cour, Gray, 14 août 1640. — *Corr. du parlement,* Arch. du Doubs, B. 261. Cf. *Relation extraite des archives des états,* p. 161; GIRARDOT DE NOZEROY, *Histoire de dix ans de la Franche-Comté de Bourgogne,* p. 264 ; A. MARLET, *Episodes de la guerre de Dix ans,* p. 45; L. PINGAUD, *Les Saulx-Tavanes,* p. 213.

ladie du marquis de Saint-Martin [1], entreprise qui échoua à leur confusion « le matin du jour de feste Assomption de la glorieuse vierge Marie [2]. »

Ibid. *Lacuson y repoussa* (à Montaigu) *une attaque de la garnison de Bletterans. Mais le 20 décembre cette attaque fut renouvelée et faillit réussir.*

La seconde attaque était dirigée par le vicomte de Courval [3], que M. de Piépape a étourdiment fait passer en Italie (II, 153).

Ibid. « *Vous êtes un autre Hercule dans la province par votre courage,* » *lui écrivait la cour de Dole.*

Il est au moins singulier de croire qu'une lettre du 13 janvier 1640 félicitait d'Arnans d'exploits accomplis à la fin de cette même année 1640, et de prêter au parlement de Dole les louanges hyperboliques que renfermait une lettre de Franc-Bacquet.

Ibid. *Le prince Thomas lui envoya des subsides.*

Le prince Thomas n'envoya point de subsides à d'Arnans, et ce ne fut qu'en 1641 qu'il s'engagea à lui donner le commandement d'un régiment de cinq cents maîtres [4].

---

[1] Froissard-Broissia à la cour, Besançon, 30 juillet, 1<sup>er</sup> et 7 août 1640 ; le marquis de Saint-Martin à la cour, Besançon, 9 août 1640. — *Corr. du parlement*, Arch. du Doubs, B. 260, 261 ; le baron de Scey à d'Arnans, Besançon, 29 juillet 1640. — *Guerres de la Franche-Comté sous Louis XIII en ce qui concerne le baron d'Arnans*, p. 79 ; *Gazette de France* du 18 août 1640.

[2] *Registre des délibérations du conseil de la ville de Gray* depuis le 26 décembre 1639 jusqu'au 26 décembre 1640, fol. 38. — Arch. comm. de Gray, C. 16.

[3] P. PERRAUD, *Lacuzon d'après de nouveaux documents*, p. 531 et 535.

[4] *Guerres de la Franche-Comté sous Louis XIII en ce qui concerne le baron d'Arnans*, p. 87 ; E. CLERC, *Notice historique sur le baron d'Arnans*, p. 264.

Page 157. *A la fin de 1640.... il* (d'Arnans) *posa provisoirement les armes.*

Dorénavant d'Arnans ne reparaîtra plus dans le livre de l'inventeur de la *hallebarde à rouet;* le provisoire devient définitif; il n'aurait cependant pas été inutile de dire un mot de ses démêlés avec le marquis de Saint-Martin et de sa retraite en Italie [1].

Pourquoi M. de Piépape clôt-il son récit de la campagne de 1640 sans parler de la surprise du château de Baudoncourt, à laquelle Renaudot ne dédaigna pas de consacrer un extraordinaire [2] ?

Ibid. *Fr. Brun au baron d'Arnans, Dole, 31 janvier 1640.*

Au lieu de *Fr. Brun*, lisez : Franc-Bacquet. Le procureur général n'écrivit à d'Arnans que le lendemain [3].

Ibid. *Cette descendance est aujourd'hui représentée par les deux héritières de la maison d'Amandre.*

Comment concilier cette assertion avec la déclaration du dernier biographe de d'Arnans ? Dans l'étude qu'il a consacrée au vaillant capitaine, M. Clerc dit formellement que sa descendance s'est éteinte, il y a quelques années, dans la personne de madame d'Udressier [4].

---

[1] E. Clerc, *op. cit.*, p. 263.
[2] *Gazette de France*, extraordinaire du 17 octobre 1640 : *La prise du chasteau de Bodencourt en la Franche-Comté;* Bois de Chesne, *Recueil memorable*, p. 158 ; J. Morey, *Notice sur Baudoncourt*, dans les *Annales franc-comtoises*, t. VI, p. 337.
[3] *Guerres de la Franche-Comté sous Louis XIII en ce qui concerne le baron d'Arnans*, p. 66.
[4] *Notice historique sur le baron d'Arnans*, p. 235.

# CHAPITRE XV

Page 159. *Diète de Ratisbonne (1641).*

Au lieu de *1641*, lisez : **1640-1641**.

Ibid. *Lacuson pose les armes (1643).*

Ce fut au mois de juillet 1642 qu'un armistice indéfini vint arrêter les courses de Lacuson [1].

Ibid. *Invasion de la Franche-Comté par Turenne (19 mars 1644).*

Date inexacte. Le 22 mars, Turenne était encore à Thann [2].

Ibid. *Maintien de la neutralité par Saulx-Tavanes.*

Malgré cette mention, le lecteur peut se dispenser de chercher le nom des Saulx-Tavanes dans le chapitre qui suit : il ne s'y rencontre point.

Ibid. *Au mois de juillet 1640, le parlement de Dole dépêcha à Madrid un envoyé extraordinaire, le sieur Jacquet.*

Au mois de juillet ? non, mais au mois de mai [3].

Ibid. *La cour de Dole au gouverneur de Milan, Dole, 26 avril 1641 (A. D.)*

Je n'ai pas trouvé cette dépêche aux archives du Doubs.

Page 160. *Les quatre régiments d'infanterie de la pro-*

---

[1] P. PERRAUD, *Lacuzon d'après de nouveaux documents*, p. 389.
[2] *Gazette de France* du 9 avril 1644.
[3] La cour au comte-duc, Dole, 23 mai 1640 ; la cour à Jacquet, Dole, 28 mai 1640. — *Corr. du parlement*, Arch. du Doubs, B. 258.

*vince n'ayant plus chacun que 1,000 hommes, et les deux régiments de cavalerie, que 100 chevaux....*

4,000 fantassins et 200 chevaux ! Mais, depuis la retraite des troupes du duc de Lorraine, jamais la province n'eut de telles forces à mettre en ligne : « toute la gendarmerie qu'après le depart de sadite Altesse resta soubs le commandement dudict marquis pour la deffence du comté de Bourgougne » consistait en deux régiments de cavalerie « faisant les deux environ cent cinquante chevaulx » et quatre régiments d'infanterie « composez les quatre ensemble d'environ quinze cens ou seize cens fantassins [1]. » En 1641, la faiblesse de la Franche-Comté était plus grande encore : « toute l'infanterie qui y estoit en pied, repartagée aux villes de Salins, Dole, Gray, Noserois et Jonvelle, ne faisoit pas huict cens hommes en tout, et toute la cavalerie ne pouvoit fournir six vingtz chevaux [2]. »

Ibid. *Labbey de Billy, Hist. de l'Univ., II, 100.*

Aucune lettre de l'ancien secrétaire de Gallas ne se trouve dans l'ouvrage de Labbey de Billy, t. II, p. 100.

Page 161. *Les principaux efforts des armées françaises en 1640 s'étaient concentrés sur l'Artois.... L'année suivante, l'empereur réunit à Ratisbonne une diète.*

Ce ne fut pas en 1641, mais en 1640, que Ferdinand III convoqua une diète impériale à Ratisbonne : l'ouverture en avait été fixée au 26 juillet, mais elle n'eut lieu que le 12 septembre 1640 [3].

---

[1] *Relation extraite des archives des états*, p. 151.
[2] *Ibid.*, p. 166. Cf. *Estat present des affaires de la Franche-Comté de Bourgongne*, dans la *Revue de la Franche-Comté*, mars 1842, p. 67.
[3] E. CHARVÉRIAT, *Histoire de la guerre de Trente ans*, t. II, p. 431. Cf. Le cardinal infant à la cour, Béthune, 13 septembre 1640.

Ibid. *Cette forte race de négociateurs qui avait fourni les Gattinara, les Perrenot et les Granvelle....*

Pourquoi ne pas dire simplement : les Gattinara et les Granvelle ?

Page 162. *Le baron de Vatteville avait entamé de nouvelles négociations avec les cantons.*

Lisez : L'évêque de Lausanne....

Ibid. *Il (Saavedra) menaça la cour de France, si elle repoussait les propositions de M. de Vatteville, de rappeler tous les Suisses que Louis XIII avait à son service.*

Il n'était pas au pouvoir du Tacite espagnol de rappeler dans leurs foyers les Suisses au service de la France [1], et d'un autre côté, l'ambassadeur français Caumartin savait le cas qu'il convenait de faire des « menaces.... du *style helvétique* [2]. »

Page 163. *M. du Hallier, gouverneur de la Lorraine pour Louis XIII, se porta sur Jonvelle, avec le comte de Grancey et les garnisons de Lorraine, cette fois alliées de la France.*

Pour M. de Piépape, les garnisons de Lorraine *alliées de la France*, ce sont évidemment les troupes de Charles IV. Son erreur vient de ce qu'il n'a pas compris le passage suivant de Girardot de Nozeroy : « Du Hallier n'avoit autre gendarmerie que ses garnisons de Lorraine, desquelles nous ne nous doubtions pas [3]. »

---

[1] Cf. GUALDO PRIORATO, *Historia delle guerre di Ferdinando II e Ferdinando III. imperatori, e del rè Filippo IV di Spagna*, t. II, p. 304 ; VITTORIO SIRI, *Mercure* (trad. Réquier), t. I, p. 674 ; ZURLAUBEN, *Histoire militaire des Suisses au service de la France*, t. VI, p. 464.

[2] A. VON GONZENBACH, *Der General Hans Ludwig von Erlach von Castelen*, t. II, p. 241.

[3] *Histoire de dix ans de la Franche-Comté de Bourgongne*, p. 266.

*Ibid. Il y fit brèche et l'emporta d'assaut le 17 septembre.*

Le 17 septembre? non, mais le 16 [1].

*Ibid. Chauvirey composa à son tour, et son commandant, Fauquier d'Aboncourt, fut pendu.*

L'officier que les Français pendirent « à un arbre sur le pont du chasteau [2] » de Chauvirey, « afin de donner terreur à tous les autres commandants [3], » se nommait la Vaux. Ce n'était pas Fauquier d'Aboncourt, par l'excellente raison que celui-ci était mort depuis deux mois : il avait péri, le 29 juillet 1641, dans une rencontre avec la garnison de Langres [4].

Avant de rapporter la prise du château de Chauvirey, M. de Piépape aurait peut-être bien fait de mentionner la défaite du convoi de Luxeuil par le comte de la Suze [5].

*Ibid. M. de Grancey fit capituler Vesoul le 30 septembre et détruire ses fortifications.*

---

[1] Boyvin à Chifflet, Dole, 8 octobre 1641. — *Mss. Chifflet*, t. CXXXIII, fol. 158; *Gazette de France*, extraordinaire du 25 septembre 1641 : *La prise de la ville et chasteau de Jonvelle dans la Franche-Comté par les troupes du Roy*; MACHERET, *Journal*, t. I, p. 175; COUDRIET et CHATELET, *Histoire de la seigneurie de Jonvelle*, p. 293.

[2] *Gazette de France*, extraordinaire du 10 octobre 1641 : *La prise et razement de plusieurs places dans la Franche-Comté et lieux d'alentour.*

[3] GIRARDOT DE NOZEROY, *Histoire de dix ans de la Franche-Comté de Bourgongne*, p. 267. Cf. MACHERET, *op. cit.*, t. I, p. 176.

[4] *Gazette de France* du 10 août 1641; MACHERET, *op. cit.*, t. I, p. 167; COUDRIET et CHATELET, *Histoire de la seigneurie de Jonvelle*, p. 291.

[5] *Gazette de France*, extraordinaire du 28 août 1641 : *La prise d'un convoi de 120 chariots et la défaite de 200 hommes, dont il en est demeuré 160 sur la place, par le comte de la Suze*; *Mercure françois*, t. XXIV, p. 147; BOIS DE CHESNE, *Recueil memorable*, p. 161 ; GIRARDOT DE NOZEROY, *op. cit.*, p. 280 ; L. ECREMENT, *Essai historique sur la ville et l'abbaye de Luxeuil*, p. 107; A. DÉY, *Mémoires pour servir à l'histoire de la ville de Luxeuil*, p. 341.

Une ville ne capitule à proprement parler que lorsqu'elle est assiégée. Or, le comte de Grancey ne parut pas sous les murs de Vesoul ; ce fut de Chauvirey qu'il envoya, le 24 septembre 1641, un capucin porter aux Vésuliens l'ordre de lui payer dix mille écus [1] ; le 30 septembre, douze otages se constituèrent prisonniers de guerre jusqu'au paiement de cette rançon [2] ; il ne put, par conséquent, être question de détruire les défenses de la ville.

Ibid. *Le château de Scey-sur-Saône fut réduit ensuite et occupé par une garnison française.*

Le château de Scey-sur-Saône ne fut pas réduit après la composition de Vesoul ; il se rendit le 28 septembre 1641 [3].

Page 164. *La Gazette de France ne dédaigna plus de s'occuper de ses faits d'armes.*

Pas plus en 1642, en 1643, en 1644 qu'en 1641 et en 1640, la *Gazette de France* ne nomme Lacuson.

Page 165. *Il (Lacuson) reprit Savigny et Montaigu.... La garnison de Saint-Amour, ayant voulu risquer une sortie, fut complètement battue par ses gens.*

Reprendre Montaigu après Saint-Laurent-la-Roche ! M. de Piépape ne se souvient donc plus d'avoir mentionné la réoccupation des masures de Montaigu (II, 156) ?

---

[1] Le magistrat de Vesoul à la cour, Vesoul, 23 octobre 1641. — COUDRIET et CHATELET, *Histoire de la seigneurie de Jonvelle*, p. 579.

[2] *Relation extraite des archives des états*, p. 168 ; GIRARDOT DE NOZEROY, *Histoire de dix ans de la Franche-Comté de Bourgogne*, p. 268 ; MACHERET, *Journal*, t. I, p. 178 ; DUMONTET-LA-TERRADE, *Analyse de titres et quelques recherches sur la ville de Vesoul*, p. 47 ; COUDRIET et CHATELET, *op. cit.*, p. 307.

[3] Le magistrat de Vesoul à la cour, Vesoul, 1ᵉʳ octobre 1641. — COUDRIET et CHATELET, *op. cit.*, p. 576 ; *Gazette de France*, extraordinaire du 19 octobre 1641 ; *Relation extraite des archives des états*, p. 166 ; GIRARDOT DE NOZEROY, *op. cit.*, p. 267.

La défaite de la garnison de Saint-Amour n'est pas de cette même année 1641, mais de 1642 [1].

Ibid. *Le cardinal infant, gouverneur des Pays-Bas, mourut à Bruxelles le 5 novembre.*

Date erronée. Le cardinal infant ne mourut pas le 5 novembre, mais le 9 [2].

Ibid. *L'infant Ferdinand,... gouverneur des Pays-Bas de 1635 à 1641.*

Lisez: de 1634 à 1641.

Ibid. *Général d'artillerie du roi d'Espagne en Souabe et aux Pays-Bas....*

On a déjà pu constater à quel point l'heureux lauréat de l'Académie française ignore l'organisation militaire du XVIIe siècle. L'existence d'un général d'artillerie du roi d'Espagne en Souabe et aux Pays-Bas est une trouvaille dont personne ne lui disputera l'honneur.

Ibid. *D. Francisco de Mello, comte d'Açumar, le vaincu de Rocroi, succéda à l'infant.*

On rirait d'un historien de la dernière campagne d'Italie qui, racontant la bataille de Magenta, montrerait Mac-Mahon, *le vaincu de Sedan*, accourant au secours de la garde impériale. Serait-il beaucoup plus ridicule que M. de Piépape oubliant qu'en 1641 la victoire de Rocroi n'avait pas encore rendu le nom de Condé immortel ?

*Acumar* pour Açumar est probablement une faute d'impression.

---

[1] Le baron de Scey à Lacuson, Besançon, 25 mars 1642. — P. Perraud, *Lacuzon d'après de nouveaux documents*, p. 576.

[2] Les gouverneurs généraux de Bourgogne et des Pays-Bas au marquis de Saint-Martin et à la cour, Bruxelles, 10 novembre 1641. — *Registres des lettres écrites au parlement par le roy et par les ministres*, t. II, fol. 292, Arch. du Doubs, B. 11. Cf. Moréri, *Dictionnaire historique*, t. I, p. 563.

Page 166. *La reprise des hostilités en 1642 se trouva simplement marquée par l'enlèvement aux Français de quelques maisons fortes du bailliage d'Amont.*

Ce serait le cas de mentionner la belle défense du château de Melisey, « que l'on croioit n'estre bon que contre des pommes cuittes [1], » et que canonnèrent inutilement le comte de la Suze et le colonel Rosen [2].

J'ignore quelles sont, en dehors du château de Rupt [3], les maisons fortes que le baron de Scey reprit au printemps de 1642.

Ibid. *Au bailliage d'Aval, il ne leur restait que Grimont, toujours demeuré entre leurs mains depuis 1636.*

Lisez : depuis 1638. Grimont n'était pas le seul poste que les Français occupassent au bailliage d'Aval; ils entretenaient encore des garnisons à Bletterans, à Courlaoux et à Saint-Amour.

Page 167. *Ils l'évacuèrent de guerre lasse en 1642.*

Erreur. Ce ne fut qu'en 1643 que les Français se décidèrent à abandonner le château de Grimont après l'avoir démoli [4].

Ibid. *Il (Lacuson) eut le bonheur de reprendre Blette-*

---

[1] Boyvin à Chifflet, Dole, 8 mai 1642. — *Mss. Chifflet*, t. CXXXIII, fol. 191.

[2] Bois du Chesne, *Recueil memorable*, p. 163 ; Girardot de Nozeroy, *Histoire de dix ans de la Franche-Comté de Bourgongne*, p. 281 ; L. Suchaux, *Dictionnaire des communes de la Haute-Saône*, t. II, p. 58 ; Hugon d'Augicourt, *La Franche-Comté ancienne et moderne*, t. II, p. 186.

[3] Macheret, *Journal*, t. I, p. 186.

[4] Girardot de Nozeroy, *Histoire de dix ans de la Franche-Comté de Bourgongne*, p. 300 ; Chevalier, *Mémoires historiques sur la ville et seigneurie de Poligny*, t. I, p. 296 ; A. Rousset, *Dictionnaire des communes du Jura*, t. V, p. 204 ; P. Perraud, *Lacuzon d'après de nouveaux documents*, p. 387.

rans, à l'aide d'une de ses roueries accoutumées. Sous le déguisement d'un capucin, il réussit à en faire abaisser le pont-levis, etc.

L'auteur de l'*Histoire de la réunion de la Franche-Comté à la France* se complaît, je ne sais pourquoi, à déguiser Lacuson en capucin. Il est fâcheux pour cette relation pittoresque d'une prétendue surprise de Bletterans que le dernier biographe de Lacuson, au livre duquel une note renvoie le lecteur, montre le hardi partisan « renonçant, faute de forces suffisantes, à enlever Bletterans [1]. »

Page 168. *Après une pénible marche de nuit, il se trouva tout à coup aux portes du château. Un armistice vint l'y surprendre.*

Rien de plus curieux que l'armistice qui vient surprendre Lacuson aux portes de Courlaoux. La vérité est que le dessein du capitaine franc-comtois échoua par la trahison de « certaines femmes qui résidoient dans le moulin de Corlaou pour servir de sentinelles à la garnison dud. lieu [2]. » Une embuscade dressée à la garnison de Courlaoux avait déjà été déjouée de la même façon en 1644 [3].

Ibid. *Ce fut l'origine d'un procès scandaleux, qui fit d'autant plus de bruit dans la province que le personnage de Lacuson était plus populaire. Discrédité désormais dans l'opinion publique, ce chef de bandes continua à vivre de rapines,* etc.

Il est difficile de montrer une ignorance plus complète du

---

[1] P. Perraud, op. cit., p. 389. Cf. A. Rousset, *Dictionnaire des communes du Jura*, t. V, p. 259.

[2] P. Perraud, op. cit., p. 553.

[3] A. Vayssière, *Lettres de rémission accordées à Lacuzon et à des Franc-Comtois pour crimes et délits commis pendant la guerre de Trente ans*, p. 373.

*personnage* de Lacuson. Loin d'être perdu dans l'opinion publique par le procès criminel qui lui fut fait seize ans plus tard, le brave capitaine vit l'acharnement de ses « malveillants » tourner à leur confusion : non seulement il fut renvoyé « quitte et absous des faits » rapportés dans l'*intendit* du procureur général [1] ; non seulement le gouverneur et le parlement lui maintinrent leur confiance; mais il eut la gloire d'entendre, au cours du procès, les députés du magistrat de Lons-le-Saunier proclamer qu'après Dieu, on lui était redevable de la conservation du bailliage d'Aval [2]. Pourquoi d'ailleurs évoquer prématurément le souvenir de l'enquête de 1659? On serait tenté de croire que M. de Piépape ignore la date de l'emprisonnement de Lacuson; ce qui est certain, c'est qu'il le place avant l'enlèvement des bœufs du redoutable partisan par les Français, le 21 juin 1644 [3].

*Ibid. Au mois de septembre 1642, le nouveau gouverneur, aspirant à une revanche de son échec sur Grimont, vint sommer le château de Ray, qu'il trouva commandé par un vieux capitaine très déterminé, M. de Saint-Yves.*

Au lieu de *de Saint-Yves*, lisez : d'Yves [4].

Il est hardi de présenter l'attaque du château de Ray au mois de septembre comme une tentative de revanche de la trahison de Grimont (11 octobre 1642); ce fut, au contraire, pour se venger de la défaite de Ray que le baron de Scey

---

[1] P. PERRAUD, *Un document inédit sur Lacuson*, dans les *Mémoires de la Société d'émulation du Jura*, année 1875, p. 31.

[2] ID., *Lacuzon d'après de nouveaux documents*, p. 426 et 551. Cf. J.-B. PERRIN, *Notes historiques sur la ville de Lons-le-Saunier*, p. 90.

[3] P. PERRAUD, *op. cit*, p. 487.

[4] GIRARDOT DE NOZEROY, *Histoire de dix ans de la Franche-Comté de Bourgogne*, p. 279; MACHERET, *Journal*, t. I, p. 181 ; MONTGLAT, *Mémoires*, t. II, p. 6.

tenta de reprendre Grimont [1]. L'étourderie dont l'inventeur de la *hallebarde à rouet* fait preuve en cette circonstance est d'autant plus inexplicable que les pièces justificatives de son ouvrage renferment (II, 494) une lettre relative à l'événement qu'il suppose antérieur au combat de Ray. Se figurerait-il, par hasard, que cette lettre a trait à l'investissement de Grimont par les troupes comtoises au mois de février 1642 ??

Ibid. *L'artillerie de M. de Scey fut perdue, avec une centaine des meilleurs représentants de la noblesse comtoise.*

Les deux canons et le mortier du baron de Scey tombèrent effectivement au pouvoir des Français, mais, en ce qui concerne les pertes de la noblesse franc-comtoise, l'exagération de M. de Piépape est manifeste [3].

---

[1] *Histoire des guerres des duché et comté de Bourgogne*, t. I, fol. 105; *Gazette de France* du 1er novembre 1642.

[2] Mémoire au sieur de Caumartin, ambassadeur du Roy en Suisse, Lyon, 20 février 1642. — *Lettres, instructions diplomatiques et papiers d'État du cardinal de Richelieu*, t. VIII, p. 378; Le baron de Traves au magistrat d'Ornans, Arbois, 5 mars 1642. — A. MARLET, *Épisodes de la guerre de Dix ans*, p. 53; Boyvin à Chifflet, Dole, 11 mars 1642. — *Mss. Chifflet*, t. CXXXIII, fol. 176; *Gazette de France* du 22 mars 1642; GIRARDOT DE NOZEROY, *Histoire de dix ans de la Franche-Comté de Bourgogne*, p. 275.

[3] Boyvin à Chifflet, Dole, 23 septembre 1642. — *Mss. Chifflet*, t. CXXXIII, fol. 206; *Gazette de France*, extraordinaire du 1er octobre 1642 : *Relation du combat n'aguères fait dans la Franche-Comté entre les troupes commandées par le comte de Grancey, mareschal de camp de l'armée du Roy, et celles de la Franche-Comté, sous la charge du baron de Cey, gouverneur de la province, où il a esté tué et fait prisonniers plus de quatre cens cinquante des ennemis, qui y ont perdu tout leur canon et bagage*; *Mercure françois*, t. XXIV, p. 565; GIRARDOT DE NOZEROY, *op. cit.*, p. 281; MACHERET, *Journal*, t. I, p. 219; MONTGLAT, *Mémoires*, t. II, p. 6; le P. GRIFFET, *Histoire du règne de Louis XIII*, t. III, p. 552; D. PLANCHER, *Histoire générale et particulière de Bourgogne*, t. IV, p. 656.

Ibid. *Le baron de Scey fut vaillamment blessé de deux coups de pistolet, après avoir tué de sa propre main un officier français.*

Vaillamment blessé est trouvé. Quoique Claude de Bauffremont fit dans la mêlée le coup de pistolet avec le comte de Grancey, qu'il avait connu à Paris, « dans l'Academie du sieur Benjamin [1], » ce ne fut pas lui qui fut vu au combat de Ray « tuant de sa propre main un cavalier françois qui le poursuivoit [2]; » ce fut le capitaine Maistre.

Page 169. *La levée du siège de la Mothe par M. du Hallier détermina un nouveau revirement dans la politique du duc de Lorraine.*

Ce ne fut pas non plus la levée du siège formé par du Hallier en 1642 qui changea les dispositions de Charles IV, puisque dès 1641 [3] ce prince avait jeté le masque; il assiégeait Thann, quand il apprit le blocus de la Mothe [4] et résolut de secourir cette place; « le sabmedy 30 aoust à minuict fut levé le siège de devant la ville,.... et le dimanche à une heure après midy le duc Charles de Lor-

---

[1] *Histoire des guerres des duché et comté de Bourgogne*, t. I, fol. 166. Cf. Cadot, *Discour funebre sur le trepas d'illustre, haut et puissant seigneur messire Claude de Bauffremont, baron de Scey, gouverneur de Bourgougne et de Charolois*, p. 11.

[2] Girardot de Nozeroy, *Histoire de dix ans de la Franche-Comté de Bourgongne*, p. 280.

[3] Id., *op. cit.*, p. 257; Beauvau, *Mémoires*, p. 79; Aubery, *Mémoires pour servir à l'histoire du cardinal duc de Richelieu*, t. II, p. 667, 675, 678, 683, 688, 690, 693 et 698; Levassor, *Histoire de Louis XIII*, t. VI, p. 243; D. Calmet, *Histoire ecclésiastique et civile de Lorraine*, t. III, p. 415; Comte d'Haussonville, *Histoire de la réunion de la Lorraine à la France*, t. II, p. 105; *Lettres, instructions diplomatiques et papiers d'Etat du cardinal de Richelieu*, t. VII, p. 285, 288, 296, 885 et 1048, et t. VIII, p. 369 et 372.

[4] Du Bots de Riocour, *Histoire de la ville et des deux sièges de la Mothe*, p. 186.

raine y entra avec un grand nombre de gens d'armes et l'a
renvitaillée ¹. » Par qui M. de Piépape croit-il donc que
l'armée française ait été défaite à Liffol-le-Grand ²?

Page 170. *Au printemps de 1644, l'armée de Guébriant,
conduite par le maréchal de Turenne, se jeta sur le bailliage d'Amont, dont nul ne lui disputa l'accès. Turenne,
qui venait d'être battu à Marienthal, avait une revanche à
prendre.*

Il est dur de renvoyer une fois de plus l'heureux lauréat
de l'Académie française à l'école. Le moyen néanmoins de
ne lui pas faire observer respectueusement qu'au printemps
de 1644, Turenne ne venait pas d'être battu à Mergentheim (5 mai 1645)?

Ibid. *Il fit aisément capituler Vesoul le 19 mars.*

La capitulation de Vesoul n'est pas du 19 mars 1644,
mais du 29 ³. Pourquoi ne pas mentionner la prise du
château de Melisey ⁴ ? Pourquoi surtout ne rien dire des

---

1 Macheret, *Journal*, t. I, p. 206.
2 Du Boys de Riocour, *op. cit.*, p. 187; l'abbé Arnauld, *Mémoires*,
p. 507; le P. Griffet, *Histoire du règne de Louis XIII*, t. III, p. 551;
D. Calmet, *Histoire ecclésiastique et civile de Lorraine*, t. III, p. 416;
Coudriet et Chatelet, *Histoire de la seigneurie de Jonvelle*, p. 313.
3 *Gazette de France* du 16 avril 1644; Turenne, *Mémoires*, p. 362 et
366; La Barde, *De rebus Gallicis*, t. II, p. 92; Boyvin à Chifflet, Dole,
8 avril 1644. — *Mss. Chifflet*, t. CXXXIII, fol. 270: *Lettres du cardinal
Mazarin pendant son ministère*, t. I, p. 645, 660 et 698; Dumontet-la-
Terrade, *Analyse de titres et quelques recherches sur la ville de Vesoul*,
p. 46; Marc, *Notes historiques sur la ville de Vesoul*, dans les *Mémoires
de la Société d'agriculture, sciences, commerce et arts de la Haute-Saône*,
t. II, p. 60; A. von Gonzenbach, *Der General Hans Ludwig von Erlach
on Castelen*, t. II, p. 373.
4 Boyvin à Chifflet, Dole, 27 mai 1644. — *Mss. Chifflet*, t. CXXXIII,
fol. 281; *Mercure françois*, t. XXV, p. 594: *Suite de l'Inventaire de
l'histoire de France*, t. II, p. 950; Bois de Cuesne, *Recueil memorable*,
p. 168; L. Suchaux, *Dictionnaire des communes de la Haute-Saône*, t. II,
p. 59.

démarches faites à la diète de Baden par don Gabriel de Toledo pour obtenir la levée de 4,000 Suisses [1] ?

Ibid. *Ils (les Français) envahirent la montagne jusqu'à Belvoir, puis assiégèrent Clerval et Luxeuil, tout cela avec une rapidité foudroyante, digne du vainqueur de Fribourg et de Nordlingen.*

J'aime à croire que dans ce passage M. de Piépape n'a pas en vue un autre capitaine que le duc d'Enghien. Au printemps de 1644, celui-ci n'avait cependant pas plus remporté les victoires de Fribourg et de Nordlingen, que Turenne essuyé la défaite de Mergentheim.

Ibid. *Le gouvernement comtois n'avait plus qu'une ressource : la levée en masse. Il publia un édit à ce sujet.*

Deux ans auparavant, on avait déjà eu recours à une mesure semblable [2].

Page 171. « *Nous prémettons, écrivaient au parlement les habitants de la franche montagne, que nos montagnes ont esté pour toute la Bourgougne ce que l'on dit que celles des Biscayens furent aux Espagnols, etc.* »

Il serait utile d'indiquer que cette requête a déjà été publiée [3]. Le passage que cite le créateur du *roman de geste* est d'ailleurs transcrit avec l'inexactitude à laquelle il a accoutumé le lecteur.

Page 173. *L'un des officiers de M. de Longueville avait exprimé la même idée en 1637.* « …. *L'on aurait plutôt*

---

[1] *Histoire des guerres des duché et comté de Bourgogne*, t. I, fol. 109.
[2] « Ordonnance à tous subjectz de ceste province capables de porter les armes soit à pied ou à cheval de se mettre en estat de servir, etc., » Dole, 24 mai 1642. — *Recueil* (manuscrit) *des édits de la cour*, t. V, fol. 148.
[3] *La Franche-Comté au* XVII<sup>e</sup> *siècle*, dans la *Revue de la Franche-Comté*, mars 1862, p. 72 et suiv.

miné Montbéliard et sapé le Havre-de-Grâce *que changé l'humeur de ces sauvages,* etc. »

M. de Piépape est-il jamais allé à Montbéliard? J'en doute, car il n'eût pas commis la plaisante méprise qu'on vient de lire, s'il eût connu la position du château qu'occupe actuellement le 21ᵉ bataillon de chasseurs ; miner ce château n'a rien qui puisse passer pour une entreprise extraordinaire ; aussi lit-on dans la lettre en question, qui, entre parenthèses, n'est pas de 1637, mais de 1638 : « L'on auroit plustost miné Mont-Melian [1].... »

Page 174. *L'Espagne avait eu la bonne fortune de voir l'invasion s'éloigner lentement de sa colonie bourguignonne.*

Il n'y a que l'heureux lauréat de l'Académie française pour faire de notre province une *colonie.* L'assimilation de la Franche-Comté aux possessions espagnoles du Nouveau-Monde eût bien étonné ceux dont le naïf orgueil regardait « la monarchie d'Espagne » comme « une Bourgougne estendue partout [2]. »

Page 175. *Deux gentilshommes comtois, Buson de Champdivers et Garnier de Choisey....*

Lisez : deux magistrats comtois.

Ibid. *Buson de Champdivers appartenait à une maison de cogouverneurs de la Franche-Comté, encore aujourd'hui représentée à Besançon, du côté des femmes, par les familles de Poinctes-Gevigney, du Lédo et de Lenoncourt.*

Prendre les cogouverneurs de Besançon pour les gouver-

---

[1] *Manifeste au nom des peuples de la Franche-Comté de Bourgongne,* p. 260.

[2] Girardot de Nozeroy, *Histoire de dix ans de la Franche-Comté de Bourgongne,* p. 14.

neurs de la Franche-Comté! Voilà une distraction qui ne peut qu'être infiniment agréable aux familles de Poinctes-Gevigney, du Lédo et de Lenoncourt.

Page 176. *Condé protesta avec force serments qu'il n'avait cessé d'être opposé à l'entreprise de 1636.*

Pourquoi passer sous silence la curieuse récrimination du prince de Condé contre Richelieu, « lors roy de France et de Navarre, dit-il [1], » que rapporte un des députés comtois?

Page 177. *L'état des esprits en Franche-Comté, vers 1646, nous est révélé par une curieuse lettre jusqu'ici inédite.*

Vers 1646? non, mais en 1644 [2]. Tous les Franc-Comtois n'étaient pas d'ailleurs disposés à se soustraire à « la plus douce domination de l'univers [3]. »

Page 178. *Ce religieux (le P. Bizot) avait prêché le carême à Dole, en 1644. Deux ans après, il était retourné en Franche-Comté, avec des pouvoirs secrets de Mazarin.*

Quand il rendit compte à Mazarin des dispositions des gouverneurs de Besançon, le P. Bizot n'était point muni de pouvoirs secrets; il n'était pas davantage rentré en Franche-Comté depuis l'époque où Boyvin annonçait son départ à l'abbé de Balerne en ces termes : « Nous n'avons peu retenir icy le pere Bisot pour prescher l'octave du S. Sacrement comme toute la ville le desiroit; ses superieurs aprehendant que nous fussions assiegez en ce temps là et

---

[1] *Ms. Chifflet*, t. XXXVIII, fol. 266.
[2] Le P. Bizot à Mazarin, Nîmes, 7 mai 1646. — Affaires étrangères, *France*, t. MDLXXIX, fol. 248.
[3] Bigeot, *Le bon Bourguignon*, p. 16.

desirant de le faire voir en France, comm'il le merite, ne l'ont pas voulu engager à voir un second siege comm'il vit le premier.... Il a d'excellentes parties de voix, de langage, d'action, de mouvemens, d'ordre, et de fort belles pensées [1]. »

Page 179. *Le P. Bizot au cardinal de Mazarin, Nîmes, 7 mai 1646.*

On ne dit pas le cardinal de Mazarin.

Ibid. *L'intervention des cantons obtint enfin de S. Em. le rétablissement de la neutralité pour vingt-neuf ans, moyennant abandon annuel de 40,000 écus à la France.*

C'est une erreur. La neutralité ou suspension d'armes conclue le 3 mars 1649 entre le marquis de Villeroi et Jean Mairet ne devait durer que « jusques à la majorité [2] » de Louis XIV; elle avait été précédée de nombreuses suspensions d'armes entre les deux Bourgognes, achetées aux conditions les plus onéreuses [3]. Ce qui a trompé M. de Piépape, c'est qu'après avoir demandé que le comté de Bourgogne ne donnât aucune « assistance aux armes de l'Empereur ny du Roy d'Espagne contre la France, » Mazarin avait fait entendre « que si les Suisses s'en vouloient porter cautions on establiroit la neutralité des deux Bourgognes pour 29 ans [4]; » il ignore que le refus de

---

[1] Boyvin à Chifflet, Dole, 27 mai 1644. — *Mss. Chifflet*, t. CXXXIII, fol. 281.

[2] *Lettres du cardinal Mazarin pendant son ministère*, t. III, p. 953, et t. IV, p. 753. Cf. G. Bizos, *Etude sur la vie et les œuvres de Jean de Mairet*, p. 53.

[3] Boyvin à Chifflet, Dole, 20 janvier, 12 août et 7 octobre 1645, 22 septembre 1646, 24 août 1647 et 25 janvier 1648. — *Mss. Chifflet*, t. CXXXV, fol. 5, 37, 40, 99, 150 et 178. Cf. Montglat, *Mémoires*, t. II, p. 138.

[4] Girardot de Nozeroy, *Histoire de dix ans de la Franche-Comté de Bourgongne*, p. 299. Cf. Müller, *Histoire des Suisses*, t. XI, p. 348;

remettre Gray en dépôt entre les mains des Treize Cantons fit avorter cette négociation.

Ibid. *En 1645, elle rançonna le val d'Ornans. (Archives d'Ornans. A. Marlet*, Etude sur Ornans.)

Que le lecteur tourne quelques pages, il trouvera une note identique à celle-ci (II, 170); seulement la première note se rapportait à *la garnison française de Montbéliard*, tandis qu'il s'agit ici de *la garnison française de Joux*. En réalité, le comte de la Suze fit contribuer en 1645 la vallée d'Ornans, mais le terme dont l'heureux lauréat de l'Académie française se sert ne laisse pas de paraître un peu fort, lorsqu'en dépouillant les archives d'Ornans on voit que la ville en fut quitte pour un chariot de vin [1]. D'où vient que M. de Piépape ne parle ni des suspensions d'armes conclues à Mandeure, le 10 avril 1642 et le 21 juillet 1644 [2], ni de celles conclues au fort de Joux, le 26 mars 1645 [3], et à Voujaucourt, le 30 avril 1645 [4] ?

Page 180. *Bussi-Rabutin*, Mémoires.

En trouvant le nom de l'auteur de l'*Histoire amoureuse des Gaules* écrit de la sorte, un émule du marquis de Bièvre dirait que Bussy-Rabutin a échangé une lettre avec Vittorio Siri (II, 20).

Ibid. *Il (Mazarin) prétendait garder la Lorraine, sauf à remplir les obligations de ce petit duché envers l'empire.*

E. CLERC, *Histoire des états généraux et des libertés publiques en Franche-Comté*, t. II, p. 119 ; H. TIVIER, *Jean de Mairet, agent diplomatique et négociateur à Besançon*, dans le *Bulletin* de l'Académie de Besançon, année 1882, p. 236.

[1] A. MARLET, *Episodes de la guerre de Dix ans*, p. 60.

[2] DUVERNOY, *Ephémérides du comté de Montbéliard*, p. 120 et 260 ; l'abbé BOUCHEY, *Recherches historiques sur la ville, la principauté et la république de Mandeure*, p. 483.

[3] *Histoire des guerres des duché et comté de Bourgogne*, t. I, fol. 110.

[4] DUVERNOY, *op. cit.*, p. 120.

De quelles obligations le créateur du *roman de geste* veut-il parler? La Lorraine ne faisait point partie du cercle de Bourgogne; Charles IV n'était « prince de l'Empire qu'à cause du marquisat de Nomeni, » et c'est ce petit fief que Mazarin avait en vue quand il écrivait : « A la rigueur nous en devrions estre quittes presentement pour la restitution dudict marquisat, à laquelle nous ne ferions pas difficulté, si cela estoit necessaire pour contenter les Estats de l'Empire ¹. »

Page 181. *Il traita avec l'empereur en 1646, pour dissoudre la ligue catholique.*

Ce ne fut pas avec Ferdinand III, mais avec l'électeur de Bavière, que, pour détacher de l'empereur la ligue dont Maximilien était le chef, Mazarin entama en 1646 les négociations qui aboutirent à l'armistice du 14 mars 1647 ².

Ibid. *Avec l'Espagne, il ne visa d'abord qu'à une longue trêve.*

C'est une erreur. M. de Piépape prête au cardinal Mazarin les sentiments du prince de Condé ³.

Ibid. *Il se flattait que les Espagnols consentiraient à céder les Pays-Bas et la Franche-Comté, afin de rentrer dans la possession de la Catalogne et du Roussillon, et qu'ils seraient disposés au mariage en question, pour avoir l'air de ne céder qu'à titre de dot les conquêtes de la France.*

Loin de croire en 1646 à la conclusion du mariage de

---

1 Mazarin à Chanut, Paris, 14 août 1648. — *Lettres du cardinal Mazarin pendant son ministère*, t. III, p. 171.

2 Léonard, *Recueil des traités de confédération et d'alliance entre la couronne de France et les princes et Estats estrangers*, p. 403; Dumont, *Corps universel diplomatique du droit des gens*, t. VI, 1ʳᵉ partie, p. 377.

3 Mazarin au duc de Longueville, Paris, 24 février 1646. — *Lettres du cardinal Mazarin pendant son ministère*, t. II, p. 723.

— 311 —

l'infante d'Espagne avec Louis XIV, Mazarin supposait que les Espagnols consentiraient plutôt à « céder les Pays-Bas et la Bourgogne pour rentrer dans la possession de la Catalogne et du Roussillon, avec l'espérance de recouvrer encore le Portugal…. sans faire le mariage avec le roi, qu'en le faisant et constituant pour dot la plus grande partie de ce qu'ils nous céderoient [1]. » *L'idée ambitieuse qui devait faire quinze ans plus tard l'objet principal du traité des Pyrénées* ne lui appartenait donc pas ; il regardait le projet de mariage dont il s'agit comme un artifice des plénipotentiaires espagnols [2], et c'est Brun, « ce grand artisan de fourbes et de suppositions [3], » qu'il accusait de l'avoir imaginé pour éveiller la jalousie et la défiance des Hollandais.

Quand l'inventeur de la *hallebarde à rouet* se résignera-t-il à lire attentivement une dépêche ?

Ibid. *Munis de ces instructions, les plénipotentiaires français partirent pour le congrès de Westphalie. Le Franc-Comtois Antoine Brun y représenta l'Espagne.*

Il n'y a que M. de Piépape pour ne pas trouver bizarre que le 17 avril 1644, jour de son arrivée à Münster [4], le comte d'Avaux fût muni d'un *mémoire du 20 janvier 1646*. Peut-être aussi serait-il à propos de ne pas laisser ignorer

---

[1] *Négociations secrètes touchant la paix de Münster et d'Osnabrück*, t. III, p. 21 ; *Négociations relatives à la succession d'Espagne sous Louis XIV*, t. I, p. 33.

[2] Mazarin à Brasset, Paris, 17 mars, 1646 ; Mazarin à Servien, Paris, 21 décembre 1646, 8 et 25 janvier 1647 ; Mazarin au comte d'Avaux, Paris, 13 février 1647, et Fontainebleau, 4 octobre 1647 ; Mazarin au duc de Longueville, Paris, 14 février 1648. — *Lettres du cardinal Mazarin pendant son ministère*, t. II, p. 293, 299, 364, 378, 502, 835 et 859, et t. III, p. 37.

[3] Mazarin à la Court, Paris, 27 décembre 1647. — *Ibid.*, t. II, p. 569. Cf. MONTGLAT, *Mémoires*, t. II, p. 239.

[4] *Négociations secrètes touchant la paix de Münster et d'Osnabrück*, t. II, p. 3.

que Brun n'était que « le troisième de l'ambassade d'Espagne [1]. »

Page 182. Hist. des traités de Westphalie, *par Bougeaut.* Lisez : Bougeant, *Histoire du traité de Westphalie.*

Ibid. *Le traité de Westphalie, signé le 24 octobre 1648, à Münster et à Osnabrück, fut publié à son de caisse dans toute l'étendue de la Franche-Comté.*

Le traité entre l'Empire et la France et le traité entre l'Empire et la Suède furent signés tous deux à Münster, le 24 octobre 1648, après qu'on se fut mis d'accord à Osnabrück : c'est ainsi qu' « encore que cette longue negotiation eust esté faite jusques alors en deux divers lieux la conclusion s'en vint faire en un seul [2]. » Où M. de Piépape a-t-il vu qu'on publia en Franche-Comté un acte diplomatique à la conclusion duquel l'Espagne était demeurée étrangère [3] ? et qu'est-ce que l'élan lyrique qui lui fait ajouter qu'*à cette occasion on y chanta des* Te Deum *et l'on y fit des feux de joie* (II, 183) ? Bien loin d'exciter chez nous un semblable enthousiasme, le traité de Münster fut regardé comme « la veritable ruine de ce comté de Bourgongne [4]. »

---

[1] Le P. Bougeant, *Histoire du traité de Westphalie*, t. II, p. 415.

[2] *Gazette de France*, extraordinaire du 18 novembre 1648 : *La publication de la paix generale d'entre l'Empire et la France, dans les villes de Munster et d'Osnabruck en suite de sa signature.* Cf. Nicolas Goulas, *Mémoires*, t. II, p. 481 ; le P. Bougeant, *op. cit.*, t. VI, p. 212; E. Charvériat, *Histoire de la guerre de Trente ans*, t. II, p. 609.

[3] *Protestatio Burgundica contra pacem Monasteriensem per Imperium cum Rege christianissimo initam, absque consensu Regis catholici*, Münster, 15 novembre 1648. — Dumont, *Corps universel diplomatique du droit des gens*, t. VI, 1re partie, p. 464.

[4] E. Clerc, *Histoire des états généraux et des libertés publiques en Franche-Comté*, t. II, p. 136. Cf. Boyvin à Chifflet, Dole, 31 octobre 1648. — *Mss. Chifflet*, t. CXXXV, fol. 217.

*Page 184. Brun écrivait de Münster à la cour de Dole :
« Sur un ordre de l'empereur, daté de Vienne, le 21 septembre, le projet de paix présenté par la France a été accepté par l'empire, etc. »*

L'heureux lauréat de l'Académie française ne résiste pas à la tentation de donner les dehors d'une citation à une analyse infidèle. Le langage qu'il prête à Antoine Brun est contraire à la vérité, puisqu'au lieu de se laisser aller au découragement, le diplomate franc-comtois se flattait que la paix ne serait pas signée : « Il y a lieu et subjet d'esperer, écrivait-il à la date indiquée, que nonobstant ce consentement, la chose n'aura point d'effect, pour des considerations qui se sçauront un jour et qu'il est bon de tenir reservées pour maintenant [1]. »

*Ibid. Après la mort du prince de Condé, la surintendance des mers ayant été refusée au duc d'Enghien, le vainqueur de Rocroi demanda, à titre de dédommagement, une armée pour conquérir la Franche-Comté, avec le titre de prince souverain de cette province. Il voulait réunir sous sa main les deux Bourgognes.*

Cette assertion de M<sup>me</sup> de Motteville [2] ne doit être accueillie que sous bénéfice d'inventaire, car, au témoignage de l'homme le mieux placé pour connaître la pensée du prince, celui-ci était sincère quand il déc... rait n'avoir jamais songé à cette conquête ; « il n'y avoit ... veritable en cela que la seule idée que Perrault en avoit eue, et qu'il debitoit partout [3], » et le dessein de réunir sous sa main les deux Bourgognes se réduisait, en réalité, à l'ambition

---

[1] Brun à la cour, Münster, 9 octobre 1648. — *Corr. du parlement*, Arch. du Doubs, B. 4057.

[2] *Mémoires*, t. I, p. 391.

[3] Lenet, *Mémoires* (coll. Michaud), p. 200.

d'acquérir le comté de Montbéliard [1]. Ce n'est qu'en 1659 qu'on voit Condé nourrir l'espoir d'obtenir de l'Espagne « la Franche-Comté en souveraineté, avec les mêmes droits que Sa Majesté Catholique la possède [2]. »

Il est encore à noter que ce ne fut pas la mort du prince de Condé (26 décembre 1646) qui permit à son fils de convoiter « ardemment » l'amirauté, mais celle du duc de Brézé, tué, le 14 juin 1646, devant Orbitello [3]. Comment M. de Piépape peut-il oublier l'aigreur que le refus de la reine causa au prince de Condé, lorsqu'il « fit demander la charge d'amiral pour son fils, le duc d'Enghien, à qui tant de victoires donnoient tant de droits aux faveurs de la cour [4] ? »

Ibid. *Lettre du roi Philippe IV à la cour, 23 novembre 1650.*

J'ignore où M. de Piépape a vu cette lettre qui dévoile, suivant lui, les projets de conquête du grand Condé. Si je me permets de douter de son existence, c'est qu'à défaut de

---

[1] Lenet, *op. cit.*, p. 201. Cf. Retz, *Mémoires*, t. II, p. 12 ; Olivier Lefèvre d'Ormesson, *Journal*, t. I, p. 515 ; Désormeaux, *Histoire de Louis II, prince de Condé*, t. I, p. 409 ; Duvernoy, *Ephémérides du comté de Montbéliard*, p. 541 ; G. Depping, *Un banquier protestant au XVIIe siècle : Barthélemy Hervarth, contrôleur général des finances (1607-1676)*, p. 298 ; *Lettres du cardinal Mazarin pendant son ministère*, t. II, p. 954, et t. III, p. 50, 179 et 998.

[2] *Instruction pour le sieur Caillet allant en Espagne*, Bruxelles, 11 mai 1659. — Lenet, *op. cit.*, p. 628.

[3] Le P. Anselme, *Histoire généalogique et chronologique de la maison royale de France*, t. VII, p. 209. Cf. *Lettres du cardinal Mazarin pendant son ministère*, t. I, p. 274, et t. II, p. 769, 773 et 775 ; Montglat, *Mémoires*, t. II, p. 209 ; Nicolas Goulas, *Mémoires*, t. II, p. 162 ; Navailles, *Mémoires*, p. 36.

[4] Lenet, *Mémoires*, p. 502. Cf. Retz, *Mémoires*, t. I, p. 66 ; Mme de Motteville, *Mémoires*, t. I, p. 362 ; Brienne, *Mémoires*, t. II, p. 158 ; Omer Talon, *Mémoires* (coll. Michaud), p. 184 ; Olivier Lefèvre d'Ormesson, *Journal*, t. I, p. 349, 354 et 366.

l'original, une copie devrait exister aux archives du Doubs; or, j'ai vainement cherché ce document dans les « Registres des lettres escrittes au parlement par le Roy et par les ministres; » je n'ai trouvé à la date indiquée qu'une lettre de Philippe IV à l'archiduc Léopold-Guillaume relative aux démarches faites par Jean Brun pour être nommé président du parlement de Dole [1].

Ibid. *Mazarin ayant consenti à lui laisser échanger son gouvernement de la Guyenne contre le duché de Bourgogne, le parlement de Dole félicita le prince de son avènement à Dijon.*

Un écolier en remontrerait à l'auteur de l'*Histoire de la réunion de la Franche-Comté à la France*. Le prince de Condé n'était pas, avant la Fronde, gouverneur de Guyenne; Mazarin n'eut pas conséquemment à autoriser l'échange dont parle M. de Piépape; ce fut, au contraire, le duc d'Epernon qui, en 1651, échangea son gouvernement de Guyenne contre celui de Bourgogne [2]. Une note renvoie le lecteur à une lettre de Condé du 21 juin 1649; or, son *avènement à Dijon* n'eut pas lieu en 1649, mais en 1647; ce fut, en effet, après avoir rendu à son père « les honneurs qu'exigeoient sa naissance et son rang, » qu'il alla « prendre possession de son gouvernement de Bourgogne, que la reine venoit de lui substituer, ainsi que la charge de grand-maître, en faveur de son titre de prince du sang [3]. »

[1] *Registres des lettres ecrittes au parlement par le roy et par les ministres*, t. III, fol. 20 — Arch. du Doubs, B. 12.

[2] Lenet, *Mémoires*, p. 525; Guy Joly, *Mémoires* (coll. Michaud), p. 49; Omer Talon, *Mémoires*, p. 432; Mme de Motteville, *Mémoires*, t. IV, p. 403; Montglat, *Mémoires*, t. III, p. 194; le P. Anselme, *Histoire généalogique et chronologique de la maison royale de France*, t. VIII, p. 220; D. Plancher, *Histoire générale et particulière de Bourgogne*, t. IV, p. 661.

[3] Lenet, op. cit., p. 503. Cf. Mazarin au duc de Longueville, Paris, 22 mars 1647. — *Lettres du cardinal Mazarin pendant son ministère*, t. II, p. 412.

**Page 185.** *On lit dans les instructions relatives aux frondeurs, que Mazarin adressait au secrétaire d'Etat le Tellier, le 17 mars 1650 :* « *Rien de si nécessaire que le voyage de Leurs Majestés en Dauphiné, où déjà tous les nuages commencent à se dissiper....* »

Nouvelle révélation de l'inventeur de la *hallebarde à rouet.* Tous les historiens ont ignoré ce voyage d'Anne d'Autriche et de Louis XIV en Dauphiné, auquel le cardinal Mazarin ne songeait assurément pas, lorsqu'il écrivait de Dijon à le Tellier : « Il n'y avoit rien de si necessaire, dans la conjoncture presente, que le voyage de Leurs Majestez en cette province, où desjà tous les nuages commencent à se dissiper [1]. »

*Ibid. Le 25 septembre 1651, une trêve qu'on appela le traité de surséance fut conclue entre le duché de Bourgogne et la Franche-Comté, Besançon compris, par l'intermédiaire du comte de Brienne, conseiller du roi, et de Jean de Mairet, gentilhomme de Besançon.*

Bien que peu de personnes lisent aujourd'hui sa *Sophonisbe*, Mairet est plus connu comme poète que comme gentilhomme, voire comme négociateur; il ne serait pas inutile de faire savoir la part qu'il avait eue à la conclusion des suspensions d'armes des 2 avril 1645, 14 août 1647 et 3 mars 1649 [2].

Au surplus, la dernière suspension d'armes conclue par l'entremise de Mairet ne concernait point uniquement le duché de Bourgogne, mais bien « ceux du duché de Bourgogne, Bresse, Bassigny et aultres pays adjacents du gouvernement dudit duché. » La date que donne M. de Piépape

---

[1] Mazarin à le Tellier, Dijon, 17 mars 1650. — *Lettres du cardinal Mazarin pendant son ministère*, t. III, p. 508.
[2] *Histoire des guerres des duché et comté de Bourgogne*, t. I, fol. 112, 113 et 115.

est celle de la ratification du traité de surséance par le roi de France ; en réalité, ce traité fut « fait à Paris, le 24ᵉ jour de septembre mil six cent cinquante et un [1]. »

Ibid. *M. de Bauffremont à la cour, Besançon, 15 janvier 1652, Dijon, 18 octobre 1651, 2 novembre 1651, 15 et 23 janvier 1652, 14 mai 1652.*

Qui ne croirait toutes ces dépêches de Claude de Bauffremont? Vérification faite, le renvoi devrait être libellé de la façon suivante : Le baron de Scey à la cour, Besançon, 18 octobre 1651 et 15 janvier 1652; le duc d'Epernon au baron de Scey et à la cour, Dijon, 14 octobre et 2 novembre 1651, 23 janvier et 14 mai 1652.

Ibid. « *Je me flatte, écrivait M. de Scey, que la guerre se passera désormais loin de nos frontières et que la Franche-Comté pourra jouir paisiblement des trêves conclues avec la France.* »

Quelles raisons l'auteur de l'*Histoire de la réunion de la Franche-Comté à la France* peut-il alléguer en faveur de ses perpétuels remaniements? Claude de Bauffremont écrivait à la cour: « J'espere avec l'aide de Dieu que la guerre se fera loing de nous, ce que je souhaitte beaucoup, affin que les subjectz de cette province puissent jouyr du repos qu'ils attendent de nostre dernier traitté de surceance d'armes arrestée avec la France [2]. » Il eût été bien simple de transcrire sa dépêche en se bornant à en rajeunir l'orthographe.

---

[1] *Revue de la Franche-Comté*, juillet 1842, p. 96 ; H. Tivier, *Jean de Mairet, agent diplomatique et négociateur à Besançon*, p. 264 ; Id., *Relations de la France et de la Franche-Comté pendant la Fronde : négociations de Jean de Mairet*, dans la *Revue historique*, t. XXV, p. 67.

[2] Le baron de Scey à la cour, Besançon, 18 octobre 1651. — *Corr. du parlement*, Arch. du Doubs, B. 4060.

Page 186. *V. une lettre de François de Montmorency au baron de Scey.*

M. de Piépape semble ignorer que François de Montmorency n'est autre que le futur maréchal de Luxembourg. Il serait préférable d'écrire : Le comte de Boutteville au baron de Scey.

Ibid. *Les relations les plus courtoises.... s'établirent entre la cour de Dole et le duc d'Epernon, qui succéda au grand Condé dans le gouvernement de Bourgogne, quand la Fronde eut jeté le prince entre les bras des Espagnols.*

L'heureux lauréat de l'Académie française est dans l'erreur, lorsqu'il suppose que le duc d'Epernon ne remplaça Condé en Bourgogne qu'après la conclusion du traité de surséance [1] : le ressouvenir de sa fatale prison n'avait pas encore jeté le prince dans les bras de l'Espagne, quand il échangea ses gouvernements de Bourgogne et de Berry contre celui de Guyenne, où sa femme et son fils avaient trouvé un asile pendant sa captivité [2], et ce n'est que quelques mois plus tard qu'il devait « fare il salto [3]. »

[1] D. PLANCHER, *Histoire générale et particulière de Bourgogne*, t. IV, p. 661.
[2] LENET, *Mémoires*, p. 525. Cf. DÉSORMEAUX, *Histoire de Louis II, prince de Condé*, t. III, p. 17.
[3] Mazarin à Ondedei, Brühl, 5 septembre 1651. — *Lettres du cardinal Mazarin pendant son ministère*, t. IV, p. 420.

# ERRATA

Page 50, ligne 13, au lieu de *Page 361*, lisez : *Page 362*.

Page 62, ligne 28, au lieu d'*Arnault*, lisez : *Arnauld*.

Page 68, ligne 6, au lieu de *1668*, lisez : *1667*.

Page 85, ligne 1, au lieu de *Pétrey de Champvans*, lisez : *Pétrey-Champvans*, et ligne 20, au lieu de *députés de l'Etat*, lisez : *députés des états*.

Page 87, ligne 29, au lieu de *Délémont*, lisez : *Delémont*.

Page 88, ligne 22, au lieu de *députés de l'Etat*, lisez : *députés des états*.

Page 110, ligne 22, au lieu de *Page 131*, lisez : *Page 431*.

Page 251, ligne 21, au lieu de *l'aile droite*, lisez : *l'aile gauche*.

Page 265, lignes 24, 29 et 33, au lieu de *Peuples*, lisez : *peuples*.

Page 267, ligne 7, au lieu de *Porte*, lisez : *porte*.

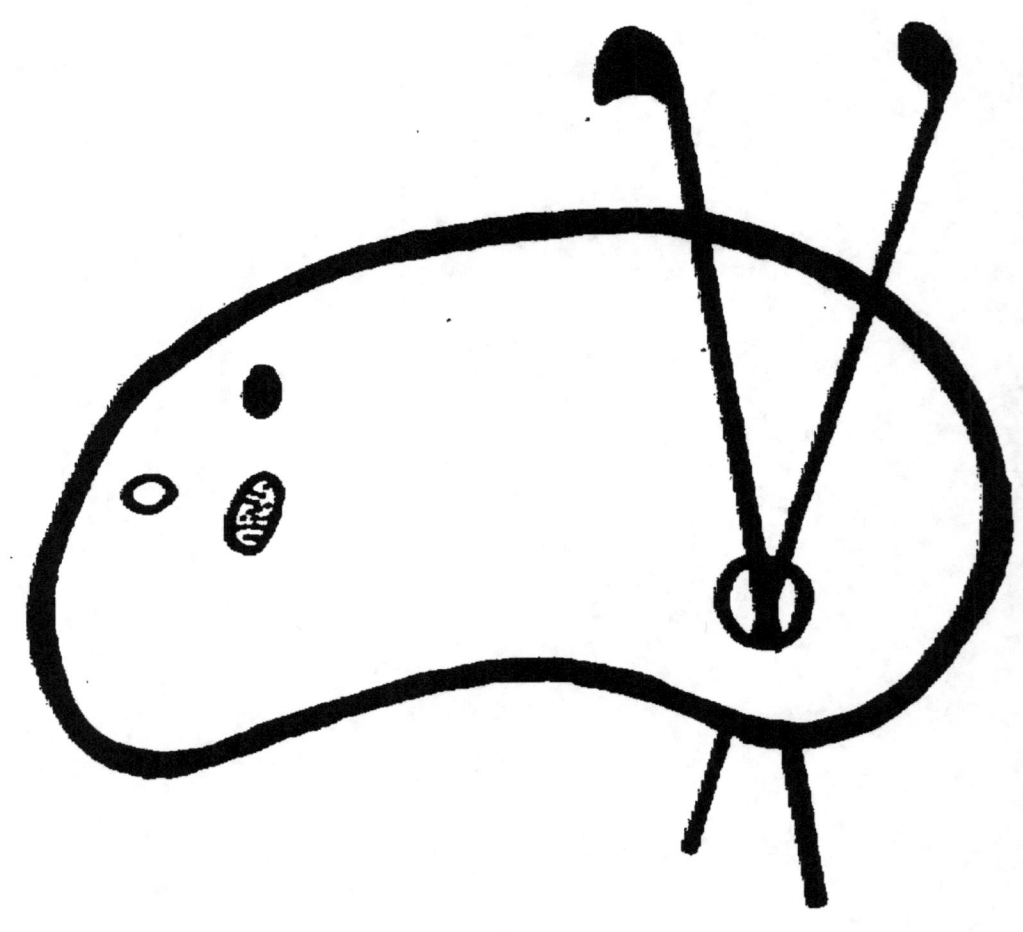

ORIGINAL EN COULEUR
NF Z 43-120-8

www.ingramcontent.com/pod-product-compliance
Lightning Source LLC
Chambersburg PA
CBHW052132230426
43671CB00009B/1217